CONNEXIONS

... sind alles ...

SELBSTREISE-HANDBUCH

Band 1
Zur Reisevorbereitung

DEUTSCHE ZENTRALE FÜR GLOBETROTTER (HRSG.)
ERSTELLT VON NORBERT LÜDTKE

pmv

4. Auflage Frankfurt am Main 2005
PETER MEYER VERLAG

INHALT

DIE REISE PLANEN

INFOQUELLEN & FINANZEN

PAPIERE & VERSICHERUNGEN

Aufbruch in die Fremde: Mit dem Profi-Wissen der Globertrotter der dzg können Sie hundsgelassen bleiben

VORWORT

Dieses Handbuch dient als »Ratgebersammlung für Aussteiger und Weltreisende« (Stern). Individualreisende wissen: Was ich nicht tue, tut niemand. Daher planen die meisten Globetrotter vorausschauend und handeln selbstständig. Denn sie wollen ihre Ziele erreichen.

Dazu gehört jedoch auch Neugier und die Lust aufzubrechen, der Mut sich hinauszuwagen, das Bedürfnis nach authentischer Erfahrung ebenso wie die Fähigkeit, das Schöne in der Welt zu entdecken und gerne heimzukehren ... Für manche bietet dieses Handbuch daher auch »Einführungen in die Kunst des Reisens« (FAZ).

> **»Have a plan and stick to it.«**
> Heinrich Harrers Antwort auf unsere Frage nach seinem Rezept für erfolgreiche Reisen (2003).

Orientierungswissen für die Reisevorbereitung: **10.000 reiserelevante** Fakten von Profis ausgewählt, präzise formuliert und übersichtlich strukturiert. Zusammenhänge helfen, neue Fakten einzuordnen. Mehr als 1500 Kontakte und Literaturverweise ermöglichen die Vertiefung. Eine solches Expertenwissen wurde nie zuvor zusammengetragen, denn das Handbuch bündelt die Erfahrungen der **Deutschen Zentrale für Globetrotter** aus mehr als 30 Jahren! Selbst versierte Reiseprofis finden Neues darin.

Neugier und Abenteuerlust ziehen Reisende ins Unbekannte. Reisen kann Fähigkeiten freilegen, aber auch die Kräfte überfordern. Das Konzept des Abenteuers ist riskant für den Reisenden, doch nach seiner Rückkehr profitieren er und vielleicht sogar seine Mitmenschen von seinen Erfahrungen. Sicherheit und Besitz sind zwar wichtig, doch ohne Neugier und Mut erstarrt eine Gesellschaft.

▶ **Bleiben Sie neugierig und reisen Sie vorsichtig!** Reisende verändern sich und andere, das ist unvermeidbar. Die Lust am Entdecken fremder Kulturen, die Begegnung mit Andersdenkenden – das verändert unterwegs die Natur und die Menschen. Vielleicht verändern einzelne Reisende nur wenig, doch als Teil des Touristenstroms wirken sie zerstörend.

- **Finden Sie Ihre eigenen Wege.** Große Reisen bemessen sich nicht nach Kilometern, sondern wie sie unser Leben beeinflussen. Mit bedeutenden Reisen verbinden sich immer tiefe Eindrücke, bleibende Erinnerungen und nachhaltige Wirkungen.
- **Reisen Sie langsam.** Sie werden gelassener und stoßen weniger an, sehen mehr und fordern weniger. Ansprüche und Aufwand sinken, Kasse und Umwelt werden geschont.
- **Reisen Sie bescheiden.** Genießen Sie, was kommt. Unzufriedenheit zeigt vielleicht an, dass Sie am falschen Platz sind.

Mehrfach gut

Band 1 des Selbstreise-Handbuches hilft **vor der Reise** mit Tipps, Fehler zu vermeiden und mit Checklisten, an alles zu denken. Vor allem aber will es helfen, sich in der Informationsflut zurechtzufinden. Wo einfache Antworten nicht möglich sind, zeigt es Ihnen Wege, Antworten zu finden:

- 1. führt Sie das Inhaltsverzeichnis in die sachlogisch aufeinander folgenden Kapitel;
- 2. hilft Ihnen das alphabetische Sachregister, Suchbegriffe in den Kapiteln zu finden.
- 3. führt Sie die nachfolgende Checkliste in zeitlicher Folge durch die Reisevorbereitung und
- 4. verweist Sie das Kapitel »Informationen finden« ab Seite 43 zu den vielfältigen Informationsquellen.

Band 2 des Selbstreise-Handbuches enthält alles, was **unterwegs** für Sie wichtig werden könnte. Rat und Tat für 136 typische Reisesituationen, von der Einreise bis zur Ersten Hilfe. Kompakte und präzise Checklisten, Tipps, Informationen und Links.

Das »Selbstreise-Handbuch« entstand aus den Beiträgen vieler erfahrener Reisender. Alle Hinweise wurden sorgfältig zusammengestellt. Es sind Erfahrungen be-

Literatur

Peter Stark, **Zwischen Leben und Tod.** Extreme Erfahrungen, letzte Abenteuer. Rowohlt.

Justin Stagl, **Geschichte der Neugier.** Reisekunst und Sozialforschung 1550 – 1800. Böhlau.

Hans Magnus Enzensberger, **Nie wieder!** Die schlimmsten Reisen der Welt, Eichborn.

Michael Nerlich, **Abenteuer oder das verlorene Selbstverständnis der Moderne.** Gerling Akademie, München 1997.

Selbstreise-Handbuch
Band 2, Für unterwegs,
ISBN 3-89859-505-6
12,95 Euro (D)

Ihre Reise beginnt jetzt!

Glückwunsch! Sie haben begonnen die Reise zu planen und Ihren Traum zu verwirklichen. Machen Sie das nicht halbherzig, schließlich geht es um Ihre »Große Reise«. Die Vorbereitungen sind auf ihre Art ebenso aufregend wie das Unterwegs-Sein. Die folgende Tabelle im Zeitschema soll Ihnen helfen, Schlüsselstellen frühzeitig zu erkennen.

Wie reisen?

- Ist Ihnen klar, worauf Sie sich einlassen? ↗ Erfahrungsbericht Seite 13.
- Die Voraussetzungen: Zeit & Geld, ↗ Seite 16.
- Bestimmen Sie Wunschziel und -route, ↗ Seite 265ff.
- Informationen zur ersten Orientierung besorgen, ↗ Seite 52.
- Allein oder in Gesellschaft? ↗ Mit Kindern, Frauen allein, Reisepartner.
- Wählen Sie Verkehrsmittel & Reiseform, ↗ Seite 175 bzw. 197.

3 Monate vor der Abreise:

- ❑ Prüfen Sie Pass, Zweitpass, Kinderpass, ↗ Seite 87.
- ❑ Informieren Sie sich über An-, Ein- und Weiterreise, ↗ Seite 52.
- ❑ Reiseführer & Literatur besorgen, ↗ Seite 60.
- ❑ Karten bestellen, ↗ Seite 66.
- ❑ Anträge & Formulare für Visa, ↗ Carnet de Passage, ↗ Impfpass, ↗ Internationaler Führerschein, Bankbürgschaften, Kreditkarten etc.
- ❑ Ausrüstungskataloge anfordern, Anschaffungen planen, ↗ Seite 153.
- ❑ Budget planen, ↗ Seite 72.
- ❑ Wohnung kündigen oder untervermieten, ↗ Seite 121.

2 Monate vor der Abreise:

- ❑ Versicherungsanträge besorgen, Leistungen vergleichen, ↗ Seite 105.
- ❑ Preise für Flug- und Fährverbindungen bei An- und Abreise ermitteln, Alternativen prüfen, eventuell reservieren und anzahlen, ↗ Seite 197.
- ❑ Gesundheits-Check bei Hausarzt, Zahnarzt, Augenarzt: Ersatzbrille, Kontaktlinsenersatz, Reiseapotheke, Dauermedikation, ↗ Seite 138.
- ❑ Impfberatung und Impfprogramm beginnen, ↗ Seite 128.
- ❑ Visa, ↗ Seite 94, Grüne Versicherungskarte, Intern. Führerschein, Carnet de Passage, Internet-Banking etc., ↗ Seite 218, beantragen.
- ❑ Preise vergleichen für fehlende Ausrüstungsteile, ↗ Seite 164, Wandern ↗ Seite 180, Fahrrad ↗ Seite 181, Auto ↗ Seite 233.

1 Monat vor der Abreise:

- ❑ Mit der Bank Geldtransfer im Notfall klären, ↗ Seite 122.
- ❑ Versicherungen abschließen, ↗ Seite 105.
- ❑ Devisen und Reisechecks bestellen, Kreditkarte beantragen, ↗ Seite 78.
- ❑ Ausrüstung testen und vervollständigen, Schuhe einlaufen, ↗ Seite 175.
- ❑ Auto oder Motorrad: Schutzbrief, Inspektion, Ersatzteile, Werkzeug besorgen, ↗ Seite 218.
- ❑ Fahrrad checken, Probe packen, Tagestour mit Gepäck versuchen, Ersatzteile, Werkzeug besorgen, ↗ Seite 181.
- ❑ Beantragte Papiere auf Vollständigkeit prüfen.

2 Wochen vor der Abreise:

- ❑ Infopaket für daheim mit allen Checklisten, Dokumentkopien, Reiseroute Listen zusammenstellen, ↗ Seite 122.
- ❑ Freunde und Verwandte informieren: Wer macht wann was? ↗ Seite 118.
- ❑ Schulden begleichen, Verpflichtungen überprüfen.
- ❑ Nachsenden und Lagern von Post beantragen, Zeitung abbestellen, Vermieter informieren, ↗ Seite 118.

1 Woche vor der Abreise:

- ❑ Sind die Dokumente vollständig? Kopieren und eventuell beglaubigen lassen.
- ❑ Ist die Ausrüstung vollständig? Listen und Fotos machen. Gewicht ermitteln.
- ❑ Nummern der Schecks, Karten, Dokumente notieren.
- ❑ Literatur, Sprachführer, Karten zusammenstellen, evtl. kopieren, verkleinern, folieren.
- ❑ Generalprobe für den Abreisetag: alles packen, Haus verlassen. Gepäck zur Probe tragen.

Unmittelbar vor der Abreise:

- ❑ Haus oder Wohnung sichern, ↗ Seite 121.
- ❑ Schlüssel- und Dokumentenübergabe.
- ❑ Abschied nehmen und unbesorgt abreisen.

All diese Adressen und Informationen zu gewinnen, hat viel Zeit und Mühe erfordert. Doch trotz aller Sorgfalt können sich Fehler einschleichen. Noch weniger sind wir dagegen gefeit, dass sich Daten bereits während des Niederschreibens oder kurz nach Erscheinen des Buches ändern. Auf jeden Fall freuen wir uns, wenn Sie uns auf Fehler und Veränderungen aufmerksam machen. Auch zusätzliche Tipps sind jederzeit willkommen!

Leserzuschriften an:
vorstand@globetrotter.org

gibt immer Alternativen. Benutzen Sie die Angaben maßvoll, handeln Sie frei und eigenverantwortlich.

Wir freuen uns über jeden Hinweis, auf Anregungen, Lob und Kritik. Ihre Erfahrungen sind uns willkommen.

Viel freien Raum vor den Füßen
wünscht Ihnen Norbert Lüdtke
Sommer 2005

www.globetrotter.org
www.reisegeschichte.de
www.petermeyerverlag.de

Die Autoren

Jan Balster, Klaus B. Bartels, Alexander Barth, Hermine und Walter Behrens, Dirk Bindmann, Hans Jürgen Birringer, Dietmar Boyks, Moni und Helgo Bretschneider, Alexander Büsing, Elena Erat, Jürgen Erdmann, Hermann Harbisch, Manfred Hoffmann, Claudia Klein-Hitpass, Dieter Leonhard, Joachim van der Linde, Christel Loock, Norbert Lüdtke, Michael Malburg, Peter Materne, Dr. Meyer, Peter Meyer, Claus Michelfelder, Jörn Möller, Wolfgang Pabst, Sonja Roschy, Uwe Rotter, Claus Ruhe, Dr. Jean-Claude Schmit, Ina Seeger, Ulla Siegmund, Thomas Simoneit, Andres Sommer, Kemal Temizyürek, Dr. Alain Weber, Jens Weber

DIE REISE PLANEN

MIT KOCHER UND ZELT ANS ENDE DER WELT

von Jens Weber,
Mitglied der dzg

Lange hatte man uns eingetrichtert, eine »allseits entwickelte sozialistische Persönlichkeit« brauche die richtige Weltanschauung. Doch anschauen konnten wir von der Welt nur ein kleines Stück. Bis die Mauer fiel. Dann planten wir zu zehnt eine Weltreise. Es sollten noch ein paar Jahre vergehen, bis das Studium beendet und genug Geld zusammen war für solch ein auf zwei Jahre angesetztes Unterfangen. Von den zehn Leuten blieben schließlich noch drei übrig und nach drei Monaten zogen meine Freundin und ich allein weiter. Wir hatten vorher ja keine Ahnung gehabt und geglaubt, mit einer größeren Gruppe der ungewissen Welt besser begegnen zu können. Was natürlich Quatsch ist.

Ich hatte nach dem Studium unzähliger Bücher einen ganz detaillierten Weltreiseplan ausgearbeitet. Ein Jahr lang hielten wir uns weitgehend an diesen Plan mit seinen Festpunkten. Das hatte einige nicht zu unterschätzende Vorteile. Die Stationen entsprachen American-Express-Büros, die für Kunden Post entgegennehmen und einige Wochen aufbewahren. So hielten wir den Kontakt mit Freunden zu Hause, einmal kam sogar einer angejettet, um mit uns gemeinsam zwei Monate durch Südostasien zu reisen. In Indien, China und Australien trafen wir so Freunde, die ihre Urlaubsreisen entsprechend unserer Festpunkte geplant hatten. Solche Treffen und die Berge von Post, die an jedem Festpunkt auf uns warteten, halfen uns über so manche der Unterwegskrisen hinweg, die einen unweigerlich überfallen. Den Kontakt hielten wir über regelmäßige Reiseberichte aufrecht, die von Freunden zu Hause kopiert und an 30 Leute verschickt wurden.

Andererseits erwies sich der **starre Reiseplan** aber auch als Ursache von Krisen und Kriselchen, denn er verhindert oft, an schönen Orten länger zu verweilen. Stattdessen durchlebt man eine permanente Reihe mehrwöchiger Urlaubsreisen, auf denen man ja meist viel, aber selten intensiv erlebt, und auf denen man sich keine Verschnaufpausen gönnt. Otto Normalver-

Literatur

Manfred Köhler, **Sich einfach auf den Weg machen.** Lebenserfahrungen von Globetrottern und Abenteurern. Schwarzkopf & Schwarzkopf.

Hans Christian Kosler, **Warum in die Ferne?** Das Lesebuch zum Daheimbleiben, Insel.

James F. Luhr (Hg.), **Die Erde.** Die große Bild-Enzyklopädie mit 3200 Fotos und Karten. Dorling Kindersley.

Lockende Ferne: Der Bootsschmuck der thailändischen Seezigeuner macht bereits Reiselaune

Geimpft waren wir gegen alles Mögliche, ob's nötig war, wissen wir nicht. Malariaprophylaxe haben wir wegen der Nebenwirkungen nie genommen, hatten aber ein Notfallpräparat dabei.

Krankenversicherung bei der DBV; sie hat problemlos sogar eine ziemlich teure Zahnbehandlung bezahlt. Anwartschaftsversicherung zu Hause bei der AOK. Nach der Heimkehr Check beim Tropeninstitut. Wir hatten Amöben, von denen wir nichts bemerkt haben.

Visa besorgten wir für die ersten drei Monate in Deutschland, danach jeweils in der Hauptstadt eines der vorherigen Länder.

Wir haben uns nirgends unsicher oder bedroht gefühlt. In ganz Asien wurden uns nur zwei Löffel geklaut – wir bekamen zwei neue geschenkt – sowie mein Geldgürtel, den ich aber dusseligerweise in der Herberge liegen gelassen hatte. In Australien verschwand eines unserer Gebrauchträder über Nacht.

reiser hält diesen Stil etwa zwei Monate lang durch, dann folgen Erschöpfung und bohrende Fragen nach dem Wozu. Auch wir hatten solch eine Dritter-Monat-Krise, gönnten uns im sommerheißen Indien aber keine Verschnauf- und Bedenkpause und wurden schließlich sogar ziemlich krank. Noch weitere neun Monate hielten wir unseren Plan ein und hatten dabei so manches unvergessliche und prägende Erlebnis.

Doch meist **bedeutete dieser Reisestil** jeweils ein oder zwei Wochen in einer der grässlichen, zugestopften, verpesteten und hektischen asiatischen Metropolen – Geld und Post von Amex holen, Visa und Permits besorgen, Infos über Weiterreisemöglichkeiten zusammentragen usw. – ein bis zwei Wochen reine Fahrtzeiten mit Bussen und Bahnen zum nächsten Festpunkt und schließlich nur noch wenige Wochen Zeit für Abstecher in Gebiete, wo Asien zu erleben sich noch lohnt – auch innerlich, nicht nur äußerlich. Das schlaucht! Hinzu kam der ständige Wechsel von Sprache, Kultur, Religion, Mentalität. Wir fanden einfach keine Zeit, all die Erlebnisse zu verarbeiten! Täglich neue Fragen ohne eine Chance, befriedigende Antworten zu finden. Zwar waren wir Mitglieder von *Servas*, einer weltumspannenden Friedensorganisation mit Gastgebern auch in einigen asiatischen Ländern, aber außer einmal Tee trinken mit einem Politiker in Kathmandu – ein sehr schönes Erlebnis! – bekamen wir in Asien selten Servas-Kontakte. In Vietnam besuchten wir eine Kommilitonin und auf den Philippinen eine langjährige Brieffreundin, aber sonst hatten wir – außer im unglaublich gastfreundlichen Iran – nur selten Gelegenheit zum Austausch mit den Menschen. Erfahrungen früherer Osteuropa-Urlaube, die immer ausgefüllt waren mit Begegnungen, Einladungen und uneigennützigen Kontakten, fanden wir hier selten. Damals, in den Achtzigern, reisten wir doch eher als Gleiche unter Gleichen und sprachen Russisch. Jetzt waren wir trotz des einfachen Reisestils die Reichen aus dem Abendland ohne Sprachkenntnisse. Englisch sprachen meist nur diejenigen, die mehr an unserem Geld als an uns selbst interessiert waren.

Ach ja, **das Geld:** Um 800 Tage durchhalten zu können, verfügten wir gemeinsam über einen Tagessatz von knapp 15 Euro, alles inklusive. An sich reicht das in den meisten Ländern. Doch um immer rechtzeitig unsere Festpunkte zu erreichen, flogen wir mehrmals, und das haut Löcher in die Kasse – vom ökologischen Gewissen ganz abgesehen! So stellten wir in Südostasien fest, dass es für Amerika nicht mehr reichte – und eigentlich wollten wir auch nicht mehr so richtig. Jedenfalls nicht in dem bisherigen Reisetempo. Also beschlossen wir nach einem Jahr, aus dem Plan auszusteigen und statt dessen so lange in Australien und Neuseeland zu bleiben, wie das Geld reichen würde. Wir kauften uns Second-hand-Fahrräder, »push-bikes«, radelten die australische Ostküste hinab, hatten viele schöne Servas-Begegnungen und wurden *Wwoofer,* »Willing workers on organic farms«. Fünf Monate Australien und zwei Monate Neuseeland, in denen wir uns – nach anfänglichen Aussie-Slang-Problemen – mit den Leuten verständigen und auch über tiefere Dinge als über Preise und das Woher und Wohin unterhalten konnten. Eine herrliche Zeit, in der wir viel gelernt und auch über uns selbst viel erfahren haben!

Seit drei Jahren sind wir nun **wieder zu Hause,** betreiben Umweltarbeit und praktischen Naturschutz, werden demnächst auch zu einer Familie. Den Traum vom autarken Leben mit weitgehender Selbstversorgung, der uns in Australien angesteckt hatte, können wir hier kaum leben. So nagt wieder das Fernweh, der Drang zur Freiheit des unabhängigen Reisens. Wenn wir wieder losziehen, dann mindestens drei Monate in eine bestimmte Region. Und von der Sprache will ich vorher mehr lernen als nur »Guten Tag!«, »Danke schön!« und »Wie viel kostet?«. Am besten wäre es, die Reise mit etwas Nützlichem zu verbinden, einem Workcamp etwa. Jedenfalls weniger, länger und intensiver erleben.

In den meisten Ländern Asiens finden sich spottbillige **Garküchen** am Straßenrand; trotzdem benutzten wir häufig den Juwel-Benzinkocher. Da aus hygienischen Gründen alles ewig gekocht wird, fragt man sich irgendwann, warum man Zähne im Mund hat.

Immer die billigste **Unterkunft**, gezeltet wann immer möglich.

Fortbewegung mit Bus und Bahn, Fahrrad oder zu Fuß; Flugzeug nur, wenn unumgänglich – leider viel zu oft!

Kosten: circa 15.000 Euro für zwei Personen in 18 Monaten bei an Geiz grenzender Sparsamkeit.

VON DER IDEE ZUR WIRKLICHKEIT

Zwei Einträge im Forum von www.globetrotter.org

»Einfach abhauen ... Hallo ihr Globetrotter, wer möchte mit mir einfach losziehen und die Welt erkunden? Das alles ohne jeden Cent in der Tasche. Einfach Rucksack auf und ab!«

»Träumer können manchmal bessere Realisten sein, als die, die sich für welche halten. Mein eigenes Reisemotto lautet: Ohne Flugzeug, ohne Geld – einmal um die Welt. Bin so seit fast drei Jahren unterwegs. Reisen und Arbeitsaufenthalte halten sich so etwa die Waage. Bin allerdings mit etwas Geld gestartet, um nicht schon gleich an der nächsten Ecke nach einem Job suchen zu müssen, aber habe momentan mehr als mein Startguthaben, bin also im Plus.«

Irgendwann sind kleine Fluchten nicht genug, Wünsche regen sich und Träume, halb versteckt im Nebel der Vorstellung: Einmal durch Südamerika oder China, den Mekong entlang oder den Amazonas, in den Himalaja oder nach Feuerland ... Viel zu schade, solch eine Idee einfach im Jahresurlaub abzuhaken! Wenn Sie Ihrer Idee Raum und dem Reisen oberste Priorität geben, wird die »Große Reise« Wirklichkeit. Für das »Wie« gibt es keine allgemeingültige Regel. Suchen Sie Kontakt zu erfahrenen Globetrottern und Sie werden zahlreiche individuelle Rezepte finden. Dieses Handbuch bietet Ihnen jedoch die nötigen Zutaten für kreative Experimente. Vorausgesetzt, Sie machen sich frei von Zwängen und Ängsten, dann kann Ihnen alles gelingen!

Literatur

Heine Stupp, **Zu Fuß um die Welt in 492 Tagen,** 1895/96. Langen Müller.

Nagib Machfus, **Die Reise des Ibn Fattuma.** Unionverlag.

Rahmenbedingungen einer Reise

Wie lange reisen?

Die Drei-Monats-Reise. Mit den üblichen Urlaubstagen können Sie etwa 6, 7 Wochen verreisen. Mit zwei über den Jahreswechsel zusammengelegten Urlaubsphasen können Sie theoretisch von November bis März unterwegs sein. Reisen bis zu etwa drei Monaten Dauer können so ohne wesentliche Änderung der Lebensplanung organisiert werden. Allerdings bleibt Ihre Kostenstruktur zu Hause erhalten, nur punktuell lassen sich Ausgaben vermeiden. ↗ Seite 118 Unbesorgt abreisen.

Die Jahresreise. Deutlich längere Reisen schlagen sich meist in der Vita nieder: nach dem Abitur oder Wehrdienst, nach dem Studium, vor dem Berufsantritt oder nach der Pensionierung. Schwieriger ist es, ein Jahr zwischen zwei Arbeitsverhältnisse zu legen. Optimal wird es, wenn der nachfolgende Arbeitsvertrag bereits besteht. In manchen Berufen kann man ein *Sabbatjahr* nehmen. Ähnlich lässt sich planen, wenn Sie über längere Zeit etwa eine Zwei-Drittel-Stelle haben, jedoch voll arbeiten und die angesparte Zeit in die Reise investieren. Oder Sie lassen sich vom Arbeitgeber unbezahlt beurlauben. Steuerlich günstig ist es, die Reise von Jahresmitte zu Jahresmitte zu planen. Bei einer solch langen Abwesenheit können Sie laufende Kosten zu Hause nahezu auf Null zurückfahren. Wenn Sie es geschickt anstellen, kostet Sie dieses Jahr weniger als ein Jahr zu Hause. ↗ Seite 118 Unbesorgt abreisen.

Die mehrjährige Reise beeinflusst Ihr Leben gravierend. Sie selbst verblassen im Bewusstsein Ihrer Freunde und Arbeitskollegen, Verwandte sterben, ihre Berufserfahrung veraltet ... Nach der Rückkehr fehlen Ihnen spürbar Erfahrungen, die alle anderen miteinander teilen. Organisatorisch ist es möglich doch schwierig, solch lange Abwesenheiten im Griff zu behalten. Die Lohnsteuerkarte, das Schreiben der Rentenversicherung, die Mahnung der Bank über den Kontostand, vergessene Jahresrechnungen ... Natürlich können Sie das alles liegen lassen. Doch es verstreichen Fristen, es fallen Mahngebühren an, möglicherweise schaltet jemand einen Rechtsanwalt ein, Versicherungen kündigen Ihnen den Schutz ... Besser als das alles wieder ins Lot zu bringen, ist jemand, der sich kümmert, die Post sichtet und Vollmachten für alle Eventualitäten, Konten, Institutionen hat. Wer macht das für Sie, jahrelang? ↗ Seite 118 Unbesorgt abreisen.

Einige Appetizer

www.letmestayforaday.com, Ramon Stoppelenburg reiste ohne Geld um die Welt.

www.bikechina.com, Heinz Stucke ist mit seinem Dreigangrad seit 37 Jahren unterwegs, 455.000 km in 192 Ländern.

www.lemlem.de, Peter Smolka auf jahrelanger Weltreise mit dem Fahrrad.

www.zweizeit.de.vu, Motorradreisen durch Afrika sowie durch Russland bis Wladiwostok.

www.tlc-exped.net, Reisen mit dem »Landy« durch Afrika und Asien.

www.128ontour.com, Weltumradlung der »Athleten« Jutta und Gerhard Krauss, zusammen 128 Jahre alt.

www.trampen.net

Was kostet die Reise?

Je mehr Zeit Sie Ihrer Reise einräumen, desto weniger Geld benötigen Sie pro Monat. Eine dreimonatige Reise muss nicht teurer sein als eine einmonatige Reise ans gleiche Reiseziel. Da Ihre Kosten zu Hause jedoch im Wesentlichen weiterlaufen, müssen Sie das Geld für »Drei-Monats-Reisen« vorher sparen.

✹ **Tipp:** Mit der Erfahrung von mehreren »Drei-Monats-Reisen« leisten Sie sich später eine »Jahresreise«. Viele Reisende benötigen in einem Reisejahr viel weniger Geld als zu Hause.

▶ Kalkulieren Sie grob die **voraussichtlichen Kosten,** ↗ Seite 72 Checkliste Budgetplanung.

- Je kürzer die Reise ist, desto teurer ist sie. Also sparen Sie Kosten, wenn Sie eine lange Reise planen anstelle mehrerer kurzer.
- Je weiter die Reise führt, desto teurer ist sie. Den größten Kostenfaktor bildet die An- und Abreise mit Flug oder Schiff. Also sparen Sie Kosten, wenn Sie die An- und Abreise als Teil der Reise verstehen, z.B. langsam und über Land reisen.
- Die Kosten steigen mit Ihrem Sicherheitsbedürfnis. Viele Menschen neigen dazu, ihre Ängste mit dem Kauf von Ausrüstung und Versicherungen zu dämpfen. Also sparen Sie Kosten, wenn Sie Erfahrungen sammeln (eigene oder die anderer) und ins kalte Wasser springen.
- Je höher Ihre Anforderungen sind, je mehr Sie in die Reise hineinpacken und je schneller Sie reisen, desto höher sind die Kosten. Das hat psychologische und strukturelle Ursachen. Je mehr Sie sich unter Druck setzen (»Ich muss«), desto weniger können Sie frei zwischen Alternativen wählen und nehmen das erstbeste Angebot. Schnelle Reisen bedingen häufigere Ortswechsel. Sie kennen die lokalen Verhältnisse nicht und sind auf den erstbesten Kontakt angewiesen. Das ist ideal für die Nepper, Schlepper, Abzocker an Bahnhöfen, Flughäfen, in Hotels ... Sie sparen also Geld, wenn Sie langsam, entspannt und genussvoll reisen.

▶ Sparen Sie für die Reise etwa die Hälfte Ihrer normalen Jahresausgaben an.

▶ Halten Sie die Augen auf – vielleicht können Sie irgendwo Ihre Fähigkeiten gegen Kost & Logis tauschen.

- Reduzieren Sie Ihre laufenden Kosten zu Hause oder fahren Sie sie auf Null.
- Mindern Sie den Einfluss der oben genannten kostentreibenden Faktoren.
- Praktizieren Sie einen günstigen Reisestil und wählen Sie kostengünstige Reiseländer.
- Bilanzieren Sie unterwegs Ihre Wochen- und Monatsausgaben und halten Sie sich an Ihre Budgetplanung, ↗ Seite 73 Geld – dieses Thema bewegt alle.

Wann reisen?

Für die von Ihnen gewählten Routen und Ziele gibt es mehr oder weniger optimale Jahreszeiten.

- Passen Reiseziel und **Reisezeit** zu Ihren Absichten? Geraten Sie in Trocken- oder Regenzeit, in Sommer oder Winter? Passt das zu Ihren Absichten? Lässt sich die Route anpassen? ↗ Kapitel 265 Reiseziele.

Temperatur, Luftfeuchtigkeit, Regen und Wind bestimmen die Behaglichkeit des Klimas. Aus langjährigen Wetterbeobachtungen leitet man für eine Region in einer bestimmten Jahreszeit die zu erwartende Witterung ab. Als beste Reisezeit gelten die angenehmsten oder am wenigsten unangenehmen Monate. Doch je nach geografischer Gliederung des Landes wechselt das Klima von Region zu Region. In den Bergen ist die Sonnenscheindauer geringer. Man rechnet mit etwa 6 Grad Abkühlung pro 1000 Höhenmeter. Küstengebiete sind im Sommer kühler, feuchter und regnerischer als gleich hoch gelegene Gebiete im Landesinnern, im Winter oft milder.

www.wetteronline.de
www.klimadiagramme.de
www.wunderground.com

Jörg Klingenfuss (dzg) bietet einen weltweiten Wetterservice: http://ourworld.compuserve.com/homepages/Klingenfuss/

Die beste Reisezeit hängt also von Ihren Interessen ab: Wollen Sie an den Strand, Tiere beobachten oder in den Bergen wandern oder klettern? Vorlieben (Baumblüte oder Indian Summer), Aktivitäten (Skifahren oder Surfen) und Einstellung (Einsamkeit oder Trubel) bestimmen die Wahl der Reisezeit.

- Checken Sie Ihren **Allgemeinzustand,** berücksichtigen Sie außergewöhnliche Belastungen durch Klimawechsel, Jet-Lag, Aktivitäten (Bergsteigen, Tauchen etc.),

Gletscherwandern in Italien: Sie müssen nicht um den halben Globus jetten, um besondere Eindrücke zu sammeln

Mehr Informationen

www.auswaertiges-amt.de, die erste Wahl für den ersten Schritt. Hier finden Sie alle Formalitäten zu Ein- und Ausreise, Zoll, benötigte Dokumente, Sicherheitshinweise, Adressen aller Botschaften u.m.

www.ifag.de/kartographie/stagn/stagn.htm Auch die Schreibweise der Staatennamen wird festgelegt, zuständig ist der Ständige Ausschuss für geografische Namen, Stagn. Dort finden Sie Kurz- und Langform der Namen, als Adjektiv und Personenbezeichnung.

www.columbus-reisefuehrer.de, eigentlich für Reisebüros und daher touristisch informativ und sehr teuer, doch dick wie ein Telefonbuch.

Malaria- oder Gelbfieber-Infektionsgebiete sowie andere Besonderheiten, ↗ Seite 127, Gesundheit.

Wohin reisen? Reiseziele und -routen

Unbegrenzt reisen können Sie nur mit dem eigenen Schiff auf den Ozeanen. Auf dem Land begrenzen die Staaten Ihre Reiseroute. Damit Ihre Route realisierbar ist, müssen Sie sich über die Staaten und deren Bestimmungen gründlich infomieren.

Staaten besitzen »eine eigentümliche, höchste, nicht abgeleitete, allumfassende, nach innen und außen unbeschränkte Hoheitsgewalt« (Brockhaus). Der Anspruch auf Souveränität schließt die Unabhängigkeit anderer Staaten ein, bedarf also der gegenseitigen Anerkennung der etwa 193 Staaten untereinander. Taiwan, Palästina, Sahara, Nordzypern und Osttimor beispielsweise streben diesen Zustand an, ohne ihn umfassend erreicht zu haben.

Exklaven sind Teilgebiete wenig außerhalb des Staatsgebietes. Größere und entfernter liegende Teile eines Staatsgebietes werden als **Territorien** bezeichnet, z.B. die Kanalinseln, Gibraltar oder Nunavat. Die USA, Australien, Neuseeland, Frankreich und Großbritannien besitzen zahlreiche Territorien. Diese haben oft einen Sonderstatus, sind autonom oder werden durch das Militär verwaltet. Das hat Konsequenzen für die Reisefreiheit.

Zeitverschiebung & Feiertage

Die koordinierte **Weltzeit** (Coordinated Universal Time, UTC) entspricht ungefähr der früher verwendeten Greenwich Mean Time (GMT). Sie wird durch Atomuhren gemessen und über Zeitsender verbreitet. Im deutschsprachigen Raum ist es UTC plus 1 Stunde; 12 Uhr UTC ist also gleich 13 Uhr Ortszeit im Winter bzw. 14 Uhr Ortszeit im Sommer. Im anglophonen Sprachraum bedeutet 6 a.m. (*ante meridiem*) 6 Uhr morgens; 6 p.m. (*post meridiem*) dagegen 18 Uhr. Die seltene Ausdrucksweise 2200 bedeutet 22 Uhr.

Der internationale Lebensrhythmus orientiert sich weltweit am Gregorianischen Kalender, dem uns vertrauten System. Er geht vom Sonnenjahr aus und entspricht den Jahreszeiten.

Feiertage und Feste richten sich dagegen häufig nach anderen Kalendern, dem balinesischen, chinesischen, indischen, iranischen, islamischen, jüdischen ... In vielen Kalendern wird das Jahr nach den Mondphasen eingeteilt, ist also kürzer und der Jahresbeginn verschiebt sich gegenüber dem Sonnenjahr.

▶ Machen Sie sich mit den Besonderheiten in dem von Ihnen besuchten Kulturkreis vertraut. Zeitverschiebung und Feiertage beeinflussen die Reiseplanung, ↗ Seite 256, Reisen in hinduistischen bzw. islamischen Ländern Seite 260.

Tipp: Bei der Suche im Internet helfen auch anderssprachige Namen (Côte d'Ivoire), Synonyme (Formosa), veraltete Namen (Ceylon) und Schreibweisen. Deutsche Namensvarianten erkennen Sie z.B. an s statt z (Tansania), k statt c (Kokos) oder z statt c (Galizien).

Literatur

Fischer-Weltalmanach, informiert jährlich aktualisiert über alle Länder dieser Erde, deren Wirtschaft, Politik, Gesellschaft ... und ermöglicht eine sachlich fundierte Vorstellung von der Struktur unserer Länder und Staaten.

István Hahn, **Sonnentage – Mondjahre.** Über Kalendersysteme und Zeitrechnung. Urania, 1989.

Mehr Informationen

www.asien-feste.de, Hintergründe zu Festen in Asien von Maria und Dieter Kanzlerski (dzg).

Rudolf Wendorff, **Tag und Woche, Monat und Jahr**. Eine Kulturgeschichte des Kalenders. Westdeutscher Verlag, 1993.

DEN REISEABLAUF PLANEN

»Aber der Reisende,
der flieht, hält früher oder
später inne.«
Manuel V. Montalbán

Realistische Tages- und Wochenpläne ersparen Stress, Hektik und Zwischenfälle – Tempo tötet jede Reiselust. Erst bei zwei Übernachtungen an einem Ort erleben Sie diesen Ort mindestens 24 Stunden lang, auch morgens, auch abends. Ein Ruhetag ist das dennoch nicht, denn es bedeutet ja: Gestern bin ich angekommen, morgen fahre ich weiter; zwischendurch wird Wichtiges erledigt.

Unser (beruflicher) Alltag wird von einem uns auferlegten Rhythmus und Tempo bestimmt, die uns häufig nicht bewusst sind. Entfernen wir uns aus dem Alltag, dann verlangsamt sich das Tempo. Im Urlaub gönnen wir uns das. Doch Reisen sind nicht erholsam. Daher kann es sinnvoll sein, eine Reise mit einem Urlaub zu beginnen. Denn wer den gewohnten Rhythmus beibehält und im Alltagstempo reist, ruiniert seine Reise. Klar, Sie absolvieren ein effektives Reisepensum, doch leicht sind Kilometerfresserei, Abhaktourismus und Rekorde die Folge. Schade, denn Reisen bieten die Freiheit einen anderen Lebensstil zu praktizieren.

Doch auch das Gegenteil findet Anhänger: Sie können so planen, dass Sie gar nichts planen und liefern sich vollständig dem Zufall aus. Das führt zu interessanten, häufig einzigartigen Reiseerlebnissen. Vielleicht helfen Ihnen die folgenden Hinweise, ihren Weg zwischen den Extremen zu finden:

- Wenn Sie ein Reiseziel erreichen wollen, müssen Sie die Ein- und Ausreise in Ihre Reiseländer planen.
- Wenn Sie Ihre Reisezeit absichtsvoll einsetzen möchten, sollten Sie weitere Schlüsselstellen der Reise planen, z.B. Termine selten verkehrender Verkehrsmittel

Sie brauchen:	Sonst entsteht:	Es geht auch anders:
Zeit →	*Stress!*	Genießen statt rasen.
Gesundheit →	*Krankheit!*	Sich schonen statt zu überfordern.
Ausrüstung →	*Gefahr!*	Praktisch denken statt Ballast zu schleppen.
Geld →	*Ärger!*	Bescheiden reisen statt zu protzen.

oder klimatisch bestimmte Zeitfenster (verschneite Pässe, Hochwasser, Tierwanderungen, Hurricansaison, Passatwinde u.a.m.).

- Alle verbleibenden Reisephasen können Sie planen oder auch nicht.

Weisen Sie in den zu planenden Reisephasen jedem Reisetag eine der folgenden Funktionen zu:

Fahrtage: Rechnen Sie mit Verspätungen bereits beim Aufbruch: Zimmer räumen und bezahlen, Taxi suchen oder tanken, zur Stadt hinausfinden etc. Weitere Verzögerungen gibt es durch Hindernisse und Staus, Unfälle, Polizeikontrollen, Unbill des Wetters, Rushhour, falsch abgebogen und Reparaturen – irgend etwas stört immer.

- Gönnen Sie sich Pausen zum Orientieren, Essen und Trinken.
- Erledigen Sie 60 % des Tagespensums bis zum Mittag.
- Am Ziel sollten Sie besser einige Stunden vor Sonnenuntergang ankommen. Die Geschäfte sind noch geöffnet und Hilfe noch verfügbar ist.

Grenztage: Für einen Grenzübergang benötigen Sie außerhalb der EU einige Stunden oder mehr, insbesondere mit dem eigenen Fahrzeug. Als Teilnehmer einer Gruppe oder eines Konvois bestimmt der Letzte das Tempo und bei irgendjemandem gibt es immer Probleme. Vielleicht ist auch gerade Mittagspause. Manche Zollämter sind nachts geschlossen, manche Grenzübergänge an Feiertagen oder Wochenenden.

- Übernachten Sie möglichst in Grenznähe, passieren Sie anderntags die Grenze möglichst früh. Danach müssen Sie Geld tauschen, sich im fremden Land neu orientieren, vielleicht das Verkehrsmittel wechseln.

Organisationstage liegen zwischen der Ankunft in einer Stadt und der Weiterfahrt. Dazu brauchen Sie Ämter, Büros, Geschäfte. Nach Feierabend stehen Sie ebenso vor verschlossenen Türen wie zu den ortsüblichen Pausen, Wochenenden oder Feiertagen. Viel Zeit vergeht mit Warten. »Mal eben Geld wechseln« ist

Geben Sie jedem Reisetag eine Funktion,

Reisetag	Datum	Wochentag	Art des Tages	Von ... nach/in
1.	13.9.	Fr	Fahrtag	Berlin – Leck
2. – 3.	14. – 15.9.	Sa/So	Aufenthalt	Leck
4.	16.9.	Mo	Ruhetag	Niebüll – Föhr
5. – 6.	17. – 18.9.	Di/Mi	...	...

Literatur

Sten Nadolny, **Die Entdeckung der Langsamkeit,** Piper, München.

Michael Stark, Peter Sandmeyer, **Wenn die Seele neue Kraft braucht.** Wie aus Urlaub und Freizeit Erholung wird. Rowohlt.

Marc Walter, Alain Rustenholz, Sabine Arqué, **Legendäre Reisen.** Auf den großen Routen um die Welt. Frederking & Thaler.

in vielen Ländern nicht möglich, das verlangt Lauferei und Geduld. Dann ist der halbe Tag rum und die Nerven liegen blank.

Aufenthaltstage für Kultur, Besuche, Wandern ...

Ruhetage sind frei von Pflichten und Programmen. Zu Hause gönnen Sie sich ja auch Ihr Wochenende: lesen, am Strand abhängen, flanieren, im Meer dümpeln, in der Sonne liegen, ausschlafen.

Reservetage sind für all das Unvorhergesehene: geschlossene Grenzen, Feste, verpasste Züge, Nebel am Flughafen, Ärger mit der Polizei, Unfall, Krankheit. Vielleicht gefällt es Ihnen auch so gut, dass Sie länger bleiben möchten. Ohne Reserve geht das nicht.

In der Ruhe liegt die Kraft: Buddhistische Mönche haben es (fast) nie eilig ...

das entspannt den Reiseablauf!

Strecke (km oder Zeit)	Verkehrsmittel	Besondere Tagesinhalte
6 Std.	Auto	am Abend Deichwandern
	Fahrrad	Niebüll/Nolde-Museum anschauen
1 Std.	Fähre, Rad	Faulenzen am Strand

▶ Erstellen Sie sich Ihre Wunschroute an Hand von **Karte und Kalender:**

- Für jede Fahrt zu einem entfernteren Ziel einen Tag. Vermeiden Sie zwei Fahrtage hintereinander.
- Für jeden Grenzübertritt einen Tag.
- Für jede größere Stadt ein bis zwei Organisationstage.
- Pro Woche einen Ruhetag *und* einen Reservetag.
- Die übrig bleibenden Tage sind Aufenthaltstage.

▶ Wenn der Plan nicht passt, optimieren Sie ihn, verlängern Sie die Reise oder streichen Sie Länder:

- Orte zu streichen, spart Aufenthalte, verlängert aber die Fahrtage.
- Nachtfahrten sind je nach Verkehrsmittel mehr oder weniger belastend, erhöhen aber das Tempo. Selbstfahrer sind nachts jedoch gefährdeter.
- Entlasten Sie die Fahrtage, meiden Sie die Rushhour.
- Legen Sie Grenz- und Organisationstage nicht auf Feiertage oder Wochenenden.

▶ Ein hohes Reisetempo ist teuer, konfliktreich und verbunden mit:

- Viel Organisation, Zeitdruck, schnellen Entschlüssen.
- Kurzen Aufenthalten und vielen verschiedenen Unterkünften.
- Hohem Materialverschleiß beim eigenen Verkehrsmittel.
- Hoher nervlicher Belastung mit wenig Ruhephasen.
- Oberflächlichen Kontakten zu den Menschen.

Eine Anmerkung zum Thema Sicherheit

Terroranschläge zielen immer wieder auf Touristen (Sahara, Bali, Tunesien…). Naturkatastrophen zerstören auch touristische Ziele. »Die gefährlichsten Plätze für Touristen sind Plätze, wo Touristen sind.« sagt R. Young Pelton in seinem Buch *The World's Most Dangerous Places*. Selbst der Rat zu Hause zu bleiben, schützt nicht. Unfälle im Haushalt und im Straßenverkehr sind häufige Ursachen für Krankheit und Tod. Das sicherste Argument für das Reisen: »Die meisten Leute sterben daheim im Bett.« Peter Meyer beim Aufbruch zu seiner ersten großen Reise.

FRAUEN ALLEIN UNTERWEGS

von Sonja Roschy

Sonja Roschy ist Mitglied der dzg und war 1999 – 2003 in deren Vorstand. Ihre Reisen führten sie meist nach Asien, allein oder zu zweit. Beruflich verarbeitet sie ihre Reisen künstlerisch, auf Leinwand und in der Raumgestaltung.
www.sonja-roschy.de

Ob aus Abenteuerlust, zu Forschungszwecken oder der Liebe wegen – gereist sind Frauen immer und oft auch allein. Den frühesten bekannten Reisebericht schrieb die Nonne Aetheria im 4. Jahrhundert. Sie reiste drei Jahre lang durch den Nahen Osten auf der Suche nach Relikten aus biblischer Zeit. Maria Sibylla Merian erforschte 1699 Flora und Fauna in Surinam; Alexandra David-Néel verschrieb sich Anfang des 20. Jahrhunderts dem Studium des Buddhismus und gelangte sogar in die verbotene Stadt Lhasa in Tibet.

Kultur erleben, Fremdes kennen lernen, Bekanntschaften knüpfen, sich selbst erforschen oder einfach nur unterwegs sein – die Motive sind sehr unterschiedlich. Wichtig für den »Erfolg« einer Reise ist es, sich über die eigenen Erwartungen klar zu sein. Soll Erholung das Ziel sein, bietet sich ein kleines Gebiet oder gar nur ein bestimmter Ort an. Reisende haben viel zu organisieren, sie lernen Land und Leute besser kennen und das kann das Selbstbewusstsein durchaus stärken.

Der Vorteil des Alleinreisens ist neben der absoluten Unabhängigkeit der Umgang mit den eigenen Stärken, Schwächen und Fähigkeiten, da Sie sich ständig mit sich selbst und anderen auseinandersetzen müssen. Das eigene Denken und Handeln in Frage stellen, die persönliche Toleranzgrenze ausloten und mitgebrachte Wertmaßstäbe unter die Lupe nehmen – so wird das Reisen auch zum Lernen. Offenheit, Verständnis und Neugierde sind gute Reisebegleiter.

Neue Eindrücke zuzulassen und freundlich zu sein bedeutet aber nicht, 24 Stunden lang grinsend wie ein Honigkuchenpferd durch die Welt zu rennen – schließlich wollen Sie ernst genommen werden.

Verhalten in fremden Gesellschaften

Das Bild der westlichen Frau entsteht, besonders in der »Dritten Welt«, im schlimmsten Fall aus jahrelangem Konsum zweitklassiger Filme mit endlosen Wer-

Frauen fragen Frauen: So bleiben Sie auch in China nicht im Regen stehen

beszenen und klischeehaften Werbeplakaten. Von der Touristin wird erwartet, dass sie diesem Bild mehr oder weniger entspricht. Natürlich gibt das Ärger.

Dieses Frauenbild wird verstärkt durch einen weiblichen Sextourismus. Einige Frauen suchen auf der Reise nach sexueller Befriedigung, die zu Hause unerreichbar scheint. Mit diesem Erbe schlagen sich nachfolgende Frauen herum. Sollte es fernab heimatlicher Kälte zu zwischenmenschlichen Beziehungen kommen, so sollte jede Frau ehrlich bleiben und keine falschen Hoffnungen schüren oder Unerfüllbares versprechen.

▶ Begegnen Sie den Menschen höflich, aber zurückhaltend. Sich in alltäglichen Situationen zu behaupten,

www.journeywoman.com, Ratschläge reisender Frauen.

Sachbücher

Birgit Adam, **Als Frau allein unterwegs.** Reise Know-How.

Sheila Swan, Peter Laufer, **Safety and Security for Woman Who Travel.** Travelers' Tales Guide 1998, ISBN 1-885211-29-5.

Woman Travel. **First-hand Accounts from more than 60 Countries.** A Rough Guide Special.

Thalia Zepatos, **A Journey of One's Own.** Uncommon Advice for the Independent Woman Traveler, Eight Mountain Press.

Literatur

Zahlreiche Titel nennt www.amazon.de zu den Suchbegriffen Frauen und Reisen; auch vergriffene Titel sind dort gebraucht zu finden, hier eine Auswahl:

Uwe Wandrey, **Liebesfluchten.** Was Frauen in den Süden zieht, Rasch und Röhring, 1992.

Ingrid Backes, **Das Frauen Reisebuch,** Rowohlt.

Susie Piroué, **Vom Vergnügen, mit sich selbst zu reisen.** Fischer.

Christiane Landgrebe (Hg.), **Wilde Frauen reisen anders.** Byblos.

Fatema Mernissi, **Die Macht der Frauen in der Welt des Islam,** Sultanin. Luchterhand.

✹ **Tipp:** Selbstverteidigungskurse werden häufig von Polizeigewerkschaften, Kampfsport- und Turnvereinen angeboten.

kann jede bereits zu Hause üben. Begegnen Sie Blicken selbstsicher, weichen Sie nicht ängstlich aus oder schauen Sie gar nach unten – das signalisiert bereits Unterwerfung. Erhobenen Kopfes erwidern Sie den Blick und schauen seitlich weg. Ein tiefer und langer Blickkontakt mit einem Mann zeigt keine Stärke, sondern lädt ihn ein, näher zu kommen. Eine dunkle Sonnenbrille hilft, ungewollten Blickkontakt zu vermeiden und schafft Distanz.

- Es ist für Männer moslemischen oder auch hinduistischen Glaubens sonderbar, dass Sie als Frau allein unterwegs sind. Da kann auch eine Ihnen harmlos erscheinende Unterhaltung als Aufforderung angesehen werden. Schließlich würden die Ehefrauen dieser Männer kaum einen Schritt ohne die Erlaubnis ihres Gatten tun. Entweder sind Sie also Freiwild oder Ihr Mann ist ein absoluter Volltrottel, weil er Sie allein fahren lässt.
- In manchen Situationen ist es sinnvoll, sich als verheiratet auszugeben, einen Ehering zu tragen und von der baldigen Ankunft des Gemahls zu sprechen. Am besten gibt es daheim Kinder, denn erst so gilt frau als Frau. Fotos mit Mann und Kindern sind dann sehr nützlich.
- Wird die Situation bedrohlich, ist auch keine Hilfe von außen zu erwarten? Schlagen Sie zu, schnell und kräftig, und nutzen Sie den Überraschungsmoment zum Flüchten. Schlagen Sie mit gespreizter Hand auf die Kehle, mit der Faust auf die Nase oder stechen Sie mit den Fingern in die Augen. Noch besser: Besuchen Sie zu Hause einen Selbstverteidigungskurs, der lehrt nicht nur die Technik, sondern bringt die nötige Selbstsicherheit.

Kleidung

Achten Sie besonders bei Reisen in islamisch und hinduistisch geprägten Ländern auf die Kleidervorschriften, ↗ Seite 256. Sie bewahren sich so vor Spott und Anmache. Weder der letzte Schrei aus Ibiza noch der Ami-Tarnanzug sind hier angebracht. Verstecken Sie sich nicht in Männerkleidung, sondern bleiben Sie Frau, dann werden Sie auch ernst genommen. Respektieren Sie die jeweils übliche Frauenrolle, auch wenn Sie Ihnen nicht gefällt.

- Grundsätzlich sollten Arme und Beine bedeckt werden, wobei sich ein langer Rock und eine langärmelige, weite Bluse als vorteilhaft erweisen. Enge Kleidung klebt am Körper und zeigt diesen zu deutlich, ein BH sollte selbstverständlich sein. Hellere Farben halten die Moskitos fern.
- Ein großes Tuch ist vielseitig: als Halstuch schützt es vor Zugluft und Erkältung in den unterkühlten Räumen der Hotels und öffentlichen Gebäuden; vor Nase und Mund vor Staub, am Strand ersetzt es Rock und Kleid; wo vorgeschrieben, dient es als Kopftuch und kann in Billigunterkünften den fehlenden Vorhang am Fenster ersetzen. Die Türe lässt sich mit einem untergeschobenen kleinen Keil zusätzlich sichern.
- Die Hose ist in vielen außereuropäischen Ländern ein ungewöhnliches Kleidungsstück für Frauen, zumindest in Dörfern auf dem Land (Südamerika). Hot pants gar werden etwa in Afrika meist von Prostituierten getragen. Robuste Jeans können dennoch sinnvoll sein.
- Tampons und Binden sollten Sie reichlich mitnehmen, die sind vielfach nicht zu bekommen.

▶ Informieren Sie sich vor der Reise, beispielsweise anhand der Sympathie-Magazine, ↗ Seite 250, oder durch die Länderkunden aus dem C.H. Beck-Verlag. Vor einem Kulturschock bewahrt alles Lesen allerdings auch nicht. Ich selbst habe vor meiner ersten Reise nach Indien jede Menge zu dem Thema gelesen. Trotzdem saß ich am dritten Tag nach meiner Ankunft heulend im Hotelzimmer und fragte mich, was ich überhaupt dort wollte. Mit einer Mischung aus Mut, Risikobereitschaft, Verzicht und jeder Menge Neugier sind Sie bestens gerüstet fürs Unterwegssein allein – und: Es gibt nichts Gutes, außer frau tut es!

Reiseveranstalter

Frauen unterwegs – Frauen reisen, Berlin, ✆ 030/2151022, www.frauenunterwegs.de. Katalog mit etwa 250 organisierten Gruppenreisen für Frauen. Das regelmäßig aktualisierte Buch *Frauenorte Überall* beschreibt etwa 150 Adressen in 22 europäischen Ländern: Unterkünfte, Cafés, Buchläden und Infostellen für Frauen in ganz Europa. Auch im Buchhandel erhältlich.

www.travelle.de, Gabriele Reuter, Frankfurt, ✆ 069/40591588.

www.Towanda.org, Motorradreisen für Frauen: Molder, Oberhausen, ✆ 0208/608157.

www.reisemarie/Frauenreisen, Portal.

REISEN MIT KINDERN

Von Steffi, Marie, Moni & Helgo Bretschneider

Moni und Helgo Bretschneider sind Mitglieder der dzg. Helgo ist freiberuflicher Mangagement-Trainer (www.impuls-seminare.de) und hat seit 1996 im Vorstand die Kasse fest im Griff. Seit Steffi und Marie zur Familie gehören, hat sich auch das Reisen verändert. Ging es zuvor mit dem Rucksack über alle Kontinente, sind es nun die näheren Ziele, die mit dem Wohnmobil oder mit Mietautos erkundet werden. Dazu gehören das Nordkap, Tunesien, Ägypten, Marokko und Kroatien. Wichtigste Devise der reisenden Familie: Alle Interessen werden berücksichtigt!

Reisen mit Kindern machen sehr viel Spaß! Stimmt das wirklich? Ja, wenn die Reise kindgerecht geplant wird. Unsere Erfahrungen bestätigen nicht den Vorbehalt, Kinder seien mit anderen Kulturen, Kontinenten oder Rundreisen eher überfordert bzw. gelangweilt. Richtig informiert und vorbereitet, sind solche Reisen ein sehr schönes und prägendes Erlebnis für »Groß und Klein«. So haben die individuellen Urlaube in Tunesien und Marokko unseren Töchtern sehr viel Spaß gemacht. Positive Nebeneffekte: Das Erleben anderer Kulturen mit sichtbar niedrigerem Lebensstandard hat eine gesunde Wertschätzung des heimischen Wohlstandes geweckt und den Horizont der Kinder spürbar erweitert.

Altersstufen für die Reise

Säuglinge sind noch recht anspruchslose Mitreisende. Sie schlafen viel und brauchen unabhängig von der Umgebung lediglich die gewohnte Zuneigung und Ernährung. Jede Form der Reise ist deshalb möglich.

Im **Krabbelalter** wird es aufwändiger. Die Kleinen fassen alles an, stecken alles in den Mund – nichts ist vor ihnen sicher. In einer Ferienwohnung und am Sandstrand hat ein Kind in diesem Alter sicherlich den meisten Freiraum.

Im **Laufalter** mit etwa eineinhalb Jahren können die Kinder gewisse Regeln einhalten, dann wird es einfacher. Die Dinge werden bewusst wahrgenommen, das Interesse ist groß und auch Ausgrabungen, Museen oder Bazare können Freude bereiten. Natürlich sind Kinder hinsichtlich der Ruhezeiten und der Ernährung noch aufwändig zu behandeln.

Im Alter von drei bis vier Jahren sind Kinder bereits routinierte Reisebegleiter, die allerdings auch ihre Wünsche deutlich zum Ausdruck bringen. Stress wird vermieden, wenn die Vorstellungen der Kids beim Planen des Urlaubs berücksichtigt werden. Unsere Töchter haben sehr viel Spaß am Erkunden und Besichtigen von Reiseländern, wenn dazwischen auch Zeit bleibt, etwa für den Strandbesuch. Andererseits haben wir Eltern Spaß am Strand, wenn das nicht der einzige Inhalt einer Reise bleibt.

Auswahl geeigneter Reiseländer

Wie wird das optimale Urlaubsziel ausgewählt? Es macht einen Unterschied, ob ein Flug mit dem Kind auf dem Schoß vier Stunden nach Tunesien, neun Stunden nach Florida oder 22 Stunden nach Neuseeland dauert. Fliegt das Kind kostenlos ohne Sitzplatzanspruch in einer ausgebuchten Maschine mit, kann das zur strapaziösen Bewährungsprobe werden. Wer zusammen mit den Kindern eine sichtbar andere Kultur erleben möchte, ist bereits mit **Nahzielen** wie Marokko, Ägypten oder Tunesien sehr gut bedient. Wenige Stunden Flug reichen aus, um abseits von Touristenpfaden »orientalische« Abenteuer zu erleben. Trotzdem ist die Infrastruktur dieser Länder so, dass alle notwendigen oder gewohnten Dinge vorhanden sind.

Das **Klima** ist ein weiteres Kriterium. Bei über 40 Grad im Schatten oder Monsun mit extrem hoher Luftfeuchtigkeit ist die Abenteuerlust von Kindern (und Erwachsenen) begrenzt. Auch bei ungewohnt intensiver Sonnenstrahlung ist schon aus gesundheitlichen Gründen von stundenlangen Ausflügen im Freien abzuraten. Frühjahr und Herbst sind für Reisen mit Kindern gut geeignet und entsprechende Reiseziele gibt es genug: In Südafrika etwa ist von September bis November Frühling. ↗ Seite 288, Beste Reisezeit.

Tipp: Hinweise zur **Reiseimpfung** von Kindern gibt es im Internet z.B. von der Deutschen Gesellschaft für Tropenmedizin und internationale Gesundheit e.V. unter www.dtg.mwn.de/impfen/kinder.htm

Eltern sollten sorgfältig entscheiden, ob sie Regionen bereisen, in denen Malaria, Typhus U.Ä. auftreten. Der Besuch solcher Länder ist beinahe obligatorisch mit der Einnahme von **Medikamenten** und Impfstoffen verbunden, die den kindlichen Organismus belasten und starke Nebenwirkungen haben können, ↗ Seite 130 Malaria. Manchmal wird z.B. bei Ländern, in denen nur in bestimmten Regionen oder zu bestimmten Jahreszeiten Malaria auftritt, grundsätzlich eine Warnung ausgesprochen.

Die Reiseroute planen

Beim ersten Urlaub mit dem Nachwuchs sollte die Reiseroute gut geplant sein. Ein häufiger Fehler ist es, genauso zu planen wie zuvor. Kleine Kinder machen zwar grundsätzlich alles mit, aber in ihrem eigenen Tempo. Werden Schlafens-, Essens- und Pausenzeiten sowie die besonderen Interessen von Kindern, etwa Spielplatzbesuche, berücksichtigt, schrumpft die verbleibende Zeit deutlich. Als Faustregel gilt: Gleiche Route in der doppelten Zeit.

Unterwegs mit dem Flugzeug

✹ **Tipp:** Eine interessante Alternative bieten manchmal die **Last-Minute-Angebote**. Hier kann es sich bei sehr günstigen Angeboten lohnen, die Kinder als Erwachsene zu buchen. Dadurch stehen der Familie zwei Zimmer zur Verfügung. Das kann immer noch billiger sein, als ein normales Katalogangebot mit hoher Kinderermäßigung zu nehmen.

Kleine Kinder reagieren auf die Fliegerei im Normalfall positiv. Wichtig ist der **Druckausgleich** während der Start- und Landephase. Meist genügt – je nach Alter – ein Schnuller, etwas zu trinken oder zu essen. Malutensilien oder Spielzeug, oft auch von den Stewardessen verteilt, lassen erst gar keine Langeweile aufkommen. Kinder bis zwei Jahre fliegen bei den meisten Fluggesellschaften kostenlos, doch ohne Anspruch auf einen Sitzplatz. Für ältere Kinder kostet der Flug zwischen 30 und 70 % des Normaltarifs, dafür aber mit eigenem Sitzplatz und voller Gepäckberechtigung. Zwei bis drei Tage vor dem Flug können Sie Kindermenüs bestellen. Im Flugticket sollte unter Status OK stehen, denn nur dann ist der Platz wirklich reserviert. Bei Kleinkindern unter zwei Jahren steht hier NS (no seat).
Kinderermäßigungen sind bei Pauschalreisen Standard. Doch die Unterschiede sind von Hotel zu Hotel und von Anbieter zu Anbieter extrem unterschiedlich. Häufig gelten Kinderermäßigungen nur für Familien mit einem Kind. Auch stellt sich ab einem gewissen Alter die Frage, ob es tatsächlich erholsam ist, mit zwei Kindern und zwei Erwachsenen in einem eher engen Zimmer zu wohnen.

Unterwegs mit dem Auto

Mit dem Auto kann die Familie ihre Reise individuell gestalten, findet allerdings im Rhythmus der Gewohn-

Grundlagen für Ihre eigene Checkliste

- ❑ Kinderausweis, Impfpass, Krankenversicherungsnachweis
- ❑ Trockenmilch, Gläschen, Trinkflaschen und Reinigungsbürste, Flaschenwärmer, Thermoskanne, Topf zum Auskochen
- ❑ Reisebett, Teddy, Spieluhr, Schnuller, Babyfell
- ❑ Kleidung für jedes Wetter
- ❑ Tragegestell, Buggy, Tragetuch, Kindersitz für Auto oder Fahrrad
- ❑ Hut, Creme mit hohem Lichtschutzfaktor
- ❑ Windeln, Pflegetücher, Zahnbürste, Waschlappen, Plastiktüten, Wundschutzcreme, Öl, Puder
- ❑ Mittel gegen Magen-, Darmerkrankung, Mittelohrentzündung, Fieber

heiten eines Kindes ihre Grenzen. Probieren Sie vor der Reise aus, ob beispielsweise der gewohnte Morgen- oder Mittagsschlaf des Kindes auch im Auto möglich ist. Sonst steht der Erholungswert für alle Mitreisenden auf dem Spiel. Bei einer Rundreise muss jeden Abend eine Unterkunft gesucht werden. In manchen Regionen ist es nicht einfach, eine preiswerte und dennoch ordentliche Unterkunft innerhalb kurzer Zeit zu finden. Entweder Sie fangen sehr früh mit der Suche an und verlieren wertvolle Zeit des Tages oder Sie sind noch spät mit einem überaus knatschigen Kind unterwegs. Außerdem kostet es Nerven, jeden Tag das Auto zu ent- und zu beladen. Erholsamer ist es, dasselbe Quartier mehrere Tage für Tagestouren mit dem Pkw zu nutzen.

Unterwegs mit dem Wohnmobil

Das Wohnmobil ist optimal für Reisen mit der Familie – alles, was gebraucht wird, passt bequem hinein. Das Kind hat während des ganzen Tages seine gewohnte Schlaf- und Spielumgebung. Mahlzeiten können unabhängig zubereitet werden. Ein Campingplatz bzw. Stellplatz findet sich meistens leichter als eine passende feste Unterkunft. Wer sich auf einer Rundreise dazu durchringen kann, notfalls im Freien stehen zu bleiben,

Eigene Erfahrungen machen: Für Kinder ist sowieso alles neu, helfen Sie ihnen, die Dinge einzuordnen

Der Tigerentenclub ist auch bei anderen Kindern auf der Welt zu Besuch: www.kindernetz.de/tigerentenclub/club/reportagen/unterwegsinderwelt/index.php

hat erst recht keine Probleme mit der Sucherei. Achten Sie beim Wohnmobil darauf, dass je nach Gewohnheit des Kindes ein abtrenn- und verdunkelbarer Schlafplatz vorhanden ist. Sinnvoll ist zudem ein Fahrzeug, in dem die Fahrerkabine mit dem Aufbau verbunden ist.

Gegen die Langeweile

Insbesondere bei längeren Autofahrten wird sie irgendwann kommen. Hier sind Eltern gut beraten, für solche Situationen ausreichend gewappnet zu sein. Verbale Spielchen wie: »Ich sehe was, was Du nicht siehst«, Kinderkassetten, kindersitztaugliches Spielzeug und Butterkekse kommen sicher gut an. Für uns sind diese »Werkzeuge der Kinderbelustigung« ein wichtiger Bestandteil der Reiseausrüstung.

Kindernahrung unterwegs

Kinder in der Stillphase sind einfach zu ernähren. Was aber, wenn das Kind anders ernährt wird? Keimfreie Milch in der gewohnten Qualität ist nicht in allen Ländern zu bekommen. Hier ist es im Zweifelsfall sinnvoll, genügend H-Milch mitzunehmen oder während des Urlaubs auf Milchpulver umzustellen. Bekommen Kinder bereits feste Nahrung, kann sie wie zu Hause zubereitet werden – vorausgesetzt, die Zutaten werden mitgenommen oder sind vor Ort erhältlich. Wichtig ist es, die Lebensmittel hygienisch aufzubewahren und zuzubereiten, sofern Sie überhaupt willens sind, sich das alles im Urlaub anzutun. Wenn Sie nur drei bis fünf Wochen unterwegs sind, können Sie eventuelle Probleme vermeiden, wenn Sie bei kleinen Kindern auf Gläschenkost zurückgreifen. Die entsprechenden Flaschenwärmgeräte gibt es auch mit Anschluss für den Zigarettenanzünder im Auto.

Die Gesundheit des Kindes geht vor

Sicher ist es empfehlenswert, vor Auslandsreisen mit dem Haus- oder Kinderarzt zu sprechen. Dessen Meinung sollte aber nicht für alle Urlaubsentscheidungen unbedingt ein Maßstab sein. Vielleicht lehnt der Arzt die Wohnmobilreise in Afrika nur deswegen ab, weil er sich einen solchen Urlaub nicht vorstellen kann. Die Belastbarkeit von Kindern durch Urlaubsreisen wird auch in medizinischen Kreisen sehr unterschiedlich beurteilt. Es ist auf jeden Fall besser, mehrere Meinungen einzuholen und mit Leuten zu sprechen, die bereits Erfahrungen mit den jeweiligen Ländern oder mit der Art des Reisens gemacht haben. In der Deutschen Zentrale für Globetrotter gibt es genügend Familien, die hier weiterhelfen können.

Am häufigsten sind auch bei Kindern die typischen Magen-Darm-Erkrankungen. Die Reiseapotheke sollte auf jeden Fall ausreichend mit Medikamenten darauf vorbereitet sein. Da Kinder besonders empfindlich auf den Verlust von Mineralien und Spurenelementen reagieren, ist die begleitende Zugabe von Elektrolyten mit reichlich Flüssigkeit hilfreich, ↗ Seite 138 ORS-Lösung. Auf jeden Fall sollten Sie vor dem Urlaub den Versicherungsschutz des Kindes bei Auslandsreisen prüfen, ↗ Seite 105.

Dokumente für Kinder

Für manche Länder genügt es, die Kinder im Reisepass der Eltern einzutragen, möglichst in beide. Bei Visapflicht muss für das Kind mit eigenem Kinderausweis gegebenenfalls auch eine eigene Visagebühr entrichtet werden. Mit Formalitäten sind manche Länder sehr pingelig. Fehlt beispielsweise das Lichtbild im Kinderausweis, wird man nicht ins Land gelassen oder es gibt Ärger bei der Ausreise. Informieren Sie sich frühzeitig, ↗ Seite 87 Reisepass.

Nötig sind auch der Impfausweis sowie Hinweise auf die Empfindlichkeit gegen einzelne Medikamente.

Mehr Information

www.daubner.de, ausführliche Reisechecklisten.

www.kidsdoc.at, Stichwort »Reisen«, gute (vorbeugende) Gesundheitstipps.

www.familie-online.de

www.mobile-familienmagazin.de

www.eltern.de

http://urlaub.kinder.de

www.bauernhofurlaub.com

www.39grad.de Tagebuch der Pionteks (dzg): mit zwei Kindern durch Asien.

DJH, Detmold, ✆ 05231/7401-0, www.jugendherberge.de. Katalog und Zeitschrift.

Hans Jochen Diesfeld, **Praktische Tropen-und Reisemedizin.** Thieme Verlag.

REISE-PARTNER WÄHLEN

Von Kemal Temizyürek
Kemal Temizyürek ist Mitglied der dzg und Diplom-Psychologe. Er beschäftigt sich mit interkultureller Kommunikation sowie der Psychologie der Reisepartnerwahl nachdem er erkannt hatte, dass perfekte Ausrüstung allein nicht ausreicht. Reisen nach China, Indien, Australien, Namibia, Chile und nicht lange an einem Ort, angepasst mit örtlichen Transportmitteln oder per pedes. Zunehmend sucht er nach Ruhe in unbewohnten Landschaften.
www.reisepartnerwelt.de

Kennen Sie das? Die Reisevorbereitungen sind prall gefüllt mit Erwartungen von all dem, das unterwegs passieren kann oder soll. Die Vorfreude wird geprägt durch die erhofften romantischen Sonnenuntergänge, die Ungeduld auf das besondere Essen, die Vorstellungen von Atmosphäre, Düften und vielen anderen möglich erscheinenden Erlebnissen. Individuelle Erwartungen bestimmen diese positiv angespannte Phase. Diese positiven Erwartungen wollen wir verwirklichen. Als Solist können Sie Ihre Pläne umsetzen oder auch nicht, ihre Reiseroute spontan ändern, Aufenthaltszeiten verkürzen oder verlängern und sogar ihre Reise abbrechen, wenn Sie das möchten. Ihr Wille als »selbst-bestimmender« Reisender bestimmt wesentlich, auf welche Weise Sie Ihre Erwartungen realisieren.

Es gibt viele Gründe mit Reisepartner(n) zu reisen. Besondere Kenntnisse eines Gefährten können die Mitreise sinnvoll erscheinen lassen. Etwa, wenn sie eine Reise nach China planen und kein Wort chinesisch verstehen, geschweige denn sprechen. Ist es dann nicht fantastisch von einem Mandarin sprechenden Gefährten begleitet zu werden? Vielleicht möchten Sie durch den Regenwald in Papua-Neuguinea laufen und ein Tropenarzt bietet sich als Begleiter an. Sehr gut! Oder Sie möchten schlicht mit einem Reisepartner Ihre Erlebnisse teilen – positive und negative –, suchen jemanden zum Reden und Zuhören. Einen vertrauten Menschen in der ungewohnten Umgebung, der Sie versteht, der eine ähnliche Mentalität hat wie Sie. Ganz gleich welche Gründe Sie dazu veranlassen nicht alleine zu reisen, eines sollte Ihnen für Ihre Reiseplanung klar sein: Kaum etwas ist folgenschwerer, als ein völlig unpassender Reisepartner.

Wenn Sie mit einem oder mehreren Reisewilligen zusammenkommen, treffen auch verschiedene, individuell gefärbte Erwartungen aufeinander. Die Reisenden bringen eigene Fähigkeiten und Erfahrungen mit in die Zweiergemeinschaft oder Gruppe. So sind Tagesrhythmen kaum vereinbar, wenn der eine Früh-, der andere Spätaufsteher ist. Ähnlich kann für unterschiedliche Speisebedürfnisse, Einstellungen über das Zusammenleben von Menschen, Politik, Umwelt, Glauben etc. gelten.

Beispiel: Der eine möchte mit einer Kamelkarawane durch die Wüste ziehen, um einen Eindruck von der Einsamkeit und der Weite dieser Landschaft zu gewinnen. Der andere macht das Gleiche, will jedoch in erster Linie der Kultur der Einheimischen näher kommen und einen direkten Einblick in deren Leben in der Kargheit gewinnen. Die landschaftlichen Besonderheiten mögen ihn beeindrucken, doch sind sie für ihn von zweitrangiger Bedeutung.

In der Regel stellt die geplante Reise ein exklusives Ereignis in Ihrem Leben dar. Vielleicht haben Sie jahrelang gespart, um sich einen Lebenstraum zu verwirklichen. Dann sollten Sie den Erfolg der Reise nicht durch eine fahrlässige Reisepartnerwahl gefährden. Das Reisen mit einem oder mehreren Reisepartnern ist eine räumlich und zeitlich befristete Lebensgemeinschaft. Da gelten prinzipiell die gleichen Regeln wie in einer Lebenspartnerschaft. Jedoch ist nicht genug Zeit, um sich aneinander heranzutasten und besser kennen zu lernen. Falls Sie unterwegs feststellen, dass die Harmonie zwischen Ihnen und Ihrem Reisepartner in Missklang gerät, so ist es meist zu spät. Je stärker Sie aufeinander angewiesen sind, je weiter und länger Sie sich von der Zivilisation entfernen, desto gravierender die Folgen. Wenn Sie etwa infolge von Enttäuschungen, Streit usw. das Bedürfnis nach Distanz verspüren, dann sollten Sie bedenken, dass die Rückzugsmöglichkeiten auf einer Reise knapp sein können.

Internettipp
www.reisepartner.org

Wie wählen Sie den geeigneten Reisepartner aus?

- Machen Sie sich Ihre **Erwartungen** und die Ihres Reisepartners an die Reise bewusst und sprechen Sie of-

✱ **Tipp:** Entscheiden Sie sich nicht bei oder nach dem ersten Gespräch für einen Reisepartner. Treffen Sie sich möglichst häufig und sprechen Sie über Ihre Interessen, Erwartungen und Fähigkeiten, die für die geplante Reise von Belang sein könnten. Machen sie sich Notizen, denn bei der Suche nach einem geeigneten Reisepartner stehen alle personenbezogenen Aussagen auf dem Prüfstand.

fen darüber. Keine Interpretationen, was der andere haben wollen könnte ...

Beispiel: Für die Auswahl eines Reisepartners ist es besonders wichtig, die Erwartungen beider zu vergleichen. Das gelingt nur, wenn die Beteiligten ihre Vorstellungen kennen. Erst dann ist es sinnvoll, in Gesprächen mit den möglichen Reisegefährten die Erwartungen, Wünsche und Hoffnungen abzugleichen. Ihre Erwartungen müssen nicht identisch sein, aber vereinbar und umsetzbar.

- Was erwarten Sie vom Reisepartner und was erwartet Ihr Reisepartner von Ihnen? Hierbei ist es wichtig, dass Sie sich selbst angemessen einschätzen können. Eine offene, wahrheitsgemäße Auseinandersetzung miteinander ist die Grundlage für ein Kennenlernen. Vorgegaukelte Eigenschaften entpuppen sich unterwegs sehr schnell als unecht und rufen Misstrauen hervor. Sie sollten ihrem Reisepartner jedoch vertrauen können.
- Beginnen Sie Ihre Suche sehr, sehr früh!
- Seien Sie sich der spezifischen Anforderungen Ihrer Reise bewusst. Nur so können Sie die angemessenen

Vorsicht vor »psychologischen Fallen«

▶ Beispielsweise begegnen Sie einem sehr humorvollen Reiseinteressenten. Weil ie sich so gut unterhalten, bemerken Sie nicht, dass Ihr Gegenüber unselbstständig, rassistisch und nicht konfliktfähig ist. Auch neigen wir dazu, attraktive Personen in ihren Eigenschaften positiver zu bewerten als weniger gut aussehende. Die Falle besteht darin, dass wir die ganze Persönlichkeit für »gut« oder »schlecht« halten, weil wir ein für uns hervorstechendes Merkmal dieser Person so bewerten. Das zeigt, dass das Kriterium Sympathie zwar wichtig, aber nicht hinreichend sein kann. Angenommen Sie treffen einen Reiseinteressenten und bemerken seine hohe Intelligenz, dann könnten Sie implizit annehmen, dass er auch fantasievoll, fleißig und zuverlässig ist. Psychologen bezeichnen das als »logischen Fehler«. Wir arbeiten bei der Beurteilung von anderen ökonomisch, um mit möglichst wenig Infos, einen Menschen schnell einordnen zu können. Dabei neigen wir zu diesen »Denkfehlern«. ◀

Auswahlkriterien bestimmen und folglich einen geeigneten Reisepartner erkennen.

- Ist der Kandidat ein Bekannter oder Freund? Dann können Sie auf Erfahrungen zurückgreifen, die Sie mit ihm gemacht haben. Prüfen Sie sich: Was könnte Sie belasten, wenn Sie tage- oder wochenlang 24 Stunden täglich zusammen sind?
- Ist Ihnen der Kandidat unbekannt? Sie handeln leichtsinnig, wenn Sie mit Unbekannten (z.B. via Internet) ohne hinreichendes Kennenlernen verreisen! Vereinbaren Sie unbedingt so oft wie möglich persönliche Treffen. Nur so können Sie sich annähernd einschätzen lernen. Nehmen Sie zu Treffen Freunde oder Bekannte mit. Deren Einschätzungen könnten Ihnen nutzen.
- Es ist entscheidend für Sie, die von dem potenziellen Partner genannten Eigenschaften und andere Aussagen zu hinterfragen. Bei einem Unbekannten müssen Sie sich auf alle seine Äußerungen verlassen. Vertrauen Sie nicht blind auf Selbstbeschreibungen, sondern überprüfen Sie diese!
- Wie prüfen Sie die **Eigenschaften** Ihres Kandidaten? Beispiel Zuverlässigkeit: Bitten Sie ihn um Pünktlichkeit – erscheint er dann auch pünktlich? Erledigt er alles, was er angekündigt hat, ohne Erklärungen und Ausflüchte? Beispiel: Ordentlichkeit. Sehen Sie in sein Auto, gehen Sie in seine Wohnung, sehen Sie in den Kühlschrank. Betont einer sein Umweltbewusstsein, dann prüfen Sie das an seinem Verhalten.
- **Gesprächs- und Kompromissbereitschaft** sind Kardinaleigenschaften eines Reisegefährten. Jemand, der nie mit einem anderen zusammengelebt hat, ist möglicherweise nicht kompromissfähig. Wer Ihre Kritik übergeht und nicht in der Lage ist, vielleicht auch mal erregter zu diskutieren, ist möglicherweise nicht konfliktfähig.

  Beispiel: Der »kulturoffene« Indienreisende. Da gibt es den toleranten Gefährten, der bei den Reisevorbereitungen unmissverständlich seine Anpassungsfähigkeit zum Ausdruck bringt. In Indien angekommen, hö-

✷ **Tipp:** Schreiben Sie auf, was Sie von ihr/ihm wissen, Eigenschaften und Fähigkeiten. Überprüfen Sie diese Punkt für Punkt. Je gründlicher Sie zu Hause vorgehen, desto weniger Stress unterwegs.

✹ **Tipp:** Geben Sie vor der Reise die Personalien Ihres Reisepartners an eigene Freunde und die Familie weiter.

ren Sie seine ersten Beschwerden über das scharfe Essen. Kaum sitzt er im dicht gedrängten Zug und erlebt, wie mancher Zugreisende vor ihm auf den Boden spuckt oder sich gar über ihn beugt, um aus dem Fenster zu spucken, explodiert Ihr Reisepartner und beschimpft den »Übeltäter« lauthals mit deutschen Flüchen. Gewiss eine harte Prüfung, doch hatte er nicht vor der Reise über seine Anpassungsfähigkeit und Toleranz gesprochen? Die Selbsteinschätzung des Indienreisenden war objektiv unzutreffend. Klar, denn dieser Mensch hatte bislang keine Erfahrung mit einem Kulturkreis, der so anders ist. Keine Erfahrung bedeutet, dass er sich nicht erproben konnte, seine Fähigkeiten nicht testen konnte. So gesehen hat er sich subjektiv richtig, aber objektiv falsch eingeschätzt. Sie sollten sich des Prinzips der falschen Selbsteinschätzung bewusst sein.

- **Belastbarkeit und Anpassungsfähigkeit:** Jemand, der noch nie mit einem Rucksack verreist ist, kennt auch die psychischen und physischen Tücken und Eigenarten einer solchen Tour nicht. Wer noch nie im fernen Ausland war, könnte seine Anpassungsfähigkeit falsch einschätzen.
- Wichtig: Da Sie einen geeigneten Reisepartner für SICH suchen, bestimmen auch SIE, was für SIE wichtig ist und was nicht!

Literatur

Paul Watzlawick, **Anleitung zum Unglücklichsein.** Piper Verlag. Leicht verständlich lenkt dieses Buch die Aufmerksamkeit auf zwischenmenschliche Stolpersteine in punkto Erwartung und Kommunikation.

INFOQUELLEN & FINANZEN

INFORMATIONEN FINDEN

Auch die Globetrotter früherer Zeiten bereiteten sich auf ihre Reise vor. Sie tranken unmittelbar vor der Reise einen Becher Wein auf das Wohl von St. Christophorus. Und an der ersten Wegkreuzung zeichneten sie sich kraftvolle Symbole auf beide Füße und sprachen: »Ihr sollt mir untertänig sein und mich ohne Schaden für den Leib führen, dass ich rechtzeitig mein Ziel erreiche.« Soll man es bedauern, dass es heute so reichhaltige Informationsquellen gibt?

Was immer Sie auch suchen – irgend jemand in Deutschland kennt die Antwort. Doch wie erreichen Sie diesen Menschen? Das Internet ist für den ersten Rechercheschritt ideal. Doch wichtiger als die Inhalte einer Internetseite sind die Organisationen und Personen dahinter. Was auf der Seite fehlt, erfahren Sie vielleicht im direkten Kontakt. Unabdingbar ist es jedoch, die Informationen zu bewerten, ↗ Seite 60. Wir zeigen Ihnen Wege zu Informationsquellen, an die Sie vielleicht so schnell gar nicht denken.

Die Suchstrategie

Erster Schritt: Natürlich können Sie einfach stöbern, also mehr oder weniger ungezielt sammeln, was Ihnen in die Hände fällt. Gar nicht schlecht für den Anfang. Doch wenn das Gefühl der Verwirrung dabei zunimmt, sollten Sie Ihre Suche auf ein Ziel richten, ↗ Seite 16, Von der Idee zur Wirklichkeit.

Zweiter Schritt: Je klarer Ihre Vorstellung wird, desto präziser formulieren Sie Ihre Fragen. Dazu benötigen Sie die richtigen Begriffe. In dieser Phase helfen Ihnen die Selbstreise-Handbücher. Sie erkennen Zusammenhänge und können die »Dinge« beim Namen nennen.

Dritter Schritt: Begriffe und deren Kombinationen sind unabdingbar für eine erfolgreiche Internetrecherche, etwa mit Google. Viele Treffer sind nicht besser als gar keine Treffer, denn wie trennen Sie die Spreu vom Weizen? ↗ Seite 52, Weltweit reisen im Internet.

Egal ob am Baikalsee oder an der Costa Brava: Mit den richtigen Informationen öffnen sich Ihnen die Türen

Wenn Sie ein spontaner, kommunikativer Mensch sind, greifen Sie vielleicht lieber zum Telefonverzeichnis als zu Google.

Telefonverzeichnisse finden Sie mannigfach im Internet, z.B. über www.teleauskunft.de und www.etb.at für Österreich. Telefonbücher aus der ganzen Welt finden Sie etwa unter www.konsulate.de. Telefonisch erfragte Auskünfte sind kostenpflichtig; je nachdem, ob Sie eine Nummer in Deutschland ermitteln möchten, im Ausland oder eine Handynummer gibt es unterschiedliche Anbieter. Die aktuellen Tarife erfahren Sie unter www.billiger-telefonieren.de. Seit 2004 ist auch die Inverssuche erlaubt, bei der mittels einer bekannten Telefonnummer Name und Adresse gesucht werden. Sie können Ihre Nummer für die Inverssuche sperren lassen: Einfach vom eigenen Apparat aus die ✆ 01375/103300 anrufen und den Anweisungen folgen.

Tipp: Vorsicht bei 0190-Rufnummern, sie kosten 0,43 – 1,86 Euro pro Minute!

Informationen zu sammeln, vermittelt zunächst eine gewisse Sicherheit. Die ist trügerisch, denn spätestens bei widersprüchlichen Angaben fragen Sie sich: Wie glaubwürdig ist die Information? An dieser Stelle haben Sie drei Möglichkeiten

- Sie beenden die Informationsphase und fahren los, dann machen Sie Ihre eigenen Erfahrungen.
- Sie suchen den direkten Kontakt zu Menschen, die diese Erfahrungen bereits gemacht haben.
- Sie recherchieren mit journalistischer Akribie weiter.

Schlüsselkontakte

Der ADAC befragte im Frühsommer 2004 161 Internetportale und -adressen zu den Einreisebestimmungen für Polen. Die Hälfte informierte gar nicht, ein Viertel der Hinweise waren falsch.

Manche Quellen sind sowohl äußerst ergiebig als auch äußerst glaubwürdig (doch fehlerfrei ist keine); das sind Ihre Schlüsselkontakte:

- Beginnen Sie Ihre Recherche beim Auswärtigen Amt, www.auswaertiges-amt.de.

- Für alle amtlichen Fragen finden Sie die zuständige Behörde unter www.bund.de: alle Dienststellen des Bundes, der Länder und Gemeinden.
- Für aktuelle touristische Fragen empfiehlt sich die Zeitschrift Reise & Preise, www.reise-preise.de.
- Insbesondere für Mitglieder und motorisiert Reisende ist der ADAC eine Fundgrube reisewichtiger Informationen, www.adac.de.
- Für länderbezogene Anliegen finden Sie die richtige Adresse unter www.laenderkontakte.de.
- Insbesondere für Mitglieder und immer dann, wenn Sie den Kontakt zu Globetrottern suchen, ungewöhnliche Reiseziele und Reiseformen erproben wollen, ist die Deutsche Zentrale für Globetrotter dzg, www.globetrotter.org, der richtige Ansprechpartner.

Länderbezogene Informationen suchen

- **Airlines** fast aller Staaten sind in Deutschland vertreten. Dort sitzen Reisespezialisten, die manche Frage beantworten können. www.airlinedata.com.
- Das **Auswärtige Amt** bietet Links zu allen Botschaften und Konsulaten, informiert über Impfbestimmungen, Einreisebedingungen und gibt Sicherheitshinweise zur aktuellen Gefahrenlage.
- **Banken** aller Länder finden Sie unter www.voeb.de (Deutschland), www.eapb.be (Europa), www.banken.de, www.netbanks.de (Internet), www.worldbank.org.
- Die etwa 1250 **Botschaften und Konsulate** in Deutschland, Österreich und der Schweiz, ↗ Seite 94, verstehen sich nur selten als touristische Auskunftei. Andererseits sind sie das Nadelöhr für Ihren roten Reisefaden. Deren Konsularabteilungen sind Experten fürs Formale, für Ein- und Ausreisemodalitäten, offene und geschlossene Grenzübergänge usw. Sie finden die Vertretungen über die Internetseiten des Auswärtigen Amtes oder bei: http://mypage.bluewin.ch, www.konsulate.de. www.dascorps.de fördert Kontakte zwischen den Botschaften und der Öffentlichkeit. Länder, die in keinem der drei deutschsprachigen Länder ver-

www.auswaertiges-amt.de, Deutschland.
www.bmaa.gv.at, Österreich.
www.eda.admin.ch, Schweiz.
www.fco.gov.uk/travel, Großbritannien.
http://travel.state.gov, USA.

treten sind, finden Sie eventuell in Belgien, Frankreich oder Großbritannien.

- Die **Deutsche Industrie- und Handelskammer,** www.dihk.de, ist in vielen Ländern vertreten und kennt sich mit technischen und wirtschaftlichen Fragen aus.

Etwa 250 **Fremdenverkehrsämter** und nichtstaatliche Informationsstellen, ↗ Seite 265ff, bieten eher geschönte Information für den touristischen Mainstream: bunte Prospekte, oft auch Stadt- und Landkarten, Reiseführer, Unterkunftsverzeichnisse, Adresslisten. Fordern Sie Informationen möglichst detailliert an, nennen Sie Zielregionen, Aktivitäten, Verkehrsmittel, Unterkunftsarten und Ihre speziellen Interessen. www.reise-preise.de, www.fremdenverkehrsamt.com, www.reise-daten.de

Den persönlichen und kulturellen Erfahrungsaustausch suchen

Überall zu Hause: Wer möchte nicht wie dieser Buddha sein?

- **Deutsche Sprache und Literatur** im In- und Ausland bietet das Portal www.deutsche-kultur-international.de. Hier finden Sie Auslandsschulen ebenso wie Verzeichnisse dutzender Organisationen, Austauschdienste und alles, was Deutschland hinsichtlich Kunst, Kultur, Sprache, Wissenschaft ... mit dem Ausland verbindet. Eine Fundgrube! Dort finden Sie auch Goethe-Institute in aller Welt, www.goethe.de, Inter Nationes, DAAD etc.
- **Freundschaftsvereine** gibt es zu vielen Ländern, jedoch mit unterschiedlichen kulturellen, politischen und wirtschaftlichen Interessen. Viele dieser Vereine wirken lokal; Sie finden deren Adressen im Telefonbuch der nächsten Großstadt. Interessante Informationen bietet das Haus der Kulturen Berlin www.hkw.de. In der Schweiz findet man Kontakt zu Menschen aus anderen Kulturkreisen unter www.migration.bl.bs.ch. Informationen über die weltweite Verteidigung der Menschenrechte www.amnesty.org, europäisches Forschungszentrum zu Migration und ethnischen Beziehungen www.ercomer.org, Information für indige-

ne Bevölkerungsgruppen weltweit www.nativeweb.org, Website der United Nations Educational, Scientific and Cultural Organization www.unesco.org

- **Globetrotter-Clubs,** deren Zeitschriften und Treffen, ↗ Seite 55.
- **Museen** sind manchmal hilfreich, insbesondere Völkerkundemuseen, länderorientierte Ausstellungen www.webmuseen.de oder Museen von Reisenden bzw. über Reisen, ↗ Seite 59 bzw. 251.
- **Reiseberichte** finden Sie im Internet auf vielen privaten Webseiten, entspechende Portale bieten www.derreisetipp.de, www.reiseberichte.com, www.travelmike.de oder http://1001-Reiseberichte.de. Gedruckte Reiseberichte siehe unten.
- **Studenten- und Arbeitervereine** von Ausländern bieten Möglichkeiten für Kontakte etwa bei Veranstaltungen und Festen. Adressen finden Sie in Stadtzeitschriften, im Telefonbuch oder beim städtischen Kulturamt.
- **Volkshochschulen** bieten oft informative Veranstaltungen über andere Länder wie Diavorträge, Begegnungen durch interkulturelle Sprach-, Koch- und Tanzkurse: www.vhs.de

Reisetechnische Informationen suchen

- **Ausrüsterläden** allgemein ↗ Seite 170, für Wassersport ↗ Seite 193, für Fahrradausrüstung ↗ Seite 187, für Motorradausrüstung ↗ Seite 255.
- **Automobilclubs,** ↗ Seite 236, informieren in erster Linie über Autoreisen in Europa und nur über wenige außereuropäische Gebiete.
- Die **Behörden** und alle Dienststellen des Bundes, der Länder und Gemeinden erreichen Sie über das Dienstleistungsportal des Bundes www.bund.de.
- **Fahrradclubs,** ↗ Seite 186.
- **Flugpläne** informieren häufig über Entfernungen, Flugzeiten, Verkehrsverbindungen des Zielflughafens u.a. Besonders umfassend ist der Lufthansa-Flugplan: www.flugplan.de, www.airwise.com oder die Internetseiten der großen Flughäfen: www.flughafen-

Automobilclubs:
www.adac.de
www.avd.de
www.ace-online.de
www.oeamtc.at
www.acs.ch
www.motorists.org
http://ww1.aaa.com, USA

✵ **Tipp:** Der Peter Meyer Verlag bietet mit www.connexions.de eine Linksammlung zu Verkehrsverbindungen in aller Welt, aber auch zu Klima, Gesundheit und Formalitäten. Die Seite ergänzt die Selbstreise-Handbücher und anderen Connexions-Bände des pmv.

frankfurt.de, www.duesseldorf-international.de, www.berlin-airport.de, www.munich-airport.de, www.vienna-airport.com, www.flughafen-zuerich.ch. ↗ Seite 197 Mit dem Flugzeug hin und weg.

- **Gute Reisebüros** geben den Kundenwünschen Priorität. Sie ermitteln auch ungewöhnliche Reiseverbindungen, auf Länder oder Regionen spezialisierte Reisebüros beschaffen Einladungen, ↗ Seite 202.
- **Routenplaner** sind im Web kostenlos, doch oft nur nach Registrierung zugänglich. Der österreichische Automobilclub ÖAMTC ermittelte www.reiseplanung.de als den besten unter einem Dutzend Routenplanern, gefolgt von www.aral.de, www.map24.de und www.routenplaner-vw.de. Sie bieten eine erste Orientierung, doch finden Routenplaner meist keine besseren Strecken als ein geübter Kartenleser. Nützlich sind die ermittelten Streckenlängen und Fahrzeiten. Sie können meist wählen, ob die kürzeste, schnellste oder wirtschaftlichste Strecke errechnet werden soll. Die Programme akzeptieren unterschiedlich viele Zwischenstationen. Mehr oder weniger umfangreich informieren sie über die Art der Straßen, über Straßen- und Tunnelgebühren, Fähren oder aktuelle Verkehrslage und bieten zoombare Stadtpläne. Die meisten Routenplaner beschränken sich mehr oder weniger auf Europa, einige bieten auch die Planung für Nordamerika an. Weltweit plant www.fahrplan-online.de.
- **Tourismus-Messen:** Die Internationale Tourismus-Börse ITB findet jährlich Anfang März in Berlin statt, www.itb-berlin.de. Reiseveranstalter, Fluggesellschaften, Fremdenverkehrsämter aus aller Welt und deutsche Reisebuch-Verlage stellen auf dieser weltgrößten Reisemesse aus. Kleinere Camping- und Caravanmessen, Urlaubsbörsen und Ähnliches finden in vielen Städten statt, die größten in Köln, München, Hamburg, Stuttgart. Überregional bekannt sind auch der Reisepavillon in Hannover, der Dresdner sowie der Chemnitzer Reisemarkt. Einen etwas anderen Akzent setzen Reise und Camping in Essen, Caravan, Boot & Reisen

C-B-R in München, OutDoor und Eurobike in Friedrichshafen oder Touristik & Caravaning in Leipzig. Die weitaus meisten Messen werden im ersten Quartal abgehalten, einige auch im Herbst. Aktuelle Termine unter www.messecenter.de/

- **Tropeninstitute** ↗ Seite 135.
- **Urlaubskataloge** erhalten Sie kostenlos über www.urlaubskataloge.de.
- **Verbraucherschutz:** Das Europäische Verbraucherzentrum, www.evz.de, informiert auch über Themen, die für Reisende wichtig sind, z.B. über Fluggastrechte oder Währungstausch. Viele Tests finden Sie bei www.stiftung-warentest.de , www.oekotest.de, www.focus.de, www.bild.de und www.outdoor-online.de.
- **Versicherungen** sind Spezialisten für jede Art von Risiko, ↗ Seite 115.
- **Visaagenturen** leben von aktueller und genauer Kenntnis der Einreisebestimmungen, ↗ Seite 97.

In und nach gedruckter Information suchen

- **Antiquariate** bieten vergriffene Literatur, etwa alte Reiseberichte oder spezielle Landeskunden. Mehr als 100 Millionen antiquarische Bücher bieten www.zvab.de und www.eurobuch.com, Letzteres auch mit einem Schwarzen Brett. Sie erhalten dann automatisch Nachricht, ob sich der von Ihnen gesuchte Titel in den neuen Angeboten findet. Dort finden Sie auch Links zu entsprechenden Angeboten für englischsprachige Literatur. Gebrauchte Bücher ohne Zwischenhändler bietet www.amazon.de.
- **Archive.** Das Archiv zur Geschichte des Individuellen Reisens, agir, enthält mehr als 7000 Reisebücher seit 1790, meist Reiseberichte, sowie Tausende von Zeitschriften, Broschüren und Artikel rund ums Reisen. Dort lagern auch das Archiv der Deutschen Zentrale für Globetrotter sowie zahlreiche Jahrgänge von Mitgliederzeitschriften anderer europäischer Globetrotterclubs. Archivgaben vom Zeitungsausriss bis zum Buch

agir, Archiv zur Geschichte des Individuellen Reisens, Norbert Lüdtke, dzg-Mitglied, Forsthaus Fischbach, ✆ 06897/6010631, www.reisegeschichte.de.

sind willkommen. agir recherchiert gegen Kostenerstattung.

Historische Reisen ermöglichen es, Reiseformen und Länder aus anderen Perspektive zu betrachten. Manche heutigen Sorgen und Bedenken wirken dagegen kleinlich. Neugier und pure Reiselust trieben Reisende zu allen Zeiten in die Welt. Die beeindruckendste Sammlung im Internet finden Sie bei www.win.tue.nl/cs/fm/engels/discovery – eine Sammlung aller »voyages of discovery and exploration«, ↗ Seite 52, Weltweit reisen im Internet.

- **Bibliotheken** ermöglichen die Recherche auf hohem Niveau, z.B. in Stadt- oder Universitätsbibliotheken. Die digitale Bibliothek Nordrhein-Westfalen ist eine Art Super-Bibliothek, www.hbz-nrw.de. Umfassend katalogisiert ist die Deutsche Bibliothek http://dbf-opac.ddb.de. Die meisten Stadt- und alle Universitätsbibliotheken sind dem Fernleihsystem angeschlossen. Wenn Sie einen Leseausweis erwerben, können Sie für geringe Gebühren jedes Buch aus einer deutschen Bibliothek bestellen, sofern es nicht in einer Präsenzbibliothek steht. Die Bibliotheken Deutschlands haben sich spezialisiert. Der Sammelschwerpunkt Geografie liegt bei der Universität Göttingen www.sub.uni-goettingen.de, für Kartografie zuständig ist die Staatsbibliothek Berlin www.sbb.spk-berlin.de. So wurde auch die Welt regionalisiert und verteilt, sie finden die jeweils zuständigen Bibliotheken unter http://webis.sub.uni-hamburg.de. Die Literaturrecherche in Datenbanken bietet im Internet eingeschränkt kostenfrei www.infoball.de. Die Eutiner Landesbibliothek legt ihren Schwerpunkt auf das 17. Jahrhundert und besitzt 2000 Reiseberichte aus alter Zeit. Sie dient in erster Linie der Forschung, ✆ 04521/7012-60, www.bibliothek-eutin.de.
- **Bücher** finden Sie schnell über www.amazon.de. Vorteile: Andere Leser bieten ihre Bücher gebraucht an, da können Sie manchen Euro sparen. Außerdem zeigt amazon Ihnen an, welche ähnlichen Titel an andere Le-

ser mit gleichem Interesse verkauft wurden. Amazon führt nicht alle lieferbaren Bücher, viele Infos sind unzuverlässig. Von den Verlagen selbst gepflegte Daten finden Sie unter www.buchhandel.de und auf der jeweilige Verlagsseite, ↗ unten. Vergriffene Bücher finden Sie im Antiquariat (siehe oben). Klassiker finden Sie in Volltextform bei www.gutenberg.aol.de, weitere online verfügbaren digitalen Bücher sind verstreut im Netz zu finden, z.B. bei www.ciando.com.

- **Landkarten.** Orte auf der ganzen Erde können Sie bei Expedia http://maps.expedia.com suchen und sich auf einer Karte anzeigen lassen. Die größte Kartensammlung Deutschlands übergab der Justus Perthes Verlag, www.perthes.de, an die Forschungsbibliothek Gotha, www.flb-gotha.de. Mehr als 400.000 Karten und 100.000 Bücher sollen dort zugänglich gemacht werden. Individuelle Besorgungen weltweit lieferbarer Karten durch www.landkartenhaus.de, ↗ Seite 63.
- **Lexika.** Sie sind auf einen Begriff gestoßen, den Sie genauer erklärt haben möchten? Definitionen finden Sie etwa bei http://de.wikipedia.org, Wissen.de, Xipolis.net, http://encarta.msn.de oder in der berühmten Encyclopaedia Britannica, www.britannica.com, vielleicht auch vom jährlich aktualisierten und leidlich zuverlässigen »factbook« des amerikanischen Geheimdienstes CIA, www.odci.gov/cia/publications/factbook/index.html oder in der länderbezogenen Datenbank des Fischer-Verlags www.weltalmanach.de.
- **Verlage** leben vom Informationsmanagement. Manche sind nur klein, oft aber hochspezialisiert. Die beste Verlagsübersicht bietet die gemeinsame Seite der deutschen Buchhändler und Verlage www.buchhandel.de.
- **Wörterbücher:** Langenscheidts Fremdwörterbuch finden Sie im Internet www.langenscheidt.de, ein Englisch-Wörterbuch mit über 190.000 Einträgen ist auf den Seiten der Technischen Universität Dresden zu finden: www.iee.et.tu-dresden.de; www.yourdictionary.com bietet Hyperlinks zu Wörterbüchern in fast allen

✱ **Tipp:** Die Reisesprachführer ABRAXAS aus dem Peter Meyer Verlag stammen aus dem Reise- und Sprachwissen echter Globetrotter und wurden vom selben Herausgeber entwickelt, der auch dieses Selbstreise-Handbuch erstellt hat: Sie ermöglichen Reden und Verstehen in allen typischen Reisesituationen und bieten einen Reisewortschatz von jeweils 5000 Stichwörtern, www.PeterMeyerVerlag.de.

erdenklichen Sprachen. Die Uni Erlangen bietet Links zu Datenbanken und Lexika, die mit Sprache zu tun haben: www.phil.uni-erlangen.de.

- Eine **Zeitungsrecherche** ist über www.paperball.de möglich. Die besten Reisebeilagen finden Sie in der Süddeutschen Zeitung (Di), in der FAZ (Do) und in der Frankfurter Rundschau (Sa). Die FAZ bietet eine CD mit sämtlichen Reisebeilagen seit 1993 an, www.faz.net.
- Die weltweit größe **Zeitschriftendatenbank** bietet http://zdb-opac.de. www.subito-doc.de besorgt kostenpflichtig Zeitschriftenaufsätze und liefert per Post oder eMail. Reisezeitschriften, ↗ Seite 69.

WELTWEIT REISEN IM INTERNET

von Thomas Simoneit

Im Internet finden Sie nur das, was andere dort eingegeben haben. Sie wissen nicht, wer dahinter steckt. Objektive Informationen erhalten Sie nur durch Vergleich verschiedener Quellen bzw. durch eigene Erfahrung.

- Versuchen Sie Meinungen (»Ich habe gelesen, mein Freund hat gehört«) von Tatsachen (»Für die Bahnfahrt zahlte ich 2004 nur 3 Euro«) zu trennen.
- Die wenigsten Angaben auf privaten Homepages werden aktualisiert. Was nützt Ihnen etwa eine 3 Jahre alte Information, wenn inzwischen an Ihrem Reiseziel ein Erdbeben stattgefunden hat? Versuchen Sie deshalb die Informationen auch in Bezug auf die Aktualität zu bewerten.
- Wichtig ist auch, von wem eine Information stammt. Bewertet ein Autoreisender eine Straße als gut, kann das aus Sicht eines Fahrradreisenden ganz anders aussehen. Bewerten Sie Informationen also auch hinsichtlich der Perspektive.

www.Das_World_Wide_Web

Das Internet besteht aus vielen Teilen, die bekanntesten sind das World Wide Web und eMail, ↗ Seite 245. Die Endung der Adresse verweist auf eine »**Top-Level-Domain**«, zum Beispiel:

- Country Code wie DE (Deutschland), AT (Österreich), CH (Schweiz) ...;
- Generic Code wie COM (commercial), NET (Netzwerke), ORG (Organisation) ...;
- Special Code wie GOV (USA Government), INT (Internationale Organisationen), MIL (USA Militär), EDU (education ...).

Inzwischen sagen die Top-Level-Domains, mit Ausnahme von .gov und .mil immer weniger über den Inhalt der hinterlegten Seiten aus, denn jeder kann sich eine .com, .org, .info usw. -Domain zulegen. Dabei wird nicht geprüft, ob die später dort hinterlegten Seiten auch wirklich etwas mit der ursprünglichen Intention zu tun haben.

Eine **URL** führt Sie zur Einstiegsseite des Anbieters, der homepage (z.B. www.globetrotter.org), bzw. zu untergeordneten Dokumenten und Verzeichnissen (z.B. www.globetrotter.org/vorstand). Ohne URL finden Sie Informationen auf folgenden Wegen:

- Verwenden Sie einen Suchbegriff versuchsweise als Top-Level-Domain, also www.fahrrad.de, www.bike.org und Ähnliches.
- Verwenden Sie ein Internetportal Ihres Interessengebietes wie etwa www.radreise.de. Reiseportale bieten zahlreiche Verweise zu verwandten Webseiten (Links).
- Verwenden Sie Linksammlungen, die nach Interessengebieten sortiert sind, als Einstiegshilfe, z.B. www.connexions.de.
- Verwenden Sie Suchmaschinen, wenn Sie präzise Begriffe zu Ihrem Thema formulieren können.

Suchmaschinen erlauben eine umfassende und spezifische Suche:

- Probieren Sie mehrere Suchmaschinen aus. Es muss nicht immer Google sein! Manchmal finden Sie auch mit Altavista, MSN oder Alltheweb schneller zu den gesuchten Ergebnissen.
- Geben Sie Ihre Suchbegriffe im Singular, z.B. Fahrrad ein. Notieren Sie auch ähnliche und fremdsprachige

Thomas Simoneit ist verheiratet, ein Kind. Die erste Auslandsreise führte ihn 17-Jährig mit dem Fahrrad nach Holland, dann folgten viele, mehrmonatige Abenteuer in Zentral- und Südamerika, Afrika und Zentralasien. Daheim engangierte er sich mehrere Jahre im Vorstand der dzg und verantwortete auch den Trotter, die Mitgliederzeitschrift der dzg, als Redakteur. Sein besonderes Interesse gilt Afrika und seinen Menschen, afrikanischer Musik und Literatur.
www.simoneit.de

Tipp: In den Kapiteln der Selbstreise-Handbücher finden Sie alle wichtigen Suchbegriffe, füttern Sie die Suchmaschinen damit. Außerdem liefern Ihnen diese Bücher zu vielen Themen Kriterien und Hinweise, mit denen Sie Ihre Funde im Internet bewerten können.

Begriffe, Unter- und Oberbegriffe, wie: Zweirad, Bike, Mountainbike, Verkehrsmittel ...

- Suchen Sie zu Beginn nicht mit Einzelworten! Dies liefert meist zu viele irrelevante Links. Besser sind kombinierte spezifische Begriffe, z.B. Indien Varanasi Hotel.
- Bekommen Sie zu viele Ergebnisse, so schränken Sie Ihre Suche ein, indem Sie z.B. "Hotel in Varanasi" eingeben. Die Hochkommata bewirken, dass nur der genaue Begriff zwischen den Hochkommata gefunden wird. Kombinationen der Worte in anderer Reihenfolge bleiben außen vor.
- Durch die Angabe des Sprachraums (Seiten auf Deutsch) oder der Region (Seiten aus Deutschland) schränken Sie die Anzahl der Ergebnisse weiter ein.
- Mit fast allen Suchmaschinen können Sie gezielt nach Dateitypen suchen. Dies sind meist Bilder (also auch Landkarten), Videos, Musik, aktuelle Nachrichten ...

✹ **Tipp:** Wenn Sie gezielt Informationen aus einem anderen Land suchen, versuchen Sie es mit englischen oder Begriffen aus der Landessprache und geben Sie unter »Erweiterter Suche« bei Domains den jeweiligen Länder-Code nach ISO 3166 (z.B. .ve für Venezuela) ein, zu finden unter www.iso.org.

Newsgroups, Foren, Clubs und Tagebücher

- Praxisorientierte Fragen werden aktuell in »Newsgroups« diskutiert. Diese finden Sie beispielsweise bei Google unter Groups. Reisebezogene Gruppen lassen meist schon aus ihrem Namen erkennen, welche Themen man dort findet. International: rec.travel.europe, rec.travel.cruises, rec.travel.australia, Deutsch: de.rec.reisen, de.rec.fahrrad ...
- Zu speziellen Themen sind auch die Foren (Schwarze Bretter) äußerst nützlich. Solche finden Sie auf den Seiten von Buchverlagen, ↗ Seite 51, Reiseausrüstern, www.das-globetrotter-forum.de, ↗ Seite 170, Reise-Zeitschriften, www.reise-preise.de, ↗ Seite 69, oder Reisevereinigungen, www.globetrotter.org, ↗ Seite 55ff. Hier finden Sie auch eine Vielzahl von Reisepartnergesuchen.
- Interessant sind die **Tagebücher** anderer Weltreisender – »weblogs« – die diese zeitnah auf Ihrer Homepage veröffentlichen.

✹ **Tipp:** Die dzg bietet unter www.globetrotter.org direkte Links zu den Seiten ihrer Mitglieder. Hier stößt man auf besonders vertrauenswürdige Informationen kompetenter Weltreisender.

DIE REISEPROFIS – IMMER UNTERWEGS

Reisen ist für dich mehr als Urlaub? Es zieht sich als roter Faden durch dein Leben? Leidenschaftlich Reisende finden bei uns Ihresgleichen. Mitglied kann werden, wer Reiseerfahrungen mitbringt und bereit ist, seine Erfahrungen auszutauschen.

Deutsche Zentrale für Globetrotter e.V. (dzg)

Mit rund 850 Mitgliedern ist die dzg der größte ideelle Club von Individualreisenden in Europa. Wir verstehen uns als Freundeskreis mit »du«-Atmosphäre und als Forum zum Austausch von Informationen. Seit 1974 nutzen unsere Mitglieder dazu die Clubzeitschrift *Der Trotter*, das Mitgliederverzeichnis, Jahres- und Herbsttreffen sowie etliche Regionaltreffen in ganz Deutschland. Alle Clubaktivitäten werden ehrenamtlich organisiert.

- Ein Infopaket mit einem Probeexemplar des *Trotters* kannst du für 5 Euro online oder per Post bestellen. Versand nur gegen Vorkasse (Überweisung, Bargeld, Scheck) oder Einzugsermächtigung.
- Auf unserer Webseite www.globetrotter.org findest du das Aufnahmeformular (Aufnahmegebühr 15, Mitgliedschaft 35 Euro/Jahr), weitere Infopakete mit den Selbstreise-Handbüchern und ausführliche Informationen über unseren Club.

Was bietet die DZG?

Der Trotter ist das Herz des Clubs: Eine Zeitschrift von Globetrottern für die Mitglieder der dzg. Er ist nach Merian die zweitälteste deutsche Reisezeitschrift. Vier dicke Broschüren erscheinen jährlich – Infos, Reiseberichte, Kleinanzeigen, Clubnachrichten auf mittlerweile 15.000 Seiten insgesamt, seit 30 Jahren.

www.globetrotter.org. Die Webseite der dzg besteht seit 1996. Unsere Mitglieder erhalten wichtige und dringende Infos per Newsletter sowie auf Wunsch eine eMail-Adresse (Mein.Name@globetrotter.org). Der Trotter ist als PDF weltweit abrufbar, Reiseberichte so-

Von Norbert Lüdtke

Norbert Lüdtke reist seit 1975 besonders gerne durch die einsamen, wüsten oder gebirgigen Gebiete Afrikas und Asiens. Wenn er nicht gerade das Forsthaus restauriert, in dem er mit Sonja Roschy lebt, arbeitet er als Publizist an Reise- und Chemiebüchern oder beschäftigt sich mit seinem Archiv zur Geschichte des Individuellen Reisens agir, www.reisegeschichte.de. Er ist Mitglied der dzg, war 1985 – 89 und ist seit 1999 wieder im Vorstand, nun als 1. Vorsitzender.

Mehr Information

Deutsche Zentrale für Globetrotter e.V.

Briefanschrift: Postfach 22 in 66284 Quierschied; Hausanschrift: c/o Forsthaus Fischbach, Rußhütter Str. 26 in 66287 Quierschied; ✆ 0700/Globetrotter bzw. ✆ 0700/45623876 (6 ¢/Minute, Mo – Fr 9 – 18 Uhr 12 ¢/Minute), vorstand@globetrotter.org, www.globetrotter.org.

Trotter-Sonderausgabe zur Geschichte der Globetrotter (5 Euro).

wie Tipps & Tricks kann jedes Mitglied unterwegs online stellen, entweder in die Länderliste oder zum passenden Thema.

- Gäste finden im »Schwarzen Brett« Reisepartner, suchen und bieten Infos oder anderes.

Das Mitgliederverzeichnis informiert im Reiseländerregister über »Wer war wann wo?« und nennt im thematischen Register Spezialisten »Wer kann was?« Über das alphabetische Namensregister kann man jedes andere Mitglied gezielt ansprechen. Das Wohnortregister sortiert die Mitglieder nach Postleitzahlen und fördert den regionalen Kontakt. Das Verzeichnis erhalten natürlich nur Mitglieder des Clubs.

Globetrotter treffen Globetrotter und tauschen Informationen aus erster Hand aus, zeigen Dias, essen gemeinsam, sitzen am Lagerfeuer und lachen über Geschichten aus aller Welt. Die Mitglieder der dzg treffen sich beim mehrtägigen Jahrestreffen im Westerwald mit rund 300 Teilnehmern am letzten Juniwochenende, beim mehrtägigen Herbsttreffen in der Eifel am ersten Oktoberwochenende und monatlich regional in vielen Orten in ganz Deutschland.

- Gäste sind willkommen, aktuelle Infos unter www.globetrotter.org und im Infopaket.

Mitglied werden. Unser Club wird ehrenamtlich und dezentral zum größtmöglichen Nutzen unserer Mitglieder organisiert. Er ist kein Reisebüro, sondern ermöglicht leidenschaftlich Reisenden den Kontakt und Erfahrungsaustausch untereinander.

Immer unterwegs. Dem Globetrotter ist in einem bedeutenden und längeren Abschnitt seines Lebens das Reisen wichtiger als alles andere. Diese Erfahrung prägt fortan sein Leben. Auch wenn er nicht reist, ist er immer unterwegs. In der dzg finden sich Persönlichkeiten, die ihre Ideen einbringen und umsetzen, den Verein auf unterschiedliche Weise bewegen, sich für ein Thema besonders engagieren oder ein Regionaltreffen organisieren. Auch die nach Unabhängigkeit, Freiheit und Abenteuer strebenden Globetrotter fühlen sich zwischen ihren Reisen bei ihresgleichen wohl, viele Freundschaften haben sich hier entwickelt.

Globetrotter-Clubs in aller Welt

Viele Globetrotter fühlen sich mit ihren besonderen Interessen und Fähigkeiten einsam. Ein Club bietet die Möglichkeit, Gleichgesinnte zu finden. Man tauscht Erfahrungen auf ähnlichem Niveau aus und findet Reisepartner für außergewöhnliche Touren. Wesentlich ist der persönliche Kontakte unter Globetrottern, sie alle verbindet die Leidenschaft des Reisens. Die Deutsche Zentrale für Globetrotter e.V. pflegt Kontakte zu anderen Globetrottervereinen und Organisationen in vielen Ländern.

von Hans Jürgen Birringer

Hans Jürgen Birringer ist Mitglied der dzg, Schriftführer im Vorstand und bereitet das dzg-Jahrestreffen in Hachenburg vor. Er bereist hauptsächlich den Orient, den Westen der USA und den Amazonas. Von Hause aus Historiker, Politik- und Religionswissenschaftler, gilt sein besonderes Interesse der Völker- und Religionsverständigung.

... in Deutschland, Österreich, Schweiz:

D: **Deutsche Zentrale für Globetrotter (dzg)** e.V., ↗ voran stehenden Artikel. Aktuelles unter www.globetrotter.org.

Deutscher Globetrotter Club (DGC), 41464 Neuss, ✆ 02131/41213, www.kanu-touren-weltweit.de.

Sahara Club e.V., 56077 Koblenz, www.sahara-club.de.

Euro-Arabischer Freundschaftskreis e.V. (EAF) c/o Helmut Sixt, München, ✆ 089/7604498, www.eaf-ev.de.

A: **Traveller Club Austria (TCA) Wien,** ✆ Do 15 – 19 Uhr 0043/66/4963755, www.travellerclub.org.

Expedition-Club Austria, Wien, www.expeditionclub.at

CH: **Globetrotter Club,** Zürich, ✆ 0041/1/21210-66, www.globetrotter.ch. Organisation mit 13 Reisebüros.

... in den EU-Staaten

Belgien: **Wegwijzer Reisinfo,** Beenhouwersstraat 32, Brugge, ✆ 0032/50/337588, www.wegwijzer.be.

Taxi Stop, Centrum voor Positieve Aanwending, info@taxistop.be, www.taxistop.be.

Vakantiefietser siehe Niederlande: de Wereldfietser

Dänemark: **Globetrotterskolen Online A.S. Org,** PB 74, 9640 Farsoe, International Globetrotters Club and Travel School, www.globetrotters.org.

»Die Welt ist meine Universität, die Völker sind meine Lehrer.«
Heinz Rox-Schulz, laut Spiegel »König der Globetrotter«, Ehrenmitglied der dzg, verstorben 2004.

Siehe auch:
Segelclubs ↗ Seite 216, Kanuclubs ↗ Seite 188, Fahrradclubs ↗ Seite 181, Motorradclubs ↗ Seite 222, Autoclubs, ↗ Seite 47, Reisemobilclubs ↗ Seite 237.

Frankreich: Aventure de Bout du Monde ABM, 11 rue de Coulmiers, 75014 Paris, ✆ 01/45/452929, www.abm.fr.

Großbritannien: Globetrotters Club, c/o Mrs. Hilary Bradt, BCM/Roving, London WC1N 3XX, England, www.globetrotters.co.uk.

Wexas International, 45 – 49 Brompton Road, Knightsbridge, London SW3 1DE, ✆ 0044/71/5893315, www.wexas.com.

Club 153, c/o Mike Foster, 4A Stonard Road, London N13 4DP, www.manntaylor.com/153.html. Mitglieder müssen im Bereich der Michelinkarte 153 (heute: 953) gereist sein, also in der Sahara.

Royal Geografical Society RGS, 1 Kensington Gore, London SW7 2AR, ✆ 0044/20/7591-3008, Fax 7591-3001. www.rgs.org.

Italien: Totem e Tabu, Club di Liberi Viaggiatori, www.totem-tabu.it.

Niederlande: de Wereldfietser, Postbus 94005, 1090 GA Amsterdam, ✆ 0031/76/5652016, www.wreldfietser.nl.

Verenigung Senior Globetrotters, Kleikoel 17, 7631 CZ Oatmöske, Twente, ✆ 0031/541/293447.

Polen: Travel Bit, c/o Andrzej Urbanik, Skr. Poczta 258, 30-965 Kraków, Polska, travelbit@cybernet.krakow.pl, www.cybernet.krakow.pl/travelbit/.

Globetrotter-Clubs außerhalb der EU

Australien: Australian Traveller's Club, 499 Wellington Street, Perth, Western Australia, ✆ 0061/8/9226 0660, www.travellersclub.com.au.

Japan: Trans-Cyclist International, The Director, C.P.O.Box 2064, Tokyo 100-8695, Fax 0081/33402-5358. Motorrad-Club.

Türkei: Gezginter Klubu, Orhan Kural, itu Maden Fakultesi, Ayazaga, 80626, Istanbul, kural@sariyer.cc.itu.edu.tr.

Tunesien: Club International des Grands Voyageurs, c/o Rached Triméche, 26 Av. Bourguiba, 2013 Ben Arous, www.cigv.com.

Russland: Moskauer Fahrradtouristenklub, Warschauer Chaussee 143-1-20, 113405 Moskau, ✆ 007/95/9730625, Barbara@degunino.net.

Nirfi, 24/14B Pecherskaya Str., 603600 Nishny Nowgorod, ✆ 007/8312/366490, Fax 369902, uf@nirfi.nnov.su.

North-Ossetian Sporting Tourist Club, c/o Alexei Struchov, Kosta pr. 273, 362030 Vladikvkaz, Nord Ossetien, ✆ 007/8672/744103, Fax 749967. Radfahrerclub.

Cyclist' Touring Club Orion, c/o Pavel Protopopov, P.O. Box 2009, 400078 Volgograd, http://bikeclub.volgadmin.ru, bikeclub@volgadmin.ru. Radler, Wanderer.

Ukraine: Regionalnij Club Velotouristov Imeni Trawina, c/o Alexej Potupin, Mikrorajon-5,33, 313540 gor. Losowaja, Charkovskaja oblast, ✆ 00380/5745/74085. Radfahrerclub.

Reisende und ihre Museen

↗ Seite 251, Völkerkundemuseen.

Heinrich-Harrer-Museum, A-9375 Hüttenberg, www.harrer-museum.at.

Haus der Völker, Gert Chesi, A-6130 Schwaz/Tirol, ✆ 0043/5242/66090, www.hausdervoelker.com

Abenteuer-Museum, Saarbrücken. Seit Oktober 2004 geschlossen und im Eigentum der Stadt Saarbrücken, Zukunft ungesichert, www.abenteuermuseum.de.

Centre Culturel Alexandra David-Néel, 27 avenue du Maréchal Juin, F-04000 Digne-les-Bains, www.alexandra-david-neel.org.

Reinhold Messners »Messner Mountain Museum«-Projekt, www.reinhold-messner.de, umfasst vier Standorte:

MMM Schloss Juval im Vinschgau mit einer Tibetica-Sammlung;

MMM Ortles in Sulden am Ortler als Eis-Museum,

MMM Dolomites auf dem Monte Rite hoch über Cibiana;

MMM Burg Sigmundskron am Stadtrand von Bozen (beabsichtigt).

»Ich bin, was ich tue.«
Reinhold Messner

REISE-FÜHRER BEURTEILEN

von Peter Meyer
Peter Meyer beschäftigt sich seit 1976 als Autor und Verleger hauptberuflich mit Reiseführern. Sein Steckenpferd ist die Kartografie – am Schreibtisch und im Gelände. Neben Südasien und dem Maghreb durchstreift er am liebsten Deutschland und Europa, Hauptsache, es geht nach Süden und es bleibt genug Zeit für einen Blick hinter die nächste Ecke. Seit 1981 ist er Mitglied der dzg, war 4 Jahre deren 1. Vorsitzender und weitere 2 Jahre im Vorstand tätig.
www.petermeyerverlag.de und www.connexions.de

»Ich habe jetzt einen Lohnbedienten. Einen trefflichen Alten. Einen Teutschen, der mir täglich was er mich kostet erspart. Er ist mit Herrschaften durch ganz Italien gegangen und weis alles recht gut. Er dressirt die Italiäner auf die rechte Weise. So gibt er genau das wenigste Trinckgeld an jedem Orte, ich muss überall für einen Kaufmann passieren.« Soweit Goethe in seiner »Italiänischen Reise« unter dem 4. Oktober 1786.

Goethe hat offenbar Glück gehabt. Im Allgemeinen verdoppelte nämlich ein Reisebegleiter die Kosten. Auch einen gedruckten Reiseführer müssen Sie sorgfältig auswählen, damit er Ihnen mehr nützt als schadet.

Von Journalisten wird immer wieder behauptet, es gäbe keinen guten Reiseführer, sondern nur den jeweils passenden. Klar, je nach Reiseart können die Anforderungen an »meinen optimalen Reiseführer« etwas schwanken, trotzdem lassen sich objektive Anforderungen formulieren, die die Auswahl erleichtern. Leider gibt es keine über längere Zeit fortgeführten gründlichen Reiseführertests, die die Tauglichkeit der Führer vor Ort überprüfen. Dies, obwohl Reiseliteratur knapp 10 % aller im deutschsprachigen Raum verkauften Bücher ausmacht! Ökologische Kriterien wurden bisher überhaupt nicht in die Bewertung einbezogen. Tests, die Sie im Internet finden, sind oft Jahre alt.

Vorauswahl

Falls es mehrere Reiseführer zu Ihrem Reiseziel gibt, kommen solche in die engere Wahl, die Ihrer Reiseart möglichst nahe kommen. Prüfen Sie zunächst orientierend, ob der dort gepflegte Reisestil zu Ihnen passt:

- das finanzielle Niveau der empfohlenen Unterkünfte, Restaurants und Transportmittel,
- das inhaltliche Verhältnis der Sachgebiete Kultur und Natur, Reisepraxis und Aktivitäten zueinander,
- die Schwerpunkte der Freizeitgestaltung, z.B. Aktivitäten an Strand und Wasser, Wanderungen, Bergsportarten, Fahrradausflüge, Museen, Shopping …,

- der Schmökerfaktor: Fesselt Sie das Buch durch Bild und Text?

Wie nützlich ist der Reiseführer?

Woran können Sie erkennen, ob Ihnen ein Reiseführer nützlich ist?

- **Aktualität:** Mehr als das Auflagenjahr zeigen das Ende des Geschichtskapitels, neueste Entwicklungen und Wechselkurse den Zeitpunkt der letzten Recherche. Das Auflagenjahr liegt meist ein Jahr nach der Recherche des Autors vor Ort.
- **Reisevorbereitung:** Informieren ausführliche landesspezifische Kapitel über günstige Reisezeiten, Empfehlungen für Routen und minimalen Zeitbedarf, Tipps zur Budgetplanung, Visumsbesorgung, Gesundheitsvorsorge, Reiseapotheke und zum Kofferpacken, Adressen von Diplomatischen Vertretungen, Impfstellen etc.?
- **Informationstiefe:** Erfahre ich genug über das Land, seine Pflanzen und Tiere? Natur- und Umweltthemen sollten nicht nur in Alibikapiteln vorkommen. Kommt die Geschichte lediglich als Zeittafel vor oder werden auch Zusammenhänge erklärt? Erscheinen Menschen nur als Statisten auf Fotos oder wird auch über ihre Kultur berichtet? Verdeutlichen Schaubilder und Grafiken thematische Zusammenhänge?
- **Reisepraxis vor Ort:** Gibt es landesspezifische Verhaltenstipps? Wie ausführlich sind die Tipps für Unterkunft und zu öffentlichen Verkehrsmitteln? Gibt es Hinweise, wie diese bewertet wurden? Wie konkret sind Informationen, z.B. Adressen und Preise? Stehen diese Informationen im jeweiligen Ortskapitel oder irgendwo im Anhang?
- **Sehenswürdigkeiten:** Werden sie im historischen oder naturgeschichtlichen Zusammenhang gewürdigt oder nur abgehakt? Sind Öffnungszeiten und Eintritt angegeben? Werden außer den Highlights auch kleinere Sehenswürdigkeiten genannt, vielleicht sogar welche für spezielle Interessen?

✷ **Tipp:** Reiseführer zu Ländern der »Dritten Welt«, mit extrem kurzer Reisesaison oder besonders schneller touristischer Entwicklung sind schwerer zu recherchieren als Reiseführer zu hoch entwickelten Reiseländern mit guter Informations-Infrastruktur. Das betrifft auch die Karten. Von einen Toskana-Reiseführer darf man also mehr erwarten als von einem Mali-Führer.

Mehr Information

www.reisegeschichte.de/lesen/tippsreisef.htm: Lesenswerte Artikel über das Reisen mit und ohne Reiseführer, Chancen und Risiken von deren Benutzung. Links zu den Selbstdarstellungen der Verlage.

ITB BuchAward: Alljährlich verleiht die Internationale Tourismusbörse in Berlin den BuchAward für die besten Reiseführer-Reihen. Sieger in der Kategorie Individualreiseführer wurden 2005 der Peter Meyer Verlag und der Michael Müller Verlag.

Logisch: Als Verleger von Reiseführern habe ich mir nicht nur eine Meinung über »den guten Guide« gebildet, sondern bin auch davon überzeugt, dass alle genannten Punkte auf die Peter Meyer Reiseführer zutreffen. Nun ja, Sie werden uns testen ...!

- **Kartografie:** Sind die Übersichtspläne und Stadtpläne mit nützlichen reisepraktischen Informationen dicht gefüllt? Gibt es einen Maßstab und einen Nordpfeil? Sind die im Text genannten geografischen Bezeichnungen und Sehenswürdigkeiten in der Karte eingezeichnet? Finden sich nützliche Plätze darin: Informationsstellen, Hotels, Restaurants, Busbahnhöfe, Reisebüros, Geschäfte, Märkte, vielleicht sogar mal Waschsalon oder öffentliche Toilette? Ist am Kartenrand angegeben, wohin die Straßen führen? Ist die Karte nur mit Ziffern und Legende statt direkt beschriftet, spricht dies für einen falsch gewählten Maßstab bzw. Kartenschnitt.
- **Insider- und Geheimtipps** sind schädlich für Sie und die Bereisten. (Stellen Sie sich Ihre Stammkneipe als Insidertipp im Reiseführer vor!) Besser ist eine flächendeckende Recherche, aus der sich jeder Reisende die Ziele seinen Neigungen entsprechend aussuchen kann.
- **Suchhilfen:** Wie leicht finden Sie eine gewünschte Information? Ein ausführliches und gut gegliedertes Inhaltsverzeichnis kann ein Sachregister ersetzen, doch unabdingbar ist ein gutes Ortsregister. Griffmarken leiten Sie schnell in gewünschte Kapitel.
- **Handhabung:** Wie schwer und groß ist der Reiseführer? Passt er in die Jackentasche? Sind Bindung und Umschlag robust genug für wochenlangen täglichen Gebrauch?
- **Ausstattung:** Stehen Seitenzahl und Dicke des Buches in einem vernünftigen Verhältnis? Voluminöses Papier und umständliches Geschwafel plustern ein Buch auf. Schweres Papier für Hochglanzfotos gehört in einen Bildband, für Individualreisende ist es zu schwer. Je mehr der Verlag in Beigaben investiert, desto magerer werden die Inhalte.
- **Der Preis:** Die Recherche eines Reiseführers kostet viel Geld, schließlich sollen die Informationen immer wieder flächendeckend geprüft werden. Bei einem zu niedrigen Preis sollten Sie stutzig werden, denn bei Reiseführern kann es keine »Schnäppchen« geben. Das Schnäppchen kann unterwegs viel Verdruss berei-

ten, der gut recherchierte Führer hingegen viel Geld sparen.

FÜR DIE RICHTIGE ORIENTIERUNG: KARTEN

Die meisten gebräuchlichen Weltkarten zeigen die Länder der Nordhalbkugel zu groß und die Länder der Südhalbkugel zu klein. Technisch liegt das an der Art, wie die Umrisse der Länder von der kugelförmigen Globusoberfläche auf die ebene Kartenfläche übertragen werden. Ideologisch zeigt sich darin die Unterbewertung der »Dritten Welt« im Vergleich zu den Ländern der »Ersten Welt«. Lediglich auf der so genannten Peterskarte sind alle Länder, Kontinente und Ozeane in maßstabsgerechter Größe abgebildet.

- **Übersichtskarten** sind nötig für die Reiseplanung. Das darf eine preiswerte Straßenkarte sein. Benutzer öffentlicher Verkehrsmittel sollten prüfen, ob Bahnlinien und Bahnhöfe eingezeichnet sind. Der Maßstab kann je nach Ziel im Bereich von 1:200.000 bis 1:1 Mio. (Europa und andere dicht besiedelte Regionen) oder gar 1:5 Mio (dünn besiedelte Gebiete) liegen. Letzteres findet sich bereits in guten Atlanten.
- **Detailkarten** wie Wander- oder Fahrradkarten beruhen auf amtlichen topografischen Karten in Maßstäben von 1:25.000 bis 1:200.000; die amtlichen Kartenausgaben garantieren eine hohe Qualität. Die Kriterien für die Kartenauswahl und die Maßstabstabelle unten helfen beim Kartenkauf. Die beste Auswahl finden Sie in spezialisierten Landkartenhandlungen.
- **Russische Generalstabskarten** sind zwar russisch-kyrillisch beschriftet, decken aber oft Gebiete dieser Erde ab, die sonst auf keinen anderen guten Kartenwerken vorkommen. Über 50.000 Schnitte sind lieferbar, erfragen Sie die passenden bei Därr in München unter Angabe Ihres Wunschgebietes, www.daerr.de, ✆ 089/282032, oft lange Beschaffungszeiten!
- **Amerikanische Fliegerkarten,** TPC-Karten, helfen immer dann notdürftig weiter, wenn sonst keine Karten

Nachschlagewerk

Geo-Katalog, Band 1 »Touristische Veröffentlichungen«, ist geografisch gegliedert und wird jährlich aktualisiert. Er enthält Register der Verlage und Kartenwerke sowie alle in deutschen Buchhandlungen lieferbaren Reiseführer und Karten. Band 2 enthält »Geowissenschaftliche Werke« und erscheint als Loseblattwerk. Er ist in Sachen Karten wesentlich informativer und umfangreicher. Band 1 ist in (fast) jeder Buchhandlung zu finden, Band 2 nur in großen Bibliotheken und spezialisierten Landkartenhandlungen.

✷ **Tipp:** Kostenlose Karten sind beim ADAC für einige außereuropäische Gebiete erhältlich: Nordamerika (Karten des AAA), Mexiko, Südafrika, Tunesien, Ägypten, Israel, Türkei, Neuseeland, Australien und oft auch beim jeweiligen Fremdenverkehrsamt.

GPS-Daten:
http://earth-info.nga.mil/gns/html/index.html

aufzutreiben sind oder nur solche ohne Geländedarstellung. Die Karten müssen ausschnittsweise bestellt werden; dazu zunächst die Kartenschnitte bei GeoCenter in Stuttgart, Därr in München oder beim Landkartenhaus Angermann in Wiesbaden anfordern.

Kriterien für die Kartenauswahl

Nicht alle Karten können die nachfolgenden Anforderungen erfüllen; dies ist u.a. vom Maßstab abhängig. Sie sollten also nach Ihren persönlichen Bedürfnissen gewichten. Manche Frage lässt sich darüber hinaus nur nach einem Probelauf beantworten.

▶ **Maßstab:** Wie viele Karten sind für eine Tour nötig? Zeigt die Karte Nebenwege genau genug? Anforderungen:

- Die Karte ermöglicht eine gute Orientierung im Nahbereich.
- Sie enthält Hinweise für die verkehrsmitteltypische Infrastruktur.
- Für eine Tagestour genügen 1 bis 2 Karten.

▶ **Format:** Wie gut lässt sich die Karte so falten, dass eine bestimmte Region gezeigt wird? Passt sie in die Sichtfenster irgendwelcher Taschen? Wie soll sie aufbewahrt und benutzt werden?

▶ **Übersichtlichkeit:** Welche Angaben werden gemacht? Sind die wichtigsten Angaben leicht zu entnehmen? Welche Angaben brauche ich wahrscheinlich nicht? Anforderungen:

- Die Karte enthält soviel Informationen wie nötig für die geplante Tour, z.B. Fähren, Bergbahnen.
- Unterschiedliche Informationsarten sind unterschiedlich dargestellt, z.B. Radweg rot.
- Die Karte enthält so wenig unnötige Informationen wie möglich; ist also nicht überfrachtet.
- Es ist eine Legende vorhanden, in der alle Linien und Symbole erklärt werden.

▶ **Gelände:** Gibt es Höhenlinien, mindestens aber Höhenschichten oder eine stimmige Schummerung als geländeplastische Darstellung? Höhenmarkierungen

an Pässen, Straßenkreuzungen oder anderen markanten Punkten? Sind starke Steigungen gekennzeichnet? Gibt es Hinweise auf markante Orientierungspunkte?
Anforderungen:

- Die Karte ermöglicht es, sich eine Geländeform vorzustellen.
- Sie ermöglicht Aussagen über die Qualität und die Schwierigkeit einer Route.

Welcher Maßstab ist für was gut?

Maßstab	... das heißt:	geeignet für:
1 : 500	1 cm = 5 m	Gebäudegrundriss, Ausgrabungsstätte
1 : 5000	1 cm = 50 m	Innenstadtplan, Detailplan
1 : 15.000	1 cm = 150 m	Stadtplan (1:10.000 bis 1:20.000)
1 : 25.000	1 cm = 250 m	Wandern mit Orientierung im Gelände, Mountainbiking
1 : 50.000	1 cm = 500 m	Wandern mit eindeutigen Wegverläufen, Radtouren auf kleinen Wegen und im Gebirge, Tagestouren mit dem Rad
1 : 100.000	1 cm = 1 km	Genussradeln, Tages- und Wochenendtouren mit dem Rad
1 : 200.000	1 cm = 2 km	mehrtägige Radwanderungen, Detailkarte für Autofahrten
1 : 500.000	1 cm = 5 km	Übersichtskarte für die Tourenplanung (Deutschland 170 cm hoch)
1 : 1.000.000	1 cm = 10 km	Planung einer großen Tour (Deutschland 85 cm hoch), Straßenkarte
1 : 5.000.000	1 cm = 50 km	Planung einer transkontinentalen Tour (Europa-Karte im Atlas)
1 : 10.000.000	1 cm = 100 km	Planung einer Weltreise (große Weltkarte für die Wand)
1 : 20.000.000	1 cm = 200 km	Großer Globus mit einem Durchmesser von circa 64 cm
1 : 40.000.000	1 cm = 400 km	Normaler Wohnzimmerglobus von 32 cm Durchmesser

- **Straßen und Wege:** Sind Autostraßen, Rad- und Wanderwege eingezeichnet? Gibt es Angaben über Radwege an Straßen, über die Verkehrsdichte? Sind für Radfahrer verbotene Straßen markiert? Ermöglicht die Karte auch Stadtdurchfahrten? Ist die Wegequalität (Schotter, Asphalt, Autobahn) kategorisiert? Sind Bahnstrecken und Bahnhöfe eingezeichnet?
- **Entfernungen:** Ist die Entfernung übersichtlich und an allen Strecken angegeben? Wie sind die Angaben gestaffelt?
- **Spezielle Radrouten:** Sind offizielle Radwanderwege oder empfohlene Routen gekennzeichnet? Lassen sie sich gut nachvollziehen und finden? Wird auf die Beschilderung entlang von Radwander- oder, je nach Maßstab, von Wanderwegen hingewiesen? Finde ich mich auf der Karte auch abseits von markierten Routen zurecht?

Mehr Information

www.lib.utexas.edu viele historische Karten.

Focus Behaim Globus. Band 1 (Aufsätze) und 2 (Katalog), Verlag des Germanischen Nationalmuseums Nürnberg, 1992.

Manfred Scheuch, **Atlas zur Zeitgeschichte.** Asien, Afrika und Amerika im 20. Jahrhundert. Brandstätter, 1993.

Mark Monmonier, **Eins zu einer Million.** Die Tricks und Lügen der Kartografen. Birkhäuser, 1996.

Wolfgang Linke, **Orientierung mit Karte und Kompass,** Busse & Seewald.

Buch- und Landkartenhandlungen

Wohlsortierte Buchhandlungen mit großem Reiseführersortiment, langjährig hoher Beratungskompetenz für Individualreisende und guter Kartenauswahl (kein Anspruch auf Vollständigkeit):

... in Deutschland:

04109 Leipzig, **Reisefibel,** Kleines Salzgäßchen 21, ✆ 0341/96046-41, Fax -42 und ✆ 21587-0, Fax -22.

06108 Halle/Saale, **Auf und davon,** Große Ulrichstraße 24, ✆ 0345/2003922, Fax 2003923.

10783 Berlin, **Schropp,** Potsdamer Straße 129, ✆ 030/235573-20, Fax -210.

10789 Berlin, **Hugendubel,** Tauentzienstraße 13, ✆ 01801/484484, Fax 01801/484585.

20095 Hamburg, **Dr. Götze Land & Karte,** Alstertor 14 – 18, ✆ 040/357463-0, Fax -44.

24103 Kiel, **Geo Buchhandlung,** Schülperbaum 9, ✆ 0431/91002, Fax 94249.

30159 Hannover, **Schmorl & von Seefeld,** Bahnhofstraße 14, ✆ 0511/36750, Fax 325625.

38100 Braunschweig, **Graff,** Sack 15, ✆ 0531/480890, Fax 46531.

40217 Düsseldorf, **Stern-Verlag Janssen,** Friedrichstraße 24 – 26, ✆ 0211/3881-0, Fax -198.

42103 Wuppertal, **Buchhandlung Baedeker,** Friedrich-Ebert-Straße 31, ✆ 0202/305011.

45127 Essen, **Buchhandlung Baedeker,** Kettwiger Straße 33 – 35, ✆ 0201/2068-0, Fax -100.

50674 Köln, **Gleumes & Co.,** Hohenstaufenring 47 – 51, ✆ 0221/211550, Fax 249417.

52064 Aachen, **Mayersche Buchhandlung,** Buchkremerstraße 1 – 7, ✆ 0241/4777-0, Fax -167.

53173 Bonn, **Siebengebirgs-Buchhandlung,** Alte Bahnhofstraße 1 – 3, ✆ 0228/95715-0, Fax -35.

55116 Mainz, **Gutenberg-Buchhandlung,** Große Bleiche 29, ✆ 06131/27033-0, Fax -60.

56068 Koblenz, **Reuffel,** Loehrstr. 92, ✆ 0261/30307-0, Fax -66.

60313 Frankfurt a.M., **Hugendubel,** Steinweg 12, ✆ 01801/484484, Fax 01801/484585.

60311 Frankfurt a.M., **Landkartenhandlung Schwarz,** Kornmarkt 12, ✆ 069/553869, Fax 5975166.

64283 Darmstadt, **Schlapp,** Ludwigsplatz 3, ✆ 06151/1790-0, Fax -40.

65183 Wiesbaden, **Buchhandlung & Landkartenhaus Angermann,** Mauergasse 21, ✆ 0611/376061, Fax 300385.

68163 Mannheim, **Kober-Löffler,** Windeckstraße 79 – 81a, ✆ 0621/81000-0, Fax -50.

70565 Stuttgart, **Wittwer,** Königstraße 30, ✆ 0711/2507-0, Fax -350.

72074 Tübingen, **Osiandersche Buchhandlung,** Metzgerstraße 25, ✆ 07071/9201-0, Fax -192.

76133 Karlsruhe, **Buch-Kaiser,** Kaiserstraße 199, ✆ 0721/92929-0, Fax -90.

78462 Konstanz, **Osiandersche Buchhandlung,** Kanzleistraße 5, ✆ 07531/25041, Fax 21531.

79098 Freiburg, **Landkartenhaus Voigt,** Schiffstraße 6, ✆ 0761/23908, Fax 2020054.

Kartenversand

Buchhandlung und Landkartenhaus Angermann, Mauergasse 21, 65183 Wiesbaden, ✆ 0611/376061, Fax 30038, www.landkartenhaus.de mit Suchfunktion. Besorgt alle Reiseführer, Land- und Stadtkarten, auch aus dem Ausland.

Versandbuchhandlung Schrieb, Markgröningen, www.karten-schrieb.de. Wer sein Zielgebiet angibt, erhält ein Blatt mit Länderinformationen und Kartenschnitten und kann dann bestellen.

Leer gefegt: Auf dem »Platz der Windrose« lernten die portugiesischen Kadetten unter Heinrich IV., dem Seefahrer, der nie zur See gefahren war, navigieren

80331 München, **Geographische Buchhandlung,** Rosental 6, ✆ 089/265030, Fax 263713.

80331 München, **Hugendubel,** Marienplatz 22, ✆ 01801/484484, Fax 01801/484585.

87435 Kempten/Allgäu, **Tobias Dannheimer,** Bahnhofstraße 4, ✆ 0831/54066-0, Fax -66.

Reiseführer & Karten im Ausland:

Österreich: 1010 Wien, **Freytag & Berndt Reisebuchhandlung,** Kohlmarkt 9, ✆ 5338685, Fax 5338685-86.

1011 Wien, **Morawa & Styria Buchhandel,** Wollzeile 11, ✆ 5137513-450, Fax -138.

4020 Linz, **Amadeus,** Landstraße 41, ✆ 0732/7615-200, Fax -590.

6020 Innsbruck, **Tyrolia,** Maria-Theresien-Straße 15, ✆ 0512/2233-0, Fax -444.

Schweiz: 3011 Bern, **Atlas Travel Shop,** Schauplatzgasse 31, ✆ 031/3119044, Fax 3125405.

4010 Basel, **Bider & Tanner,** Aeschenvorstadt 2, ✆ 061/2819994, Fax 2810988.

6300 Zug, **Kaktus Outdoor AG,** Baarerstr. 49, ✆ 041/7102261, Fax 7102203.

8001 Zürich, **Travel Book Shop & Map House,** Rindermarkt 20, ✆ 01/25238-83, Fax 25238-32.

Niederlande: 1012 WN Amsterdam, **Pied à Terre,** Singel 393 – 395, ✆ 020/6274455.

Italien/Südtirol: 39100 Bozen, **Athesia,** Lauben 41, ✆ 0471/925111, Fax 925215.

Großbritannien: London WC2E 9LP, **Edward Stanford Ltd.,** 12 – 14 Long Acre, ✆ 0044/71/8361321, Fax 8360189.

Polen: 02-105 Warszawa 21, **Topkart,** Skr. Poczt 14, ✆ & Fax 0048/22/481206. Versand von Karten aus Ost- und Ost-Mitteleuropa, auch für Blinde!

REISEZEIT-SCHRIFTEN

Sie fotografieren gern und sind besonders sportlich? Sie verdienen überdurchschnittlich gut und reisen viel? Dann gehören Sie zur Zielgruppe von Reisemagazinen, behauptet die Allensbacher Markt- und Werbeträger-Analyse AWA. Mehr als 200 Reisezeitschriften im weitesten Sinne lassen sich im deutschsprachigen Raum finden, doch nur wenige bestimmen den Markt.

Die Konkurrenz erzeugt Magazine mit einer jeweils charakteristischen Mischung für verschiedene Geschmäcker, für bestimmte Zielgruppen mit mehr oder weniger Geld, mehr oder weniger kulturellen Ambitionen ... Die Magazine unterscheiden sich im Bild-Text-Anteil, der Bildqualität, des Informationsgehaltes, der Aktualität und natürlich im Preis. Insbesondere der Werbeanteil von bis zu 35 % kann störend wirken.

Themenhefte eignen sich besonders zur zielgerichteten Reisevorbereitung: Merian, GEO Special, Abenteuer & Reisen Spezial, ADAC Reisen, HB Bildatlas ... Sie beschreiben in jeder Ausgabe eine Stadt, eine Region, ein Land. Neben einem optisch hochwertigen Magazinteil finden sich ein aktueller Serviceteil, Karten und Hinweise auf Informationsquellen. Themenhefte

✸ **Tipp:** Der Trotter, die Mitgliederzeitschrift der Deutschen Zentrale für Globetrotter, erscheint werbefrei seit 1974.

Mehr Information
www.reisegeschichte.de listet zahlreiche Reisezeitschriften bis zurück ins 19. Jahrhundert auf. Dort findet sich auch eine wissenschaftliche Untersuchung über Reisezeitschriften aus dem Jahre 2001, 20 Testleser bewerteten 18 Reisemagazine.

können helfen, sich für ein Reiseziel zu entscheiden und ermöglichen erste Planungsschritte.

- **Merian,** die älteste noch erscheinende Reisezeitschrift erscheint seit 1948 monatlich mit landeskundlichem Schwerpunkt. Merian richtet sich an Reisende mit besonderem Interesse an Kultur, Geschichte und Tradition eines Landes und bietet anregende Fotos. Die ausführlichen Texte informieren vertiefend über Hintergründe. www.merian.de.
- **Geo Spezial** erscheint seit 1982 zweimonatlich. Es richtet sich an Individual- und Pauschaltouristen mit besonderem Interesse an ihrem Reiseziel. Zu einer Vielzahl von Themen stehen außergewöhnlich schöne Fotografien in ausgewogenem Verhältnis zu Texten mit Hintergrundinfos. Ein Anhang bietet weitere Gebietsinfos, Klappkarte sowie Buchtipps, www.geo.de.

Die **multithematischen Magazine** bieten Reportagen und optisch ansprechende Bildstrecken. Sie liefern vielfältige Ideen für reiselustige Leser, machen Appetit. Thematisch ist für jeden etwas dabei, reisetechnische Hintergrundinformationen füttern das Grundlagenwissen: tours, Geo Saison, Abenteuer & Reisen www.abenteuer-reisen.de, Outdoor www.outdoor-channel.de.

- **Geo Saison** erscheint seit 1989 zehnmal jährlich als auflagenstärkste deutsche Reisezeitschrift. Mit dem Untertitel »Schöner reisen ...« zielt das Magazin vorwiegend an service- und kulturorientierte Urlauber und dient als Inspirations-, Unterhaltungs- und Informationsquelle für alle Reiseformen. Der Schwerpunkt liegt auf dem sehenswerten Bildteil, die Texte treten dahinter zurück. Reiseberichte werden mit Kurzinfos unterfüttert. Hinzu kommen Hintergrundbeiträge, etwa zu »Last Minute« oder »All-Inclusive« und Beiträge zum ZDF-Reisemagazin Reiselust. www.geo.de.
- **Tours** erscheint seit 1980 zweimonatlich. Im Vordergrund stehen selbst organisierte Autoreisen, offroad oder mit dem Wohnmobil sowie ungewöhnliche Reisen zu Fuß, per Fahrrad oder Pferd, meist etwas abenteuer-

lich oder wenigstens sportlich. Gute Fotos und ein anregender, oft spannend erzählter und informativer Text stehen in ausgewogenem Verhältnis. Kurzinfos mit Preisbeispielen für Flüge und Unterkünfte sowie Literaturhinweisen sind den Berichten angehängt. Ein Reisemarkt informiert über neue Angebote der Veranstalter, Ausrüster annoncieren, Fahrzeuge werden angeboten. www.tours-magazin.de.

Serviceorientierte Reisemagazine definieren sich in erster Linie über Vergleichstests und Fluglisten und sind in besonderem Maße aktuell. Die Leser erwarten geldwerte nützliche Informationen: Reise & Preise, Fliegen & Sparen www.fliegen-sparen.de

- **Reise & Preise** erscheint etwa seit 1988 vierteljährlich. Es ermöglicht Individual- und Pauschalreisenden Preisvergleiche von weltweiten Flügen und Hotels. Begleitend werden Reiseziele vorgestellt. Die teils sehr schöne Landschaftsfotografie hält die Waage mit humorigem Text und den üblichen Kurzinfos. Ein Serviceteil informiert z.B. über Reiseführer. Reiseveranstalter und -büros annoncieren, Kleinanzeigen sind möglich. Die Zeitschrift trifft die Interessen vieler praktisch denkender Globetrotter und bietet eine serviceorientierte Webseite: www.reise-preise.de.

Landeskundliche Magazine stellen Völker und Länder in den Vordergrund, touristische Interessen spielen kaum eine Rolle: monatlich erscheinen Geo, www.geo.de, und die preiswerte National Geographic Deutschland, www.nationalgeographic.de, mit sehr schönen Fotos und publikumsorientierten Themen. Seit 1888 hat die National Geographic Society mehr als 6500 Expeditionen und Forschungsprojekte unterstützt. Ihr Ziel: »Für die Mehrung und Verbreitung des geografischen Wissens.« Auch auf Deutsch erhältlich.

Special Interest Zeitschriften richten sich etwa an Reisemobilfahrer, Radler, Bergsteiger, Kanuten, Skifahrer ... Mallorca- oder Südafrika-Urlauber. Hinweise auf nützliche Hefte finden Sie an den entsprechenden Stellen in diesem Buch.

✸ **Tipp:** Mare ist eine spezielle Specialinterest-Zeitschrift, die sich die personifizierte Reisesehnsucht vieler Menschen zum Hauptthema erwählt hat: das Meer. Erscheint seit 1997 zweimonatlich mit tollen Fotos und spannenden Texten rund ums Wasser, seine Fauna und Flora, Geschichte und Wirtschaft. www.mare.de

Checkliste: Budgetplanung

▶ Kopieren Sie die Tabelle zur Budgetplanung mehrmals, schätzen Sie die Kosten, variieren Sie sie und tragen sie in die rot unterlegten Zellen, die Summen in die blauen Zellen ein. Auf das daraus resultierende Mindestbudget schlagen Sie 30 % auf. Mit einem Betrag in dieser Größenordnung müssen Sie für die Reise rechnen. Alle Angaben zu den variablen Kosten sollten Sie in einem guten Individualreiseführer genannt finden. ◀

	feste Kosten	variable Kosten	Summe
Vorbereitungskosten:			
Ausrüstung, Kleidung			
Visum, Pass, Bescheinigungen			
Impfungen, Medikamente			
Versicherungen			
Reise- u. Sprachführer, Karten			=
Kosten für Individualverkehr mit Auto, Motorrad, Fahrrad:			
Anschaffung		pro 100 km	
Verbrauchskosten			x Strecke
Wartungskosten			x Strecke
Reparaturkosten			x Strecke
Ausrüstung und Ausstattung			=
Kosten für öffentliche Verkehrsmittel:			
An- und Rückreise		pro 100 km	
Weiterreise im Land			x Strecke
öffentlicher Nahverkehr			=
Kosten unterwegs:		pro Woche	
Verpflegung			x Dauer
Unterkunft			x Dauer
Eintritt, Veranstaltungen			
Andenken, Porto, Telefon			=
Sonstiges			
Sonstiges			
Mindestbudget			=
plus 30 % Reserve		+	
Reisebudget			=

GELD – DIESES THEMA BEWEGT ALLE

Es ist ganz einfach: Entweder Sie wollen mit einem festgesetzten Budget in einer von Ihnen bevorzugten Art reisen, dann ergibt sich daraus die Reisedauer. Oder Ihre Zeit ist begrenzt, dann steigen Ihre Kosten für Dienstleistungen. Wie auch immer: Wahrscheinlich werden Sie sich später eher an die einfachen als an die kostspieligen Dinge erinnern.

ZAHLUNGSMITTEL

Mit Hinweisen von Alexander Barth

Alexander Barth (*1958), reiste quer durch Asien, besonders auf dem indischen Subkontinent und im arabischen Raum, und ist als Diplom-Betriebswirt viel in Ost-Europa und der GUS unterwegs. Der freiberufliche Trainer für Bankwesen managt seit 11 Jahren den Wiesbadener Globi-Stammtisch der dzg, an jedem ersten Freitag im Monat. www.bank-training.de

Euro & US-Dollar

Seit dem 1. Januar 2002 gilt der Euro als Zahlungsmittel in allen Ländern der Europäischen Währungsunion, ↗ Seite 88. Ausgesprochen wird der Euro je nach Land als Öro (F, B, NL, L), Äro (GR), Juro (IRL), Ewro (S) oder E-uro (P, I, E). Der Euro gilt übrigens auch in Andorra, Kosovo, Montenegro, Monaco, San Marino und in Vatikanstadt sowie auf den französischen, portugiesischen und spanischen Überseegebieten Französisch-Guyana, Guadeloupe, Martinique, Mayotte, Réunion, St. Pierre et Miquelon, den Azoren, auf Madeira und den Kanarischen Inseln.

Die Alternative zum Euro ist der US-Dollar, bei vielen Reisen ist man auf ihn angewiesen. Seine Symbolkraft ist oft höher als sein tatsächlicher Wert. Als Geschenk, Honorar oder Tauschmittel sind 1-Dollar-Noten daher besser geeignet und billiger als eine 5-Euro-Note. Alle anderen harten Währungen sind weniger verbreitet.

Hält man sich längere Zeit in einem Währungsraum auf, so sind größere Noten von Vorteil. Überall dort, wo Geschäftsleute Mengen Bargeld ins Ausland schaffen wollen, ist der Kurs für größere Noten besser. Kleinere Noten sind nötig für den Geldtausch bei der Ankunft oder Abreise.

Sie können nach Deutschland unbegrenzte Mengen an Bargeld importieren oder exportieren. Theoretisch sollten Sie Beträge über 12.500 Euro bei der Bundesbank melden.

Falschgeld

»Kunden prüfen eine Schale Erdbeeren genauer als einen Geldschein«, meint Dietmar Thiele, Leiter der Falschgeldstelle bei der Deutschen Bundesbank. Von dieser Unaufmerksamkeit profitieren die Fälscher. Deswegen gilt: Aufmerksamkeit ist Ihr bester Ratgeber!

Auf eine Million echte Euro-Banknoten kommen 23 Fälschungen (2004), zu 83 % betraf dies 50- und 100-Euro-Scheine. Die Scheine im Geldautomaten kommen direkt von der Bundesbank, dort erhält man mit geringerer Wahrscheinlichkeit Falschgeld. Über alle Merkmale echter Euro-Banknoten informiert die Europäische Zentralbank, www.euro.ecb.int/de, die Deutsche Bundesbank, www.bundesbank.de, verschickt einen Falschgeld-Leitfaden.

✹ **Tipp:** Vor der Reise, spätestens beim ersten Bankbesuch im fremden Land, sollten Sie sich eingehend nach den gerade kursierenden »Blüten« erkundigen oder ob alte Scheine durch neue ersetzt wurden.

Dollars werden häufiger gefälscht: 100 – 200 Noten aus 1 Mio sind Blüten. Das *Bureau of Engraving and Printing*, www.bep.treas.gov, teilt mit, dass alle 7 bis 10 Jahre neue »Designs« den Fälschern die Arbeit erschweren. Die vorletzte Serie neuer Noten begann 1996 mit der 100-Dollar-Note, es folgten die 50-$-Note 1997, die 20-$-Note 1998 sowie die 10- und 5-$-Noten 2000. Bisher waren alle Dollar-Noten grün und gleich groß. Doch die 20-$-Note der letzten Serie, die seit 2003 aufgelegt wird, hat auf der Vorderseite einen Irisdruck in grün-blau/pfirsich und auf beiden Seiten ein Wasserzeichen. Auf der Rückseite steht eine gelbe 20, eine Mikroschrift neben dem Sicherheitsstreifen »Twenty/USA«. Auf der Vorderseite rechts oben kippt die »20« von Rot nach Grün. 2004 erschien die 50-$-Note, 2006 folgt die 10-$-Note. Danach folgen die 100er Noten, irgendwann vielleicht die 5er; die 1- und 2-$-Noten sollen bleiben. Die alten Noten bleiben gültig, werden aber erfahrungsgemäß immer weniger gern akzeptiert. Informationen und Sicherheitsmerkmale finden Sie unter www.moneyfactory.com.

- Nehmen Sie möglichst »frische« Noten mit; beschädigte, beschriebene oder ältere Noten werden oft nicht akzeptiert.

- Stückeln Sie die Noten und die Anteile der Währungen.
- Das Risiko, Falschgeld aufzusitzen, ist beim Erstkontakt mit einer unbekannten Währung besonders hoch, also bei der Einreise.
- Lernen Sie die landesüblichen Zahlzeichen und Banknoten zu unterscheiden.

Währungen tauschen

Jeder Währungstausch kostet Geld. Die Währung des Ziellandes erhalten Sie meist günstiger vor Ort. Bei Nicht-EU-Ländern gilt: Fallen die Wechselkurse der betreffenden Währungen (= weiche Währung), wechseln Sie besser erst im Zielland, steigen sie (= harte Währung), wechseln Sie besser zu Hause.

- Verfolgen Sie bereits vor der Reise den Kurs der Landeswährung, etwa mit den Währungsrechnern www.oanda.com und www.xe.net.
- Bei Ihrer Bank müssen Sie die »**Sorte**« meist bestellen, das ist der Fachbegriff für ausländisches Bargeld. Die Kosten dafür steigen im Allgemeinen, je seltener die Bank diese Sorte handelt. Die »Reisebank«, www.reisebank.de, finden Sie an großen Bahnhöfen oder Flughäfen; Sortenbestellungen werden online entgegengenommen und per Kurier zugestellt.
- Oft ist die Einfuhr ins Zielland beschränkt, fragen Sie die Bank oder das Konsulat vor dem Umtausch.
- In manchen Ländern werden außerhalb großer Städte oft nur vertraute Fremdwährungen und Zahlungsmittel akzeptiert. Bargeld wird immer zum schlechteren Sortenkurs getauscht, bei Kreditkarten und Reiseschecks erhalten Sie den besseren Geldkurs.

Tipp: Der deutsche Zoll veröffentlicht unter www.zoll-d.de Wechselkurse aller Länder. Man kann sogar nachschauen, wie der Kurs vor einigen Jahren stand!

Reiseschecks

Reiseschecks (*Travellers' Cheques*) werden in gängigen Währungen ausgegeben, gestückelt zu maximal 500. Weltweit bekannt sind die Schecks von American Express und Thomas Cook. Sie kosten einmalig 1 % Versicherung. Sie müssen jeden Scheck zweimal unterzeichnen; erstmals beim Kauf, dann beim Einlösen.

Gegen Vorlage bei einer Bank wird Ihnen der Betrag in der Landeswährung zum Geldkurs ausgezahlt, weitere Gebühren sind unzulässig, doch in vielen Ländern üblich. In manchen Ländern, etwa in den USA, werden die Schecks unmittelbar als Zahlungsmittel akzeptiert. Gestohlene oder verlorene Reiseschecks werden gegen Vorlage der Kaufbescheinigung kostenlos innerhalb weniger Tage ersetzt.

- Für Ersatzschecks benötigen Sie eine Liste der Schecknummern, auf der die eingelösten Schecks markiert sind, sowie den Kaufbeleg. Beides sollte getrennt aufbewahrt werden, kopieren Sie beides zusätzlich.

Ec-, Maestro- und Kreditkarten

Die **Maestro-Karte** (früher: EC-Karte) ist eine »Debit«-Karte, sie erfordert ein Girokonto: Online wird geprüft, ob das Konto gedeckt ist, dann wird der gewünschte Betrag abgebucht, die Landeswährung wird ausgezahlt. Übrigens wird beim Benutzen eines Geldautomaten der Magnetstreifen aufgefrischt, auch wenn Sie kein Geld abheben.

Tipp: Wie viele Geldautomaten in Ihrem Reiseziel dem Maestrosystem angeschlossen sind, sagt Ihnen Ihre Bank. www.maestro.de www.bdb.de

Auch manche »Kreditkarten« werden als Debitkarten angeboten. Mit Ihrer Geheimzahl können Sie alle Maestro-Geldautomaten nutzen. Da die Banken meist eine Pauschalgebühr berechnen, ist es billiger, möglichst hohe Beträge abzuheben. Mittlerweile könnten Sie von Europa durch Russland und China bis Thailand reisen und sich immer am Geldautomaten mit der Landeswährung versorgen. Die Maestro-Karte wird in 110 Ländern akzeptiert, jedoch ist die Anzahl der angeschlossenen Geldautomaten von Land zu Land extrem unterschiedlich. So gibt es in Serbien/Montenegro zwei Maestro-Geldautomaten, in Russland 7000, in Frankreich fast 40.000, doch in ganz Afrika und Nahem Osten wenig mehr als 10.000 (Stand 2005).

Tipp: Manche Automobilclubs und Versicherer bieten einen Sperrservice, der sich im Falle des Verlustes um alles kümmert: alle Karten sperrt, Ersatz liefert, Überbrückungsgeld zahlt, z.B. www.kartenschutz.de. Seit 1.7.2005 brauchen Sie sich nur noch die Nummer +49/116116 zu merken. Ihr Anruf wird kostenlos an die richtigen Sperrdienste weitergeleitet, www.sperr-notruf.de

Die verbreiteten **Kreditkarten** (Visa, Master, American Express, Diners) werden als »Charge-Cards« ausgegeben. Monatlich kommt eine Rechnung über die Gesamtsumme, diese wird dann vom Girokonto abgebucht – man erhält also maximal einen Monat zinsfreien Zahlungsaufschub, maximal in Höhe des Dispositionskredits Ihres Kontos.

Die klassische Kreditkarte wird heute meist als VIP- oder Gold-Karte ausgegeben. Sie dient zum täglichen Bezahlen nahezu beliebig hoher Beträge. Man erhält tatsächlich Kredit, der früher oder später mit mehr oder weniger Zinsen berechnet wird. Für diese Karten wird ein hohes Jahreseinkommen vorausgesetzt.

Alle Kreditkarten erfordern ein kontrolliertes Kaufverhalten: Wer seine Ausgaben nicht im Griff hat, erlebt eine böse Überraschung. Leider erheben die Karteninstitute außerhalb der EU meist Gebühren von 1 bis 2 %. Die Filialen der Kartengesellschaften und angeschlossene Banken zahlen auch Bargeld aus, dann sind die Gebühren mit 3 – 4 % recht hoch, allerdings kann man auf diesem Weg »harte Währungen« erhalten. Karten sind ideal, wenn Sicherheiten verlangt werden, etwa um einen Wagen zu mieten. Sie ersetzen dann eine Kaution; in den USA werden Mietwagen fast nur gegen Kreditkarte verliehen. Der meist genannte Vorteil – viele Millionen Akzeptanzstellen in nahezu allen Ländern – ist jedoch nur bei einem bestimmten Reisestil wirklich vorteilhaft. Je weniger städtisch und je ärmer Land und Gegend, desto weniger sinnvoll ist eine Kreditkarte für das tägliche Bezahlen.

Eine Mischform von Kreditkarte und Reisescheck ist die **Traveller's Cheque Card.** Sie kostet einmalig 20 Euro und funktioniert als »prepaid«-Karte. Sie zahlen vor der Reise ein Guthaben auf ein Konto. Einen Teil des Guthabens, maximal 2500 Euro (oder US-Dollar oder Britisches Pfund), »laden« Sie auf die Karte. Ist die Karte leer, laden Sie per Telefon oder im Internet nach, bis Ihr erworbenes Guthaben aufgebraucht ist.

Die Karte läuft unter dem American-Express-Label. Dadurch haben Sie den Vorteil der zahlreichen Akzeptanzstellen wie bei der Kreditkarte. Wie mit der Maestro-Karte können Sie an mehr als 724.000 Geldautomaten Geld abheben. Bei Verlust erhalten Sie wie bei

✷ **Tipp:** Viele Banken, Versicherungen und Firmen bieten Kreditkarten zu unterschiedlichen Konditionen an, manchmal ist das erste Jahr kostenlos. Ein Vergleich der Anbieter kann erhebliche Kosten sparen: www.focus.de/kreditkarten-vergleich. Erbitten Sie eine Liste mit den Akzeptanzstellen am Reiseziel.

✷ **Tipp:** Mit der Postbank-Spar-Card können Sie jährlich viermal weltweit kostenlos Geld abheben.

✷ **Tipp:** Die Citi-Bank besitzt als einzige Bank weltweit Filialen.

Mehr Information
www.kartensicherheit.de

American Express, ✆ 069/9797-1000, www.americanexpress.de.

Barclay's Bank PLC, ✆ 040/89099-899, www.barclaycard.de.

Master Card, ✆ 0800/819-1040, www.mastercard.com.

VISA Card, kostenloses R-Gespräch ✆ +1(410) 5813836, www.visa.de

Diners Club Deutschland, Duisburg, www.diners-club.de

Maestro-Karte
www.maestrokarte.de
Notfallnummer der ausstellenden Bank.

Postbank, ✆ 0228/920-0, www.postbank.de.

den Reiseschecks innerhalb von 24 Stunden Ersatz. Sie begrenzen also mit dieser Karte einen möglichen Schaden auf höchstens den geladenen Betrag.

Vorbeugende Sicherheitstipps

- Wenn Sie zu zweit reisen, lassen Sie sich vor der Reise jeweils eine Zusatzkarte für die Kreditkarte Ihres Partners ausstellen und bewahren diese getrennt auf.
- Heben Sie unterwegs die Zahlungsbelege auf, denn es könnte falsch oder doppelt abgerechnet werden.
- Bei mechanischer Abwicklung vernichten Sie das Durchschlagpapier, damit können Belege gefälscht werden.

Im Verlustfall

Bei Verlust ist zunächst nur ein Stück Plastik weg. Damit der Schaden nicht größer wird, müssen Sie vorbereitet sein und schnell reagieren:

- Notieren Sie die Nummern aller Karten, deren Gültigkeit sowie die zuständigen Notrufnummern.
- Diese Angaben deponieren Sie im Gepäck, im Info-Paket zu Hause und im eMail-Safe, ↗ Seite 245.
- Melden Sie den Verlust jeder einzelnen Kreditkarte sofort beim Sperrservice.
- Notieren Sie Uhrzeit und Datum der Verlustmeldung, danach haften Sie in der Regel nicht mehr.

GELDTRANSFER INS AUSLAND

Ohne Karte ist es schwierig und teuer, Geld aus der Heimat zu erhalten:

- Sie lassen sich einen Firmen- oder **Privatscheck** per Post oder Kurier schicken. Vermerken Sie handschriftlich »Nur zur Verrechnung«, das beugt dem Missbrauch vor. Der Betrag wird dem Empfangskonto meist erst gutgeschrieben, wenn er dem Absenderkonto belastet wurde. Das kann dauern. Bei Verlust oder Diebstahl tragen Sie das Risiko.
- Sie lassen sich einen (garantierten, internationalen) **Bankscheck** (Bank Draft) per Post oder Kurier schi-

cken. Der Bankscheck wird bei der Bank gekauft und sofort bezahlt. Nun garantiert die Bank, dass der Scheck eingelöst wird. Das beschleunigt die Gutschrift auf dem Empfängerkonto erheblich. Auch hier tragen Sie das Risiko bei Verlust und Diebstahl.

- Die **SWIFT-Überweisung** ist eine der schnellsten und sichersten internationalen Überweisungsmethoden (Society of Worldwide Interbank Financial Telecommunication). Theoretisch sollte der überwiesene Betrag innerhalb von 24 Stunden auf dem Konto des Empfängers eingehen. Die Kosten umfassen eine Kommission, Wechselgebühren sowie eine Überweisungsgebühr. Nicht jede Bank ist dem Swift-Verfahren angeschlossen. Erfragen Sie also zunächst IBAN (*International Bank Account Number*) und BIC (*Bank Identifier Code*) der Empfängerbank und teilen Sie diese Nummern dem Absender mit. Die IBAN besteht aus Länderkürzel (2 Stellen), Prüfziffer (2), Bankleitzahl (8), Kontonummer (10).
- Bei **anderen Überweisungsverfahren** ist es vorteilhaft, als Empfängerbank eine »Korrespondenzbank« der Absenderbank einzuschalten. Etliche außereuropäische Geldhäuser sind in der Bankenmetropole Frankfurt vertreten. Dort können Sie auch bar einzahlen oder ein Konto im Zielland eröffnen.
- **Geldtransfer-Dienstleister** wie Moneygram oder Western Union sind spezialisiert auf Geldtransfer für Kunden ohne Bankkonto, organisieren jedoch auch Überweisungen. Solche Transfers sind schneller und sicherer als alle anderen zuvor beschriebenen Verfahren, kosten jedoch 7 – 10 % des Überweisungsbetrags. Der Absender bringt Bargeld in eines der Agenturbüros und gibt an, in welchem Agenturbüro auf der Welt der Empfänger den Betrag abheben soll. Der Vorgang kann in Minutenschnelle abgewickelt werden.
- **Online-Banking** verschafft Ihnen den Internetzugang zu Ihrem Girokonto. Beantragen Sie den Zugang rechtzeitig vor der Reise bei Ihrem Geldinstitut. Weltweit können Sie dann von jedem Internetanschluss aus Ihr

✷ **Tipp:** Mögliche Überweisungsverfahren sollten Sie vor der Reise mit Ihrer Bank detailliert klären: Kosten, Dauer, Vollmachten, Ansprechpartner … Läuft z.B. eine Überweisung von Frankfurt über New York nach Kongo, so berechnet jede beteiligte Bank Transaktionsgebühren und bei jedem Währungswechsel werden erneut Gebühren fällig!

Mehr Information

Direktbanken besitzen kein eigenes Filialnetz, sind jedoch meist Tochtergesellschaften von Großbanken. Sie werben mit attraktiven Sonderkonditionen:

Deutsche Kreditbank www.dkb.de
comdirect bank www.comdirect.de
1822direkt www.1822direkt.com
www.postbank.de
www.wuestenrot.de
www.netbank.de
Allgemeine Deutsche Direktbank www.ing-diba.de
Santander Direkt Bank www.santander.de

Mehr Information

Der **Bundesverband Deutscher Banken,** www.bdb.de, informiert online und mit einer Broschüre über Sicherheitsrisiken beim Online-Banking.

Konto verwalten. Beachten Sie dabei aber einige Sicherheitshinweise, ↗ Seite 245 Internetcafé. Folgende Informationen müssen Sie eingeben: Kontonummer, persönliche Identifikationsnummer PIN, Transaktionsnummer TAN, manchmal zusätzlich und abwechselnd Geburtsjahr und Postleitzahl Ihres Wohnortes. Jede TAN kann nur einmal benutzt werden. Wenn Ihre TAN-Liste aufgebraucht ist, müssen Sie sich bei langen Reisen eine Liste schicken oder faxen lassen.

▶ Wenn es Ihnen zu riskant ist, PIN und TAN mitzuführen: Im WISO-Datensafe, www.buhl.de/datensafe können Sie wichtige Daten hinterlegen und online einsehen. Kostenfrei bietet www.letstrade.de den Zugriff auf alle Ihre Konten.

ARBEITEN IM AUSLAND: CHANCE ODER KARRIERE-KNICK?

von Sonja Roschy

Sonja Roschy ist Mitglied der dzg und war 1999 – 2003 im Vorstand des Clubs. Seit den 80er Jahren führten sie ihre Reisen zunächst nach Mittelamerika, dann meist nach Asien. Reiseeindrücke aus der Natur verarbeitet sie auf Leinwand. Farben und Einrichtungsstile der bereisten Länder schmücken ihr Zuhause.

Die Meinungen über den Nutzen eines Auslandsaufenthaltes für den beruflichen Werdegang sind gespalten. Wer zehn Jahre weg war, kann im Heimatland den beruflichen Anschluss verpassen und ringt vielen Personalchef nur ein müdes Lächeln ab. Dagegen können drei Jahre Auslandstätigkeit in einem dem Beruf förderlichen Bereich durchaus sinnvoll sein. Scheinbare Ecken und Umwege im Lebenslauf sollten als Ausdruck einer starken Persönlichkeit verkauft werden. Schließlich trainiert jeder Reisende im Ausland Fähigkeiten, die in Stellenausschreibungen verlangt werden: Mobilität, Flexibilität, Offenheit, Improvisationstalent, Kommunikations fähigkeit, Durchsetzungsfähigkeit, Belastbarkeit, Kreativität …

Professionelle Auslandsaufenthalte können sein:

- als Sprachkurs, Ferienjob, Au-pair-Stelle oder Schüleraustausch;
- als Praktikum oder Zivildienst im Ausland;
- als Studium oder Teilnahme an einem Forschungsprojekt;
- als Berufstätiger oder Entwicklungshelfer – gesucht werden keine Träumer, Sensibelchen oder Rambos.

Gefragt sind neben obigen Fähigkeiten Sprachkenntnisse in Englisch, Spanisch und Französisch sowie einer weiteren Sprache. Lebens- und Berufserfahrungen sind wichtiger als ein Studium.

Voraussetzungen sind:

- Nachweis einer im Zielland besonders gesuchten Ausbildung oder Qualifikation mit Berufserfahrung;
- außerfachliche Qualifikationen, besonders gute Kenntnisse der Landessprache;
- gültiger Reisepass, Visum und Impfbescheinigungen;
- außerhalb der EU ist meist eine Einreise-, Aufenthalts- und Arbeitserlaubnis nötig;
- Anpassungsfähigkeit und Toleranz gegenüber fremden Kulturen;
- Geduld, Ausdauer, Gesundheit, Organisationstalent.

Ein befristetes **Visum mit Arbeitserlaubnis** oder ein Einwanderungsvisum werden meist nur nach persönlichem Erscheinen bei der konsularischen Vertretung erteilt. Die Konsularbeamten erteilen den Sichtvermerk nach eigenem Ermessen, eine Ablehnung wird nicht begründet. Es wird beurteilt, ob der Antragsteller den polizeilichen, gesundheitlichen und politischen Bedingungen des Landes entspricht, gute körperliche Leistungsfähigkeit wird gewünscht. Dazu müssen vorgelegt werden:

- ein polizeiliches Führungszeugnis
- ein Gesundheitszeugnis
- Impfbescheinigungen
- ein Arbeitsvertrag, ersatzweise die Bürgschaft eines im Land Ansässigen.

Ihre **Kinder** können im Zielland eine örtliche Schule oder eine der zahlreichen deutschen Schulen im Ausland besuchen.

Ein **Auslandsstudium** bietet sich nach dem Grund- oder als Aufbaustudium an. Rechnen Sie mit etwa 18 Monaten Vorbereitungszeit. Es erfordert zudem

- klare Vorstellungen über Zweck, Ort und Art des Auslandsaufenthalts,

Fernunterricht ist möglich:

Staatliche Zentralstelle für Fernunterricht, Köln, ✆ 0221/ 921207-0, www.zfu.de.

Institut für Lernsysteme, Hamburg, ✆ 040/ 675700, www.ils.de.

- eingehende Informationen über Studienpläne,
- Gutachten und Zeugnisse sowie Empfehlungen,
- sprachliche und fachliche Zulassungstests,
- Studiengebühren ermitteln, Stipendien beantragen.

Die Reisekasse durch Jobs aufbessern?

- Als EU-Bürger ist die Arbeitsaufnahme in anderen EU-Staaten frei. Sobald Sie sich ständig in dem Land aufhalten, müssen Sie jedoch eine Aufenthaltserlaubnis beantragen und hierzu den Arbeitsvertrag vorlegen. Es besteht ein Rechtsanspruch auf diese Aufenthaltsgenehmigung, die für 5 Jahre gilt.
- Außerhalb der EU müssen Ausländer ein Arbeitsverhältnis immer offiziell beantragen. Die Arbeitgeber wissen das. Wer Sie als Schwarzarbeiter einstellt, wird sein Risiko durch einen niedrigeren Lohn ausgleichen.
- In billigen Ländern ist auch der Lohn gering. So billig wie Einheimische können Sie gar nicht arbeiten, Routinearbeiten und körperliche Tätigkeiten entfallen daher meist.
- In touristischen Gebieten können Sie vielleicht Ihre Sprachkenntnisse nutzen, organisatorische, handwerkliche oder künstlerische Fähigkeiten anwenden, als Reiseleiter oder -begleiter dienen, also Insider-Informationen verkaufen.

Literatur

interconnections, G. Beckmann, Freiburg, ✆ 0761/700650, www.interconnections.de. Riesenangebot an Büchern zu vielen Themen rund ums Arbeiten im Ausland.

Dirk Neuhaus, Karsta Neuhaus, **Das Bewerbungshandbuch für Europa,** ILT-Europa Verlag.

Jörg Wilde, **Arbeiten in Europa,** Walhalla, 1999.

Gisela Beyermann, **Arbeiten im Ausland: Ein Berufsratgeber für Gesundheitsberufe,** Schulz-Kirchner.

Auch die **Heimkehr** kann zum Schock werden, Auslandsaufenthalte von mehr als fünf Jahren führen oft zu Konflikten. Die zuvor unreflektiert akzeptierten Bedingungen werden oft als fremd, vielleicht gar nach den Erfahrungen im Ausland als negativ empfunden: starre Strukturen statt Flexibilität, Hierarchien statt Eigeninitiative ... Der Aufenthalt in Entwicklungsländern, der Umgang mit Armut, Krankheit, Wasser- und Nahrungsmangel führen dazu, dass hiesige Probleme neu bewertet werden und vielleicht als Probleme von satten Reichen erscheinen. Interessen und Freundschaften können als flach und überholt empfunden werden.

Schlüsselkontakte

Zentralstelle für Arbeitsvermittlung ZAV, Auslandsabteilung, Bonn, ✆ 0228/713-0, www.arbeitsagentur.de und www.studienseminar-iii.de. Auslandsstellenvermittlung; EU-Austausch nichtakademischer Berufe; Gastarbeiterstellen außerhalb der EU bis 30 Jahre; Ausbildung, Studium, au pair, Soziale Dienste, Ferienjobs.

- Privatpersonen erhalten ein Kurzabo der wöchentlich erscheinenden Zeitschrift *Markt und Chance,* ✆ 0228/713-2701155 oder als PDF.
- Jobs und Praktika im Ausland. Die jährlich im Herbst aktualisierte Broschüre liegt in Arbeitsämtern und Berufsinformationszentren aus.

European Employment System EURES vermittelt die Stellenangebote der nationalen Arbeitsämter der Eurostaaten http://europa.eu.int/jobs/eures, ✆ 00800/40804080, 0032/16-271081.

Bundesverwaltungsamt, Informationsstelle für Auslandtätige und Auswanderer, Köln, ✆ 0221/758-0, www.bva.bund.de, verschickt:

- allgemeine Merkblätter zur Vorbereitung der Ausreise, Leitfaden für Arbeitsverträge, Erhaltung der Gesundheit, zum Heiraten ...
- Länder-Merkblätter mit umfangreichen Hinweisen zu den jeweiligen Vorschriften
- Länderschriften zu Devisenbestimmungen, Lebenshaltungskosten, Mieten, Löhnen, Gehältern ...;
- länderbezogene Sonderschriften zu Ehe und Familie, Stellung der Frau, Kindschafts-, Erbschaftsrecht;
- ein Merkblatt Versicherung bei Auslandsaufenthalt über Kranken-, Unfall-, Renten-, Arbeitslosen-, Berufsunfähigkeitsversicherung. Gleichzeitig sollten Sie sich bei der eigenen Versicherung informieren.

Jugendaustausch, Studium, Entwicklungshilfe ...

Die Eine Welt e.V., Berlin, www.dieeinewelt.de, bietet eine Broschüre über Internationale Begegnungen, Praktika, Workcamps für Jugendliche und junge Erwachsene.

Internationaler Jugendaustausch- und Besucherdienst der Bundesrepublik Deutschland, Bonn, ✆ 0228/95060, www.ijab.de. Jugendbegegnungen, Workcamps, Sporttreffen, Studienreisen, Gastfamilie.

American Institute For Foreign Study GmbH, Bonn, ✆ 0228/ 95730-0, www.aifs.de. Au-pair-Stellen, High School-Stipendien, Sommercamps etc. in den USA.

Amerika-Haus, Köln, ✆ 0221/209010, www.amerika-haus.de, Studium in den USA.

Student Travel & Education Programmes International (Step In), Bonn, ✆ 0228/95695-0, www.step-in.de. Schwerpunkt Australien.

Deutscher Akademischer Auslandsdienst DAAD, Bonn, ✆ 0228/8820, www.daad.de und www.iaeste.org.

Deutscher Famulantenaustausch, Bonn, ✆ 0228/375340, www.dfa-germany.de.

Biosphere Expeditions, ✆ 07127/980242, www.biosphere-expeditions.com vermittelt Expeditionen.

Travel Works GmbH, Münster, www.travelworks.de

Lernen und Helfen in Übersee e.V., Bonn, ✆ 0228/90899-10, www.entwicklungsdienst.de. Ersatz für Wehr- oder Zivildienst.

Nord-Süd-Institut, A-1040 Wien, ✆ 0043/1/505-4492, www.nordsued.at. Experten für Einsätze im südlichen Afrika und in Zentralamerika.

InWEnt, Internationale Weiterbildung und Entwicklung gGmbH, Köln, ✆ 0221/2098-0, www.inwent.org. Weltweite Weiterbildung für Berufstätige und Studenten; Informationen über Arbeits- und Studienaufenthalte in Afrika, Asien und Lateinamerika, früher DSE Deutsche Stiftung für Internationale Entwicklung und Carl Duisberg Gesellschaft.

Deutsche Gesellschaft für Technische Zusammenarbeit GmbH, GTZ, Eschborn bei Frankfurt, ✆ 06196/79-0, www.gtz.de.

www.inwent.org, Institutionen aus dem Bereich der Entwicklungshilfe.

www.ded.de, Deutscher Entwicklungsdienst

www.oneworldweb.de, Arbeitsgemeinschaft für Entwicklungshilfe.

www.cimonline.de, Centrum für Migration und Entwicklung.

www.due.org, Dienste in Übersee.

Weitere Jobs unter:
www.diakonie.de
www.bdae.de
www.ecr-service.de
www.raphaels-werk.de

PAPIERE & VERSICHERUNGEN

THE FRONTIER DEFENCE
精忠
报
前哨

AUSWEIS-PAPIERE

Ein Pass dient dazu, eine Person und deren Staatsangehörigkeit auszuweisen. Der ausstellende Staat garantiert damit, dass er diese Person auch wieder aufnehmen wird. Jeder Staat verlangt ein Einreisedokument, ob er es nun bei der Einreise kontrolliert oder nicht, manche Staaten verlangen einen »Sichtvermerk«, ein Visum. Bei längerem Aufenthalt ist früher oder später immer ein Visum oder eine Aufenthaltserlaubnis fällig. Vereinzelt ist eine Gelbfieberimpfung nötig.

Europäischer Wirtschaftsraum (EWR)

Innerhalb des EWR gelten die »vier Grundfreiheiten«, also Freizügigkeit für Waren, Dienstleistungen, Kapital und Personen. Es gibt jedoch keine Zollunion (wie in den EU-Staaten), keine Währungsunion (wie in den Euro-Staaten), keine Aufhebung der Binnengrenzen (wie im Schengenraum).

Die Europäische Union (EU) und ihre Erweiterung

- Vier Ländern steht die EU offen, doch haben deren Bürger gegen einen Beitritt gestimmt: Island, Norwegen, Schweiz und Liechtenstein.
- Frühestens 2007 werden die Beitrittskandidaten Rumänien und Bulgarien zu EU-Mitgliedern.
- Kroatien und Türkei sind Beitrittskandidaten ohne konkreten Beitrittstermin.
- Mazedonien hat den Beitrittsantrag gestellt, gilt aber noch nicht als Kandidat.
- Der Ukraine hat ihren Beitrittsantrag angekündigt.

Der »Schengenraum« und seine Erweiterung

Das Schengen-Abkommen hebt die regelmäßigen Personen-Kontrollen zwischen den daran beteiligten Staaten auf und verlagert sie an die Außengrenzen des Staatenbundes. Ein Land kann das Schengenabkommen aus besonderem Anlass zweitweise aussetzen.

Jetzt gilt's: Sie stehen am höchsten Punkt des Karakorum-Highways auf 4730 m und wollen von Pakistan nach China einreisen – hoffentlich sind alle Papiere in Ordnung!

10 Paneuropäische Korridore

Die EU hat 10 »Korridore« definiert, die Europa durchziehen, hinzu kommen diverse Zweige und Alternativen. Langfristig ist mit einem Ausbau dieser Verkehrswege zu rechnen:

Helsinki – Tallinn – Riga – Kaunas – Warschau – Danzig

Berlin – Warschau – Minsk – Moskau – Nizhny Novgorod

Berlin (Dresden) – Breslau – Lviv – Kiev

Berlin (Nürnberg) – Prag – Budapest – Bukarest – Constanta (Thessaloniki/Istanbul)

Venedig – Triest – Ljubljana – Budapest – Uzgorod – Lviv

Danzig – Warschau – Kattowitz – Zilnia

Donau

Durres – Tirana – Skopje – Sofia – Varna (»Via Egnatia«)

Helsinki – St. Petersburg – Moskau – Kiev – Chisinau – Bukarest – Alexandroupoli

Salzburg – Ljubljana – Zagreb – Belgrad – Niš – Skopje – Veleš – Thessaloniki

Die Währungsunion: Euro & Cent

Schweden, Großbritannien und Dänemark steht die Tür zum Euro offen. Die 10 jüngsten EU-Staaten werden auf absehbare Zeit nicht die Voraussetzungen der Währungsunion erfüllen.

Sozialversicherungsabkommen (SVA)

Sozialversicherungsabkommen, ↗ Seite 105 Krankenversicherung, bestehen zwischen allen EU-Ländern, Liechtenstein und der Schweiz sowie mit Bosnien-Herzegowina, Israel, Kroatien, Mazedonien, Marokko, Montenegro, Rumänien, Serbien, Türkei und Tunesien und den französischen Überseegebieten Franz.-Guayana, Guadeloupe, Martinique, Réunion.

Freizügigkeit des Personenverkehrs innerhalb der EU

Bis 1914 konnte man in Europa ohne Dokumente reisen – die Armen weniger, die Reichen mehr. Fast hundert Jahre hat es gedauert, diese alte Freizügigkeit teilweise wiederherzustellen. Zwar hat jeder Deutsche ein Recht zur Ausreise aus und zur Einreise nach Deutschland. Doch seit 1914 besteht Ausweispflicht, auch im Inland.

- Angehörige aller Nationalitäten dürfen im Reiseverkehr **zwischen den Schengenstaaten** die Binnengrenzen an jeder beliebigen Stelle überschreiten. Im Schengenraum gibt es keine Grenzkontrollen, doch besteht Ausweispflicht. Reisende aus Nicht-EU-Ländern dürfen mit dem Visum für einen der Schengen-Staaten auch in die anderen Länder reisen, bis zu 90 Tage pro Halbjahr.
- **Alle weiteren EU-Staaten** führen noch Grenzkontrollen durch. Sobald Beitrittsländer ihre EU-Außengrenzen gemäß dem Schengenabkommen gesichert haben, entfallen auch dort die Kontrollen an den Binnengrenzen. Wer sich länger als 3 Monate in einem anderen EU-Land aufhält, benötigt eine Aufenthaltserlaubnis.
- Einige **EU-Nachbarstaaten** erleichtern den Reiseverkehr für EU-Bürger, etwa die Schweiz, Kroatien, die Tür-

Wer gehört zu was in Europa?

EWR, EU, Schengenstaaten und Währungsunion, neue Beitrittsländer und Bei-trittskandidaten ... da soll noch einer durchblicken. Hier der Versuch, das Dickicht zu lichten:

Staat	EWR	EU	Schengen-abkommen	Währungs-union, €	Soz.Vers. Abkommen
Belgien	X	X	X	X	X
Dänemark	X	X	X	–	X
Deutschland	X	X	X	X	X
Estland	X	X	–	–	X
Finnland	X	X	X	X	X
Frankreich	X	X	X	X	X
Griechenland	X	X	X	X	X
Großbritannien	X	X	–	–	X
Irland	X	X	–	X	X
Island	X	–	X	–	X
Italien	X	X	X	X	X
Lettland	X	X	–	–	X
Liechtenstein	X	–	vorgesehen	–	X
Litauen	X	X	–	–	X
Luxemburg	X	X	X	X	X
Malta	X	X	–	–	X
Niederlande	X	X	X	X	X
Norwegen	X	–	X	–	X
Österreich	X	X	X	X	X
Polen	X	X	–	–	X
Portugal	X	X	X	X	X
Schweden	X	X	X	–	X
Schweiz	–	–	ab 2008	–	X
Slowakei	X	X	–	–	X
Slowenien	X	X	–	–	X
Spanien	X	X	X	X	X
Tschechien	X	X	–	–	X
Ungarn	X	X	–	–	X
Zypern	X	X	–	–	X

kei und Marokko, und akzeptieren den Personalausweis als Passersatz.

Die Außengrenzen des Schengenraums bzw. der EU

Verschärft kontrolliert werden die Außengrenzen der EU, z.B. Finnland/Russland, Polen/Ukraine, Slowenien/Kroatien, Griechenland/Mazedonien bzw. Türkei. Deutschland hat nach dem Beitritt der Schweiz zum Schengenraum keine zu schützenden Außengrenzen mehr. Im Hinterland der Außengrenzen müssen Reisende mit schärferen Kontrollen rechnen, ↗ Seite 99 Mobile Kontrollgruppen.

REISEDOKUMENTE

Alle Angaben über Reisebedingungen beziehen sich auf touristische Aufenthalte ohne Erwerbstätigkeit im Ausland bis zu drei Monaten. Für längere Aufenthalte und andere Reisezwecke gelten meist andere Bestimmungen.

In der EU benötigen Sie mindestens den **Personalausweis**, außerhalb der EU sollten Sie zudem einen **Reisepass** mitführen. Viele außereuropäische Staaten verlangen ein **Visum,** an das weitere Bedingungen geknüpft sein können. Hinzu kommen Dokumente für **Kfz oder Motorrad,** ↗ S. 218, Formalitäten auf der Straße.

Ist Ihr Reisepass noch brauchbar?

▶ Bevor Sie ein Visum beantragen, prüfen Sie Ihren Pass kritisch:

- **Gültigkeitsdauer:** Bei der Visaausstellung verlangen die Botschaften meist drei, sechs oder gar zwölf Monate Gültigkeit ab dem geplanten Einreisedatum oder über das beabsichtigte Reiseende hinaus. Bei einer längeren Reise sollte Ihr Pass also bei der Einreise in das letzte Land auf Ihrer Route noch ein Jahr gültig sein, um jeden Ärger zu vermeiden.
- Das **Foto** in Ihrem Pass sollten Sie nicht unterbewerten. Formal muss die Erkennbarkeit gewährleistet

sein: halbrechtes Profil mit Ansicht des Ohres. Darüber hinaus kann auch der Eindruck wichtig sein (»gepflegte Erscheinung«), den es auf einen Konsular- oder Grenzbeamten macht. Prüfen Sie also Ihr Erscheinungsbild objektiv ...

- **Anzahl freier Seiten:** Pro visumpflichtiges Land benötigen Sie mindestens eine freie Seite, rechnen Sie besser durchschnittlich mit anderthalb.
- Manche **Sichtvermerke** im Pass führen zu Schwierigkeiten, ohne dass das ausdrücklich geregelt ist. Das kann politische Gründe haben. So haben bis zuletzt die Stempel der Länder Israel und Taiwan wiederholt dazu geführt, dass ein Visum oder die Einreise verweigert wurde. Stempel von »Drogenländern« können Aufmerksamkeit erregen. Kritisch sind auch Stempel von Ländern mit Gelbfieber oder wo sich aktuell eine Infektionskrankheit ausbreitet (Grippe, SARS ...). Ob politische Animosität oder Angst vor Ansteckung – als Reisender müssen Sie mit den Konsequenzen leben.

▶ Im Zweifelsfall beantragen Sie besser einen neuen oder einen Zweitpass, ↗ nächste Seite.

- Einen **Kinderreisepass** fordern bestimmte Länder für Kinder unter 16 Jahren. In der Regel werden Kinderreisepässe bis zur Vollendung des 10. Lebensjahres ohne Lichtbild, für Kinder bis zur Vollendung des 16. Lebensjahres mit Lichtbild ausgestellt. Sie benötigen den alten Kinderausweis sowie die Geburtsurkunde und ein aktuelles Lichtbild sowie die Unterschriften und Ausweise beider Erziehungsberechtigten bzw. den Sorgerechtsnachweis eines Erziehungsberechtigten. In der EU genügen Kinder bis zum 16. Lebensjahr ihrer Passpflicht auch, wenn sie in den Reisepass mindestens eines Elternteils eingetragen sind.

Reisepass beantragen

Den Reisepass und ähnliche Dokumente stellt die Meldebehörde Ihres Wohnortes aus, meist das Ordnungsamt. Reisepässe werden nicht verlängert, sondern immer neu ausgestellt. Sie benötigen Ihren alten Reise-

Sonderfall Zypern: EU-Bürger können sich unabhängig vom Einreiseort auf Zypern frei bewegen. Der Übergang über die Grüne Linie zwischen dem griechischen Süden und dem türkischen Norden Zyperns ist jedoch nur an bestimmten Übergängen möglich, dabei findet eine Identitätskontrolle (Reisepass oder Personalausweis) statt. Für den Nordteil der Insel wird ein Visum benötigt, das man am Übergang ausfüllen muss. Dieses wird in den Pass lediglich eingelegt und muss bei Rückkehr wieder abgegeben werden.

✸ **Tipp:** Wenn Ihr Kind vor Vollendung des 18. Lebensjahres ohne Erziehungsberechtigte ins Ausland reist, sollten Sie dem Kind eine formlose Einverständniserklärung für diese Reise mitgeben.

pass bzw. beim Erstantrag den Personalausweis oder die Geburts- oder Heiratsurkunde sowie ein neues Passfoto.

Zur Einreise in die USA benötigen Sie den maschinenlesbaren (roten) Reisepass. Reisepässe, die ab 25.10.2006 ausgestellt werden, müssen zusätzlich über biometrische Daten auf einem Chip verfügen (*E-passport*).

- Der rote Reisepass (»**Europapass**«) ist maschinenlesbar. Es gibt ihn mit 32 Seiten und seit 2003 als 48-Seiten-Pass. Dieser enthält 16 Seiten mehr für Visaeinträge, kostet aber nahezu das Doppelte. Die Bearbeitungszeit in der Bundesdruckerei liegt im Schnitt bei elf Arbeitstagen, vor Schulferien oft länger.
- Für den **Expresspass** benötigt die Bundesdruckerei nur drei Arbeitstage, wenn die zuständige Meldebehörde dem digitalen Antragsverfahren DIGANT® angeschlossen ist.
- Den vorläufigen (grünen) Reisepass können Sie innerhalb 1 – 2 Arbeitstagen erhalten. Er ist ein Jahr gültig, gilt aber nicht in den USA. Bis zum 1. Januar 2006 wird er durch den neuen maschinenlesbaren vorläufigen Pass ersetzt werden und gilt dann auch in den USA.

▶ Oft ist ein **Zweitpass** (oder gar ein dritter) sinnvoll. Den stellen die Meldebehörden nur ungern aus, denn das Gesetz bestimmt, dass jeder Deutsche nur einen deutschen Pass besitzen darf. Die Passbehörde soll Ausnahmen restriktiv handhaben. Ausnahmen sind möglich, sofern ein berechtigtes Interesse an mehreren Pässen nachgewiesen wird. Das ist gegeben, wenn:

Tipp: Häufige Auslandsreisen oder ein mit Sichtvermerken vollständig bestempelter Pass rechtfertigen allein noch keinen Zweitpass.

- Sie aus beruflichen Gründen viel reisen – dann hilft eine schriftliche Bestätigung der Firmenleitung; bei selbstständig oder freiberuflich Tätigen der Briefverkehr mit ausländischen Geschäftspartnern oder die Bestätigung des Auftraggebers.
- Sie aus privaten Gründen viel reisen – dann dient als Nachweis für das berechtigte Interesse z.B. ein Buchungsnachweis oder ein Flugticket.
- wegen der zeitlichen Verzögerung der Visabeschaffung ein Pass nicht mehr ausreicht, ↗ Seite 94, Visum.
- Sie in einen Staat einreisen wollen, der vermutlich die Einreise verweigern wird, weil aus dem Pass ersichtlich ist, dass Sie sich in Staaten aufgehalten haben oder aufhalten wollen, die politisch unerwünscht sind

(z.B. Einreise in arabische Staaten und Einreisesichtvermerk des Staates Israel im Pass).

Ausreisen ohne Papiere?

Sie stehen mit Ihrem Ticket am Flughafen, doch der Pass ist weg oder abgelaufen. Resignieren Sie noch nicht. Informieren Sie zuerst die Fluggesellschaft, danach prüfen Sie folgende Möglichkeiten:

- Wenn Ihr **Reisepass** nicht länger als ein Jahr abgelaufen ist, wird er dennoch von folgenden Staaten akzeptiert: Belgien, Frankreich, Griechenland, Italien, Liechtenstein, Luxemburg, Malta, Niederlande, Österreich, Portugal, Schweiz, Slowenien, Spanien.
- Ein gültiger **Personalausweis** genügt in der EU sowie in Bosnien-Herzegowina, Kroatien, Rumänien, Marokko und in der Türkei.
- Deutschen Staatsbürgern, deren Grenzübertrittsdokumente zeitlich abgelaufen sind, kann in Ausnahmefällen von der Bundespolizei unmittelbar vor Grenzübertritt gebührenpflichtig ein **Reiseausweis als Passersatz** ausgestellt werden. Dieser Reiseausweis gilt nur für die Dauer der jeweiligen Reise, längstens drei Monate. Er kann ausgestellt werden, wenn (1) die Identität des Reisenden festgestellt bzw. glaubhaft gemacht wird, etwa durch das abgelaufene Grenzübertrittdokument; wenn (2) keine Sicherheitsbedenken bestehen und (3) gegen die Person keine Ausreiseuntersagung verfügt ist und keine Passversagungsgründe gemäß § 7 Passgesetz feststellbar sind. Die Ausstellung an Personen unter 18 Jahren bedarf der Zustimmung des gesetzlichen Vertreters. Andere Staaten sind nicht verpflichtet Passersatzpapiere anzuerkennen. Daher kann es sein, dass ein Zielland die Einreise damit nicht gestattet oder eine Luftverkehrsgesellschaft deswegen bereits die Mitnahme verweigert.

Die Meldestelle Ihrer Gemeinde finden Sie im Internet über www.bund.de, aktuelle Informationen zum Passwesen bei www.auswaertiges-amt.de oder bei www.bundesdruckerei.de.

✻ **Tipp:** Bitten Sie den Grenzbeamten zu prüfen, ob in Ihren Reiseländern Passersatzpapiere anerkannt werden. Antragsformulare und weitere Informationen finden Sie unter www.bundespolizei.de

✻ **Tipp:** In Deutschland einmalig ist der **Dokumentenservice** am Frankfurter Flughafen (Terminal 1, Bereich B Ankunft, ✆ 069/690-72232). Er hilft gegen Gebühr, sich rasch einen neuen Ausweis ausstellen zu lassen und falls nötig, ein Visum zu beschaffen. www.frankfurt-airport.de

VISUM

Deutschland (die EU) verlangt von Angehörigen vieler Staaten ein Visum. Diese revanchieren sich ebenfalls mit Visapflicht. Visum bedeutet »Sichtvermerk« – man will Sie also gesehen haben. Manche Länder schützen mit Einreisekontrollen ein autoritäres Regime. »Einwanderungsländer« kontrollieren mit Visa die Zahl möglicher Einwanderer.

Erkundigen Sie sich mehrere Monate vor der Reise bei der diplomatischen Vertretung Ihres Reiselandes, ob Sie ein Visum benötigen und welche Unterlagen Sie einreichen müssen. Wenn Sie mit einem Partner anderer Nationalität reisen, beachten Sie die unterschiedlichen Bestimmungen.

✷ **Tipp:** Oft kann das Visum im Land verlängern werden – an genügend Passfotos denken!

- Beachten Sie die **Gültigskeitsdauer** des Visums, also den Zeitraum zwischen Ausstellung und Einreisetag, und bitten Sie um eine Gültigsdauer, die Ihrer Reiseplanung entspricht.
- Beantragen Sie die maximale **Aufenthaltsdauer,** also den Zeitraum zwischen Ein- und Ausreisetag.
- Das Visum gilt meist nur für **eine Einreise,** doch oft können mit oder ohne Mehrkosten mehrere Einreisen eingetragen werden. Wenige Länder stellen es für beliebig viele Einreisen aus (*multiple entry*).

✷ **Tipp:** Infos zu US-Visum unter http://germany.usembassy.gov/germany/visa/index.html

- **Einreiseweg:** Manchmal gilt ein Visum nur für die Einreise per Flugzeug, auf einem bestimmten Land- oder Seeweg, für einen bestimmten Einreiseort oder aus einem bestimmten Land. Im Zweifelsfall lassen Sie sich in der Landessprache bescheinigen, dass das Visum für den von Ihnen gewählten Einreiseweg gilt.
- Eine **Weiter- oder Rückreisebestätigung** wird offiziell von vielen Ländern verlangt, doch selten kontrolliert. Die Konsular- oder Grenzbeamten möchten lediglich sicher sein, dass Sie auf eigene Kosten wieder ausreisen können und dem Land nicht auf der Tasche liegen. Aber vielleicht reisen Sie ja ohne Ticket? Dann zeigen Sie Geld, Kreditkarte oder Einreisevisa für andere Länder vor. Manche Länder verlangen daher auch den Nachweis von »Geldmitteln«. Ersatzweise eignen sich: Gehaltsauszug, Kontoauszug, Bankbürgschaft, Kredit-

karte, Arbeitsvertrag, vielleicht auch Hotelgutscheine oder Pauschalreisebuchungen. Eine schriftliche Einladung aus dem Zielland ist oft hilfreich.

- Sehr selten fordern einzelne Länder **andere Papiere** wie eine Internationale Geburtsurkunde, Taufbescheinigung, ein Gesundheitszeugnis, einen Aids-Test, ein polizeiliches Führungszeugnis, eine Heiratsurkunde …
- **Fluggesellschaften** kontrollieren das Visum bereits vor dem Abflug. Nach den internationalen Gepflogenheiten sind sie nämlich verpflichtet, einen Fluggast auf eigene Kosten wieder zurückzutransportieren, der die Einreisebestimmungen des Ziellandes nicht erfüllt.

Alles zur rechten Zeit

Die nötigsten Visa sollten Sie **vor der Abreise** beantragen. Manche Länder erteilen ein Visum bei der Einreise am Flughafen, seltener an Landgrenzen. Häufig erhalten Sie das Visum in den Nachbarländern, also im Laufe der Anreise.

Trotz gleicher Einreisebestimmungen kann das Visaverfahren an zwei Orten völlig verschieden sein.

Alle Visa am richtigen Ort, zur richtigen Zeit und mit dem richtigen Pass zu beantragen, ist eine Kunst. Um die Visaphase solide planen und organisieren zu können, müssen Sie vollständig und richtig über die Modalitäten Ihrer Reiseländer informiert sein, aktuell und möglichst schriftlich. Beantragen Sie Ihr Visum persönlich, können Sie vielleicht die Modalitäten im Rahmen des Erlaubten verhandeln. Erkundigen Sie sich beim zuständigen Konsularbeamten oder bei Visaagenturen auch nach Erfahrungswerten, etwa der Bearbeitungsdauer: am gleichen Tag, anderntags, 14 Tage? Einige Länder schalten das Heimatland ein, dann kann der Vorgang vier oder sechs Wochen dauern.

Schwierig ist es, mehrere **Transitvisa** aufeinander abzustimmen. Transitvisa gelten meist nur drei bis fünf Tage und sind manchmal im Land verlängerbar. Meist wird für die Ausstellung das Visum für das Zielland gefordert, das jedoch ebenfalls ein Transitvisum sein kann. Erstellen Sie sich eine **Kalenderübersicht** als Organisationshilfe:

✸ **Tipp:** Das Visum für Indien erhalten Sie in Deutschland noch am selben Tag. Hier ist man generös und trägt auf Ihre Bitte gleich die Besuchserlaubnis für Sondergebiete ein. In Nepal jedoch wartet auf Sie eine mehrwöchige, unflexible Prozedur in der indischen Botschaft. Solche Informationen erfahren Sie am besten im Gespräch mit anderen Globetrottern, ↗ Seite 55, dzg.

- Tragen Sie den Abreisetag aus Deutschland und die angepeilten Einreisetage in visapflichtige Länder ein.
- Dann ziehen Sie von den Einreisetagen die Gültigkeitsdauer des Visums ab und markieren die errechneten Termine: Erst danach können Sie die Visa beantragen.
- Die anschließende Antragsphase umfasst zwei Tage Postlaufzeit, die Bearbeitungsdauer von durchschnittlich 1 bis 2 Wochen, wieder zwei Tage Postlaufzeit; dabei Wochenenden und Feiertage (auch die des Ziellandes) berücksichtigen!
- So addieren sich Antragsphasen leicht zu mehreren Wochen. Sie dürfen sich nicht überschneiden und müssen vor Ihrem Abreisetag abgeschlossen sein. Andernfalls müssen Sie, den **Ablauf beschleunigen:**
  - Sie beantragen mit zwei Pässen zwei Visa parallel.
  - Sie versenden die Unterlagen per Kurier oder als Eilsendung bei der Post.
  - Sie bringen Ihre Unterlagen persönlich hin und holen sie auch wieder ab.
  - Sie bitten um beschleunigte Bearbeitung, das kostet oft die doppelte Gebühr.
  - Sie beauftragen eine Visaagentur.

Tipp: Vergleichen Sie mehrere Informationsquellen, recht zuverlässig sind Individualreiseführer.

Im Einzelnen besteht der **Vorgang** aus folgenden Schritten:

- Den Visumantrag finden Sie zum Download im Internet bei der zuständigen Botschaft oder bei den Visaagenturen. Viele Botschaften verschicken Visaanträge per Post nur, wenn sie mit einem frankierten und adressierten Rückumschlag angefordert wurden.
- Ohne Pass ist die Reise vorbei, bevor sie begonnen hat. Versenden Sie daher Antrag und Pass als Einschreiben mit Rückschein an die Adresse der Konsularabteilung. Legen Sie einen selbst adressierten und eingeschriebenen frankierten Rückumschlag bei.
- Erfragen Sie die Adresse der Konsularabteilung der Botschaft, denn diese bearbeitet den Antrag.
- Schreiben Sie im Antrag, auf Anschreiben und Umschlägen den Namen der diplomatischen Vertretung

Literatur

Autorinnenkollektiv, **Ohne Papiere in Europa.** Illegalisierung der Migration. Selbstorganisation und Unterstützungsprojekte in Europa. Schwarze Risse, Rote Straße, VLA

Tipp: Kopieren Sie die Visa-Antragsunterlagen und vermeiden Sie widersprüchliche Angaben bei Folgeanträgen, auf Einreise- und Meldekarten.

und des Landes formal korrekt, also Islamische Republik ..., Königreich ...

- Manche Botschaften verlangen, dass der Antrag persönlich abgegeben wird. Die Konsularabteilung kann in einem anderen Gebäude untergebracht sein und ist vielleicht nur von 9 bis 12 Uhr geöffnet. Ein adrettes Aussehen kann nicht schaden.
- Viele Konsularbeamte können kaum Deutsch! Verwenden Sie im Antrag möglichst die Landessprache. Erkundigen Sie sich, ob der Antrag in Englisch oder Französisch ausgefüllt werden sollte.
- Verwenden Sie aktuelle Passbilder mit einem gepflegten Äußeren. In manchen Ländern wird das Äußere erheblich formaler und konservativer bewertet als in Deutschland. Frauen, die ein Visum für eine islamische Republik beantragen, sollten auf dem Antragfoto ein Kopftuch tragen.
- Vermeiden Sie im Antrag die Berufsangabe »Journalist«. Die sind oft nicht gern gesehen, weil sie so viele Fragen stellen. Bei der Berufsangabe »Geschäftsmann« könnte auf einem Geschäftsreisevisum bestanden werden. Unverfänglich sind Berufe, die nach gesichertem Einkommen und festem Wohnort klingen.
- Als Reisezweck sollten Sie immer »Tourist« angeben.

Visaagenturen

Spezielle Agenturen übernehmen es, die Visa zu beantragen. Eventuelle Voraussetzungen zur Visaerteilung (etwa Einladungen, Hotelbestätigung ...) müssen Sie jedoch selbst beschaffen. Vorteile: Zeiteffektiver Ablauf, die Anträge sind formal tadellos, die organisatorische Abwicklung läuft routiniert, die Agenturen sind den Beamten bekannt. Die **Kosten** setzen sich dann zusammen aus:

- den normalen konsularischen Gebühren,
- den Gebühren der Vermittler von 20 – 80 Euro (je nach gewünschtem Bearbeitungstempo),
- eventuellen Kurierkosten,
- der Mehrwertsteuer.

Visaagenturen

Visum Direkt, Bonn ✆ 0228/53979-0, Berlin ✆ 030/443591-49, www.visumdirekt.de.

Servisum, Hamburg ✆ 040/4800050, Berlin ✆ 030/3400060, Bonn ✆ 0228/917680.

Visum Centrale, Bonn ✆ 0228/367870, Berlin ✆ 030/230959110, Frankfurt ✆ 069/97786410, www.visum-centrale.de.

Visum Courier Service, Hamburg ✆ 040/5517764, www.visum.de.

Visa Dienst Bonn, ✆ 0228/36799-0, www.visum.de.

Visa-Express-Service, Bonn ✆ 0228/95637-59, www.visa-express.de.

Visumservice für Russland www.visa-online.de, für GUS-Staaten www.vostok.de.

Ventus Reisen, Berlin, ✆ 030/391003-32, www.ventus.com, Osteuropaspezialist.

An Impfbescheinigungen denken

Einige wenige Länder verlangen immer eine **Gelbfieber-Impfung**, viele andere nur dann, wenn Sie aus einem Gelbfieber-Infektionsgebiet einreisen, alternativ empfiehlt die WHO eine Quarantäne von sechs Tagen. Als Gelbfieber-Infektionsgebiet gelten mit unterschiedlichem Risiko 33 Länder im *tropischen Afrika,* zwischen 15°N und 10°S. Besonders betroffen sind zentral- und westafrikanische Länder. Außerdem ist Gelbfieber in 9 *südamerikanischen Ländern* endemisch, die höchsten Risiken bestehen in Belize, Bolivien, Brasilien, Kolumbien, Ecuador und Peru sowie auf einigen Karibischen Inseln. Aus Afrika oder Südamerika kommende Reisende werden in asiatischen Staaten besonders streng behandelt. Die Gelbfieber-Impfung ist zehn Jahre gültig und muss von einer autorisierten Gelbfieber-Impfstelle verabreicht werden – meist sind das die Gesundheitsämter. Sie bescheinigen die Impfung im offiziellen Dokument der Weltgesundheitsorganisation WHO, den »Internationalen Bescheinigungen über Impfungen und Impfbuch«.

Andere Impfungen (Pocken, Cholera, Pest ...) werden weltweit nicht verlangt, als medizinischer Standard gelten die »International Health Regulations« der WHO, www.who.int. Akute Epidemien können das Verhalten der Grenzbeamten beeinflussen.

✷ **Tipp:** Der **Internationale Studentenausweis** (International Student Identity Card ISIC, www.isic.de) verhilft oft zu einem Preisnachlass. Sie erhalten ihn gegen Vorlage des Studentenausweises beim Studentenwerk, studentischen Reisebüros und dem AStA (Passfoto mitbringen).

Weitere Papiere

Bei langen Reisen, besonders in abgelegene und sehr fremde Zielgebiete können Sie gar nicht genug Ausweise, Dokumente, Bescheinigungen und Empfehlungsschreiben mitnehmen. Auch im Heimatland abgelaufene oder wertlose Papiere können nützlich sein. Da oft niemand versteht, was dort geschrieben steht, entscheiden Vielfalt und ein beeindruckendes Aussehen. Briefköpfe, Stempel, Fotos, Siegel, Unterschriften, Gebührenmarken, Perforationen und anderes mehr heben den Wert eines Dokumentes.

✷ **Tipp:** **Passfotos** benötigen Sie unterwegs immer wieder für die unmöglichsten Permits und Sondererlaubnisse. Nehmen Sie genügend mit, besser noch die Negative. Werden sie nicht gebraucht, haben Sie sehr persönliche Geschenke.

ZOLL: WAS DARF MIT?

Zollrechtliche Warenkontrollen an den EU-Binnengrenzen gibt es keine, da der Warenverkehr zwischen den EU-Staaten grundsätzlich frei ist und Zölle nicht mehr erhoben werden. Es herrscht ein gemeinsamer Binnenmarkt zwischen den Mitgliedstaaten. Ausnahme: Die Einfuhr von Tabakwaren aus den 10 im Jahr 2004 beigetretenen Ländern.

Die 10 im Jahr 2004 der EU beigetretenen Länder sind:
Estland, Lettland, Litauen, Polen, Tschechien, Slowakei, Ungarn und Slowenien sowie Malta und Zypern.

Mobile Kontrollgruppen in der EU

Die offenen Grenzen haben ihren Preis. Nun darf die Zollverwaltung mit Mobilen Kontrollgruppen (MKG) Kontrollen im gesamten Bundesgebiet durchführen.

- Wer von der MKG kontrolliert wird, ist verpflichtet, sich auszuweisen und Auskunft über die mitgeführten Waren zu geben, Zolldokumente und Frachtpapiere vorzulegen, die Herkunft der Waren anzugeben, die Entnahme unentgeltlicher Proben zu dulden, die erforderliche Hilfe zu leisten und sich an Ort und Stelle körperlich durchsuchen zu lassen.
- Bargeld und gleichgestellte Zahlungsmittel wie Wertpapiere, Schecks, Wechsel, Edelmetalle und Edelsteine im Gesamtwert von 15.000 Euro oder mehr sind anzumelden, selbst wenn keine Grenze überschritten wird! Darüber hinaus haben Sie darzulegen, woher das mitgeführte Bargeld bzw. die gleichgestellten Zahlungsmittel stammen, wer darüber verfügen darf und wozu es verwendet werden soll.
- Ergibt die Kontrolle, dass ein Reisender Waren zur persönlichen Verwendung nach Deutschland mitgebracht hat, die die Einreisefreigrenzen übersteigen und deren ordnungsgemäße Verzollung er nicht glaubhaft machen kann, so sind Einfuhrabgaben zu entrichten.

Der Zoll an den EU-Außengrenzen

Die Einfuhr aus Drittländern in die EU ist begrenzt:

- Für Tabakwaren, Spirituosen, Kaffee, Parfüm und Treibstoff gelten Höchstmengen.
- Bis zu einem Warenwert von insgesamt 175 Euro dürfen Waren für den persönlichen Ge- oder Verbrauch mit-

geführt werden. Das gilt nicht für Gold in unbearbeitetem Zustand oder als Halbzeug (Halbfabrikat).

- Waren, die diese Mengen- und Wertgrenzen überschreiten, müssen bei einem Zollbeamten mündlich angemeldet werden. Dieser berechnet die dafür anfallenden Abgaben. Ausschlaggebend für deren Höhe ist die Beschaffenheit und der Wert der Ware. Dieser wird anhand des Kaufbelegs ermittelt oder geschätzt.
- Die Einfuhrabgaben können pauschaliert werden, wenn der Wert der abgabenpflichtigen Waren je Reisendem den Betrag von 350 Euro nicht übersteigt.

Konsequenzen für die Reisevorbereitung

Zollrechtliche Bestimmungen beeinflussen bereits die Reisevorbereitung. In drei Fällen kann eine gute Reisevorbereitung helfen, späteren Ärger zu vermeiden:

Erstens bei der Ausreise aus Deutschland: Nehmen Sie etwa ein teures Fahrrad mit, so können Sie dieses auf der Rückreise einfuhrabgabenfrei wieder in die EU mitbringen. Haben Sie das gleiche teure Rad jedoch in einem Drittland gekauft, werden bei der Wiedereinreise in die EU Einfuhrabgaben fällig.

▶ Lassen Sie sich für neuwertige, hochpreisige Waren (»Rückwaren«), die Sie bei Reisebeginn aus Deutschland ausführen, einen *Nämlichkeitsnachweis* ausstellen – insbesondere dann, wenn Sie keinen Kaufbeleg mehr besitzen. Wenn bei der Wiedereinreise Zweifel entstehen, ob Sie diesen Gegenstand schon bei Ihrer Ausreise dabei hatten, kann der Zollbeamte einen Nachweis verlangen.

Zweitens bei der Anreise zum Reiseziel: Manche Reisende transportieren völlig arglos Gegenstände, deren Einfuhr verboten sein kann. Da könnrn aus heiterem Himmel die Salami, der Hustensaft oder die Zeitschrift zum Problem werden.

Drittens bei der Rückreise: Möglicherweise haben Sie Gegenstände ans Reiseziel gebracht, deren Einfuhr zwar erlaubt, deren Ausfuhr aber verboten ist.

✹ **Tipp:** Die **Zollbestimmungen**, aber auch die Adresse der Diplomatischen Vertretungen erhalten Sie über das Auswärtige Amt in Berlin, www.auswaertiges-amt.de.

- Informieren Sie sich über die Zollbestimmungen Ihres Reiseziels und der Transitländer.
- Sie können Probleme vermeiden, wenn Sie bereits bei der Einreise in Ihr Reiseland Dinge deklarieren, die bei der Ausreise beanstandet werden könnten.

Verbote und Beschränkungen

Besonders aufmerksam wird der Warenverkehr zwischen der EU und Drittländern kontrolliert. Richten Sie Ihre Aufmerksamkeit insbesondere auf Gegenstände folgender Warengruppen:

Als **Antiquitäten** gelten meist Waren, die mehr als 100 Jahre alt sind. Aus Polen dürfen Sie jedoch nichts ausführen, was vor 1945 hergestellt wurde.

Das *Washingtoner Artenschutzabkommen, WA,* oder *Convention of International Trade in Endangered Species of Wild Fauna and Flora,* **CITES,** schützt in 150 Staaten mehr als 8000 Tier- und 40.000 Pflanzenarten.

- Informieren Sie sich vor dem Kauf. Die beste Quelle ist www.unep-wcmc.org, UNEP World Conservation Monitoring Centre.

Alle Länder ächten **Drogen,** deren Besitz, Erwerb, Verteilung, Ein- und Ausfuhr. Doch was sind Drogen? Versuchen Sie besser nicht, Alkohol in eine islamische Republik einzuführen. Zwischen Betäubungsmitteln und Medikamenten kann nicht eindeutig unterschieden werden. Melatonin, das in den USA als Mittel gegen Jet-Lag zu erwerben ist, darf nicht nach Deutschland eingeführt werden. Als Drogen gelten in der EU auch manche Arzneimittel, die z.B. Methadon, Morphin oder Codein enthalten. Problematisch wird es, wenn Zollbeamte Ihre mitgeführten Arzneimittel als Drogen einstufen, ↗ Seite 138, Reiseapotheke.

- Führen Sie eine Liste Ihrer Medikamente mit und lassen Sie sich deren Notwendigkeit vom Arzt oder Gesundheitsamt mehrsprachig bescheinigen.

Druckerzeugnisse können heikel sein. Mit dem Bild des Dalai Lama bekommen Sie in China Probleme, im

✹ **Tipp:** Wer Waren gewerblich einführt oder damit handeln will, wird bei Zuwiderhandlungen stets erheblich härter bestraft. Mitgeführte Waren sollten daher immer ausschließlich dem persönlichen Ge- und Verbrauch dienen und nur in entsprechenden Mengen mitgeführt werden.

✷ **Tipp:** Nehmen Sie die Wertvorstellungen anderer Kulturen ernst, auch wenn Sie sie nicht verstehen.

Iran mit dem Playboy. In diesen Fällen wird die Einfuhr als subversiver Akt gewertet, da Sie landesübliche Wertvorstellungen unterlaufen oder die Staatsgewalt (vermeintlich) kritisieren.

Nicht zugelassene **Feuerwerkskörper** sind nach dem Sprengstoffgesetz verboten und strafbar; es wird stets ein Strafverfahren eingeleitet.

Folgende **Hunderassen** sowie deren Kreuzungen dürfen nicht nach Deutschland eingeführt werden: Pitbull-Terrier, American Staffordshire-Terrier, Staffordshire-Bullterrier, Bullterrier.

Landeswährung: Die eigene Währung wird oft politisch höher bewertet als es der Wirtschaftskraft des Landes entspricht. Für Reisende ist es dann interessant, die betreffende Währung außerhalb des Landes zu kaufen und einzuführen. Allerdings ist das oft verboten oder beschränkt. Viele Länder mit nicht frei gehandelten Währungen verlangen eine schriftliche Devisenerklärung bei der Einreise für die Devisen, für alle mitgeführten Zahlungsmittel oder gar für Schmuck, Wertgegenstände, Kameras. Auch der Rücktausch von Landeswährung in Devisen kann begrenzt sein. Informieren Sie sich vor der Einreise über Beschränkungen.

Lebensmittel und **landwirtschaftliche Produkte** verstoßen manchmal gegen religiöse Werte (Schweinefleisch), manchmal wird die Übertragung von Tier- und Pflanzenkrankheiten gefürchtet, so nehmen bekanntlich Schweizer und US-amerikanische Zöllner die »Salami-Vorschrift« sehr ernst, selbst große Mengen Müsli können problematisch sein. Auch für die EU gelten strenge Vorschriften zur Einfuhr von Fleisch, Milch und daraus hergestellten Erzeugnissen aus Drittländern. Erzeugnisse tierischer Herkunft dürfen nur mit einem Gewicht bis zu 1 kg eingeführt werden.

Plagiate und Fälschungen von Marken und Produkten, also Imitate vom T-Shirt mit Markenlogo bis zur Schweizer Markenuhr aus Taiwan oder gecrackte Computer-Software. Entscheidend ist nicht der Wert, sondern das unerlaubte Kopieren.

Tabakwaren sind erlaubt, wenn der Einführende mindestens 17 Jahre alt ist: 200 Zigaretten oder 100 Zigarillos oder 50 Zigarren oder 250 g Rauchtabak oder eine anteilige Zusammenstellung dieser Waren.

Technische Geräte: Funk- und Tauchgeräte, professionelle Ton- und Bildaufnahmegeräte wecken in manchen Ländern den Verdacht, man wolle spionieren, schmuggeln oder für Presse, Funk, Fernsehen unzensierte oder sicherheitsrelevante Aufnahmen machen.

Bei Sicherheitskontrollen an Flughäfen wird schon mal geprüft, ob im Handgepäck mitgeführte Elektro- und Videogeräte funktionieren oder nur als Schmuggelattrappe genutzt werden. Um die Funktionskontrolle zu erleichtern, sollten Batterien oder Akkus voll sein.

Datenträger und Software, aber auch Daten auf Ihrem Rechner können aus Sicherheits- oder anderen Gründen verboten sein.

Treibstoff im eingebauten Haupttank eines Kfz sowie 10 l im Reservekanister sind einfuhrabgabenfrei.

Waffen sollten immer beim Zoll angemeldet werden, auch wenn es Antiquitäten sind. Springmesser sowie Faust- und Butterflymesser sind verboten, ebenso Stahlruten, Totschläger, Schlagringe, Präzisionsschleudern, Würgegeräte (»Nun-Chakus«), Wurfsterne. Wesentliche Teile von Schusswaffen wie Lauf, Verschluss, Schalldämpfer, Griffstücke stehen Schusswaffen gleich. Gegenstände mit Reiz- oder anderen Wirkstoffen sind verboten, es sei denn, die Stoffe sind als gesundheitlich unbedenklich zugelassen, die Gegenstände sind in Reichweite und Sprühdauer begrenzt und tragen zum entsprechenden Nachweis dieser Voraussetzungen ein amtliches Prüfzeichen. Pfeffersprays zur Abwehr von Tieren sind nicht verboten.

- Für Schusswaffen und Munition benötigen Sie immer eine Waffenbesitzkarte.
- Springmesser sind verboten, ausgenommen solche, deren Klinge seitlich aus dem Griff herausspringt und höchstens 8,5 cm lang ist, in der Mitte mindestens eine Breite von 20 % ihrer Länge aufweist, nicht zweisei-

Ohne Worte: Sie betreibt das kleinste Fotolabor der Welt in Rangun

PAPIERE & VERSICHERUNGEN

Mehr Informationen

www.zoll-d.de, www.zoll.de Zoll-Infocenter & 069/469976-00.

www.bundespolizei.de, www.auswaertiges-amt.de.

www.zoll.admin.ch, Zollbestimmungen unter »Private«

www.wcoomd.org, National Customs Guidelines for International Travellers.

www.connexions.de, verständliche Zusammenfassung der Zollbestimmungen für die Rückreise in die EU und für den Warenversand nach Deutschland.

tig geschliffen ist und einen durchgehenden Rücken hat, der sich zur Schneide hin verjüngt. Soweit nur ein Merkmal nicht erfüllt ist, greift das Verbot ein.

Wertgegenstände: Die Ein- und Ausfuhr von Gold, Edelsteinen, Schmuck oder Kunst ist fast überall beschränkt bzw. genehmigungspflichtig.

- Heben Sie Kaufbelege auf, lassen Sie sich Zertifikate ausstellen.
- Um sakrale Gegenstände auszuführen, benötigen Sie meist eine Genehmigung – aber muss das sein?

Schmuggel

Natürlich lässt sich Schmuggelware oberflächlich dem Blick der Zöllner entziehen. Vielen Reisenden gilt Schmuggel als Kavaliersdelikt. Das sehen die Zollbeamten anders. Doch das schlechte Gewissen scheint sichtbar zu sein, denn den Profis entgeht bei einer gründlichen Durchsuchung selten etwas.

Schmuggel gilt als Straftat und kann ein Strafverfahren nach sich ziehen, mit der Konsequenz von Geldstrafe, Bußgeld und/oder Freiheitsstrafe. Der Schmuggel von Waffen, Rauschgift oder nach CITIE artengeschützten Tieren und Pflanzen sowie Produkten aus diesen hat immer ein Straf- oder Bußgeldverfahren zur Folge.

Im Drittlandreiseverkehr kann anstelle eines Straf- oder Bußgeldverfahrens ein Zuschlag erhoben werden. Das setzt voraus, dass (a) die Zuwiderhandlung im Reiseverkehr begangen wurde; (b) die betroffenen Waren weder zum Handel noch zur gewerblichen Verwendung bestimmt sind; (c) der hinterzogene Einfuhrabgabenbetrag 130 Euro nicht übersteigt; (d) die betroffenen Waren nicht außergewöhnlich aufwändig versteckt wurden und (e) der Reisende innerhalb der letzten 6 Monate keine weitere Steuerstraftat verübt hat. In der Regel entspricht der Zuschlag der Höhe des hinterzogenen Abgabenbetrages.

VORSORGEN FÜR DEN FALL DER FÄLLE

Die Versicherungswerbung zeigt fröhliche, gesunde Menschen – sie sind gut versichert. Doch keine Versicherung bewahrt davor, zu erkranken oder einen finanziellen Schaden zu erleiden. Sie hilft lediglich, die finanziellen Folgen zu mildern. In welchem Umfang eine Versicherung Folgeschäden abpolstert, hängt von der gewählten Police ab. Nicht jede der angebotenen Versicherungen ist sinnvoll.

KRANKENVERSICHERUNGEN

von Dietmar Boyks

Dietmar Boyks war Entwicklungshelfer in Guatemala, Israel und auf den Philippinen. Seit etwa 35 Jahren ist er immer wieder auf allen Kontinenten unterwegs, am liebsten in Afrika. Er arbeitet als Journalist in Hamburg.

Gesetzliche Krankenkassen (KV) und Ersatzkassen

Versicherungsschutz für maximal sechs Wochen im Kalenderjahr gilt nur in den Staaten, mit denen ein Sozialversicherungsabkommen besteht, ↗ Seite 89. Voraussetzung ist, dass abhängig vom Reiseland, vor Beginn einer Reise die Krankenversicherungskarte EHIC von der Krankenkasse des Versicherten ausgestellt worden ist (den Auslandskrankenschein E111 gibt es nicht mehr). Ein zusätzlicher Versicherungsvertrag und -beitrag ist nicht nötig. Nachteilig ist:

- Grundlage für den Versicherungsschutz ist die gesetzliche KV des Urlaubslandes, nicht der Schutz der deutschen gesetzlichen KV;
- erstattet werden nur Sachleistungen, die nicht bis zur Rückkehr nach Hause aufgeschoben werden können;
- Kosten für den Rücktransport nach Deutschland wegen eines Unfalls oder einer schweren Erkrankung hat der Versicherte selbst zu tragen;
- zum Teil ist eine Eigenbeteiligung an den Behandlungskosten festgelegt;
- die Versicherungskarte muss vom Arzt des Urlaubslandes nicht akzeptiert werden. Viele Ärzte behandeln Reisende im Ausland als Privatpatienten und bestehen auf Barzahlung. Die Kosten werden in der Regel später von den deutschen Krankenkassen erstattet, aber nur in der Höhe, die die Regelungen im Urlaubsland vorschreiben.

Private Krankenversicherungen

Der weltweite Schutz ist bereits Bestandteil des bestehenden Versicherungsvertrages, in Europa ohne zeitliche Begrenzung, in außereuropäischen Staaten nur für eine bestimmte Zeit. Bei einer Reisedauer von mehr als einem Monat kann eine Ausweitung des Versicherungsschutzes beantragt werden. **Nachteile**:

- Zeiten von mehr als einem Monat sind nicht automatisch versichert.
- In der Regel ist der Krankenrücktransport aus dem Ausland nicht enthalten.

✷ **Tipp:** Ob Gesetzliche, Private oder Ersatzkasse – schließen Sie immer eine zusätzliche private Auslandsreise-Krankenversicherung ab!

Private Auslandsreise-KV

Weltweiter Versicherungsschutz gilt für alle Personen mit ständigem Wohnsitz in Deutschland, die vorübergehend ins Ausland reisen. Als Versicherungsschein gilt die Quittung des Überweisungsauftrags.

Die Leistungen der Gesellschaften unterscheiden sich kaum. Normalerweise übernehmen sie zu 100 % die Kosten ambulanter und stationärer Behandlung einschließlich Sachleistungen, Krankentransport und Rettungsdienste. Eine einfache Zahnbehandlung, ein medizinisch notwendiger Rücktransport nach Deutschland und Überführungskosten im Todesfall sind ebenfalls abgedeckt. Einschränkungen gibt es bei Höchstgrenzen und Langzeitverträgen. Es kann auch eine Selbstbeteiligung zwischen 50 Euro und 200 Euro pro Krankheitsfall fällig werden, obwohl zur Zeit die meisten Versicherer darauf verzichten. Weitere Einschränkungen beziehen sich meist auf Vorerkrankungen und besondere Behandlungsformen und ergeben sich aus den Versicherungsbedingungen.

Folgende Vertragsarten werden angeboten:

- Die **Kurzzeitpolice** gilt meist für eine Reise von 42 bis 60 Tagen und kann auch für Familien abgeschlossen werden.
- Die **Jahres- oder Dauerpolice** ist kaum teurer als eine Kurzzeitpolice, Sie können aber so oft verreisen, wie

Sie wollen. Der Versicherungsschutz des einzelnen Urlaubs ist meist begrenzt auf 42 bis 60 Tage. Die Familie kann oft preiswert eingeschlossen werden, z.B. bei der Süddeutschen. Beruflich bedingte Reisen sind meist in der Jahrespolice mitversichert.

- **Einzelreisepolicen für Langzeitreisen** sind sinnvoll bei mehrmonatigem Aufenthalt im Ausland (Rentner, Globetrotter, Berufstätige). Die Prämien sind erheblich und meist abhängig von Alter, Reisedauer und -land, seltener auch vom Geschlecht. Es wird in der Regel taggenau abgerechnet bzw. ein Jahresbeitrag kalkuliert. Manchmal sind auch günstigere Kombinationen mit einer Kurzzeit oder Jahrespolice möglich (z.B. Elvia). Günstige Tarife bieten unter anderem: Europa, Victoria und Württembergische.
- Beim **Vollkostentarif** zahlt die Auslands-KV im Leistungsfall sofort und unabhängig von gesetzlichen und privaten Krankenkassen.

Geeignete Versicherungen bei unterschiedlicher Reisedauer

Hier werden ausgesuchte Versicherungen für einige Reisezeiträume genannt. Da sich Langzeitprämien und Altersstaffelungen häufiger ändern, wurde die Reisedauer zur Auswahl der Gesellschaften herangezogen.

Werden Versicherungsunternehmen nicht genannt, könnte es dennoch sinnvoll sein, mit ihnen über längerfristige Verträge zu sprechen. Die meisten dieser Unternehmen sind bereit, über ihre Standardtarife hinauszugehen, betrachten es aber als Verhandlungssache.

Reisedauer	Versicherer
93 Tage	Europäische, Hanse, Merkur, Karstadt, Quelle
99 Tage	DKV
365 Tage	Hallesche-Nationale, Concordia, DKV, Würzburger, Europäische
2 Jahre	ADAC (unterschiedliche Beiträge für Mitglieder und Nichtmitglieder)
3 Jahre	DKV (kann verlängert werden)
5 Jahre	HanseMerkur
6 Jahre	Hallesche-Nationale

✹ **Tipp:** Selbstbeteiligungen pro Krankheitsfall lohnen nicht.

- Beim **Restkostentarif** übernimmt die KV nur die Kosten, die übrigbleiben nachdem die eigene Krankenkasse bereits gezahlt hat. Ein umständliches Verfahren ohne nennenswerte Prämienvorteile und nicht zu empfehlen.
- Die meisten Versicherungen haben **Altersklassen** und ein Höchstalter für Neuverträge eingeführt. Daher ist es für über 60-jährige Reisende sinnvoll, gründlich zu vergleichen: bis zu 40 Euro lassen sich sparen. Sollte man einen Vertrag mit automatischer Verlängerung abgeschlossen haben, gibt es in der Regel kein Höchstalter, sofern der bestehende Vertrag fortgeführt wird.

Hinweise für Langzeitversicherungen

Die genannten Langzeitversicherungen sind Vollschutzversicherungen. Unter Umständen kann für die Dauer der Reise die gesetzliche bzw. private Krankenversicherung auf Antrag ruhen. Das spart Geld.

- Vereinbarungen Sie dann aber das »unverzügliche Wiederaufleben« der ruhenden Versicherung bei der Einreise nach Deutschland, ohne Wartezeiten und zum alten Tarif.
- Vergleichen Sie die Angebote von Langzeitversicherungen, da die Prämienunterschiede einige 100 Euro betragen können. Sprechen Sie auch mit Unternehmen, die offiziell keine Langzeittarife anbieten.
- Nicht immer gelten für alle Länder gleiche Tarife. Besprechen Sie die ungefähre Reiseroute mit der Krankenversicherung, damit der Versicherungsschutz in jedem Land und zu jeder Zeit gewährleistet ist.

Besondere Versicherungen

Der **Arbeiter-Samariter-Bund Deutschland e.V. ASB** bietet seinen Mitgliedern einen weltweiten Rückholdienst an, der sich vom Angebot privater Auslandsreise-KV etwas unterscheidet. Eine Rückholung findet nämlich nicht nur aus medizinischen Gründen statt, sondern auch dann, wenn der Krankenhausaufenthalt länger als 14 Tage dauern würde. Diese Konditionen gelten ohne Altersbegrenzung und auch für Ehegatten der Mitglieder und ihre Kinder, wenn sie für diese Kindergeld erhalten. ASB-Mitglieder zahlen einen Durchschnittsbeitrag von jährlich 48 Euro.

Ergänzend zur Krankenversicherung bietet die **Europäische Reiseversicherung AG** für Reisen in Europa und weltweit eine Soforthilfe-Versicherung an, mit einen 24-Stunden-Notruf-Service bei:

- Reiseabbruch, verspäteter Rückreise,
- Verspätung/Ausfall gebuchter Verkehrsmittel,
- Verlust von Reisezahlungsmitteln, Reisedokumenten,
- Haft oder Haftandrohung,
- Abhandenkommen von Arzneimitteln,
- Krankheit und Unfall.

Gerade die letzten beiden Punkte ersetzen keine Reisekrankenversicherung, sondern ergänzen sie bzw. überschneiden sich. Die Versicherungsdauer beträgt maximal 93 Tage (kann aber durch Kombinationen mit anderen Tarifen bis auf ein Jahr verlängert werden) und kostet dann bei weltweiter Geltung 51 Euro. Der Preis richtet sich nach der Reisedauer. Bei einem 10-tägigen Aufenthalt in Europa kostet sie z.B. 6 Euro. Die Soforthilfe-Versicherung muss nicht mit einer anderen Versicherung der Europäischen kombiniert werden. Ein erfahrener Globetrotter kann den größten Teil dieser zusätzlichen Leistungen vor Reisebeginn auch selbst organisieren.

Literatur

Reisen ohne Risiko. Sehr gute Broschüre, kostenlos beim Gesamtverband der Deutschen Versicherungswirtschaft e.V., Berlin, ✆ 030/2020-5000, www.gdv.de.

Entscheidungshilfen

- Reiseversicherungen als **Paket,** z.B. mit einer Reisehaftpflicht und -unfallversicherung, sind nicht sinnvoll, wenn bereits eine private und weltweit geltende Haftpflicht- bzw. Unfallversicherung besteht.
- In den meisten Versicherungsbedingungen werden **Vorerkrankungen** vom Kostenersatz ausgeschlossen. Vereinbaren Sie dennoch schriftlich mit der Versicherung das Einbeziehen der Vorerkrankung.
- Sollte die erlaubte Reisedauer überschritten sein, der Patient aber noch nicht zurückfliegen können, ist es

wichtig, dass eine möglichst lange **Nachleistungspflicht** in den Versicherungsbedingungen steht oder besser die Kosten bis zur »Wiederherstellung der Transportfähigkeit«, WdT, übernommen werden.

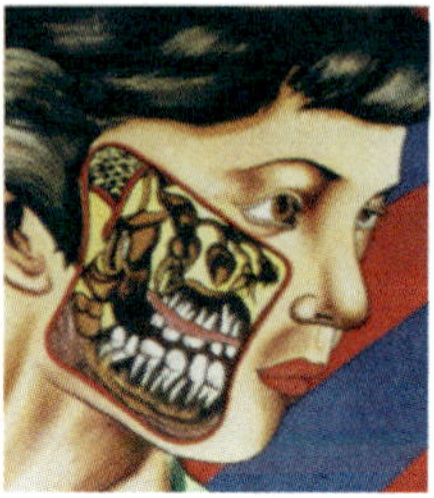

- Der **Krankenrücktransport** sollte möglichst dann erfolgen, wenn ihn der Arzt für »medizinisch sinnvoll« hält und nicht nur »medizinisch notwenig«. Obwohl die meisten Versicherungen nur den medizinisch notwendigen Transport vorsehen, muss das kein Problem darstellen, denn die Unternehmen müssen umso weniger zahlen, je eher sie den Kranken in die Heimat transportieren, da hier die jeweilige Krankenkasse die weiteren Behandlungskosten übernimmt.

Hinweise für den Versicherungsfall

- Im Versicherungsfall immer Originalbelege bzw. Rechnungen einreichen, daher alle Bescheinigungen vorher kopieren. Bei fehlerhaften Belegen muss man damit rechnen, dass die Versicherung nicht zahlt.
- Die Versicherung ist möglichst umgehend, bei einer Krankenhausbehandlung meist innerhalb von 10 Tagen, über die Notrufnummer zu benachrichtigen.
- Organisieren Sie bei einem Rettungsflug nichts von sich aus, sondern rufen Sie immer die in den Unterlagen genannte Alarmzentrale an, ↗ Seite 141, Notfall.
- Rechnungen des behandelnden Arztes bzw. Krankenhauses müssen den Namen des Arztes und des Patienten, die Diagnose und die erbrachten Leistungen enthalten, Rezepte zusätzlich noch die Medikamente mit Preisangaben und Unterschrift und Stempel des Apothekers.

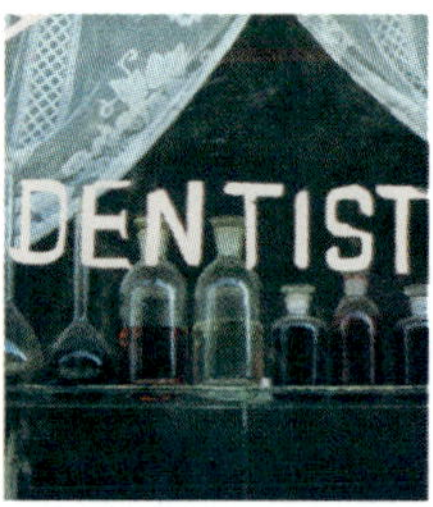

Mehr Information von Auslandsreise-Krankenversicherungen

ADAC München, ✆ 089/7676-0, www.adac.de.

ASB Arbeiter-Samariter-Bund, Köln, ✆ 0221/47605-0, 0800/2722255, www.asb.de.

Axa Krankenversicherung, Köln, ✆ 01803/556622, www.axa.de.

Barmenia KV, Wuppertal, ✆ 0202/438-2250, www.barmenia.de.

Bayerische Beamten-Krankenkasse, München, ✆ 089/2160-8888, www.vkb.de.

Central KV, Köln, ✆ 0221/1636-0, www.central.de.

Concordia KV, Hannover, ✆ 0511/5701-0, www.concordia.de.

DBV-Winterthur Versicherungen, Wiesbaden, ✆ 01803/202164, www.dbv-winterthur.de.

Debeka, Koblenz, ✆ 0261/4984664, www.debeka.de.

DKV Deutsche KV, Köln, ✆ 01801/358100, www.dkv.com.

Deutscher Ring KV, Hamburg, ✆ 040/3599-7733, www.deutscherring.de.

Elvia Reiseversicherung, München, ✆ 089/62424-0, www.elvia.de.

Europa KV, Köln, ✆ 0221/5737200, www.europa.de.

Europäische Reiseversicherung, München, ✆ 089/4166-17, www.erv.de.

Familienfürsorge KV, Düsseldorf, ✆ 0211/9963-0, www.familienfuersorge.de, www.bruderhilfe.de.

Gothaer Krankenversicherung AG, Köln, ✆ 0221/308-00, Fax 308-103, www.gothaer.de.

Hallesche KV, Stuttgart, ✆ 0711/6371-0, www.hallesche.de.

Hanse-Merkur Reiseversicherung, Hamburg, ✆ 040/4119-1501, www.hmrv.de.

Inter KV, Mannheim, ✆ 0621/427-427, www.inter.de.

KarstadtQuelle KV, Fürth, ✆ 0800/666-9000, www.kqv.de.

LKH Landeskrankenhilfe, Lüneburg, ✆ 04131/725-0, www.lkh.de.

LVM KV, Münster, ✆ 0251/70244, 0800/5863733, www.lvm.de.

R+V KV AG, Wiesbaden, ✆ 0611/5330, 01802/7858633, www.ruv.de.

Signal KV, Dortmund und Hamburg, ✆ 0231/135-0, 040/4124-0, www.signal-iduna.de.

Süddeutsche KV, Fellbach, ✆ 0711/5778-0, www.sdk.de.

UKV Union KV, Saarbrücken, ✆ 0681/844-7000, www.ukv.de.

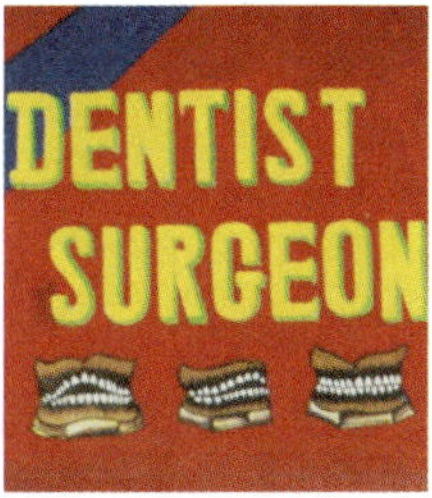

»Bloß nicht an den Ernstfall denken« – das ist zwar auch eine Devise, aber eventuell eine schmerzhafte

Victoria KV, Düsseldorf, ✆ 0211/477-4444, www.victoria.de.

Volksfürsorge KV, Hamburg, ✆ 040/2865-4477, www.volksfuersorge.de.

Württembergische KV, Stuttgart, ✆ 0711/662-0, www.wuerttembergische.de.

Würzburger Versicherungs-AG, Würzburg, ✆ 0931/2795-0, www.wuerzburger.com, www.travelsecure.de.

REISE-GEPÄCK-VERSICHE-RUNG

Meist besteht für den eigenen Haushalt eine Hausratsversicherung. Ist dort das »Risiko der Außenversicherung« vereinbart, sind Gegenstände des Hausrats auch auf Reisen geschützt. Verreisen Sie länger ohne den Haushalt aufzulösen, gehört das Reisegepäck automatisch zum »Hausrat, der sich vorübergehend, aber nicht länger als ein Jahr an beliebigen Orten der Erde befindet« und fällt deshalb auch in den Deckungsbereich der Hausratsversicherung, sofern der Wert des Gepäcks 10 % der Versicherungssumme (max. 10.000 Euro) nicht überschreitet.

Zur Aufstockung der »Außenversicherung« und um Lücken zu schließen, ist besonders bei einem gemeinsamen Hausratsversicherungsvertrag eine abgestimmte bzw. separate Reisegepäckversicherung sinnvoll. Beispiel für die Höhe der Versicherungssumme: Gemeinsamer Hausrat 70.000 Euro, davon 10 %, d.h. nur das gemeinsame Reisegepäck über 7000 Euro hinaus sollte zusätzlich abgesichert werden.

Die oben aufgeführten Unternehmen bieten fast alle Reisegepäckversicherungen an. Da auch hier Preise und Versicherungsdauer stark schwanken, ist ein Angebotsvergleich zu empfehlen. Elvia, Europäische und Hanse-Merkur sind in diesem Bereich die bekanntesten Versicherer.

Tipp: Das Kleingedruckte in den Versicherungsbedingungen sagt, ob das **Fahrrad** zum versicherten Hausrat gehört oder nicht. Informationen bietet der ADFC (Allgemeiner Deutscher Fahrrad Club), Bremen, ✆ 0421/346290, www.adfc.de.

Hinweise zur Reisegepäckversicherung

- Reisegepäckversicherungen gelten in der Regel nur bei Auslandsreisen.

- Als Familienversicherung abgeschlossen, bringt sie für ein Paar nur selten Vorteile.

▶ Lassen Sie sich von der Versicherungsgesellschaft schriftlich bestätigen, dass die Familienversicherung auch für Lebensgefährten und Kinder in einer eheähnlichen Gemeinschaft gilt.

- Versichert ist nur Reisegepäck für den persönlichen Bedarf. Gegenstände des beruflichen und gewerblichen Bedarfs gehören nicht dazu.
- Mitgeführte Gegenstände sind auch dann versichert, wenn Sie nicht deren Eigentümer sind.
- Meist werden Wertgrenzen vereinbart und der Versicherungsschutz zeitlich und örtlich beschränkt.
- Wertsachen werden nur bis zu 50 % der Versicherungssumme ersetzt, beim Hausrat gelten 100 % des »Neuwerts am Schadenstag«. Hat also die Fotoausrüstung einen Wert von 800 Euro, sollte die Versicherung mindestens über den doppelten Wert abgeschlossen werden – zusätzlich zum Wert des übrigen Gepäcks.
- Für Schäden am Reisegepäck, die durch Mitreisende fahrlässig verursacht wurden, wird nicht gehaftet. Diesen Schaden trägt jedoch meist eine evntuelle Haftpflichtversicherung des »Täters«.
- Grobe Fahrlässigkeit ist nicht versichert! Gemeint ist ein objektiv und subjektiv grobes Fehlverhalten, das zum Schaden oder Verlust führt. Je wertvoller das Reisegepäck, desto höher muss grundsätzlich die Aufmerksamkeit sein. Ein »Augenblicksversagen«, also zum Beispiel eine kurze, vorübergehende Unaufmerksamkeit, kann den Vorwurf grober Fahrlässigkeit jedoch abweisen, wenn weitere Umstände den Fehler entschuldigen. Die Gerichte entscheiden sehr unterschiedlich. Zu Gunsten des Reisenden immer dann, wenn sie meinen, es sei für ausreichende Aufsicht gesorgt gewesen, oder wenn zur Ausrüstung ein unmittelbarer Körperkontakt bestanden hat. Absolute Sicherheit könne es mit zumutbaren Mitteln nicht geben und könne daher von den Versicherern auch nicht verlangt werden (OLG Hamm, Az. 20 U11/96).

Nicht versichert sind Geld, Wertpapiere, Fahrkarten, Urkunden und Dokumente aller Art.

Tipp: Da die Versicherung bei einem Problem wissen möchte, wie oft und wann man sie im Zusammenhang mit einer Reisegepäckversicherung bereits in Anspruch genommen hat, notiere ich mir meine Schadensfälle, ohne sie jedoch der Versicherung zunächst zu nennen. Vielmehr weise ich sie darauf hin, dass alle Fälle im Zentralcomputer gespeichert sind, sie möchten doch da bitte nachsehen – überhaupt kein Problem. Man umgeht so die Gefahr, dass der Versicherungsschutz erlischt, nur weil man sich an frühere Ereignisse nicht mehr erinnern kann.

Noch eine persönliche Bemerkung: Viele halten eine Reisegepäck-Versicherung für überflüssig – ich nicht. Für mich ist sie eine sinnvolle Ergänzung der Gepäckversicherung der Fluggesellschaften. Mein Gepäck ist immer bei der Europäischen versichert. Manchmal musste ich die Versicherung in Anspruch nehmen – und sie hat stets gezahlt.

Tipp: Beschädigtes oder verlorenes Reisegepäck, ↗ Seite 208, Flugzeug.

Tipps für den Versicherungsfall

Sie haben die Beweispflicht. Der Umfang des Schadens und der Wert ist zu belegen:

- Rechnungen teurer Gegenstände 5 bis 10 Jahre aufbewahren.
- Inhaltslisten des Reisegepäcks erstellen, Wert der Gegenstände schätzen und Kopie der Liste mitnehmen.
- Das Gepäck so fotografieren, dass alle Teile deutlich zu sehen sind – auch die Hausratsversicherung verlangt Kaufbelege, Listen und Fotos.
- Schäden sind an Ort und Stelle umgehend der zuständigen Polizei zu melden (auch wenn dadurch der Rückflug verpasst wird) und je nach Umständen dem Beförderungsunternehmen bzw. dem Hotel. Bei Pauschalreisen ist auch der Reiseleiter zu informieren. Lassen Sie jede Meldung bestätigen, um den Versicherungsschutz zu erhalten!
- Die Entschädigung ist spätestens zwei Wochen nach ihrer endgültigen Feststellung fällig.
- Sehr wichtig: Der Schadenshergang muss sehr sorgfältig formuliert werden, um sich nicht selbst auszutricksen. Das kann der Geschädigte nur, wenn er die Versicherungsbedingungen zur Grundlage der Schadensformulierung macht.

Film- und Fotoausrüstung versichern

Die Leistungen der Hausrats- oder Reisegepäckversicherung sind für eine teure Fotoausrüstung meist zu gering: Die einen decken den Neuwert am Schadenstag, die anderen nur 50 % der Gesamtversicherungssumme. Da beide im Schadensfall ihre Leistungen erheblich beschränken, ist die genaue Lektüre des »Kleingedruckten« ratsam. In den meisten Fällen gilt, dass die Kamera nur im persönlich mitgeführten Handgepäck versichert ist. Beide beschränken im Schadensfall ihre Leistungen erheblich. Nach einer **Faustformel** reicht die übliche Reisegepäckversicherung, wenn der Wert von Kamera und Zubehör unter 1000 Euro liegt.

Versichert sind weltweit für ein Jahr unter anderem die Kosten bei Diebstahl, Verlust, Bruch einschließlich Reparatur, Brand, Wasserschäden, Blitzschlag sowie Beschädigungen durch Fremde wie durch den Besitzer selbst. Die Versicherungsprämie ist relativ hoch (z.B. mind. 50 Euro/Jahr bei einer Mindestversicherungssumme von 1500 Euro), es lohnt sich, Angebote zu vergleichen.

- Die Konditionen ändern sich häufig und müssen der Reisesituation angepasst werden. Zudem vermarkten einige Versicherungsellschaften ihre Foto-Spezialversicherung nicht aktiv. Kontaktieren Sie daher direkt die Versicherungen bzw. Versicherungsmakler und handeln Sie individuelle Zusatzvereinbarungen aus.

Tipp: Bevorzugen Sie Versicherungen zum Neuwert, denn dann wird der Wiederbeschaffungswert für das gleiche Kameramodell ersetzt. Eine Zeitwertversicherung zahlt nur den Wert der Ausrüstung zum Zeitpunkt des Verlustes.

Spezialversicherungen

Aktivas, Feldkirchen, ✆ 089/904802-55, www.aktivas.de

Chubb Insurance, Hamburg, ✆ 040/369805-0, 0800/1820845, www.chubb.com/international/germany.

Gerling-Konzern, Köln, ✆ 0221/144-1, 0180/3322133, www.gerling.de.

DVF Deutscher Verband für Fotografie, Karlsruhe, www.dvf-fotografie.de, Versicherung über Gerling.

GutGuenstigVersichert GmbH, Saarbrücken, ✆ 0681/95441-55, www.gutguenstigversichert.de/fotoversicherung.

Haber & Loeck (für Profis), Hamburg, ✆ 040/44809480, www.haber.de.

Pergande & Pöthe GmbH, Foto-Assekuranz, Hamburg, ✆ 040/682869-0, www.pundpgmbh.de.

TAS Touristik Assekuranz Service GmbH, Frankfurt am Main, ✆ 069/60508-0, www.tas-ass.de.

Victoria Versicherungen, ↗ Auslandsreise-KV

Zürich Gruppe Deutschland, Frankfurt am Main, ✆ 069/7115-0, www.zuerich.de.

Schweizer-National Versicherungs-AG, Frankfurt am Main, ✆ 069/25615-0, www.schweizer-national.de.

Reiseversicherungen mit speziellem Foto- und Videokameraschutz:

Allianz AG, München, ✆ 089/3800-0, www.allianz.de.

DEVK Versicherungen, Köln, ✆ 0221/757-0, www.devk.de.

Elvia Reiseversicherungsgesellschaft, ↗ Auslandsreise-KV.

Europäische Reiseversicherung AG, ↗ Auslandsreise-KV.

Hanse-Merkur Reiseversicherung AG, ↗ Auslandsreise-KV.

WENN DIE REISE AUSFÄLLT

Reiserücktrittskosten-Versicherung

Versichert ist das Risiko des Schadens ...

- bei Nichtantritt der Reise für vertraglich geschuldete Rücktrittskosten,
- bei Abbruch der Reise für die nachweislich entstandenen zusätzlichen Rückreisekosten und hierdurch unmittelbar entstandene Mehrkosten. Per Zusatzklausel können bereits bezahlte, aber nicht in Anspruch genommene Reiseleistungen, also Restkosten des Urlaubs mitversichert bzw. eine Ersatzreise-Versicherung eingeschlossen werden. Dieses Risiko ist heute in der Regel nicht mehr mitversichert, sondern wird von den Unternehmen als Reiseabbruchversicherung einzeln oder in Kombination mit der Reiserücktrittsversicherung angeboten.
- Die Reiserücktrittsversicherung endet mit dem »Einchecken« am Flughafen!
- Ein Versicherungsabschluss ist sinnvoll bei langer Vorausbuchung und einem Reisepreis über 1000 Euro (Faustformel).

Tipp: Vereinbaren Sie ausdrücklich, dass Lebensgefährten auch unter den Versicherungsschutz fallen!

Eine Entschädigung ist zu leisten, wenn ...

- die Reiseunfähigkeit des Versicherten nach allgemeiner Lebenserfahrung zu erwarten ist oder
- der Antritt der Reise bzw. deren planmäßige Beendigung ihm nicht zugemutet werden kann.

Das ist der Fall bei:

- Tod,
- schwerem Unfall bzw. unerwartet schwerer Krankheit des Versicherten, Ehegatten, Kinder, Eltern, Geschwister, Großeltern, Enkel, Schwiegereltern, Schwiegerkinder – aber nicht bei Lebensgefährten,
- Impfunverträglichkeit,
- Schwangerschaft,
- erheblichen wirtschaftlichen Problemen durch Schaden am Eigentum des Versicherten (z.B. Feuer) oder vorsätzlicher Straftat eines Dritten.

Der Versicherungsschutz ist ausgeschlossen ...

- bei Tod, Unfall oder Krankheit von Angehörigen, die das 75. Lebensjahr vollendet haben (einige Anbieter verzichten inzwischen auf eine Altersbegrenzung);
- oder wenn für den Versicherten bei Abschluss der Versicherung voraussehbar war, dass die Reise unter Umständen nicht angetreten werden bzw. abgebrochen werden würde – wichtig!
- bei plötzlich auftretenden kriegerischen Ereignissen bzw. Sicherheitsproblemen im Reiseland.

Im Versicherungsfall müssen Sie ...

- umgehend die Reise stornieren und
- gleichzeitig der Versicherung den Grund mitteilen,
- notwendige Beweismittel, z.B. Attest, vorlegen,
- Ärzte von ihrer Schweigepflicht entbinden.

Die **Prämie** richtet sich nach dem vollen Reisepreis und beträgt zwischen 1 – 3 % der Versicherungssumme. Im Rücktrittsfall übernehmen alle Gesellschaften die Stornokosten bis zu 100 %. Bei krankheitsbedingtem Rücktritt mit ärztlichem Nachweis fällt bei allen Gesellschaften eine Selbstbeteiligung von 20 % der Kosten, mindestens aber 25 Euro an. In allen anderen Fällen (keine Krankheit), die zu einer Stornierung der Reise führen können, verlangen die Rücktrittsversicherer eine Selbstbeteiligung von 25 Euro. Inzwischen werden auch Tarife ohne Selbstbeteiligung angeboten. Zu den wenigen Anbietern gehören: Elvia, Europäische, Hanse-Merkur, KarstadtQuelle und Signal-Iduna.

Reiseabbruch-Versicherung

Versichert ist ein Schaden, der verursacht wird durch

- den vorzeitigen Abbruch der Reise,
- die Unterbrechung der Reise aufgrund eines schweren Unfalls, einer unerwartet schweren Erkrankung oder
- eine verspätete Rückkehr von der Reise.

In der Regel ist ein Selbstbehalt (wie bei der Reiserücktrittskostenversicherung) zu übernehmen.

✷ **Tipp:** Die Leistungen der Reiseabbruchversicherung sind nicht mehr Bestandteil der Rücktrittskostenversicherung. Ich halte diese Versicherung für wichtiger, als den Reiserücktritt abzusichern.

↗ Seite 220, Kfz-Haftpflicht, Formalitäten auf der Straße

UNBESORGT ABREISEN

Der Zeitpunkt des Aufbruchs zur Reise ist ein magischer Moment. Auch die Reisenden früherer Zeiten wussten das und beherzigten einige Regeln: Nimm ein Amulett mit, streue Salz in die Schuhe und verlasse das Haus rückwärts, doch nicht an einem Freitag, denn dieser Tag bringt Unglück! Schaden kann das nicht, doch auch die folgenden Tipps sind nicht übel.

Ob Sie Haus oder Wohnung für zwei Wochen oder sechs Monate verlassen werden, die Vorbereitungen scheinen sich zu gleichen. Doch wer denkt schon im Sommer daran, ob im Winter die Heizung anspringen wird? Natürlich können Sie während Ihrer Abwesenheit alles laufen und liegen lassen. Das kann aber zu erheblichem Ärger führen: Fristen verstreichen, Rechte verfallen, Mahngebühren summieren sich, kleine Schäden ziehen größere nach sich.

Besser als das alles wieder ins Lot zu bringen, ist jemand, der sich kümmert, die Post sichtet und Vollmachten für alle Eventualitäten, Konten und Institutionen hat. Ihre Vertrauensperson muss in Vieles eingeweiht und eingewiesen werden.

Tipp: Erstellen Sie einen Formbrief, den Ihr Bevollmächtigter während Ihrer Abwesenheit versenden kann und geben Sie mögliche Ansprechpartner an: »Ich befinde mich voraussichtlich noch bis … auf Reisen. In dringenden Fällen bin ich hin und wieder per eMail zu erreichen … Möglicherweise kann Ihnen Herr/Frau … weiterhelfen …« etc., natürlich höflich eingebunden.

Post, Geld, Papiere

- Leiten Sie regelmäßige **Post** um, mindern Sie Unerwünschtes und sichern Sie Wichtiges:
- ❑ Bereits lange vor der Reise unerwünschte Post zurückschicken mit dem Vermerk »Unbekannt verzogen«.
- ❑ Den Briefkasten mit einem Schild versehen: »Keine Werbung einwerfen«.
- ❑ Robinson-Liste: Der Deutscher Direkt-Marketing-Verband, 71243 Ditzingen, ✆ 07156/951010, www.robinsonlist.de, vertritt einen großen Teil der deutschen Werbewirtschaft. Auf Antrag nutzen diese Firmen Ihre Daten nicht mehr.
- ❑ Beim Einwohnermeldeamt wehren Sie Parteiwerbung ab: »Hiermit widerspreche ich der Weitergabe meiner Daten an Parteien und andere Träger von Wahlvorschlägen für Zwecke der Wahlwerbung und bitte Sie, den Widerspruch zu speichern.«

- Den Hauptbriefträger und die Paketdienste informieren.
- Briefe und Pressepost dürfen auf Antrag maximal zwei Monate im Postamt lagern.
- Der Nachsendeauftrag an Verwandte oder Freunde 10 Tage vor der Reise abgeben. Er gilt 6 Monate und ist verlängerbar, dafür Verlängerungsauftrag unterschrieben hinterlassen.
- Einschreiben, Pakete, Päckchen können an Postbevollmächtigte ausgeliefert werden, Zustellungsurkunden verlangen besondere Absprachen.

Vertrauen ist gut, Vorsorgen besser: Ob Ihre Post und Sie gleichzeitig den selben Ort kreuzen werden, ist oft fraglich

▶ **Konten** müssen gedeckt sein und bleiben.

- Denken Sie an jährlich anfallende Rechnungen: Strom, Gas, Wasser, Wohnungsnebenkosten, GEZ, Abonnements, Versicherungen etc.
- Daueraufträge bzw. Einzugsermächtigungen kündigen oder einrichten.
- Rechnungen bezahlen oder Überweisungen mit einem Ausführungstermin versehen.

- ▶ Sind **Versicherungen** unter den veränderten Bedingungen sinnvoll? Haftet die Hausratsversicherung für eingelagerten Hausrat in einer Garage? Leben ruhende Versicherungen nach der Rückkehr wieder auf?
- ❑ Versicherungen abschließen, kündigen, ruhen lassen?
- ❑ Klären Sie Beiträge und Versicherungsleistungen für die Zeit Ihrer Abwesenheit.
- ❑ Lassen Sie sich die Gültigkeit des Versicherungsschutzes unter den geänderten Bedingungen schriftlich bestätigen.

- ▶ Klären Sie Ihre **Rechtsbeziehungen:** Steuerantrag fällig? Lohnsteuerkarte an den Arbeitgeber weiterleiten? Wehrdienst (Kreiswehrersatzamt), BaföG-Rückzahlung (Bundesversorgungsamt), anhängige Verfahren (Amtsgericht), Bußgeldverfahren, Rentenversicherung u.Ä.
- ❑ Checken Sie ablaufende Fristen und bitten Sie vorab um Verlängerung.
- ❑ Sollten Fristen ablaufen, beantragen Sie die »Versetzung in den vorigen Stand« und begründen Sie dies mit Ihrer langen Abwesenheit.
- ❑ Bereiten Sie mögliche Formbriefe oder Vollmachten vor.

✸ **Tipp:** Ehegattentestamente können nur in notarieller Form zu Lebzeiten des Ehegatten widerrufen werden. Lassen Sie sich beraten!

Mehr Informationen

Ein **Vorsorgebuch** und ein **Vorsorgepaket** mit mehr als 120 Vordrucken, Formularen, Checklisten vertreibt die Akademische Arbeitsgemeinschaft Mannheim, www.akademische.de.

Stiftung Warentest, **Vererben und Erben**. Gestaltung von Testament und Erbvertrag, Rechte und Pflichten der Erben, Berechnung der Erbschafts- und Schenkungssteuer. www.stiftung-warentest.de.

Für den Notfall

- ▶ Eine **Vorsorgevollmacht** kann als Generalvollmacht erteilt oder auf bestimmte Bereiche beschränkt werden. Insbesondere Banken und Versicherungen verlangen häufig notariell beurkundete Vollmachten. Solche können Sie im Internet bei der Bundesnotarkammer hinterlegen, www.vorsorge-register.de.
- ▶ Eine **Patientenverfügung** greift, wenn Sie selbst Ihre Wünsche nicht mehr artikulieren können, Mustertexte unter www.medizinethik.de.
- ▶ Ein **Testament** muss handgeschrieben sein sowie Ort, Datum und Unterschrift enthalten. Kurz und eindeutig ist es weniger anfechtbar. Nur Ehepartner dürfen ein Testament auf Gegenseitigkeit erstellen: »Wir, A.B. und C.D., setzen uns gegenseitig als Alleinerben ein.«

Handschrift eines Ehepartners, Ort, Datum, beide Unterschriften.
- ❑ In einer Unterschrift müssen mindestens zwei Buchstaben deutlich zu erkennen sein.
- ❑ Deponieren Sie zwei gleichlautende Niederschriften an zwei verschiedenen Orten und vernichten Sie ältere Versionen.

Wohnung, Haus & Garten

▶ **Wohnungsauflösung** spart bei langen Reisen u.U. Geld. Rechnen Sie mit etwa sechs Monaten Vor- und Nachbereitungszeit. Das lohnt sich etwa ab einem Jahr Abwesenheit, insbesondere wenn ein Umzug oder Berufswechsel ansteht. Hausrat kann in einer Garage lagern oder in Containern bei Umzugsunternehmen. Post, Mietervereine und Verbraucherzentralen bieten Broschüren mit Umzugstipps an.

- ❑ Haus oder Wohnung rechtzeitig kündigen.
- ❑ Angebote von Umzugsfirmen und Speditionen einholen oder eine Garage in der Nachbarschaft mieten.
- ❑ Hausrat reduzieren: verschenken, auf Flohmärkten verkaufen, Sperrmüll bestellen, Vorräte aufbrauchen.
- ❑ Früh mit dem Packen beginnen, Kisten an der Seite nummerieren, grobe Inhaltslisten führen, Standort notieren.
- ❑ Einrichtung demontieren, Räume renovieren.
- ❑ Helfer, Packmittel und Umzugshilfen organisieren.
- ❑ Klären Sie beim Einwohnermeldeamt, dass Sie wegen einer Reise nur vorübergehend ohne Wohnsitz sind.

Umziehen:
www.umzuege.de
www.amoe.de,
Bundesverband der Möbelspeditionen.

▶ Für die **zwischenzeitliche Nutzung** der Wohnung bieten sich drei Möglichkeiten an:

- Der Vermieter darf die Erlaubnis zur **Untervermietung** nicht versagen, wenn der Mieter seine Wohnung während eines längeren Auslandsaufenthaltes (aus beruflichen Gründen!) bis zu seiner Rückkehr betreuen lassen will (LG Berlin Az. 67 S 297/93).
- **Ein Haushüter** kostet Geld; ein Untermieter kann etwas Geld einbringen.

Checkliste: Vor der Reise erledigen

Informieren Sie Vermieter, Nachbarn, Freunde und Familie über:

- ❑ Reiseroute mit Orten und groben Zeitplan,
- ❑ Kontaktadressen für unterwegs mit Tipps für den Post- und Telefonkontakt.
- ❑ Adressliste von Vermieter, Nachbarn, Freunden und Familie an alle Beteiligte verteilen.

Je nach Vertrauen und Belastbarkeit verteilen Sie jeweils min. doppelt Dokumente, Schlüssel, Informationen und vereinbaren eventuelle Maßnahmen:

- ❑ Wohnungs-, Briefkasten- und Autoschlüssel
- ❑ regelmäßige Kontrolle von Wohnung oder Haus
- ❑ regelmäßiges Leeren des Briefkastens und Kontrolle der Post
- ❑ Liste offener Rechnungen mit terminierten Überweisungen
- ❑ Verfahren zur Geldüberweisung ins Ausland
- ❑ Verfahren für Warensendungen ins Ausland, Bezugsquellen für Ersatzteile
- ❑ Verfahren für Warensendungen nach Hause (Zoll)
- ❑ Verfahren bei Verlust von Geld oder Papieren
- ❑ Kopien mitgeführter Dokumente
- ❑ Listen der mitgeführten Ausrüstung, Gerätenummern, Schecks, Scheckkarten
- ❑ Blanko-Unterschriften, Blanko-Schecks
- ❑ Vollmachten für Post, Bank, Ämter mit Adressliste
- ❑ Adressen von Versicherungen
- ❑ Testament
- ❑ Sprechen Sie Sonderfälle mit dem Briefträger ab.
- ❑ Informieren Sie Ihre Kontaktperson in der Bank von der Reise.

Sparen Sie zu Hause Geld, während Sie reisen:

- ❑ Fernseh- und Radioempfang bei der GEZ abmelden.
- ❑ Telefon- und Internetanschluss abmelden.
- ❑ Auto und Motorrad abmelden oder an Freunde vermieten.
- ❑ Abonnements (z.B. Theater) und Mitgliedschaften ruhen lassen.
- ❑ Versicherungen als Anwartschaft weiterführen.
- ❑ Zeitung und Zeitschriftenabos ruhen lassen.
- ❑ Monatspauschale für Strom auf das Minimum senken.
- ❑ Wohnung kündigen oder in Absprache mit dem Vermieter untervermieten, Mobiliar in einer gemieteten Garage oder bei einer Spedition unterstellen.

- **Mitwohnzentralen** vermitteln Wohnungen mit Inventar für Wochen oder Monate – sofern der Vermieter einverstanden ist. Schlechte Erfahrungen sollen selten sein, teils wird Kaution verlangt. Rechnen Sie etwa mit einem Drittel Vermittlerprovision. In beiden Fällen müssen alle Einrichtungen während Ihrer Abwesenheit funktionieren. Sie müssen also eine Übergabe vollziehen und den Haushüter in alle Finessen von Wohnung, Haus und Garten einweisen.

▶ **Eine leer stehende Wohnung** spart kurzfristig Kosten. Mangelnde Aufsicht und Pflege führen jedoch langfristig zu Schäden. Also muss das Objekt gut gesichert und eine regelmäßige Kontrolle gewährleistet sein. Die Vorbereitung ist besonders aufwändig, denn Sie müssen alle bürokratischen, technischen oder klimatischen Einflüsse während der Reisedauer berücksichtigen: Frost, Hitze, Sturm, Hagel, Rückstau der Kanalisation; Ablesen von Stromzähler, Wasseruhr, Heizung; Wartungsverträge, Leerung der Abwassergrube …

- [ ] Technische Einrichtungen, die dem Schutz des Objekts dienen, müssen garantiert funktionieren, also Alarmanlage, Heizung bei Frost, Lüftung …
- [ ] Alle anderen technische Einrichtungen möglichst abschalten. Das ist sicherer und spart Energie.
- [ ] Telefon: Rufweiterleitung einrichten oder abmelden. Sie können Ihren Anschluss kostenfrei stilllegen und gleichzeitig gebührenpflichtig die Wiederanschaltung mit derselben Rufnummer innerhalb von sechs Monaten beantragen. Bei längerer Stilllegung muss anschließend ein neuer Anschluss mit neuer Rufnummer beantragt werden – das wird teurer. Doch weshalb die Prozedur nicht einfach wiederholen?
- [ ] Anrufbeantworter abschalten oder einen neutralen Text aufsprechen.
- [ ] Fax: Papier nachlegen oder Stecker rausziehen oder – falls möglich – auf eMail umleiten.
- [ ] Computer: Sichern Sie Ihre Daten auf externen Datenträgern, die Sie getrennt unterbringen!

Mitwohnzentralen:

www.haushueter.org Verband Deutscher Haushüteragenturen, Münster/W., ✆ 02501/ 7171.

www.mitwohnzentrale.de Ring Europäischer Mitwohnzentralen REM, Hamburg, ✆ 040/ 19430.

www.wohngemeinschaft.de. Portal zu Seiten, die Zimmer in WGs anbieten.

✸ **Tipp:** Über Ihre Polizeidienststelle erreichen Sie die Beratungsstelle der Kriminalpolizei. www.polizei-beratung.de.

Unmittelbar vor dem Verlassen des Hauses

- Strom-, Gas-, Wasserverbraucher abstellen, Haupthähne schließen, frostgefährdete Wasser- und Abwasserrohre, Pumpen, Behälter entleeren.
- Kühlschrank und Kühltruhe leeren und öffnen.
- Batterien aus Geräten entnehmen.
- Topfpflanzen in Pflege geben, Haustiere unterbringen.
- Stand-by-Funktionen an Elektrogeräten und Lampen ausschalten.
- Computer und Fernseher: Alle Stecker ziehen – Stromversorgung, Antenne, Modem, Netzwerk …

Wohnungssicherung: Weihnachten, Silvester, Sommerferien sind Hochsaison für Einbrüche. Die meisten Wohnungseinbrüche geschehen tagsüber. Widerstandsfähige Türen und Fenster und deren mechanische und sachgerechte Sicherung mit Schlössern und Riegeln sind die Grundlage jeder Sicherung. Eine elektronische Innensicherung hat den geringsten Wert. Türen und Schränke innerhalb des Hauses zu verschließen, erhöht die Schäden durch Vandalismus.

- Stellen Sie während Ihrer Abwesenheit den Radiowecker so ein, dass er ganztägig läuft und vor der Wohnungstüre leise zu hören ist.
- Während der Abenddämmerung können Sie mit einer Zeitschaltuhr Ihre Schreibtischlampe einschalten; noch besser ist es, wenn die Rollläden automatisch schließen.
- Schließen Sie Oberlichter und Kellerfenster, schalten Sie Außensteckdosen ab, lassen Sie weder Leitern noch Werkzeug außerhalb der Wohnung.
- Sperren Sie Rollläden gegen Hochschieben, sichern Sie Terrassentüren durch ein zusätzliches Schloss.
- Bei der Polizei erhalten Sie das Schild »Vorsicht! Wachsamer Nachbar«.

GESUNDHEIT & ERNÄHRUNG

SARS, Ebola und Anderes … Immer mal wieder kursieren Nachrichten über Schrecken Erregende Krankheiten. Was dahinter steckt, erfahren die Zeitungsleser und TV-Seher meist nicht. Solche Sensationsmeldungen machen Furore, doch unbeachtet von der Öffentlichkeit erkranken jährliche zwischen 800 und 1000 Menschen in Deutschland an Malaria, davon sterben 5 bis 10. Bei konsequenter Vorsorge könnten einige von ihnen noch leben.

Vorsorge

Im schlimmsten Fall ist eine Krankheit lebensbedrohlich, doch immer verdirbt sie die herrlichste Reise. Dann wird Gesundheit wichtiger als Zeit und Geld. Vorsorge hilft Ihnen, manche Krankheit zu vermeiden. Lassen Sie sich vor einer Reise medizinisch beraten:

- bei Instituten für Tropenmedizin in Berlin, Bonn, Dresden, Hamburg, Heidelberg, Leipzig, München, Rostock, Tübingen, Ulm, Würzburg, Wien, Basel und niedergelassenen Tropenmedizinern;
- bei allen Gesundheitsämtern;
- bei Apotheken, die an eine Datenbank mit medizinischen Länderinformationen angeschlossen sind;
- bei kommerziellen reisemedizinischen Zentren.

Wenn wir in andere Teile der Welt reisen – zumal auf eigene Faust – erhöhen neue Lebensumstände das Risiko für Verletzungen oder Erkrankungen. Wichtiger noch als Impfungen oder eine Reiseapotheke ist es, sich auf die neue Kultur, die neuen »Spielregeln« des täglichen Lebens einzustellen. Das kann nur, wer sich vor der Reise intensiv damit auseinandersetzt und während der Reise gut beobachtet.

Ursachen für Krankheit und Tod

- Eine der häufigsten Ursachen für Krankheit und Tod auf Reisen sind **Autounfälle** – gemessen an der Kilometerleistung ist diese Gefahr dort unvergleichlich höher als zu Hause. Rabiates Fahren, schlechter Zustand von Straßen und Autos und überladene Fahrzeuge,

EIN LAND RESPEKTIEREN, GESUND BLEIBEN

aktualisiert von Jean-Claude Schmit, nach einer Vorlage von Meyer, mit Hinweisen von Alain Weber, alle drei Mediziner

Dr. Jean-Claude Schmit ist Infektiologe am Centre Hospitalier in Luxemburg. In dessen »Travel Clinic« informiert und impft er mehrere tausend Reisende pro Jahr und behandelt regelmäßig Leute, die mit Reisekrankeiten zurück kommen. Er reist selbst gerne in Begleitung seiner Frau und Kinder auch zu »exotischen« Zielen.

Dr. Meyer war Leiter des Gesundheitsamtes Wiesbaden und als Tropenarzt vier Jahre in Ostafrika im Gesundheitswesen tätig. Er berät das Deutsche Rote Kreuz in Fragen der Auslandshilfe und reist häufig in verschiedene tropische Länder.

Hot & Spicy: Scharfer Chili und Pfeffer vertreiben angeblich böse Bakterien

✷ **Tipp:** Sprechen Sie auf jeden Fall mit Ihrem Hausarzt. Auch wenn er kein Tropenmediziner ist, kennt er Sie doch als Arzt am besten.

aber auch gezielte Unfälle, also klassische Wegelagerei, sind mancherlei Gründe dafür. Wer vorsichtig und defensiv durch Stadt und Land schleicht und mit mancherlei Zufällen und Unbilden rechnet, hat mehr dafür getan, seine Gesundheit zu erhalten, als es durch alle anderen Maßnahmen möglich ist. Vorsicht ist die kostengünstigste Prophylaxe!

- Die gleiche Vorsicht empfiehlt sich bei Reisen in weniger sichere Gebiete. **Leichtsinn und Draufgängertum** sind unter unbekannten Verhältnissen als Dummheit zu bezeichnen.
- ▶ Informieren Sie sich vor der Reise. Vor allem sollte der Rat der Einheimischen oder von lange im Lande lebenden Ausländern nicht nur eingeholt, sondern auch berücksichtigt werden.
- ▶ Ein Erste-Hilfe-Kurs kann nicht schaden: www.rotkreuz.de, www.med3.de/firstaid.html.
- **Die häufigsten Reiseerkrankungen** sind Erkältung, Sonnenbrand, Durchfall, Insektenstiche, Kreislaufschwäche.
- ▶ Sie lassen sich meist einfach vermeiden durch geeignete Kleidung, ↗ Seite 160, ausreichendes Trinken, vorsichtiges Essen sowie vernünftiges und hygienisches Verhalten, ↗ Seite 146.
- Insektenstiche können andere Erkrankungen nach sich ziehen, **Malaria und Dengue-Fieber** stehen dabei an erster Stelle, ↗ unten.
- Anhaltender Durchfall kann andere Krankheitsursachen anzeigen, ↗ unten.
- Ihre **eigenen Schwächen und Gebrechen** kennen Sie selbst am besten. Bereiten Sie sich darauf vor, dass diese unter den Reiseumständen akut werden könnten. In Ihre Reiseapotheke gehören natürlich die Medikamente, die Sie ohnehin einnehmen müssen.

✷ **Tipp:** 30 % aller Fernreisenden sind älter als 60 Jahre. Ältere Menschen sind gesundheitlich gefährdeter als jüngere.

Impfungen

Für einen persönlichen Impfplan, der stets kostenpflichtig ist, werden Alter, Gewicht, Reisedauer und Reiseziele benötigt, möglichst auch Anzahl und Zeitpunkt bisheriger Impfungen. Noch zu Hause sollten Sie Ihren Impfschutz vervollständigen und gegebenenfalls mit der Malariaprophylaxe beginnen. Da einige Impfungen bestimmte Abstände bzw. Reihenfolgen erfordern, sollten Sie mindestens sechs Wochen vor der Reise mit dem Programm beginnen. Natürlich sind neben Last-Minute-Flügen auch Last-Minute-Impfungen möglich, doch bleiben diese oft unvollständig.

- Die Gelbfieberimpfung ist Pflicht in einigen Ländern, ↗ Seite 98, und darf nur von anerkannten Stellen durchgeführt werden, meist sind dies die Gesundheitsämter.
- Manche Impfungen sind auch in Deutschland und Europa sinnvoll, werden jedoch oft vernachlässigt, etwa Diphtherie, Tetanus, Poliomyelitis.
- In vielen Ländern sind tollwütige, streunende Hunde ein Problem, besonders für Radreisende. Gesundheitsämter beraten über Tollwutschutzimpfungen.

Tipp: Die Gelbfieberimpfung kann nicht an Kleinkinder unter 9 Monaten verabreicht werden, da das Risiko neurologischer Schäden besteht.

Rangfolge der Wichtigkeit für Impfungen & Medikamente

immer wichtig:

- ❑ Tetanus
- ❑ Diphtherie
- ❑ Polio (so genannte Kinderlähmung)
- ❑ Gelbfieber
- ❑ Hepatitis A und B (in D für Kinder kostenlos)
- ❑ Malariavorsorge (oral)
- ❑ Typhus
- ❑ Tollwut

ebenfalls berücksichtigen:

- ❑ Meningitis (Hirnhautentzündung)
- ❑ japan. Enzephalitis (Hirnhautentzündung)
- ❑ Cholera (oral)
- ❑ im Alter wichtig: Grippe bei über 60-Jährigen, vor allem im subtropischen Winter

Wichtig:

6 Wochen vor der Reise mit dem Impfprogramm beginnen!

www.impf.at
www.who.int/ith

Malaria

Die Malariaprophylaxe wird jeweils nach den von der Weltgesundheitsorganisation WHO definierten Regionen empfohlen: »In vielen Ländern Asiens, des östlichen Mittelmeerraums sowie Lateinamerikas, in denen Malaria vorkommt, sind die großen Städte meist malariafrei; das gilt jedoch nicht unbedingt für die Stadtrandgebiete oder die städtischen Ballungsräume in Afrika und Indien. Normalerweise ist das Malariarisiko oberhalb 1500 m Höhe relativ gering, doch kann die Krankheit in heißen Klimazonen sogar in Höhen bis zu 3000 m auftreten. Außerdem kann das Infektionsrisiko je nach Jahreszeit unterschiedlich hoch sein.«

Da sich diese Empfehlungen entsprechend der Ausbreitung der Resistenzen laufend ändern, können hier nur allgemeine Regeln dargestellt werden.

- Auch bei Malaria ist vorsorgen besser: Mückenabwehr ist Malariaschutz, Moskitonetz ↗ Seite 155, Ausrüstung, Wie man sich bettet; dort auch weitere Tipps zur Mückenabwehr.
- Ohne Prophylaxe ist das Risiko zu erkranken wesentlich höher, man vermeidet dafür die möglichen Nebenwirkungen durch eine oft mehrwöchige Prophylaxe.

✹ **Tipp:** Kleinkinder sollten wegen der Nebenwirkungen der Medikamente malariabetroffenene Gebiete möglichst meiden. Falls nötig, können jedoch Kinder ab 5 kg Köpergewicht Malariaprophylaxe einnehmen, die verabreichte Dosis muss dann vom Facharzt angepasst werden.

✹ **Tipp:** Der beste Tipp kann nur heißen »**Meiden Sie jeden Mückenstich**«! Moskitos kommen vor allem bei Anbruch der Dämmerung. Es empfiehlt sich, langärmlige, weite und helle Kleidung bzw. Hosen zu tragen, selbst wenn ein lauer Abend das Gegenteil nahelegt. Noch wichtiger ist es, Aufenthalts- bzw. Schlafräume durch engmaschige Moskitonetze oder Räucherspiralen mückenfrei zu halten.

In der Impfberatung wird man Ihnen empfehlen:

- durch die Wahl von Reiseroute und Reisezeit das Risiko zu minimieren;
- mit einem bestimmten Stand-By-Medikament (Lariam, Malarone) zu verreisen oder
- eine bestimmte Malaria-Prophylaxe zu betreiben.

Neuere Empfehlungen stellen in einigen Gegenden mit Malaria-Risiko eine **Stand-By-Behandlung** in den Vordergrund. Die Gefahr besteht dann darin, entweder auf eine beginnende Malaria zu spät zu reagieren oder bei den kleinsten Symptomen einer anderen Krankheit das Malariamedikament unnötig einzunehmen. Daher muss bei jedem unklaren Fieber sofort ein Arzt aufgesucht werden.

Montezumas Rache

Durchfälle sind die häufigste und störendste Erkrankung. Entscheidend ist hierbei weniger die Bekämpfung der Bakterien – die der Viren ist ohnehin nicht möglich – als der erforderliche Flüssigkeitsersatz. Mit Beginn des Durchfalls sollten Sie so viel trinken, wie Sie Flüssigkeit ausscheiden. Da dies schlecht messbar ist, sollten Sie so viel trinken, bis der Urin wasserklar bis hellgelb ist. Die meisten Durchfälle enden von selbst bei ausreichender Flüssigkeitsaufnahme in zwei bis vier Tagen.

Probesitzen: Manchmal freut man sich über jedes WC ... (im Sinai)

- Um den Verlust von Mineralstoffen auszugleichen, empfiehlt die WHO eine Zucker-Salz-Lösung einzunehmen. Diese ist weltweit zu bekommen. Bei Kindern und älteren Reisenden sollte damit bereits nach den ersten wässrigen Durchfällen begonnen werden. Als ORS-Ersatz eignet sich Orangensaft mit Wasser, trockenen Keksen und Bananen, bei Kindern Apfelschorle oder Reissuppe. Nicht empfehlenswert ist die »Cola-Salzstangen-Therapie«, die die Kaliumverluste nicht adäquat ausgleichen kann.
- Es gibt mit Loperamid (Imodium, Lopedium, Loperamid ratio, ...) ein Präparat, das den Durchfall (fast immer) sofort zum Stillstand bringt. Aus verschiedenen Gründen kann es aber gleichzeitig die Durchfallerkrankung verlängern und komplizieren. Dieses Präparat sollte möglichst nur während der Fahrt, fern von jeder Toilette, eingenommen werden. Am ersten Tag verhindert Imodium unnötigen Flüssigkeitsverlust, doch nach maximal 8 Tabletten (nur bei Erwachsenen) stoppen! Kinder dürfen Loperamid nur bedingt einnehmen, am besten vor der Reise mit dem Kinderarzt sprechen.

Tipp: Notieren Sie unterwegs Krankheitssymptome mit dem Zeitpunkt ihres Auftretens, Verlaufs und ihrer Dauer. Eventuell erleichtert das spätere Diagnosen.

- Nur wenn zusätzlich Fieber oder blutig-schleimige Stühle auftreten, sollte ein Arzt aufgesucht werden. Ist das nicht möglich, sollte ein Antibiotikum genommen werden, z.B. Ciprofloxacin (Ciproxin, Ciprohexal) 500 mg oder Norfloxacin (Zoroxin) 400 mg, alternativ Ofloxacin (Tarivid) 400 mg pro Tag, für schwangere Frauen und Kinder Azithromicin (Zitromax). Die drei ersten Mittel gehören zur selben Familie (Quinolones), sind sehr wirksam bei wenig Resistenzen, haben jedoch mögliche Nebenwirkungen bei starker Sonnenexposition (Hautreaktionen) und Sport (selten Sehnenrupturen). Alternative bei Kindern sind ein Sulfamid wie Bactrim, Eusaprim oder Cotrim ratio.

Durch Blut und Sexualkontakt übertragbare Krankheiten

Beim **Geschlechtsverkehr** können Hepatitis B, HIV, Gonorrhoe (Tripper), Syphilis, Herpes genitalis, Chlamydien, Pilze, Filzläuse und Krätze übertragen werden (*Sexually Transmitted Diseases,* STD). Die infektiösen Personen können gesund wirken und nicht akut erkrankt sein. Nicht jeder Sexualkontakt mit einem infizierten Partner führt zur Infektion, doch das Risiko ist hoch. In Ostafrika und Südostasien liegt die STD-Infektionsrate von Prostituierten teils über 85 %.

✸ **Tipp:** Vermeiden Sie auch Tätowierungen und Bodypiercing.

- Ein Kondom kann die Ansteckung mit HIV (AIDS) verhindern und das Risiko einer Gonorrhöe bzw. einer Syphilis auf fast Null senken – wenn ein unbeschädigtes, neues Kondom mit Reservoir sachgerecht benutzt und nach dem Samenerguss noch vor dem Erschlaffen das Glied mit Kondom aus der Scheide gezogen wurde. Markenkondome erhält man in Drugstores und Apotheken.

✸ **Tipp:** In Europa weitgehend unbekannt sind Kondome für Frauen. Dies könnte eine Lösung für manch heiklen Moment liefern. www.femalehealth.com.

Andere Übertragungswege sind **Injektionsnadeln** und **Transfusionen** verunreinigter Blutprodukte. In verschiedenen Ländern sollen bis zu 10 % der professionellen Blutspender HIV infiziert sein. Bei der Spende wird oft nicht getestet, nur wenige zuverlässige Tests sind in manchen Ländern vorhanden. Manchmal werden Blutkonserven vor der Infusion nicht auf HIV- und Hepatitis B-Antikörper getestet. Jede HIV-positive Blutkonserve infiziert den Empfänger!

- Generell sollten Bluttransfusionen, so weit möglich, vermieden werden. Eine Krankenversicherung, die im ernsten Krankheitsfall eine dringende Rückreise (gegebenenfalls in ärztlicher Begleitung) bezahlt und für Sie organisiert, kann Ihnen oft die Behandlung unter fragwürdigen hygienischen Bedingungen ersparen.
- Schutz bietet auch die Kenntnis der eigenen Blutgruppe sowie ein vertrauenswürdiger Blutspender. Vielleicht finden Sie über die Deutsche Botschaft eine »walking blood bank«. Diese besteht aus einer Gruppe von Menschen, die ihre individuellen Angaben über Blutgruppen und Risikofaktoren in einer Liste zusammenstellen und einander unterstützen.
- Nehmen Sie einige sterile Spritzen und Nadeln in verschiedenen Größen mit (nicht im Handgepäck).
- Die Hepatitis B-Impfung schützt lebenslänglich, wenn drei Grundimpfungen vorgenommen wurden.

Etwa 8 % aller Reisenden brauchen unterwegs ärztliche Versorgung.

Tipp: Sonnenbaden kann gefährlicher sein als Baden: Jährlich werden etwa 80 Menschen von Haien gebissen, 10 davon sterben; Koskosnüsse, die von Bäumen fallen, erschlagen jedes Jahr hingegen 150 Menschen!

Reisen während der Schwangerschaft

Eine gesunde Schwangere kann Fernreisen unternehmen, sollte jedoch Malariagebiete meiden. Bitten Sie Ihren Arzt oder Ihre Ärztin um Rat. Unter anderem sind abzuwägen: Ihre Grundkonstitution, Ihre derzeitige Verfassung, die Risiken am Reiseziel zur geplanten Reisezeit und Ihre Urlaubsaktivitäten:

- Überprüfen Sie Ihren Impfschutz.
- Achtung, nicht alle Impfungen können während einer Schwangerschaft verabreicht werden. Gegebenfalls bereits vor Schwangerschaftsbeginn impfen.
- Planen Sie Ruhephasen für die Zeit- und Klimaumstellung ein.
- Achten Sie auf ausreichende Flüssigkeitszufuhr.
- Bevorzugen Sie kleine, fettarme, eiweißreiche Mahlzeiten.
- Möglichkeiten für Notfallbehandlungen und Rücktransport, ↗ Seite 106ff, Reisekrankenversicherung.

Meiden Sie:

- längere bewegungsarme Phasen (Flug!), da erhöhte Thrombosegefahr in den Beinen;
- intensive Sonneneinstrahlung und Anstrengung;
- Fahrten in schlecht gefederten Fahrzeugen auf schlechten Pisten.

Sind Flugzeugreisen möglich?

- Frauen mit komplikationsloser Schwangerschaft dürfen ohne Bedenken bis zum 7. Monat fliegen.
- Im 8. Monat ist eine ärztliche Unbedenklichkeitsbescheinigung erforderlich. Komplikationen, insbesondere eine Frühgeburt, sind nicht zu erwarten.
- Im 9. Monat ist ein Flug riskant. Manche Fluggesellschaften verweigern schon früher den Flug, erkundigen Sie sich frühzeitig.
- Reservieren Sie einen Sitz mit Bewegungsfreiheit für die Beine und machen Sie gymnastische Übungen.
- Tragen Sie bei Krampfadern möglichst Kompressionsstrümpfe, bandagieren Sie im Extremfall Ihre Beine mit elastischen Binden.
- Wenn Sie zu Übelkeit und Erbrechen neigen, fliegen Sie nachts.
- Trinken Sie bei Langstreckenflügen viel kohlensäurelose Getränke.

Impfungen & Malariaprophylaxe in der Schwangerschaft

Tipp: Während der Schwangerschaft ist die Gefährdung durch eine Malaria tropica wesentlich größer als die durch die Chemoprophylaxe!

Bei Impfungen wägt der Arzt das Risiko ab. Bei Reisen in Infektionsgebiete ist eine Impfung aber meist sinnvoll. Eine Impfpflicht besteht heute nur noch für Gelbfieber in einigen Ländern und kann durch ein Impfbefreiungszeugnis ersetzt werden.

- Eine Impfung gegen Gelbfieber ist auch in der Schwangerschaft möglich, doch in den ersten sechs Monaten nicht zu empfehlen.
- Unbedenklich sind Impfungen gegen Hepatitis B, Polio, Tetanus.
- Nicht erlaubt sind Impfungen gegen Tuberkulose und Masern.

- Impfungen gegen Cholera, Diphtherie, FSME (aktiv), Hepatitis A, Japan. Enzephalitis, Meningitis, Tollwut, Typhus sind bedenklich bzw. es fehlen Erfahrungen.
- Schwangere, stillende Mütter und Kleinkinder sollten wegen der Nebenwirkungen der Medikamente malariabetroffenene Gebiete möglichst meiden.
- Die vorbeugende Einnahme von Chloroquin (z.B. Resochin) und Proguanil (Paludrine) ist unbedenklich, Mefloquin (Lariam) ab dem vierten Schwangerschaftsmonat.
- Für Gebiete mit Chloroquin-Resistenzen gibt es kein Mittel zur Prophylaxe, das in der Schwangerschaft gleichermaßen wirksam und unbedenklich wäre.

Und zu Hause?

Schwere Tropenkrankheiten treten meist erst nach der Rückkehr auf. Daher bei Unwohlsein und Erkrankungen in den folgenden Wochen und Monaten immer an zurückliegende Auslandsaufenthalte denken und den Arzt darüber informieren. Hier kommt es auch darauf an, wie genau Sie Ihre Ärztin oder den Klinikdoktor über Ihre Reise(n) informieren.

Fieber bei Kindern nach einem Tropenaufenhalt ist vermutlich am häufigsten bedingt durch Atemwegsinfektionen, begünstigt durch Klimawechsel und zusätzlich durch trockene Luft auf dem Rückflug. Wenn Beschwerden bestehen, ist eine gründliche Untersuchung und Labordiagnostik notwendig, damit potenzielle tödliche Infektionen nach einem Tropenaufenthalt ausgeschlossen werden können.

Liste der Tropeninstitute

Institut für Tropenmedizin Berlin, ✆ 030/301166.

Infektiologie, Universitätsklinikum Charité Berlin, ✆ 030/450-50.

Institut für Medizinische Parasitologie der Universität Bonn, ✆ 0228/287-5673.

Institut für Tropenmedizin, Städtisches Klinikum Dresden, ✆ 0351/4803805.

Mehr Informationen

www.auswaertiges-amt.de, ✆ 030/5000-2000.

www.rki.de, Robert-Koch-Institut, Empfehlungen der ständigen Impfkommission.

www.crm.de, Centrum für Reisemedizin, Düsseldorf, ✆ 0211/90429-0, Für 10 Euro gibt's einen individuellen Reisegesundheitsbrief.

www.die-reisemedizin.de, BAD Gesundheitsvorsorge GmbH, Düsseldorf, ✆ 0211/516160-0, ✆ 0800/7233872.

www.dtg.mwn.de, Deutsche Gesellschaft für Tropenmedizin und internationale Gesundheit. Liste der Ärzte mit DTG-Zertifikat »Reisemedizin«.

www.tropinst.med.uni-muenchen.de

www.fit-for-travel.de, Abteilung für Infektions- und Tropenmedizin Uni München.

www.reisemedizin.de,

www.wetteronline.de, u.a. Klima, Pollenflug.

www.who.int, Referenzseite für alle Gesundheitsfragen, World Health Organization.

Tropenmedizinische Ambulanz der Heinrich-Heine-Universität Düsseldorf, ✆ 0211/8117031.

Bernhard-Nocht-Institut für Tropenmedizin, Hamburg, ✆ 040/42818-0.

Institut für Tropenhygiene und Öffentliches Gesundheitswesen der Universität Heidelberg, ✆ 06221/ 562905.

Infektions- und Tropenmedizin am Uniklinikum Leipzig, ✆ 0341/9724971.

Zentrum für Reise- und Tropenmedizin Leipzig am Städtisches Klinikum St. Georg, ✆ 0341/9092619.

Abteilung für Infektions- und Tropenmedizin der Ludwig-Maximilians-Universität München, ✆ 089/2180-3517.

Infektions- und Tropenmedizin am Städtischen Krankenhaus Schwabing, ✆ 089/3068-2601.

Abteilung für Tropenmedizin und Infektionskrankheiten Universität Rostock, ✆ 0381/494-7511.

Institut für Tropenmedizin am Universitätsklinikum Tübingen, ✆ 07071/2982365.

Tropenmedizinische Abteilung der Missionsärztlichen Klinik Würzburg, ✆ 0931/791-2821.

DIE REISE-APOTHEKE

Von Elena Erat

Es gibt Gegenden, da ist weit und breit keinerlei medizinische Hilfe zu erwarten. Andernorts bekommt man für alles und jedes Wehwehchen sorglos ein starkes Antibiotikum ausgehändigt oder man erhält ganz einfach Schlaftabletten, die angeblich auch gegen Malaria helfen. Oft ist nicht bekannt, wo der Beipackzettel der ominösen Tabletten das letzte Mal gesehen wurde und ob das Verfallsdatum überschritten ist. Ungefähr ein Drittel der Medikamente, die man in Afrika kauft, sind wahrscheinlich Fälschungen ohne Garantie auf Wirksamkeit oder Verträglichkeit.

Dann ist es gut, wenn Sie auf eigene, bekannte Medikamente zurückgreifen können. Die folgende Reiseapotheke beruht auf Reiseerfahrungen. Eingearbeitet sind die Reiseapotheke für die Tropen, die das Deutsche Rote Kreuz ihren Mitarbeitern empfiehlt, und

Empfehlungen der Informationsstelle für Auslandstätige und Auswanderer. Die meisten dieser Medikamente sind rezeptpflichtig – aus gutem Grund! Kinder, Schwangere, empfindliche oder vorgeschädigte Personen müssen vielleicht auf andere Medikamente zurückgreifen, weil Nebenwirkungen zu befürchten sind.

- Stellen Sie anhand dieser Liste eine eigene Apotheke zusammen, angepasst an Ihre Bedürfnisse, Reiseziele und -dauer. Besprechen Sie die genaue Zusammenstellung unbedingt mit Ihrem Hausarzt!
- Medikamente, die entlang der Reiseroute verfügbar sind, sind den dort behandelnden Ärzten vertraut.

Tipps für Ihre Reiseapotheke

- Versorgen Sie sich reichlich mit Medikamenten, die Sie regelmäßig einnehmen müssen. So sollten sich Diabetiker überreichlich mit Medikamenten, Spritz- und Testutensilien eindecken. Sinnvoll ist eine BE- und Kalorientabelle mit Angaben zu exotischen Lebensmitteln.
- Berücksichtigen Sie Ihre eigenen Vorerkrankungen und Schwächen. Unter den belastenden Reisebedingungen könnten Beschwerden wieder auftreten oder verstärkt werden, die Sie sonst ohne Medikamente im Griff haben, z.B. Kreislaufprobleme bei großer Hitze.
- Allergie-Notfallset entweder doppelt in verschiedenen Taschen mitnehmen oder ein weiteres Set zu Hause als Reserve zum Nachschicken deponieren.
- Packen Sie kleine Medikamentenmengen für unterschiedliche Notfälle ein. Meist muss ja nur die Zeit überbrückt werden, bis Sie einen Arzt erreichen. Dieser Zeitraum hängt natürlich von Ihren Reisebedingungen ab. Das verbrauchte Material ersetzen Sie dann in der nächsten Stadt.
- Ein Fieberthermometer gehört immer in die Reiseapotheke, ebenso ein fiebersenkendes Mittel. Digitale Fieberthermometer halten Erschütterungen und eventuelle hohe Temperaturen beim Transport besser aus als Quecksilberthermometer.

Die Reiseautorin Elena Erat ist seit vielen Jahren auf abenteuerlichen Touren unterwegs und Mitglied der dzg. Nach ihrer Fahrrad-Weltreise baut sie jetzt mit Hilfe der Einheimischen und finanziert durch Spendengelder aus Deutschland eine Dorfschule in Nordindien – ein Projekt der Hilfe zur Selbsthilfe! Info ✆ 0761/57892, www.elena-erat.de.

Tipp: Um die Reiseapotheke möglichst klein zu halten, lasse ich die Pappschachteln zu Hause und umwickle Tablettenstreifen oder Fläschchen direkt mit dem Beipackzettel, auf dem ich das Verfallsdatum notiere.

Mehr Informationen

www.herzstiftung.de, Deutsche Herzstiftung, ✆ 069/955128-0.
www.diabetes-world.net, Diabetiker-Reisehilfe.
www.daab.de, Infos für Allergiker und Asthmatiker.
www.tropenreisende.ch
www.reiseapotheke.de.

Reiseapotheke

Verbandsmaterial

Wichtiges Verbandsmaterial	Ergänzend
elastische Binde, 8 cm breit	Augenklappe
Leukoplast und Pflaster	Desinfektionsmittel, z.B. Sagrotan
Mullbinden, 10 cm breit	Einmal-Handschuhe
Schmetterlingspflaster f. Platzwunden	Fieberthermometer (mit frischer Batterie)
Sicherheitsnadeln	Prothesenklebstoff
Splitterpinzette und Schere	Rettungsfolie
	provisorische Zahnfüllpaste, z.B. das Erste-Hilfe-Zahn-Set Dentanurse von Certisil

Medikamente

Behandeln von …	Handelsname (= Wirkstoff)
… Infektionen, innerlich:	
Atemwegsinfekte	Amoxycylin oder Cefuroxime (= Zinnat)
schwere Durchfälle	Ciproxin, Tarivid (= Ofloxacin) oder Zoroxin; alternativ bei Kindern ein Sulfamid wie Bactrim oder Cotrimoxazol
Mandelentzündung	Baycillin Mega (= Propicillin-Kalium)
… Fieber, Schmerzen, Muskeln:	
Fieber, Erkältung, Kopfschmerzen	Aspirin (= Acetylsalicylsäure, ASS)
Koliken	Buscopan (= N-Butylscopolaminbromid)
Kreislaufmittel	Effortil (= Etilefrin), Korodin (= Campher)
Kopfschmerzen	Paracetamol, ASS oder Ibuprofen

Herstellen der ORS-Salzmischung

Lösen Sie in:

1 Liter (= 1 kg, Milchflasche voll)	abgekochtem Wasser
20 g (5 gestrichene Teelöffel)	Zucker, möglichst Traubenzucker (= Glucose)
3,5 g (1 gestrichener Teelöffel)	Kochsalz (Natriumchlorid)
2,5 g (3/4 gestrichener Teelöffel)	Natriumhydrogencarbonat (= Natron, in Backpulver)
1 Orange oder Zitrone/2 Bananen	Saft (Kaliumchlorid)

Die »Oral Rehydration Solution« oder »suero para la rehidratation oral« dient dem Flüssigkeitsersatz bei Durchfall und hält sich gekühlt etwa einen Tag.

Hinweis: Die Behandlung von Schwangeren und Kindern muss oft nach anderen Regeln und anderen Medikamenten erfolgen.

... Durchfälle, Verstopfung, Erbrechen:

Durchfälle bei Amöbenbefall	Clont oder Flagyl (= Metronidazol) oder Simplotan (= Tinidazol)
Durchfälle, allgemein	Imodium (= Loperamid), alternativ Perenterol (= Trockenhefe)
Erbrechen, Übelkeit	Paspertin (= Metoclopramid) oder Torecan (= Thiethylperazindimaleat)
Magengeschwür, Gastritis	Maaloxan (= Aluminium-, Magnesium-hydroxid) oder Solugastril
Salzverlust bei Durchfall und Erbrechen	Elotrans (= ORS-Salzmischung)
Verstopfung ohne Fieber	Pursennid (= Senna)

... Augen, Ohren, Nase, Hals:

Entzündungen des Auges, auch für Ohren- und Hautentzündungen	Aureomycin (= Chlorotetracylin) oder Nebacetin (= Neomycinsulfat)
Husten bei Erwachsenen	Mixt. Solvens compr. oder Paracodin (= Dihydrocodeinhydrogentartrat)
Husten bei Kindern	Atosil (= Promethazin-HCl)
Nasenschleimhautschwellung	Otriven (= Xylometazolin-HCl)

... Allergie, Haut, Äußerliches:

Allergie, Jucken, Heuschnupfen	Antihistaminikum Loratidin
entzündete Ekzeme	Decoderm Trivalent (= Fluprednyliden, Gentamycin, Chlorohydroxychinolin)
gegen Läuse und Krätze	Jacutin (= Lindan)
gegen Mückenstiche; Juckreiz	Soventol (= Bamipin)
Hautallergien, Ekzeme, Verbrennung	Avil (= Pheniraminhydrogenmaleat)
Pilzbefall	Canesten (= Clotrimazol)
Wunddesinfektion	Betaisodona (= Polyvidon-Iod)

Individuelle Ergänzung:

Malaria (für Total-Restistenzgebiete und als Notfallmedikament)	Lariam Malarone
bestehende Dauermedikation	Rücksprache mit dem Arzt
Beruhigung, Entspannung	Rücksprache mit dem Arzt
Schlaftabletten	Rücksprache mit dem Arzt
Notfallmedikamente für Allergiker, Asthmatiker, Diabetiker ...	Rücksprache mit dem Arzt

- Verhütungsmittel (Pille, Kondome) sind manchmal nicht oder nur in schlechter Qualität zu bekommen – nehmen Sie genügend davon mit.
- Achten Sie darauf, dass sich die Medikamente für die besuchten Klimazonen eignen. Zäpfchen etwa schmelzen bei tropischen Temperaturen. Auch auf ein Schlangenserum gegen Schlangenbisse verzichte ich, da ich die extrem wichtige konstante Aufbewahrungstemperatur nicht gewährleisten kann.
- Besorgen Sie frische Medikamente mit genügend langer Haltbarkeit.
- Stecken Sie unbedingt die Beipackzettel ein. Erstens können Sie vergleichbare Medikamente mit anderem Namen kaufen, wenn Sie die Wirkstoffe kennen und zweitens informiert der Beipackzettel über Kontraindikationen und Nebenwirkungen.
- Eine ärztliche Bescheinigung über benötigte Materialien und Medikamente in Deutsch und mindestens Englisch beugt Problemen an Flughäfen und Grenzen vor. Blaue Stempel können Wunder wirken …
- Die Telefonnummer des Hausarztes für alle Fälle notieren.
- Medikamente sind in vielen Ländern leicht und billiger zu erhalten als bei uns. Achten Sie jedoch aufs Verfallsdatum. Zunehmend sind in manchen Ländern gefälschte Medikamente im Handel, die unwirksam oder schädlich sind. Erkundigen Sie sich nach solchen Erfahrungen.
- Die Reiseapotheke kühl, trocken und dunkel aufbewahren, z.B. mit Aluminiumfolie und Noppenfolie oder in einer Fototasche mit Kühlakku.
- Bei Flugreisen empfiehlt es sich, die Reiseapotheke im Handgepäck mitzuführen für den Fall, dass die Fluggesellschaft das große Gepäck mal versehentlich woanders hin transportiert oder verspätet ausliefert.
- Bei Reisen mit dem Auto sollten die Medikamente griffbereit, doch kühl aufbewahrt werden.
- Über Botschaften und Konsulate erhalten Sie die Anschriften deutsch oder englisch sprechender Ärzte.

Literatur

Rüdiger Nehberg, **Medizin Survival**. Überleben ohne Arzt. Kennen & Können für Abenteurer, Globetrotter, Camper, Tramper. Kabel.

David Werner, **Wo es keinen Arzt gibt**. Reise Know-How.

K.K. Kafle, R. G. Pinniger, **Manual for Primary Health Care in the District**. Institute of Medicine, Tribhuvan University Kathmandu, Nepal.

Elena Erat, **Rad-Abenteuer Welt**, Reiseerzählung, Frederking & Thaler. Blindenschriftausgabe bei: Deutsche Zentralbücherei für Blinde, Leipzig.

Wortwörtlich: Bilharziose ist wie hier in Zimbabwe manchmal noch das kleinere Übel …

IM NOTFALL

In Europa gilt nahezu überall die Notrufnummer 112 für Polizei, Feuerwehr, Rettungsdienst, in den USA und Kanada gilt die 911. Notrufe haben Priorität, werfen andere Nutzer aus dem Netz und werden zur Notrufzentrale weitergeleitet.

www.dfv.org, Deutscher Feuerwehrverband, www.sos112.info.

Das funktioniert auch im Ausland mit einem nicht angemeldeten Handy ohne PIN.

- Wenn kein Missbrauch droht, schalten Sie – falls möglich – die PIN-Abfrage am Handy aus. Im Notfall mag das ganz nützlich sein.

Notrufsäulen werden automatisch geortet, das Handy könnte theoretisch geortet werden, praktisch geschieht das aber nicht.

- Halten Sie die Verbindung aufrecht, da ein Rückruf vielleicht unmöglich ist und beim nächsten Anruf eine andere Notrufzentrale abnehmen kann.

Tipp: Bereits in manchen Regionen der Alpen, Skandinaviens oder in bewaldeten Tälern, erst recht in menschenleeren Gebieten außerhalb der EU ist ein Handy für den Notfall untauglich, denn das Funknetz fehlt. Und dort wo Menschen sind, finden Sie auch ein Telefon.

Für abgelegene Stationen und Expeditionen in einsame Gebiete eignen sich die Satellitensysteme von Inmarsat, www.inmarsat.com, oder Iridium, www.iridium.com, doch sind sie in Anschaffung und Betrieb extem teuer.

- Werden deutsch sprechende **Ärzte,** geeignete Kliniken am Aufenthaltsort, Auskünfte über die Zusammensetzung von Medikamenten und ihre internationale Bezeichnung (INN) oder der Expressversand wichtiger Medikamente benötigt, helfen vielleicht ADAC, Deutsche

Deutsch sprechende Ärzte:

ADAC, ✆ 0800/6683663, www.adac.de

Deutsche Rettungsflugwacht, ✆ 0711/701070, www.drf.de, www.german-air-rescue.de

ARAG, ✆ 089/4124-01 und -02, www.arag.de.

Mehr Informationen

J. Bengel (Hrsg.) **Psychologie in Notfallmedizin und Rettungsdienst**, Springer.

Hannah Lothrop, **Gute Hoffnung – jähes Ende**, Kösel.

Harold Kuschner, **Wenn guten Menschen Böses widerfährt**, Gütersloher Verlagshaus.

Reinhard Tausch, **Hilfen bei Stress und Belastung**, Rowohlt.

Mitchel/Everly, **Stressbearbeitung nach belastenden Ereignissen**, Stumpf & Kossendey.

Rettungsflugwacht, ARAG oder die örtliche Lufthansarepräsentanz. ↗Seite 105 Krankenversicherung.

- Bei **Unfall und Panne** werfen Sie einen Blick in Ihren Autoschutzbrief, verständigen einen Autoclub, (✆ 0800/6683663) und Ihre Kfz-Haftpflichtversicherung, Zentralruf ✆ 0180/25026, www.zentralruf.de).
- Das Auswärtige Amt, www.auswaertiges-amt.de, hat eine zentrale Rufnummer für in **Not geratene Deutsche** in aller Welt eingerichtet. Zwei Diplomaten sind durchgehend zu erreichen: ✆ 0049/3050002000.
- In Deutschland gilt seit dem 1.Juli 2005 eine einheitliche **Notrufnummer** +49/116116 zum **Sperren von Medien** wie zum Beispiel Kredit- und EC-Karten, Handys, digitale Signaturen, Krankenkassenkarten, Mitarbeiter-Ausweise, Kundenkarten oder sensible Online-Berechtigungen des Internets. Dort wird der Anrufer kostenlos an die richtigen Adressaten weitergeleitet. www.sperr-notruf.de, www.sperr-ev.de.
- Der ADAC, www.adac.de, bietet den kostenlosen **Reiseruf** an, ✆ 01805/101112, technischer Notruf ✆ 089/222222, medizinische Probleme ✆ 089/767676. Die Reiseruf-Zentrale prüft die Meldung bei Polizei, Arzt, Krankenhaus ... Mehr als 60 Rundfunksender beteiligen sich in Europa; die Deutsche Welle, www.deutsche-welle.de, strahlt den Reiseruf weltweit aus. Begründen Sie Ihren Reiseruf:

- Welcher Grund? (Tod, Krankheit, Organspende ...)
- Wer kann das bestätigen? (Arzt, Beerdigungsinstitut, Krankenhaus, andere)
- Wo sollen die Gesuchten anrufen? (Name, Telefon)

Nach Vermissten im Ausland suchen

- Beschreiben Sie die gesuchte Person und besorgen Sie sich ein Foto.
- Wann war die gesuchte Person an welchem Ort? Beschreiben Sie die geplante Reiseroute mit zugehörigem Zeitablauf, beispielsweise anhand von Briefen oder Telefonaten: Ermitteln Sie Kontaktadressen und benutzte Reiseunternehmen sowie Fluggesellschaften.

Auch über Kontobewegungen und Scheckdaten, über Banken und Kreditkartengesellschaften lässt sich die Reiseroute rekonstruieren.

- Spätestens wenn der Pass abläuft, muss bei einer Auslandsvertretung des Herkunftslandes der Pass verlängert werden. Ein neuer Pass wird nur über die Passbehörde im Heimatland ausgestellt, also das Ordnungsamt am letzten Wohnort.
- Verständigen Sie die Auslandsvertretung in dem Land, in dem die Verbindung abgerissen ist.
- Wenn ein Ausländer im Krankenhaus liegt, inhaftiert wurde oder gestorben ist, informieren die Behörden eines Landes in der Regel die zuständige Auslandsvertretung. Die benachrichtigt dann über die Polizei im Heimatland die Angehörigen. Erfolgt keine Meldung, liegen diese drei Notfälle eher nicht vor.
- Bürger mit Wohnsitz im Ausland sind nicht verpflichtet, sich bei ihrer Auslandsvertretung zu melden. Manche Staaten verlangen jedoch eine Einschreibebescheinigung der Auslandsvertretung, bevor sie eine Arbeits- oder Aufenthaltserlaubnis erteilen.
- Möglicherweise kennt die Auslandsvertretung die gesuchte Person, doch will diese nicht gefunden werden und verweigert den Kontakt. Sie könnten dann vielleicht einen Brief weiterleiten lassen.

www.besseler.de, Survival-Kurse mit Dennis Besseler (dzg).

MIT DEM ROLLSTUHL MOBIL

Von Hermann Harbisch

Hermann Harbisch ist Mitglied der dzg. Seit Jahrzehnten reist er mit Kanu und Kajak in vielen Gebieten der Erde, besonders in Kanada und Alaska.

Am wichtigsten scheint mir: Lass dir nicht von anderen sagen, was du kannst oder nicht. Hätte ich den vielen »Experten« immer geglaubt, säße ich heute im Rollstuhl brav zu Hause, wahrscheinlich aber in einer behindertengerechten Einrichtung. Überleg sorgfältig selbst, was du dir zumuten kannst, fang mit kleinen und überschaubaren Reisen an – und lerne.

Art, Schwere und Anzahl der Behinderungen sind bei den Menschen verschieden wie auch ihr Erfahrungs- und Trainingsstand. Genau danach richten sich aber die Möglichkeiten und Fähigkeiten des Reisens, be-

Literatur

Handicapped-Kurier. Das Magazin für Rollstuhlfahrer und Behinderte. Die Zeitschrift erscheint sechsmal jährlich im FMG-Verlag, www.fmg-verlag.de.

Informationen für behinderte Fluggäste. Arbeitsgemeinschaft Deutscher Verkehrsflughäfen, Berlin, ✆ 030/310118-0, www.adv-net.org.

Reiseinformationen für Reisende mit eingeschränkter Mobilität. Fraport AG, Barrierefreie Fluggastanlagen, Frankfurt am Main, ✆ 069/690-70555.

✹ **Tipp:** In Nordamerika sind Automieten deutlich billiger als bei uns. Zudem fallen dort für Fahrzeuge mit Sondereinrichtungen für Behinderte im Allgemeinen keine höheren Kosten an – eine gute Gelegenheit, die Reise selbst zu organisieren.

sonders des selbst organisierten Reisens, sei es allein oder in einer Gruppe. Daher bleiben die folgenden Tipps sehr allgemein; ich verweise auf die Anschriften der vielen Selbsthilfegruppen und öffentlichen Institutionen. Dort kennt man auch die Anschriften von Touristikunternehmen, die sich auf Reiseangebote für Behinderte spezialisiert haben, sowie von Behindertenorganisationen im Ausland. Außerdem gibt es eine Reihe meist fremdsprachiger Bücher über Reisen und Outdooraktivitäten von Behinderten.

Europäische Behindertenverbände haben schon vor Jahren die EU-Verkehrskommission aufgefordert, neue international gültige Gesetze gegen die Diskriminierung von Behinderten in Flugzeugen und anderen Transportmitteln zu schaffen. »In vielen Ländern«, klagt Bert Massie von der britischen *Royal Association for Disability and Rehabilitation,* »sind für diese Menschen unüberwindbare Hürden aufgebaut.« Beim **Planen** der Reise müssen besonders die in Frage kommenden Reiseunternehmen (Fluggesellschaften, Eisenbahn- und Busunternehmen, Hotels etc.) rechtzeitig vorher über ihre behindertengerechten Angebote und Einrichtungen befragt werden. In einem Reiseführer können Hinweise zu behindertengerechten Einrichtungen nur sehr allgemein gegeben werden, wenn überhaupt daran gedacht wurde.

Reisen ist für viele Behinderte, besonders Schwerbehinderte, teurer als für Nichtbehinderte. So ist beispielsweise ein **Mietwagen** in fast allen Ländern, außer in Nordamerika, teurer. Gleichwohl bieten viele Autoverleiher insbesondere in Nordamerika und Europa Fahrzeuge mit Sondereinrichtungen für Behinderte an. Die Reservierung solcher Fahrzeuge muss so früh wie möglich abgeklärt werden. Dabei ist oft eine ziemliche Portion Hartnäckigkeit vonnöten, wenn zum Beispiel bei der deutschen Vertretung einer international operierenden Verleihfirma die Anmietung eines Fahrzeuges in einem anderen Land vereinbart werden soll, erst recht bei Reisebüros.

Wer als Behinderter einen Pkw fahren kann, kann im Regelfall auch ein **Campmobil** führen – soweit er dort gut ein- und aussteigen kann. Behindertengerecht eingerichtete Campmobile werden in Nordamerika vermietet. Adressen können über die dortigen Behindertenverbände erfragt werden. Mit solchen Gefährten ist es Behinderten möglich, auf Campingplätzen und ähnlichen Einrichtungen vergleichsweise günstig zu übernachten.

Die **Hotels** der großen internationalen Hotelketten sind in der Regel auf gehbehinderte Gäste eingestellt. Allerdings sind sie meist deutlich teurer als andere Unterkünfte wie Bed and Breakfast oder ähnliche Formen privater kleiner Unterkünfte. Soweit in einem Land ein ausgebautes Netz von **Jugendherbergen** vorhanden ist, kann beim Deutschen Jugendherbergswerk eine Broschüre mit Informationen darüber erstanden werden; dort ist auch gekennzeichnet, wenn eine Jugendherberge behinderte Gäste aufnehmen kann. Auch hier gilt: Soweit wie möglich alles vorher regeln!

Mehr Information

Bundesarbeitsgemeinschaft Hilfe für Behinderte, Düsseldorf, ✆ 0211/31006-0, www.bagh.de.

Bundesarbeitsgemeinschaft der Clubs der Behinderten und ihrer Freunde, BAG cbf, Mainz, ✆ 06131/225514, www.cebeef.de. Die BAG verschickt Listen von Reiseveranstaltern und deren Kataloge, von Reiseführern, Broschüren und individuell zusammengestellte Adressen für ein gewünschtes Urlaubsziel – bitte Rückporto beilegen.

Deutscher Behinderten-Sportverband e.V., Duisburg, ✆ 0203/7780-153, www.dbs-npc.de.

Bundesverband Selbsthilfe Körperbehinderter e.V. BSK, Krautheim, ✆ 06294/68303, www.bsk-ev.de.

Mobility International Schweiz, CH-4600 Olten, ✆ 0041/623068835, www.mis-ch.ch. Mit Reise-Datenbank für Behinderte www.mis-infothek.ch.

DB Service für mobilitätseingeschränkte Reisende, Deutsche Bahn AG, ✆ 01805/512512, www.bahn.de.

Literatur

Yvo Escales, **Handicapped Reisen**. Bd.1: Deutschland, Bd.2: Ausland. Verlag FMG, Meerbusch, ✆ 02159/815622, www.rollireisen.de.

Mike Cotton, **Outdoor Adventure for handicapped People**, Condor Books, London 1983.

Water Sports for the Disabled, British Sports Association, E. P. Publishing Co. Wakefield 1983.

Webre, Zeller, **Canoeing and Kayaking for Persons with physical Disabilities**, American Canoe Association, Newington 1990.

Geoff Smedley, **Canoeing Expeditions for People with Disabilities**, British Canoe Union BCU, Nottingham, 1997.

PEEL IT, COOK IT, OR FORGET IT

... diese Traveller-Weisheit lässt manchen fragen, was er denn dann überhaupt noch zu sich nehmen kann. Fast alles!

Wasser und Getränke

Keimfreies Wasser ist das wichtigste aller Lebensmittel. Chlorhaltige Wasserentkeimungsmittel wirken schnell und gründlich, konservieren Trinkwasservorräte jedoch nicht dauerhaft. Silbersalzhaltige Mittel (z.B. Micropur) halten Wasservorräte in Kanistern bis zu sechs Monate keimfrei. Beide Methoden eignen sich nur für klares Wasser. Tabletten eignen sich für 1- oder 5-l-Wasserflaschen, für größere Wasservorräte gibt es Pulver. Mehr Infos bei den Globetrotterausrüstern, ↗ Seite 170, und den Herstellern www.katadyn.de, www.certisil.de. Eine **Filterpatrone** hält die Schwebstoffe in trübem Wasser zurück. Tropffilter sind billig, Filterpumpen sind teuer, halten aber lange und filtern einige 10.000 Liter.

Eine **Wasserflasche** (> 1 l) ist für kurze Touren unverzichtbar, in Reich- und Griffweite hängt sie am Gürtel oder am Rucksack, sollte also Befestigungsmöglichkeiten haben. Einfache Aluminiumflaschen werden durch Getränke wie Fruchtsäfte und Wein angegriffen und sind gesundheitsschädlich, auch Wasser verändert darin seinen Geschmack. Eloxiertes Aluminium ist widerstandsfähiger. Edelstahl ist besser, aber schwerer. Angenehm ist eine isolierende Hülle. Faltbare Flaschen aus Kunststoff brechen an den Knickstellen.

Für Touren von einem Tag oder mehr in wasserlosem Gelände ist zusätzlich ein **Wassersack** (5 – 10 l) empfehlenswert. Er wiegt 100 g, fasst bis zu 10 l und passt leer in eine Hand. Der Wassersack sollte zwei Schlaufen haben: oben, weil zur Wasserentnahme das Ventil unten hängt, und unten, weil das Ventil manchmal undicht ist. In der Sonne aufgehängt, wird ein schwarzer Beutel schnell warm und dient als Dusche; manche Hersteller bieten ihn mit Duschkopf an. Noch

✹ **Tipp:** Widerstandsfähig, billig, leicht (50 g) und geschmacksneutral sind 1,5-l-PET-Getränkeflaschen aus dem Getränkehandel.

✹ **Tipp:** Insbesondere zucker- oder proteinhaltige Getränke können schimmeln und gehören nicht in schwer zu reinigende Wasserflaschen, sondern besser in Thermoskannen aus Edelstahl.

längere Touren durch wasserloses Gelände erfordern Kanister, also auch ein Transportmittel, mindestens ein Fahrrad.

Hausarbeit: Junger buddhistischer Mönch beim Abwasch

Getränke und Zusätze

- Isotonische Getränke, Mineral- und Sportdrinks enthalten viel Zucker. Diese Ausgabe können Sie sich sparen. Wasser, etwas Schokolade sowie eine Tomate mit Salz bieten den gleichen Effekt billiger und leckerer.
- Salztabletten sind meist unnötig, da die Nahrung den Mineralstoffbedarf des Körpers deckt.
- Geschmacksverbesserer: Tee, Getränkepulver oder Brausetabletten.
- In islamischen Staaten ist es verboten, Alkoholika einzuführen.

Selbstversorgung

Überall gibt es Lebensmittel, Märkte, Restaurants. Ob Sie satt werden, ist eine Frage der Flexibilität, der Belastbarkeit des Magen-Darm-Traktes und Ihrer Bereitschaft, Ihre Vorstellungen über das Essen der Realität anzupassen. Nur äußerst selten werden Sie in Gegenden kommen, in denen es an jeder Art von Nahrung mangelt.

Für solche Fälle und bei längeren Wander- oder Kanutouren in der Wildnis ist es ratsam, haltbare Lebensmittel mitzunehmen. Täglich sind etwa 500 g **Trockennahrung** nötig. Sie soll leicht sein und nahrhaft,

✸ **Tipp:** Ein Tauchsieder kann nützlich und Geld sparend sein, wenn überwiegend in Hotels oder Pensionen übernachtet wird und die Lebenshaltungskosten des Reiselandes hoch sind. Vorausgesetzt, der Stecker passt.

✸ **Tipp:** Kurze Garzeiten sparen Brennstoff und Zeit. Besonders schnell geht Couscous.

schmackhaft und abwechslungsreich. Drei Prinzipien sollte man beachten:

- Grundnahrungsmittel ermöglichen vielfältigere Mahlzeiten als Fertigmenüs, die Vorbereitung fördert Kommunikation und Fantasie beim Zusammenstellen.
- Getrocknete Nahrungsmittel sind nahrhafter und länger haltbar. Nur Zutaten wie Sahne, Tomatenmark, Käse, Wurst gibt es nicht (völlig) getrocknet.
- Leichte und wiederverwendbare Verpackungen wie etwa Plastikbehälter mit Schraubverschluss ersetzen Gläser und Dosen, falls die Haltbarkeit nicht beeinträchtigt ist.

Fertigmenüs beim Ausrüster zu kaufen ist einfach, teuer und führt zu Bergen nutzloser Alubeutel. Schöner ist es, mit folgenden Lebensmitteln kreative Mahlzeiten zu zaubern:

Kalte Mahlzeiten setzen sich zusammen aus Knäckebrot, Zwieback, Vollkornbrot oder Pumpernickel in Dosen mit Salami, Schinken, Pemmikan, Trockenkäse wie Parmesan oder Camembert in der Blechdose. Dazu gibt es Müsli/-riegel, Haferflocken, Honig, Zucker, Trockenfrüchte, Marmelade, Rosinen, Studentenfutter, Nüsse, Schokolade. Getränke mit hohem Nährwert sind Ovomaltine oder Kakao, Vollmilchpulver, ergänzt durch Zitronentee, Kaffee, Tee.

Warme Mahlzeiten können Sie zusätzlich variieren mit Reis, Hirse, Couscous, Tortellini, Nudeln, Knödeln, Kartoffeln, Mehl, Trockengemüse, Pilzen, getrocknetem Rinderhack, Volleipulver. Soßen und Suppen lassen sich vielfältig damit kombinieren, geeignet sind Tomatenmark, Brühwürfel, H-Sahne, Pflanzenöl, Speck. Abgeschmeckt wird mit Salz, Cayennepfeffer, Curry, Thymian, Zwiebeln, Knoblauch. Nachtisch lässt sich aus Puddingpulver herstellen.

Die Hardware

Bestecksets sind überflüssig, Klappbestecke eine Spielerei. Ein kräftiges Messer für viele Gelegenheiten hilft auch beim Essen. Den Stiel von Gabel und Löffel mit der Eisensäge Gewicht sparend kürzen, Schnittkanten glatt schmirgeln. (Manche Traveller kürzen sogar ihre Zahnbürste ...)

Messer: Fahrtenmesser oder Dolche führen zu Scherereien an Flughäfen, Grenzen oder mit Polizisten. Das Messer am Gürtel ist praktisch, weckt aber wenig Vertrauen. Ein stabiles Klappmesser ist besser. Es ersetzt sowohl das normale Tischmesser als auch einen Dosenöffner und muss auch schon Mal einen Ast abschneiden können. Ein kleines Taschenmesser mit besonders scharfer Klinge kann zusätzlich sinnvoll sein (z.B. das kleinste Victorinox), nicht aber die Vielzahl unbrauchbarer Zusatzinstrumente. Wer Werkzeug für nötig hält, fährt besser mit dem Leatherman. Wer keine Probleme mit dem Zoll hat, sucht sich für härtere Einsätze ein Messer aus 440 B Stahl mit einer Klinge zwischen 13 und 17 cm Länge. Ein Messer mit Hohlschliff schneidet gut und lässt sich gut schärfen, ist aber weniger geeignet zum Hauen.

Geschirr: Tassen dienen zum Anrühren, Einweichen, Schöpfen aus flachen Quellen. Edelstahlbecher sind haltbarer und geschmacksneutraler als Kunststoff- oder Alubecher. Aluminiumtöpfe sind leicht und billig, doch ist Aluminium in der Nahrung ungesund und an

Kleine Helfer

Für die Mahlzeit unterwegs sind oft hilfreich:

- ❑ Blechtasse, Blechteller
- ❑ Löffel
- ❑ stabiles Klappmesser
- ❑ Plastikschraubdosen
- ❑ feste Beutel und Kabelbinder zum Verpacken von Lebensmitteln
- ▶ Für den täglichen Kaffee oder eine Brühe genügt ein Topf sowie Spiritus- oder Gaskocher.
- ▶ Ab drei Personen ist ein zweiter Topf nötig, eine Blechpfanne kann als Teller genutzt werden.

Literatur

Christoph Wagner, Peter Frese, **Garküchen – Vom Essen auf der Straße zwischen Peking und Hongkong**, Hugendubel.

Rainer Höh, **Wildnisküche**, Reise Know-How.

Ingrid und Annette Früchtel, **Natürliche Vorratshaltung in der Vollwertküche**. Anleitungen zum Trocknen von Kartoffeln, Pilzen und Gemüse. Gräfe & Unzer.

Voyage. Jahrbuch für Reise- und Tourismusforschung. Themenband »Reisen und Essen«, DuMont.

✷ **Tipp:** Kennen Sie Erbswurst? Seit 1889 ist dieses haltbare und in Wurstform komprimierte Produkt im Handel. Mit viel Wasser und kurzem Kochen ergibt eine Wurst etwa sechs Teller Erbsensuppe.

✹ **Tipp:** Unzählige Hinweise zu Selbstversorgung, Gesundheit, Hygiene und Notfällen stehen im Selbstreise-Handbuch, Band 2 für unterwegs, Peter Meyer Verlag.

Metall kann man sich die Lippen verbrennen. Edelstahltöpfe sind etwas schwerer, teurer, brennen aber im Lagerfeuer nicht so schnell durch. In Kombitöpfen aus Edelstahl und Aluminium brennt das Essen nicht so leicht an. Leichter und erheblich teurer sind Titantöpfe. Eine stiellose Pfanne mit hohem Rand kann als Energie sparender Deckel für Töpfe dienen, als Teller, als Schneideunterlage. Eine Griffzange ist unentbehrlich.

Wählen Sie einen **Kocher,** für den Brennstoff unterwegs erhältlich ist, denn Brennstoffe sind im Fluggepäck verboten. Für Rucksackreisen und für häufigen Kochereinsatz sind Benzin- oder Dieselkocher wegen ihres hohen Heizwertes sinnvoll. ↗ Seite 165, Kocher.

Spülmittel und -schwamm dienen der Hygiene. Zetesol, ein Seifenkonzentrat, ist äußerst ergiebig und erhältlich bei Spinnrad, www.spinnrad.de. Schwämme dienen eher der Bakterienzucht, besonders wenn sie feucht eingepackt werden. Sinnvoller Ersatz ist grobe Stahlwolle oder ein Drahtschwamm (Spirinett von Spontex).

Dosenöffner sind meist überflüssig, weil Konserven, also wasserhaltige und schwere Nahrung, nicht in den Rucksack gehört. Verirrt sich doch mal eine Dose dorthin, lässt sie sich mit dem Messer öffnen.

UNTERKUNFT & AUSRÜSTUNG

WIE MAN SICH BETTET

Neben Essen und Trinken entscheiden eine Handvoll Dinge über das Wohlbefinden: Eine erholsame Nacht, eine wettergerechte Kleidung, gute Schuhe und möglichst wenig Gepäck auf dem Buckel. Das Klima und Ihr Reisestil bestimmen weithin Umfang und Qualität Ihrer Ausrüstung.

Die Unterkunft vor Reiseantritt zu buchen, ist selten angebracht. Die meisten Globetrotter suchen sich wohl spätestens alle paar Tage eine neue Unterkunft, viele übernachten im Zelt. Die wechselnden und oft unvorhersehbaren Übernachtungsbedingungen sollten Sie durch geeignete Ausrüstung optimieren:

Tipp: Alle Tipps rund um Übernachtung, Unterkunftswahl und Sicherheit im Hotel stehen im Selbstreise-Handbuch, Band 2 für unterwegs. www.PeterMeyerVerlag.de oder www.globetrotter.org.

Im Freien übernachten

Fast immer ist eine 2 x 2 Meter große, reißfeste **Plane** sinnvoll. Untergelegt schützt sie vor Bodenfeuchte und Schmutz und hält vielleicht auch manches Krabbeltier fern. Übergeschlagen schützt sie morgens vor Tau und bietet einen provisorischen Wind- und Regenschutz.

Isomatten halten Bodenkälte ab und erhöhen den Schlafkomfort. Geschlossenzellige Matten nehmen kein Wasser auf.

Tipp: Bei Wintertouren keine aufblasbaren Matten verwenden, da durch die Atemluft Feuchtigkeit hineingelangt und gefriert.

In subtropischen Ländern genügt meist ein leichter **Leinenschlafsack,** der in weniger gepflegten Unterkünften krabbelnden Mitbewohnern etwas Widerstand bietet.

In tropischen Ländern gibt es mehr kalte als warme Nächte, da ist ein leichter **Schlafsack** besser geeignet.

Ein **Biwaksack** hilft gegen Wind, Tau, Regen und Schnee.

Eine **Hängematte** mag sympathisch sein, doch fehlen oft die zwei stabilen Aufhängepunkte. Sinnvoll ist sie bei Deckpassagen, bei feuchtem Untergrund, bei Furcht vor Kriechtieren. Es kann jedoch recht kühl darin werden. Vor Regen schützt eine drüber gespannte Plane.

Ein **Zelt** schützt vor Wind, und damit vor Kälte, vor Regen und Schnee, vor Tieren, Kleintieren (Moskitos, Fliegen, Spinnen, Skorpione, Schlangen) und gibt ein

Drei Sterne für »naturnah«: Biwakplatz in den Tiroler Bergen

✸ **Tipp:** Den größten Innenraum bei geringstem Gewicht bieten Kuppel- und Tunnelzelte.

Stück Intimsphäre. Aber vielleicht benötigen Sie diesen umfassenden Schutz nicht und können etwa 3 kg sparen. Außenzelt und Gestänge allein bieten einen Regen- und Sonnenschutz. Ein Überzelt ist atmungsaktiver und damit trockener. In der Apsis können Sie Ausrüstung trocken aufbewahren oder improvisiert kochen. Gestänge aus Easton-Alloy ist sehr bruchsicher, Glasfiberstangen sind minderwertiger. Das A und O sind die Nähte, doch zeigt sich deren Qualität erst im praktischen Einsatz. Bei Langzeitreisen zeigt sich die Qualität der Reißverschlüsse.

Komfort für die Nacht

Lärmschutz: Die Schnarcher nebenan, summende Moskitos, die Glocken der Rinder- oder Ziegenherden, laut kommunizierende Esel, die Nacht durchzechende Mitmenschen und Musik – dagegen wurden Ohrenstopfen erfunden. Eine Sorte besteht aus wachsgetränkter Watte, die zwischen Fingern gerollt, etwas erweicht, verformt und in die äußeren Gehörgänge gestopft wird (z.B. Oropax aus der Apotheke). So was lässt sich notfalls unterwegs selbst herstellen. Besser sind Ohrstöpsel aus schaumigem Kunststoff, der erst zusammengedrückt wird und sich langsam ausdehnend der Ohrform anpasst (z.B. von Hansaplast aus der Drogerie). Die Dinger sind leicht zu verlieren, daher mehrere in einem kleinen Schraubbehälter mitnehmen.

✸ **Tipp:** Eine Augenmaske hilft manchem gegen zu viel Licht.

Licht: In der Wildnis und im Hotel sind Stirnlampen vorteilhaft: das Licht fällt immer dahin, wo Sie gerade hinschauen, die Hände sind frei, egal, was Sie gerade machen. LED-Lampen halten mit einer Batterie Monate, der höhere Preis rentiert sich schnell. (Tee-)Kerzen sind nur an windstillen Orten einsetzbar und im Zelt gefährlich. Eine 100-Watt-Glühbirne macht manches Zimmer heller.

Sicherheit: Manchmal mag es angebracht sein, das Zimmer nachts zu sichern, etwa einen Keil unter die Tür zu stecken oder diese mit Einsteck- oder Vorhängeschloss zusätzlich zu verschließen, ein Glöckchen an den Rucksack zu hängen ...

Wecker: Häufig liegen Abfahrtszeiten in den frühen Morgenstunden. Nützlich ist dann eine billige Armbanduhr mit Weckfunktion. Nehmen Sie ruhig mehrere mit, als Ersatz und als Geschenk. Funkuhren funktionieren meist nur im europäischen Raum. Noch besser ist ein funktionierendes Zeitgefühl. Das können Sie zu Hause trainieren.

✷ **Tipp:** In **Hotels** wählen Sie lieber das billigste Zimmer in der teuersten Kategorie als umgekehrt. **Herbergen** kosten oft das gleiche wie einfache Hotels. In **Pensionen** werden selten Mahlzeiten angeboten. **Apartments** sind am besten für Familien und längere Aufenthalte bei Selbstversorgung geeignet. Am wichtigsten ist also die Frage, wie weit es zum nächsten Laden und zum Busstop ist.

Mückenabwehr ist Malariaschutz

Moskitonetze schützen vor Malaria. Da Mücken besonders in der Dämmerung aktiv werden, verzieht man sich am besten unters Netz. Baldachinnetze sind leicht und benötigen nur einen Aufhängepunkt über dem Bett, bieten aber wenig Innenraum. Die Luftzirkulation ist gering, das Netz kann den Körper berühren, sodass Moskitos durchstechen können. Kastennetze sind schwerer und benötigen vier Aufhängepunkte. Für Wanderungen in Moskitogebieten gibt es einen Kopfschutz aus Moskitonetz. Je feinmaschiger ein Netz ist, umso besser schützt es, ist aber auch schwerer. In den Tropen genügen 1,2 x 1,2 mm Maschenweite (180 – 200 mesh/sqare inch), gegen die kleineren Mücken nördlicher Gebiete sollten es 0,6 x 0,6 mm sein. Kunststoffnetze sind leichter und feuchtigkeitsunempfindlicher als Baumwollnetze, Netze aus Polyester sind feinmaschiger und haltbarer als aus Polyethylen.

✷ **Tipp:** Die Einnahme von 250 mg Vitamin B1 täglich schützt über längere Zeiträume, jedoch nicht in den ersten Tagen und nur, wenn man schwitzt.

Im **Freien** schützen Sie sich mit hautbedeckender, heller Kleidung. Nachts die Nähe von stehendem Süßwasser meiden!

✷ **Tipp:** Testen Sie am Unterarm, ob Ihre Haut auf chemische Wirkstoffe allergisch reagiert.

Als **chemischer Wirkstoff** hilft sehr gut Diethyltoluamid, z.B. enthalten in Autan. Es soll nicht über einen längeren Zeitraum, in dichten Abständen oder hohen Konzentrationen angewandt werden. Bei Kindern nicht die Hände und das Gesicht, möglichst nur die Kleidung besprühen. Nicht in der Nähe von Wunden und Schleimhäuten auftragen! Diethyltoluamid löst Kunststoffe an, Vorsicht bei Uhren, Brillen und Kontaktlinsen! Manchen hat Zedan, Zitronen- oder Nelkenöl aus der Apotheke geholfen. Räucherkerzen gegen Moskitos vertreiben auch geruchsempfindliche Menschen. Insektensprays oder verdampfende Insektenschutzmittel, auch solche mit Pyrethroiden, können langfristig der Gesundheit schaden. Versuchen Sie auch Mittel aus dem regionalen Angebot. Nur wenige glauben an batteriebetriebene Summer, deren Ton am Rande des menschlichen Hörbereiches die Mücken in die Flucht schlagen soll, manchem vertreibt es aber nur den Schlaf.

Mücken fliegen nicht vom Warmen ins Kalte. Räume mit Aircondition sind daher fast sicher mückenfrei.

Mehr Information

Deutsches Jugendherbergswerk, Detmold, ✆ 05231/7401-0, www.djh.de. Internationales Herbergsverzeichnis und DJH-Ausweis.

Servas Germany, 69216 Dossenheim, ✆ 0700-ServasDe (0700/73782733). www.servas.de. Servas versucht Menschen unterschiedlicher Herkunft und Weltanschauung in deren Heim zusammenzubringen, damit sie einander kennen lernen. Etwa zwei Monate vor Ihrer Reise Kontakt aufnehmen.

Wer **Esperanto** spricht, trifft auf ein weltweites Netz von Esperantisten, ↗ Seite 254.

Homelink, Oberhaid, ✆ 09503/5030-37, www.homelink.de. 17.000 Mitglieder aus mehr als 50 Ländern bieten Wohnungstausch an.

Intervac-Deutschland, Bad Liebenzell, ✆ 07052/9324-06. www.intervac-online.com. 8000 Mitglieder aus fast 50 Ländern der Erde.

www.swapeo.com und www.homeexchange.com – reine Internetbörsen ohne Kataloge.

www.luxres.com bietet »Last-Minute-Zimmer« der »Leading Hotels of the World«.

www.hrs.de. Der bekannteste Hotel-Reservierungs-Service; oft Last-Minute-Preise.

Zahlreiche **Campingplätze** finden Sie unter: www.ecamp.com.

Eine Campingplatz-Suchmaschine bietet www.adac.de

WAS MAN SO TRÄGT

Als obere Gewichtsgrenze für einen Rucksack gilt etwa ein Viertel des eigenen Körpergewichts. Um dauerhaft mehr zu tragen, müssen Sie gut trainiert sein und benötigen einen komfortablen Rucksack. Da hilft nur reduzieren: »If in doubt, take it out«. Je mehr Sie wissen und können, desto flexibler können Sie reisen und desto weniger Ausrüstung benötigen Sie.

Bewerten Sie jedes Ausrüstungsteil und sortieren Sie:

- **Unverzichtbar** ist alles, um die Grundbedürfnisse Trinken, Essen, Schlafen, Wärme unmittelbar zu erfüllen. In der Natur sind das Materialien, um sich selbst zu versorgen. In der Zivilisation genügen meist Geld und Ausweise, Informationen machen es einfacher.
- **Wichtig** ist alles, was Sie benötigen, um mobil und selbstständig zu bleiben, um Gesundheit und Ausrüstung zu erhalten.
- **Wünschenswert** ist alles, was »nur« der Bequemlichkeit dient.

Verringern Sie das Gewicht des Gepäcks:

- **Weglassen.** Solange Sie öffentliche Verkehrsmittel benutzen und von Ort zu Ort reisen, ist es möglich, mit dem Handgepäck allein auszukommen: Sie können jederzeit (fast) alles kaufen.
- **Reduzieren.** Gläser, Flaschen, Konserven, Lebensmittel, Verpackungen, Papier enthalten immer Ballast. Ersetzen Sie schwere Verpackungen durch Nylonbeutel oder PE-Schraubflaschen. Nehmen Sie verkleinerte Kopien wichtiger Textstellen mit anstelle ganzer Bücher.
- **Verteilen.** Zelt, Kocher, Essgeschirr, Messer, Kamera, Bücher, Zahncreme, Werkzeug und anderes lassen sich zu zweit oder zu dritt nutzen.
- **Ersetzen.** Die schwersten Ausrüstungsgegenstände sind Rucksack, Zelt, Schlafsack, Kocher und Stiefel. Leichtere Alternativen sind meist teuer. Doch bei welcher Neuanschaffung sparen Sie das meiste Gewicht?

✱ **Tipp:** Geübte Globetrotter ohne große Ansprüche tragen maximal 9 kg in die Tropen. Das geht oft als Handgepäck durch!

Rucksack, Koffer ...?

Die **Wahl der Gepäckart** hängt vom Reisestil ab:

- Wanderer brauchen freie Hände, nehmen also einen Rucksack.
- Motorisierte Reisende können sich Koffer leisten, das macht im Hotel einen besseren Eindruck. Ihnen genügt im Reisealltag ein Tagesrucksack.
- Wasserwanderer brauchen flexibles Gepäck, das in wasserdichte Tonnen oder Säcke passt.
- Reisende mit Fahrrad oder Motorrad bringen abnehmbare Spezialtaschen an und ergänzen diese womöglich durch einen kleinen Rucksack.
- Autoreisende sind gut beraten, ihre Ausrüstung in Kisten zu sortieren, z.B. nach Werkzeug/Ausrüstung, Lebensmittel, Getränke, Schuhe ... Billig zu kaufen gibt es Stapelkisten aus Kunststoff. Wenn das Gepäck insekten-, staub- und wassergeschützt sein soll, empfehlen sich verschließbare Alukisten mit Dichtung wie es sie gebraucht bei Armeeausrüstern gibt.

✸ **Tipp:** Je edler das Gepäckstück aussieht, desto mehr (unerwünschte) Freunde findet es.

Doch welche der vielen Varianten ist passend? Treffen Sie die **Feinauswahl**:

- Das Gepäckvolumen bestimmt die Größe des Gepäckstücks, dabei sollte es selbst möglichst leicht sein.
- Mit dem Gewicht des Gepäcks muss der Tragekomfort des Gepäckstücks zunehmen.
- Je länger die Reise, je strapaziöser der Transport, desto solider muss die Verarbeitung sein.

Zuletzt **optimieren** Sie Ihr Gepäckstück:

▶ Das Gepäck sollte für Sie schnell erkennbar sein durch Farbe, Aufkleber, reflektierende Klebestreifen, Eckverzierungen ..., dann finden Sie es schneller auf dem Gepäckband oder dem Dach eines Busses.

▶ Vermeiden Sie unnötige Bänder und Ösen sowie unförmige und überstehende Taschen. Das stößt an, bleibt hängen, geht kaputt.

▶ Beim Verlust durch ein Verkehrsunternehmen (Bus, Bahn, Flieger, Schiff) sollte das Gepäck eindeutig zuzuordnen sein. Bringen Sie Heimatadresse und Reiseziel außen verdeckt und innen deutlich an.

- Packen Sie möglichst alles in den Rucksack, hängen Sie nichts außen dran.
- Schwere Dinge möglichst nah an den Körper und weit oben in den Rucksack packen. Der Rucksack darf nicht drücken und Sie beim Bücken und Drehen nicht behindern.

- Nach der vorwiegenden Reiseform soll das Gepäck besonders vor Regen, Spritzwasser, Staub, mechanischer Belastung ... schützen. Eine Rucksack-Regenhülle kann, muss aber nicht sein. Wegen der vielen Nähte, Taschen, Reißverschlüsse ist kein Rucksack wasserdicht. Also müssen Kleidung, Arzneimittel, Papier und andere wasserempfindliche Gegenstände sowieso in Plastiktüten verpackt sein.

Handgepäck, ↗ Seite 206, darf im Flugzeug meist nicht größer sein als 55 x 40 x 20 cm, weil es sonst nicht in die Stauräume passt. Nach einer anderen Regel darf die Summe von Länge, Breite und Höhe 115 cm nicht überschreiten. Mal sind 5 kg erlaubt, mal 9. Genau kontrolliert wird das selten, rechtsverbindliche Vorschriften gibt es nicht. Verweisen Sie auf die großzügige Konkurrenz und bitten Sie um Kulanz.

Tipp: Geld und Papiere immer am Körper tragen!

Prioritäten zur Auswahl der Ausrüstung

	Grundausstattung	Ersatz für den Notfall
Geld & Ausweise Schlafen & Wärme Essen & Trinken	unverzichtbar	muss sein
Gesundheit Orientierung Reparaturen	wichtig	sollte sein
Kultur Gesellschaft Persönliches	wünschenswert	darf sein

Ins **Handgepäck gehören:**

- die teuersten Dinge,
- regelmäßig benötigte und Notfall-Medikamente,
- die nötigsten Dinge für 2 – 3 Tage, falls das Gepäck verloren geht,
- die schwersten Dinge, um Gewichtsgrenzen beim Flug zu umgehen,
- etwas zum Essen, Trinken, Lesen, Spielen und Entspannen.

WIE MAN SICH KLEIDET

Kleider machen Leute. Saubere und ordentliche Kleidung macht manches einfacher. Falsch gekleidet macht man sich in vielen Ländern lächerlich, angreifbar oder beleidigt die Menschen, ↗ Seite 26, Frauen allein unterwegs, ↗ Seite 256/260, Reisen in hinduistischen/islamischen Ländern. In vielen Kulturen gilt offen gezeigte, nackte Haut bei Männern und Frauen als unanständig. Vielerorts werden Körperformen durch weite Kleidung verborgen.

Die Zwiebel als Vorbild

Hier wurde das Zwiebelprinzip bis zur letzten Schale ausgereizt

Gute Kleidung ist vielseitig verwendbar und kombinierbar. In allen Klimazonen funktioniert das **Zwiebelprinzip:**

- Unterste Schicht: luftig, locker, schweißdurchlässig – bei höheren Ansprüchen Funktionsunterwäsche (doppelte Garnitur wegen erhöhter Körpergerüche).
- Zweite Schicht: wärmend – bei höheren Ansprüchen am besten gute Fleece-Kleidung.
- Dritte Schicht: wieder wärmend.
- Äußere Schicht: winddicht und wasserabweisend – bei höheren Ansprüchen am besten Gore-Tex-Kleidung.

Die Kleidung soll:

- bei Kälte wärmen, aber nicht schweißtreibend sein;
- bei Hitze kühlen, Luft und Schweiß durchlassen;
- hohe UV-Strahlung abhalten;
- Schweiß durchlassen, aber keinen Regen;

- nicht reiben, drücken oder Bewegungen einschränken;
- Moskitos und Insekten fernhalten;
- in der Natur unauffällig oder im Straßenverkehr auffalend (Radler) sein,
- aber in jedem Fall im Reiseland akzeptiert werden;
- möglichst robust und lange funktionsfähig bleiben;
- schmutzabweisend und strapazierfähig sein;
- einfach zu pflegen, zu waschen und zu reparieren sein.

Weite, helle Kleidung reflektiert Sonnenstrahlen stärker als dunkle Kleidung, verhindert Hitzestau, schweißnasse Haut und »Roten Hund«, also gerötete, juckende und entzündliche Stellen, meist im Schritt und unter den Achseln.

Kopf & Hände

Gegen Sonnenstich und verbrannte Kopfhaut schützt ein großer **Hut**, eine breite Krempe wird zum Schattenspender und verhindert, dass Regenwasser in den Nacken läuft. In sumpfigen Gebieten hilft ein Moskitonetz, das ebenfalls eine breite Krempe verlangt. Mit Ösen und Kordel eignet sich der Hut als Beutel, ist er wasserdicht, lässt sich Wasser darin holen.

Über den Kopf geht die meiste Wärme verloren. Eher für kühlere Gebiete eignen sich ein Kopftuch (auch als Staubschutz) und eine Mütze, möglichst mit Ohrwärmern. Eine Sturmhaube (*Balaklava*) wärmt noch wirkungsvoller als eine Mütze.

Handschuhe machen das Lenken sicherer und schonen die Gelenke, besonders bei mehrstündigen Fahrten auf schlechten Pisten. Arbeitshandschuhe benötigen Sie bei Reparaturen und zum Schaufeln. Fäustlinge wärmen besser als Fingerlinge, behindern aber das Greifen. Bei großer Kälte ist die Kombination von beidem ideal.

An den Füßen

Feste Schuhe mit Knöchelschutz und griffigen Sohlen sind für alle Klimazonen geeignet. Die Schuhe mit Bürste und Wasser reinigen, mit dem empfohlenen

Tipp: Je edler das Gepäckstück aussieht, desto mehr (unerwünschte) Freunde findet es. Ein Poncho bietet den besten Regenschutz und bedeckt, falls groß genug, auch den Rucksack. Er eignet sich ebenso für Reiter und Radfahrer, muss jedoch dann über die Stiefel reichen. Ein aufknöpfbarer Poncho dient als Plane zum Unterlegen beim Biwak, aus mehreren Ponchos lässt sich ein Zelt bauen. Qualitativ unübertroffen, aber schwer sind die Ponchos der Bundeswehr oder der US Army.

Tipp: Ein leichtes, langes Tuch ist universell einsetzbar: Kopftuch, Halstuch, Mundschutz, Schultertuch, als Armschlinge, zum Abbinden, am Strand u.v.A.m.

Mittel regelmäßig behandeln. Leder wachsen, Metallteile ölen.

Trekkingsandalen erhöhen bei langen Märschen durch morastige Gebiete das Marschtempo, denn man spart sich häufigen Schuhwechsel. In Trekkingsandalen können sich wundgelaufene Füße regenerieren. Dafür sind Füße und Knöchel nicht geschützt.

Gummisandalen (Klapp-Klapps oder Flip-Flops) verhindern Fußpilzinfekte beim Baden und Duschen, schützen am Strand und in unbekannten Gewässern.

Dünne und dicke **Socken** sollten aus einem Baumwoll-Synthetik-Gemisch bestehen, nahtlos und schnelltrocknend sein.

Gamaschen eignen sich für das Spuren im Schnee und beim Marsch durch die Wildnis. Die Schuhe bleiben länger trocken, die Hose wird geschont und es kann nichts in die Stiefel fallen. Wichtig ist eine solide Befestigung, die beim Laufen nicht durchscheuert.

Schnürsenkel scheuern an den Ösen durch. Das lässt sich verzögern, wenn die Schnürsenkel jeden Morgen etwas versetzt werden.

✸ **Tipp:** Kaufen Sie Schuhe nachmittags, dann sind die Füße etwas größer. Tragen Sie sie mindestens eine halbe Stunde mit dicken Socken. Wichtig sind Zehenfreiheit, Fersenhalt und Abrollverhalten. Wenn jetzt schon etwas stört, sind die Schuhe ungeeignet, denn wie werden sich die Füße erst nach einem 10-Stunden-Tag mit Gepäck anfühlen? Schuhe vor der großen Tour in mehrmals wenigen Stunden einlaufen!

Sonnenschutz

Kleidung ist der beste Sonnenschutz: Hut, Sonnenbrille, Tuch, lange Hemden und Hosen. Ein dünnes, weißes T-Shirt hat Lichtschutzfaktor sechs. Je nach Reisegebiet, Hauttyp und Gewöhnung braucht man eine Hautcreme oft nur in den ersten Tagen, dann aber mit sehr hohem Schutzfaktor. Ein Lichtschutzfaktor über 20 bringt kaum noch Zusatznutzen. *Tschamba-Fii* hat nur den Lichtschutzfaktor 2, hilft aber gut nach einem Sonnenbrand. Ein Sonnenschutzmittel für die Lippen ist besonders im Hochgebirge nötig. Sonnenschutzmittel aus den handelsüblichen Flaschen umfüllen in kleine wiederverwendbare Portionsflaschen mit Schraubverschluss, so lässt sich alles besser und sicherer verstauen und Sie vermeiden Müll.

Hygiene

Sauberkeit hilft gesund zu bleiben, das Prinzip der »Relativwäsche« sollte nur ausnahmsweise gelten (Man zieht immer das relativ Sauberste an).

- Toilettenpapier ersetzt Taschentücher, feuchtes oder geöltes Toilettenpapier reinigt besser und ist sparsamer im Verbrauch (Gewicht, Volumen).
- Zehennägel schneiden, sonst stoßen sie vorn am Schuh an, führen zu Schmerzen am Nagelbett oder gar zum Ablösen des Zehennagels.
- Eine Pinzette ist wichtig, um Dornen oder Stacheln aus der Haut zu entfernen.
- Seife ist in flüssiger Form ergiebiger als in fester Form, z.B. das in Apotheken erhältliche Dermowas. Mit milder Seife können Körper, Haare und Wäsche gewaschen werden.
- Die schwarzen Stopfenventile für Abflüsse in Becken und Wannen fehlen in vielen Unterkünften. Was man daran hat, merkt man erst, wenn man baden oder waschen möchte. Improvisieren Sie mit einer stabilen Plastikfolie und einer flexiblen Füllung.
- Waschlappen werden überall dort sinnvoll, wo es an Duschen mit warmem Wasser fehlt oder wenn Wassermangel herrscht.
- In Drogerien gibt es kleine Reisezahnbürsten, deren Griff als Verpackung und bei Benutzung als Griffverlängerung dient.

WAS MAN SO BRAUCHT

Vielleicht haben Sie es im Baumarkt, im Supermarkt oder im Autozubehörhandel schon selbst erlebt: Da liegt meist in Kassennähe ein Werkzeug oder Haushaltsartikel, das auf Anhieb sinnvoll erscheint und nur attraktive 1,99 oder 9,99 kostet. Im praktischen Gebrauch erweist sich das Ding jedoch bald als ungeeignet oder es geht kaputt. Auch im Angebot des Ausrüstungshandels wimmelt es von Produkten, die oft nach dem Prinzip der Eier legenden Wollmilchsau konzipiert sind. Und gerade beim

Reisen sollten Sie nur Dinge mitnehmen, die im Ernstfall etwas taugen.

Nützliche Anschaffungen und unnützes Zeug

In den Ausrüsterkatalogen macht sich jedes Produkt unentbehrlich. Sie könnten ein Vermögen ausgeben. Selbst wenn das Geld reicht: Wie wollen Sie das alles tragen? Kaufen Sie nie impulsiv! Zwei Leitlinien können helfen:

Vermeiden Sie Unnötiges

Bewerten Sie ein Produkt **situationsorientiert:**

✸ **Tipp:** Möglicherweise gibt es das Produkt billiger? www.preissuchmaschine.de, www.guenstiger.de. Oder gebraucht: www.ebay.de, www.asearch.de.

- In welcher Situation brauche ich das? – Beispiel: Der Alltag muss gesichert sein, also ist eine Regenjacke wichtig. Notsituationen lassen sich viele denken, die können Sie nicht alle mit zusätzlicher Ausrüstung absichern, sonst bräuchten Sie einen Anhänger.
- Wie häufig brauche ich das? – Die Kleinigkeiten für den Alltag sind wichtiger als solche für Eventualitäten.
- Wie lösen andere Reisende oder die Einheimischen solch eine Situation? – Wozu eine teure Gore-Tex-Hose kaufen, wenn alle Jeans tragen?
- Was geschieht, wenn ich dieses Ausrüstungsteil nicht besitze? – Sind die Folgen eher gering? Dann sparen Sie sich das Teil.

Kaufen Sie das Nötige

Bewerten Sie ein Produkt **funktionsorientiert.** Was kann dieses Ausrüstungsteil? Vergleichen Sie seine Funktionen:

- Wie gut ist die Hauptfunktion erfüllt? Beispiel: Ein Kocher soll mit möglichst wenig Brennstoff möglichst viel Nahrung erhitzen.
- Sind Nebenfunktionen möglich? Beispiel: Der Brennerkopf ist austauschbar gegen einen Lampenaufsatz. Dann sparen Sie eine zusätzliche Lampe. Aber vielleicht würden Sie ja gar keine mitnehmen.

- Zahlen Sie nur für Funktionen, die Sie wirklich brauchen.
- Je zahlreicher die Nebenfunktionen sind, desto weniger zuverlässig funktioniert ein Gerät.
- Wie robust ist das Produkt? Wie aufwändig muss es unter Reisebedingungen geschützt werden?
- Und was ist, wenn das Teil seinen Geist aufgibt? Gibt es Ersatzteile? Batterien? Können Sie es mit Ihrem »Bordwerkzeug« selbst reparieren? – Was nützen Handy oder GPS ohne Batterien/Akku?

Beispiel Kocher: Bevorzugen Sie bei einem Kocher einfache, sichere und robuste Ausführungen:

- Welche Brennstoffmasse wird verbraucht, um 1 l Wasser zum Sieden zu bringen? Wie lange brennt er bei Maximalleistung? Ist die Flamme regulierbar, gibt es einen Sparbetrieb?
- Ist er betriebssicher bei Wind, in großen Höhen, bei Kälte? Muss er vorgeheizt werden?
- Ist er standsicher auf unebenen, sandigen, schlammigen Böden und was geschieht, wenn er umkippt? Kann er notfalls unterm Vorzelt oder im Zelt benutzt werden?
- Ist der Brennstoff einfach zu beschaffen und sind andere Brennstoffe möglich?
- Wie stör- oder reparaturanfällig ist er und welche Werkzeuge oder Ersatzteile werden benötigt? Ist ein Zusatztank nötig?
- Kann er ungereinigt und mit dem Restbrennstoff verpackt und transportiert werden?
- Passt der Kocher Platz sparend in einen Topf?

Kleinigkeiten mit hohem »Improvisationsfaktor«

Wichtiger als Hightech-Produkte für spezielle Situationen sind jedoch oft die kleinen Hilfen im Alltag:

Aludosen für empfindliche Kleinteile (Medikamente, Notfallausrüstung, Filme) dienen auch als Brotdose, Kochgeschirr oder Signalspiegel.

Batterien für Taschenlampe, Miniradio, Walkman, Mückensummer, Rasierapparat u.ä. müssen langlebig sein; die mitgeführten Geräte sollten die gleiche Batteriegröße erfordern. Für Blitz, Winder, Fotoapparat sind oft Spezialbatterien nötig, Ersatz sollten Sie von zu Hause mitnehmen. Aufladbare Akkus sparen Energie, verlangen aber ein Ladegerät.

Bleistift & Notizblock, Letzteren gibt es auch in wasserfester Ausführung.

✹ **Tipp:** Metall-Brillengestelle sind in eisigen Gebieten ungeeignet, da das Metall an der Haut festkleben kann.

Brille & Kontaktlinsen: Nehmen Sie Ersatz mit und notieren Sie sich die optischen Angaben, um sich unterwegs eine Brille machen lassen zu können. Aufsteckgläser sind in staubigen und eisigen Gebieten ungeeignet, da benötigen Sie eine besondere optische Sonnen- oder Schneebrille. Mit Brillenband gegen Verlust sichern.

Bücher: Reclamhefte und Dünndruck-Bücher bieten viel Text auf wenig Papier.

Feuer: Leicht und haltbar sind Gasfeuerzeuge, unentbehrlich für Lagerfeuer und Kocher. Wenn Zunder (Rindenbast, Birkenrinde ...) fehlt, kann ein Korken, Watte oder ein Tampon hilfreich sein.

Geschenke sind wichtig, um Dank auszudrücken, zu tauschen oder eine freundschaftliche Atmosphäre herzustellen. Bewährt haben sich Passbilder, Bilder der Familie, Ansichtskarten, Mannschaftsfotos bekannter Fußballclubs, Briefmarken und 1-$-Noten, Münzen von zu Hause sowie nützliche Kleinigkeiten von unterschiedlichem Wert wie Kulis, Einwegfeuerzeuge, Armbanduhren.

Kompass: Die billigste Mini-Ausführung genügt zur groben Orientierung. Zu den besseren Ausführungen gehört auch das Wissen, richtig damit umzugehen.

Korken dienen als provisorische Flaschenverschlüsse oder als Brennstoff für ein Minifeuer.

Korrekturmittel: Manchmal werden Bescheinigungen gefordert, die man einfach nicht hat. Vielleicht wurde auch einfach nur ein Stempel vergessen oder das Datum falsch ausgefüllt. Jedenfalls kommt man nicht weiter ohne entsprechende Korrekturen. Hilfreich sind Tipp-Ex, flache Rasierklingen, Abreibebuchstaben,

Briefmarken und Münzen aus aller Welt, Regenbogen-Stempelkissen, eindrucksvolle und möglichst unleserliche alte Stempel, diverse Briefköpfe, buntes Papier, Pergamentpapier, Karton, Farbstifte, diverse Visitenkarten, rotes Wachs, Locher, Tacker, durchsichtige Klebefolie und dergleichen. Verändern Sie niemals amtliche Dokumente!

Leine: Reepschnur aus dem Baumarkt, Bergsteiger- oder Bootsbedarf ist vielseitig verwendbar: Schnürsenkel, Wäscheleine, Zeltabspannung … Abgeschnittene Enden mit dem Feuerzeug glatt schmelzen.

Neo-Ballistol wurde als Waffenöl entwickelt und wird vom Hersteller als Massageöl empfohlen. Viele verwenden es medizinisch, doch darf dafür nicht geworben werden. Globetrotter verwenden es gegen Sonnenbrand, bei Insektenstichen, als Schuhputzmittel, bei wunden Füßen, als Maschinenöl …

Plastikbeutel (Gefrierbeutel) sichern undichte Behälter und Tuben, nasse Waschlappen, schützen Pflaster, Papiere und empfindliche Kleinteile, ersetzen schwere Verpackungen, transportieren Reste aus dem Restaurant, halten kleine Sortimente (Nähzeug oder Erste-Hilfe-Set) zusammen. Größere Plastiktüten enthalten Schmutzwäsche, halten saubere Kleidung im Rucksack trocken und staubfrei. Feuchte Kleidung beginnt darin jedoch zu schimmeln und zu stinken.

Reparaturmaterialien: Nadeln in mehreren Größen und reißfestes Garn sind oft nötig. Für gröbere Arbeiten an Taschen oder Rucksack sind eine Sacknadel oder eine gebogene Rundnadel und ein besonders dicker Faden erforderlich. Hilfreich sind Reparaturflicken mit einer Klebeschicht, Flicken aus Zelt-, Rucksack-, Jackenstoff, Fahrradflicken mit Gummierlösung, Draht, Gewebeklebeband. Ein Multiwerkzeug, z.B. Leatherman, hilft nicht nur bei Reparaturen am Kocher, die Zange ist Gold wert. Auch Zweikomponentenkleber sind vielseitig.

Schlüssel: Ein dicker Schlüsselbund bringt etwa 200 Gramm völlig unnötig ins Gepäck. Bleibt der Woh-

Tipp: Garn vergessen? Vielleicht haben Sie Zahnseide dabei …

Tipp: Gebrochene Zeltgestangen fixiert man mit einem etwas größeren Rohrstück über der Bruchstelle oder einem in das Zeltgestänge passenden Stab.

Tipps zum Kauf der Ausrüstung

Vermeiden Sie unnötige Anschaffungen:

- Werde ich diesen Gegenstand während der Reise häufig gebrauchen?
- Ist er im Notfall überlebenswichtig?
- Hilft mir dieser Gegenstand, viel Geld zu sparen?
- Kann ich ihn auch unterwegs noch kaufen?

Vergleichen Sie allgemeine Anforderungen:

- Gewicht und Packvolumen inklusive Verpackung und Zubehör.
- Ist der Gegenstand transportsicher, stoßfest oder gar unzerbrechlich, auslaufsicher, rostfrei, wärme-, kälte- oder feuchtigkeitsunempfindlich?
- Ist er betriebssicher oder benötigt er aufwändige Pflege und Wartung, im Gastland ungewöhnliche Batterien oder Brennstoffe?
- Kann er leicht und mit überall erhältlichen Mitteln repariert werden?

nungsschlüssel im Auto zurück, sollte nicht gleich die Adresse daneben liegen. Diebe könnten dann gleich noch die Wohnung ausräumen. Im Auto einen zweiten Autoschlüssel zu verstecken, im Aschenbecher, kann sinnvoll sein, ist aber auch riskant.

Schraubdosen aus Polyethylen (5 – 100 ml) aus dem Laborbedarf sind vielfältig einsetzbar. Flüssige Seife, Shampoo, Kosmetika, Sonnen- und Mückenschutzmittel, Gewürze, Salz, Öl lassen sich in kleinen Portionen mitnehmen. Kleine Sortimente, Nadeln, Faden, Batterien, Pflaster, Medikamente sind sauber, wasserdicht und übersichtlich verpackt.

Spiele wie Würfel, Karten, Frisbee, Tennisball, Minischach und Kreuzworträtsel sowie handliche Instrumente wie Flöte oder Mundharmonika bieten die vielfältigsten, billigsten und leichtesten Möglichkeiten, lange Abende oder Wartezeiten zu überbrücken.

✸ **Tipp:** Unter www.interpower.com finden Sie den »Interpower Guide to Worldwide Plug/Socket Patterns & Power Mains« mit technischen Angaben und Abbildungen zu allen Ländern. Die Firma **ECG** bietet den Universaladapter »Globetrotter plus« an.

Steckeradapter sind nur nötig, wenn Sie mit aufladbaren Akkus verreisen oder Geräte mit Netzkabel mitführen. Vergewissern Sie sich, dass mitgeführte Geräte a) mit 50 und 60 Hertz Netzfrequenz arbeiten und b) von 230 Volt auf 110 Volt umschaltbar sind.

Eine **Trillerpfeife** ist bei Notfällen in den Bergen das beste Mittel, um über weite Entfernungen das internationale Notsignal abzusetzen: 6 Signale in einer Minute (alle 10 Sekunden), eine Minute Pause, dann wiederholen. Auch manch ein Angreifer lässt sich durch eine laute Pfeife vertreiben. Sehr laut sind die Pfeifen der Londoner Bobbys, der Fußball-Schiedsrichter oder Bootsmannspfeifen.

WO MAN KAUFT

Von Andres Sommer

Andres Sommer, Jahrgang 1954, ist seit 35 Jahren auf Reisen: Vorzugsweise zu Fuß, mit dem Rucksack und öffentlichen Verkehrsmitteln, gelegentlich auch mit dem Auto. Als kleiner »Perfektionist« hat ihn schon recht früh unzulängliche Ausrüstung geärgert. Das gab den Antrieb, innerhalb und außerhalb der dzg, deren Mitglied er ist, sich des Themas anzunehmen und im »Trotter« die Ausrüstungsecke ins Leben zu rufen.

Bevor Sie einkaufen, erstellen Sie besser eine Liste der geplanten Anschaffungen. Dann präzisieren Sie Ihre Ansprüche im Einzelnen: Soll eine Jacke unter dem Rucksack getragen werden? Soll sie eine Dokumententasche haben oder Haken für Handschuhe? Mit solch klaren Kriterien sind Sie später im Laden nicht so leicht zu einem Fehlkauf zu verführen! Und vergessen Sie nicht: Sie müssen all das unterwegs tragen! Seien Sie sparsam, auch im Gewicht! Nichts ist schlimmer als unterwegs umkehren zu müssen, nur weil man seinen verdammten Rucksack so hasst, dass man ihn am liebsten den Hügel runterwerfen möchte.

- Wenn Geld für Sie keine Rolle spielt, dann sollten Sie einen Abstecher nach Seattle/WA machen. Dort sind alle großen Marken dieser Welt zu Hause, dort gibt es das Neueste vom Neuen, das Feinste vom Feinsten, die Beratung ist erstklassig und man kann von 9 Uhr morgens bis 23 Uhr abends einkaufen.
- Wenn Ihr Budget stark eingeschränkt ist, dann sind die Armeeausrüster eine gute Adresse. Die Kämpfer dieser Erde sind meist sehr gut ausgerüstet, das Material ist extrem haltbar – aber leider auch schwer.

- In den Campingabteilungen großer Kaufhäuser finden Sie Vieles, das sich eher nicht für den Rucksack eignet.

Mehr Information von spezialisierten Ausrüstern

Die folgenden Ausrüsterläden wurden von dzg-Mitgliedern empfohlen. Jeder Laden hat sein spezifisches Sortiment und keiner hat alles. Die meisten Ausrüster haben Ladengeschäfte, viele versenden Kataloge. Gute Kataloge weisen auf die Vor- und Nachteile verschiedener Ausführungen ihrer Produkte hin. Für viele Menschen ist es wichtig, dass sie Dinge wie Schuhe, Rucksäcke und Bekleidung anprobieren können, ohne die Post zu bemühen. Reine Internetanbieter führen wir daher nicht auf. Zudem meinen wir, dass gute Beratung nur in direktem Kontakt zwischen Käufer, Verkäufer und dem Ausrüstungsgegenstand sinnvoll ist.

Tipp: Wenn Sie gut beraten werden möchten, gehen Sie nicht an einem Samstag einkaufen.

www.outdoorwelt.de, umfangreiche Linksammlung von Christian Zahn (dzg) und Informationen zum Outdoor-Leben.

01067 Dresden, **Globetrotter Ausrüstung,** ✆ 0351/4952116, www.globetrotter.de.

01277 Dresden, **Pik Ardie Ausrüstung,** Trekking und Bergsport, ✆ 0351/3119985, www.pikardie.de.

07749 Jena, **Lauche & Maas,** ✆ 03641/443935, www.lauche-maas.de.

10719 Berlin (2x), **Bannat Globetrotter- & Expeditionsausrüstung,** ✆ 030/8827242, www.bannat.de.

12165 Berlin, **Globetrotter Ausrüstung,** ✆ 030/850892-0, www.globetrotter.de

21337 Lüneburg, **AMR Outdoorwelt**, ✆ 04131/812-21, www.amr-outdoorwelt.de.

22145 Hamburg, **Globetrotter Ausrüstung,** ✆ 040/67966-179 nur versand; 22305 HH, ✆ 291223 Ladenverkauf, www.globetrotter.de.

30171 Hannover, **H. Räer Ausrüstungen GmbH,** Bekleidung, Camping, Armeebestände, ✆ 0511/816359.

31137 Hildesheim, **H. Räer Ausrüstungen GmbH**, ✆ 05121/7487660, www.raeer.com.

34117 Kassel, **Camp & Tramp,** ✆ 0561/780770, www.campundtramp.de.

35037 Marburg, **Tapir,** ✆ 06421/21878, www.tapir-marburg.de.

35390 Giessen, **Tapir**, ✆ 0641/71966, www.tapir-giessen.de.

40223 Düsseldorf, **Sack & Pack,** ✆ 0211/349047, www.sackpack.de.

45127 Essen, **Albatros,** ✆ 0201/232627, www.albatros-outdoor.com.

47051 Duisburg, **Watzmann-Laden,** ✆ 0203/24131, www.watzmann-laden.de.

50667 Köln, **Globetrotter Ausrüstung,** ✆ bei Drucklegung noch nicht bekannt. Auf 650 qm soll im Olivandenhof bis März 2006 Europas größtes Outdoor-Fachgeschäft entstehen, mit Tauch- und Paddelbecken, Klettergarten, Tropeninstitut für private Impfungen. www.globetrotter.de.

53111 Bonn, **Steppenwolf,** ✆ 0228/6580-71, www.steppenwolf.de.

53119 Bonn, **Globetrotter Ausrüstung,** ✆ 0228/766180, www.globetrotter.de.

54290 Trier, **Kleine Fluchten,** ✆ 0651/9940190, www.kleinefluchtenoutdoor.de.

55116 Mainz, **Sine,** ✆ 06131/226681, www.sine-mainz.de.

58454 Witten-Stockum, **Alles für das Freiluftleben,** ✆ 02302/9560030.

60314 Frankfurt a.M., **Globetrotter-Ausrüstung**, ✆ 069/434043, www.globetrotter.de.

60313 Frankfurt a.M., **Sine,** ✆ 069/552233, www.sine.de.

60486 Frankfurt a.M., **Supertramp,** ✆ 069/777723.

63607 Wächtersbach, **Expeditions-Service Wächtersbach,** Sonderfahrzeuge, Geländewagen, ✆ 06053/5250, www.expeditions-service.com.

64289 Darmstadt, **Kleine Fluchten,** ✆ 06151/717289, www.kleinefluchtenoutdoor.de.

69181 Leimen-St. Ilgen, **Adventure Company,** nur Online-Shop, www.adventurecompany.de.

70173 Stuttgart, **Woick Travel Center,** ✆ 0711/2220882, www.woick.de, Filialen in Ulm, ✆ 0731/68145, Metzingen, ✆ 07123/1080, und Filderstadt, s.u.

✹ **Tipp:** Zu viel Gepäck dabei? Sie können es vielleicht deponieren, verkaufen, verschenken, per Post oder Kurier voraus oder nach Hause schicken.

Vergleichtests

Umfangreiche Ausrüstungstests bietet die Zeitschrift **Outdoor**, www.outdoor-magazin.com.

Einzelne Warengruppen untersucht die **Stiftung Warentest**, www.stiftung-warentest.de.

↗ Ausrüster für Kanu, Fahrad, Motorrad, Auto ... siehe dort

70174 Stuttgart, **Larca-Sportartikel,** ✆ 0711/2265133, www.larca.de.

70794 Filderstadt-Bernhausen, **Woick Travel Center,** ✆ 0711/ 7096-700, www.woick.de. Besonders für motorisierte Reisen.

73614 Schorndorf, **Larca-Sportartikel,** ✆ 07181/93806-0, www.larca.de.

81245 München, **Lauche & Maas,** ✆ 089/880705 (Laden), 8206677 (Versand), www.lauche-maas.de. Wintertreffen mit Schlafsacktest, öffentliche Ausrüstungstests, Infothek. Wolfgang Maas ist dzg-Mitglied.

85757 Karlsfeld-Rotschwaige, **Fritz Berger Freizeitmarkt,** ✆ 08131/5939230, www.fritzberger.de. Insbesondere Caravan, Camping, Schnäppchenmarkt.

87671 Ronsberg bei Kempten, **Schuh- und Sporthaus Schindele,** ✆ 08306/975940, www.sport-schindele.de.

88212 Ravensburg, **Gipfelstürmer,** ✆ 0751/24720.

89077 Ulm, **Lauche & Maas,** ✆ 0731/382183, www.lauche-maas.de.

91054 Erlangen, **Der neue Alpinist & Globetrotter,** ✆ 09131/28591, www.alpinist-globetrotter.de.

94032 Passau, **Pritz Globetrotter Expeditionsausrüstungen,** ✆ 0851/36220, www.pritz-shop.de oder www.globetrotter-shop.de.

95028 Hof/Saale, **Wilderness Outdoor Equipment,** Wolfgang Uhl, ✆ 09281/3334, www.wilderness-outdoor.com.

96049 Bamberg, **Wigwam,** Abenteuer-Wandern-Trekking-Klettern, ✆ 0951/59192.

In Österreich & der Schweiz

A-1150 Wien, **Hof & Turecek GmbH Expeditionsservice,** ✆ 0043/1/9822361, www.turecek.at.

CH-3011 Bern, **Atlas Travel Shop,** ✆ 0041/31/3119044, www.atw.ch.

CH-3232 Ins, **Atlas Travel Shop,** ✆ 0041/32/31344-07, www.atw.ch, Doris & Jürg Sollberger.

AUS EIGENER KRAFT

ZU FUSS REISEN

»Alles ginge besser, wenn der Mensch mehr ginge« resümierte Seume 1804 nach seinem »Spaziergang nach Syrakus«, also von Sachsen nach Sizilien und zurück. Zu Fuß kommen Sie sich und der Natur näher. Nach einer einwöchigen Wanderung haben Sie Ihr Tempo und Ihren Rhythmus gefunden – damit haben Sie sich die besten Voraussetzungen für eine Ihnen gemäße Reise erlaufen. Allerdings gilt gleichzeitig: Je ausgesetzter und einsamer eine Tour, desto höher das Risiko, unschöne und schmerzhafte Erfahrungen zu machen.

Wander»typen«

Der **Sportler** will Strecken, Steigungen, Abstiege in möglichst kurzer Zeit schaffen. Für ihn sind Schmerzen ein Ansporn, knackende Knochen ein Erfolgserlebnis. Last wird zur Lust, Belastung zum Ziel, Rekorde werden angestrebt, körperliche Grenzen überwunden. Jeder Tag verlangt nach einer Steigerung. Gipfel, Strecken, An- und Abstiege werden akribisch verzeichnet.

Der **Naturverbundene** wandert genießend, jede Wahrnehmung ist neu und aufregend. Ein Sonnenaufgang, der Sternenhimmel, weite Panoramen berühren ihn tief. Kräuter, Blumen und Bäume fesseln seine Aufmerksamkeit, nur langsam kommt er voran.

Der **Meditative** sucht die Ruhe. Er will seinen Rhythmus finden, lässt den Körper laufen, den Geist fliegen, geht einsam, hält Abstand.

Der **Gesellige** bevorzugt das Wandern in Gruppen, nimmt Rücksicht auf den Langsamsten und vielleicht ist ihm die Einkehr genauso wichtig wie der Weg.

Literatur

Johann Gottfried Seume, **Spaziergang nach Syrakus im Jahre 1802**, Greno und andere.

Joseph von Eichendorff, **Aus dem Leben eines Taugenichts**. 1826.

Gudrun M. König, **Eine Kulturgeschichte des Spaziergangs**, Böhlau.

Das Wandern richtig vorbereiten

Regelmäßiges Fahrradfahren, Schwimmen oder Laufen sind das beste Training, häufige kurze Trainingszeiten sind wirkungsvoller als einmal wöchentlich ein langes Training. Gymnastik, Konditionstraining, Stretching, Aerobic und Nordic Walking verbessern Fitness,

Fortbewegung mit Köpf-, pardon, Füßchen: »Aus eigener Kraft« hat bei den Fußruderern von Myanmar eine ganz eigene Bedeutung

Literatur
Rolf & Waike Weber, **Mehrtagestouren im Westen Deutschlands**. 9 Wanderungen mit leichtem Gepäck zwischen Eifel und Schwarzwald. Ideal zum Üben! Peter Meyer Verlag.

Koordination und Gelenkigkeit. Beginnen Sie mit kleinen Etappen und verlängern Sie diese alle paar Tage.

Eine realistische **Eingehtour** hilft, sich selbst wahrzunehmen, Ausrüstung und Kleidung zu testen, den eigenen Gehstil zu finden, sich an Höhen anzupassen. Erfolgt sie früh genug, können die Erkenntnisse noch in die große Tour einfließen. Verbringen Sie mal eine Nacht auf dem Balkon oder im Garten, auch bei Regen oder Frost. Und im Morgengrauen werfen Sie sich den gepackten Rucksack über und laufen vor dem Frühstück zwei Stunden querfeldein. Das ist keine Folter, sondern kommt beim Reisen schon mal vor.

Der **Schwierigkeitsgrad** von Fußtouren steigt mit dem:

- Maß der Selbstversorgung für Übernachtung, Lebensmittel, Wasser;

Bilanzieren Sie Ihre Stärken und Schwächen

	stimmt	stimmt nicht
Ich bin unempfindlich gegen Kälte.	❑	❑
Ich bin unempfindlich gegen Nässe.	❑	❑
Ich bin unempfindlich gegen Schmutz.	❑	❑
Ich bin unempfindlich gegen Hitze.	❑	❑
Ich habe keine Angst vor großen Höhen.	❑	❑
Fehlender Schlaf macht mir nichts aus.	❑	❑
Ich kann gut mit Einsamkeit umgehen.	❑	❑
Ich weiß wie weit ich an einem Tag komme.	❑	❑
Ich kenne mein Marschtempo mit leichtem bzw. schwerem Gepäck.	❑	❑
Ich kenne mein Marschtempo in der Ebene bzw. im Gebirge.	❑	❑
Ich gehe sicher mit Gepäck in Schnee und Eis, Geröll und Fels?	❑	❑
Ich weiß wie ich auf Überlastung reagiere körperlich und seelisch.	❑	❑
Ich kenne meine Rolle in einer Gruppe.	❑	❑
Ich kenne meine Erwartungen an die Tour.	❑	❑

- Aufwand für die Orientierung mit Karte, Kompass, Höhenmesser;
- Grad der Ausgesetztheit bzw. der Unmöglichkeit zum Abbruch der Tour;
- Packgewicht, das indirekt aus den vorigen Punkten resultiert.

Eine Tour wird anstrengender und gefährlicher durch:

- Tagesgehzeiten von mehr als etwa 8 Stunden, bei Ungeübten 6 Stunden;
- anspruchsvolles Gelände wie Morast, Schnee, Gletscher, Eis- und Felskletterei, Urwald;
- ausgedehnte wasserarme Gebiete;
- mehr als zwei Wochen Dauer.

▶ Schätzen Sie anhand der folgenden Beschreibung den Schwierigkeitsgrad Ihrer Tour ein. Überschätzen Sie sich nicht und passen Sie Ihre Ausrüstung an.

Schwierigkeitsgrad 1: Eine maximal eintägige Wanderung zwischen zwei Stützpunkten (Lager, Auto, Hotel, Hütte) oder Rundwanderung mit eindeutiger Streckenführung. Die Versorgung ist gesichert, Gepäck kaum nötig. Eine Rückkehr ist jederzeit möglich, eine Übernachtung unnötig. Kompass und Höhenmesser sind überflüssig.

Schwierigkeitsgrad 2: Eine mehrtägige Wanderung mit verschiedenen Stützpunkten (Hotel, Hütte). Die Route ist deutlich gekennzeichnet. Ein Abbruch der Tour oder eine geschützte Übernachtung ist jeden Tag möglich, Lebensmittel können (täglich) ergänzt werden. Eine Karte genügt zur groben Orientierung.

Schwierigkeitsgrad 3: Eine mehrtägige Wanderung mit überwiegend gut gekennzeichneter Route. Die Versorgung mit Lebensmitteln und Wasser sowie Übernachtungen müssen geplant werden. Ein Abbruch ist nicht mehr täglich möglich. Ein Gefühl der Ausgesetztheit kann entstehen. Der Umgang mit Kompass und Karte, Lagersuche und -aufbau, Wassersuche und Versorgung mit Essen erfordern zusätzliche Zeit und besondere Fähigkeiten.

Literatur

Frank Thiel, Ansgar Drücker, **Auf Tour in der Natur**. Das andere Wanderbuch, Tipps für Erlebniswandern mit Kindern und Jugendlichen. Deutscher Wanderverlag.

Margit und Jörg Wiegand, **Querungen südwärts**. Selbstverlag Oberwil 2004. Engagierte Beschreibungen von Alpen-Weitwanderungen.

Verlag Wienerland, A-2103 Langenzersdorf, ✆ 02244/3536. Zahlreiche Broschüren und Bücher rund um das Wandern und Weitwandern in den Alpen.

✹ **Tipp:** Ist bei einer Rundtour der Weg nur in einer Gehrichtung markiert, können Sie auf dem Rückweg in große Schwierigkeiten kommen. Öfter zurückblicken, besonders an Wegkreuzen.

✹ **Tipp:** Hirschtalg, Ballistol oder Melkfett (aus der Apotheke oder Drogerie) pflegen strapazierte Füße und andere schwielige oder wunden Stellen.

✸ **Tipp:** Depots können sinnvoll sein, etwa eine Woche voneinander entfernt. Sie enthalten Lebensmittel (3 – 5 kg für 7 Tage), Anschlusskarten, Lesematerial, frische Wäsche, Batterien etc.

Schwierigkeitsgrad 4: Eine mehrtägige Wanderung ohne Routenführung bei völliger Selbstversorgung. Ein Abbruch ist nur sehr selten möglich. Die Route zu planen und einen Weg im unbekannten Gelände zu finden, erfordert viel Zeit, Aufmerksamkeit und Erfahrung. Je nach Geländeform ist es sehr kräftezehrend, sich einen Weg zu bahnen. Geeignete Übernachtungsstellen und Wasservorkommen bestimmen die Marschplanung.

Das Wichtigste beim Laufen sind die Füße

Die Füße sind abends etwas dicker als morgens und schwellen auch beim Wandern an. Berücksichtigen Sie das bereits beim Schuhkauf.

- Kaufen Sie Ihre Schuhe eine halbe Nummer größer.
- Natürlich müssen Sie Wanderschuhe einlaufen.
- Für unterwegs nehmen Sie je zwei Paar dicke und dünne, nahtlose Socken mit.

Welche Ausrüstung brauche ich …

Schwierigkeitsgrad	1	2
Rucksackgröße	Tagesrucksack	40 l Rucksack
max. Gewicht	bis 5 kg	etwa 12 kg
Kleidung	Regenschutz, Pullover, Jacke	winddichte Regenjacke, Handschuhe, Überhose, Pullover, Mütze
gegen Sonne	Hut, Sonnenbrille, Sonnenschutzmittel	Hut, Sonnenbrille, Sonnenschutzmittel
für Schlaf	—	Biwaksack, Schlafsack, Unterlage
Verpflegung	Imbiss	Imbiss
Trinken	Wasserflasche	Wasserflasche
zum Orientieren	Uhr, Karte	Uhr, Karte, Taschenlampe

- Lederfett macht die Schuhe geschmeidiger und hält sie etwas trockener.
- Denken Sie an Ersatz-Schuhriemen.

Barfuss-Wandern, der ultimative Kick?

»Die Schuhe sind das letzte Hindernis zwischen dir und der Natur. Weg damit!« Detlef Fleischer beschreibt die »Barfuss-Szene – Mehr Mut zu nackten Füßen« (96 S., Neue Neusser Reihe, Postfach 101105, 41411 Neuss). Im Internet tummeln sich www.barfuss-szene.de/buch.html, www.barfusspark.info/index.html mit 22 Anlagen unterschiedlicher Länge, www.barfuss-zone.de und www.barfuss.ch mit Wanderwegen in der Schweiz …

Tipp: Blase am Fuß vorsichtig öffnen, entleeren, dachziegelartig und großflächig mit Leukoplast überkleben, weiterlaufen. Hält tage- bis wochenlang und bildet eine Art zweite Haut. Braunes Leukoplast klebt besser, löst jedoch manchmal Allergien aus. Sportlertape, wie es Freikletterer benutzen, ist gleichwertig.

Mehr Information für Wanderfreunde

Deutscher Alpenverein e.V. DAV, München, ✆ 089/14003-0, www.alpenverein.de. Bergwetter, Lawinenlage, Hütten-

bei welchem Schwierigkeitsgrad?

3	4
60 l Rucksack etwa 18 kg	> 80 l Rucksack ab 25 kg
ergänzt mit Funktionskleidung aus Spezialfasern, schnell trocknend	vorwiegend Funktionskleidung aus Spezialfasern, schnell trocknend
Hut, Sonnenbrille, Creme für Gesicht und Lippen	Hut, Sonnenbrille, Creme für Gesicht und Lippen
Zelt, Biwaksack, Schlafsack, Isomatte, Mückenschutz	Zelt, Biwaksack, Schlafsack, Isomatte, Mückenschutz
Trockennahrung, Kocher	Trockennahrung, Kocher, Depots anlegen
Wasserflasche, Wassersack	Wasserflasche, Wassersack, Wasserfilter
Uhr, Karten, Stirnlampe, Kompass, (Höhenmesser)	Uhr, Karte, Stirnlampe, Kompass, Höhenmesser, Global Positioning System (GPS)

suche …, Bibliotheksdatei online, Museumscafé im Garten des »Haus des Alpinismus«.

Die Naturfreunde e.V., www.naturfreunde.de. Landesgruppen mit eigenen Häusern in allen Bundesländern. Unter www.nfi.at Kontakt zur Zentrale in Wien und mehr als

Checkliste: Zusätzliche Ausrüstung zum Wandern

für Hütten	❑ dünner Schlafsack, bequeme Hose, leichte Schuhe, Handtuch, für ungeheizte Winterräume Daunenschlafsack
Bergtouren	❑ Teleskopstöcke für Abstiege, Leichtsteigeisen für Altschneereste
Klettersteige	❑ Lederhandschuhe für Drahtseile, Komplettklettergurt, Steinschlaghelm, 2 Klettersteigkarabiner und -bremsen, 4 m Einfachseil
Klettertour	❑ Kletterschuhe, -gurt, 50 m Einfach- oder Doppelseil, Steinschlaghelm, Klemmkeile, Friends, Haken, 2 HMS-, 6 Normal- und 2 Schraubkarabiner, 10 Express-Schlingen, Abseilachter, mehrere Meter 5-mm-Reepschnur für Kurzprusik und anderes, 4 Bandschlingen 1 – 2,5 m
Hochtouren	❑ besonders warme, wind- und regendichte Kleidung, steigeisenfeste Leder- oder Kunststoffbergschuhe, Steigeisen, warme Fäustlinge, warme Mütze, Gamaschen, Gletscherbrille, Teleskopstöcke, Material für Klettertour plus 2 Eisschrauben, Eispickel, Felshammer
Eistouren	❑ wie für Hochtouren, zusätzlich eine strapazierfähige und wasserfeste Hose, 2 Steileisgeräte, Rohreishaken, Seilrolle für Flaschenzug
Skitouren	❑ Tourenski mit Tourenskibindung und -stiefeln, Ski-Werkzeug, Harscheisen, Felle, Fellkleber, Wachs, besonders warme, wind- und regendichte Kleidung, warme Fäustlinge, warme Mütze, Gamaschen, Skibrille, Teleskopstöcke, Material für Klettertour, leichter Eispickel, Lawinensuchgerät und -schaufel, Rolle für Flaschenzug
Notfallpaket	❑ Rettungsfolie, Trillerpfeife, Feuerzeug, Schlauchstück, 2-Personen-Biwaksack, Erste-Hilfe-Set

500.000 Naturfreunden in etwa 3000 Ortsgruppen in 21 Staaten, Verzeichnis von Naturfreundehäusern, Familienferienstätten, Ferienheimen, Wanderstützpunkten, Bootshäusern, Stadt- und Vereinsheimen.

Deutscher Wanderverband, www.wanderverband.de, ✆ 0561/93873-0, 650.000 Wanderer in bundesweit 56 Hauptwandervereinen mit 3115 Ortsgruppen, dort auch www.familien-wandern.de, www.wanderjugend.de.

European Ramblers Association www.era-ewv-ferp.org.

Literatur

Michael Holzach, **Deutschland umsonst**, Ullstein.

Otl Aicher, **Vom Gehen in der Wüste**, Gruner & Jahr.

Hans Kammerlander, **Bergsüchtig**. Piper.

MIT DEM FAHRRAD REISEN

von Jürgen Wagener und Ralf Stöhr, überarbeitet und ergänzt von Ina Seeger und Alexander Büsing

Ina Seeger und Alexander Büsing sind infiziert vom Reisen. Die letzte größere Tour führte sie jüngst über 21 Monate mit dem Fahrrad von Deutschland nach Südafrika. www.welttour.de.

Sie wollen also auch einmal mit dem Fahrrad auf Tour gehen? Das ist wirklich eine prima Idee. Sie können abseits aller großen Touristikrouten fahren, mehr Gepäck als beim Wandern mitnehmen, spüren den Fahrtwind um die Nase, bereisen das Gastland intensiv – Einladungen bleiben nicht aus – und sind bei alledem stets flexibel und ungebunden. Je nach Unterkunft kann es eine kostengünstige Form des Reisens sein. Vielleicht wollen Sie Kilometer abspulen, vielleicht wollen Sie etwas sehen – das führt zu 200 oder 20 Kilometern pro Tag. Einige grundsätzliche Tipps sollen Ihnen Mut machen, sich und Ihr Rad auszuprobieren.

Vor einer größeren Tour sollte man zu Hause ausprobieren, wie weit man ohne Anstrengung mit Gepäck fahren kann. Training ist nicht notwendig; um die schmerzhaften Druckstellen am Allerwertesten zu vermeiden, sollten Sie allerdings eine Woche vor dem Reisebeginn öfters mal jeweils 1 bis 2 Stunden fahren und (ganz wichtig!) drei Tage vor dem Start dann nicht mehr. Dann überkompensiert der Körper die schon vorhandenen Druckstellen und die Tour geht ohne Schmerzen los. Fangen Sie einfach mit kleinen Tagesetappen (25 – 50 km) an! Gewöhnen Sie Ihren Körper allmählich an längere Strecken und setzen Sie niemals die Tagesetappen zu hoch an. Denken Sie immer daran: Nur entspannt Radelnde erleben das Land.

Das richtige Reiserad

Die wichtigste Entscheidung, nämlich die Wahl des Fahrrades, hängt von den Straßenverhältnissen und der Topografie des Reiselandes ab. Darüber sollten Sie sich vorher genauestens informieren. Grundsätzlich ist jedes verwindungssteife Fahrrad mit stabilen Gepäckträgern geeignet. 26-Zoll-Fahrräder sind robuster und auf nicht asphaltierten Straßen leichter zu handhaben. Ebenso sind Ersatzteile einfacher zu organisieren und meist auch günstiger. 28-Zoll-Fahrräder sind laufruhiger und angenehmer auf Asphalt. Für unbefestigte Straßen eignet sich kein Rennrad oder Reiserad mit schmalen Reifen. Auf Erdstraßen fahren Sie am besten mit einem **Mountainbike**, das mit stabilen Gepäckträgern und Flaschenhaltern nachgerüstet wurde. Supergefederte Mountainbikes, für die im Gastland selten Ersatzteile zu finden sind, sind ungeeignet. Wenn damit zu rechnen ist, dass der überwiegende Teil der Reisestrecke auf glattem Belag gefahren wird, kann auch ein **Trekking-Rad** benutzt werden.

✹ **Tipp:** Listen Sie die verschiedenen Größen und Arten der Schraubverbindungen an Ihrem Fahrrad auf. Je einheitlicher und üblicher, desto weniger Werkzeug benötigen Sie. Kaufen Sie nur hochwertiges Werkzeug.

Reiseradrahmen stehen in Stahl oder Aluminium zur Verfügung. Alurahmen sind steifer, leichter und meist günstiger, doch lassen sich Brüche nur mit speziellen, seltenen Alulötern reparieren und die Lötstelle hält meist nicht lange. Stahlrahmen sind schwerer, teurer und halten länger, wenn die Endstücke gemufft sind. Sie lassen sich leichter schweißen. Die Entscheidung für den Rahmen hängt davon ab, mit welchen Straßenzuständen zu rechnen ist. Das Gewicht ist zweitrangig.

Ein Reiserad sollte auf jeden Fall eine 1:1-**Übersetzung** oder sogar eine Untersetzung haben, die es erlaubt, auch hügelige und bergige Strecken zu genießen.

Es ist ein **Ledersattel** zu empfehlen, der Feuchtigkeit besser aufnimmt als ein Kunststoffsattel und sich der Anatomie des Fahrers anpasst. Den Sattel sollten Sie schon vor der Reise einsitzen. Das geht schneller, wenn Sie ihn mit Lederfett einreiben, 30 Minuten in den mäßig warmen Backofen legen, und dann mit dem geschmeidigen Sattel ein bis zwei Stunden eine kleinere Tour unternehmen. Meist passt der Sattel dann wie angegossen. Während der Reise sollte der Ledersattel mit Lederfett (in kleiner Filmdose) gepflegt werden.

Egal, welchen **Lenker** man bevorzugt, er sollte mehrere Griffmöglichkeiten haben. Verschiedene Griffpositionen erlauben mehrere Haltungsformen, schonen die Hände und vermindern Nackenschmerzen. Mountainbike-Lenker können Sie zu diesem Zweck an den Enden mit Lenkerhörnchen versehen. Brezel-Lenker bieten ergonomisch geformte Griffmöglichkeiten.

Das Fahrrad sollte mindestens eine, besser zwei oder drei **Trinkflaschenhalterungen** erhalten.

Schutzbleche sind ratsam bei europäischen Wetterbedingungen. Diese können jedoch auf Rüttelpisten durchvibrieren oder sich auf schlammigen Pisten so mit Dreck zusetzen, dass die Reifen blockiert werden. Je nach Situation verzichten deswegen einige Reiseradler lieber auf die Schutzbleche.

Ein unumstößliches Fahrrad-Gesetz besagt: »Irgendwann geht alles kaputt.« Am liebsten dann, wenn gerade kein Ersatz zu beschaffen oder eine **Reparatur** unmöglich ist. Wo viel Hightech und Extras ans Fahrrad

Tipp: Die hinteren Brems- und Schaltzüge ausmessen und mehrere Ersatzzüge mitnehmen; für vorne kann man diese passend kürzen.

Checkliste: Werkzeuge und Ersatzteile für Fahrradtouren

Minimalausstattung	**für längere Touren**
❑ Luftpumpe	❑ Kugellagerkugeln
❑ Flickzeug mit Knochen, Reifenheber	❑ 2 Ersatzmäntel
❑ 2 Ersatzschläuche	❑ Schrauben und Muttern
❑ Speichenschlüssel	❑ Maul- und Inbusschlüssel
❑ Speichen mit Nippeln	❑ Ersatzkettenglieder
❑ Brems- und Schaltzüge	❑ Schnur

Für Touren mit hohem Verschleiß lohnen sich noch:

❑ 2 m Draht für Reparaturen	❑ Öl oder Fett
❑ Kette	❑ Kabelbinder
❑ Bremsgummis	❑ Klebeband
❑ Hinterachse	❑ Lederfett

Tipp: Mit Lüsterklemmen können Sie einen gerissenen Schalt- oder Bremszug provisorisch flicken.

angebaut sind, können ständige Defekte den Spaß rauben. Bei einem Reiserad sollte deshalb immer darauf geachtet werden, wie reparaturanfällig ein Teil ist und ob Defekte mit eigenem Werkzeug und ohne fremde Hilfe behoben werden können. Zudem reizt jeder zusätzliche Schnickschnack diebische Elstern.

Gepäcktransport

Gepäckträger müssen stabil und schwingungsarm sein. Wenn am Vorderrad ein *Low-Rider* (tief hängender Vorderradgepäckträger) montiert ist und dort die schwersten Gegenstände verstaut sind, lässt sich das Gewicht besser verteilen. Dann ist auch die Straßenlage am besten. Schwere Low-Rider machen allerdings die Lenkung etwas träger. Wichtig sind stabile und möglichst wasserdichte **Packtaschen**. Großen Wert sollte man auf die Befestigung der Taschen legen. Werden sie am Gepäckträger nur eingehängt, dürfen sie sich bei Schlaglöchern nicht von allein aushängen. Scheuen Sie sich also nicht, beim Radausstatter die Gepäcktaschen auszuprobieren, denn auf der Straße müssen diese Taschen einiges aushalten. Für evtl. Löcher ein Reparaturset mitnehmen. Vorne sei eine abnehmbare **Lenkertasche** mit Fächern empfohlen; ohne Fächer gibt es jedes Mal Suchchaos. Dort lassen sich alle wichtigen Dokumente, Geld und Fotoapparat bequem unterbringen. Man kann sie überall mit hinnehmen und einschließen. Abzuraten ist von Dreifach-Gepäcktaschen und großen Rucksäcken.

Tipp: Die besten Erfahrungen haben viele mit den Taschen von Ortlieb oder Vaude gemacht; die sind wirklich robust und wasserdicht.

Das Radler-Outfit

Die Fahrradbekleidung bleibt eine individuelle Angelegenheit. Am wichtigsten ist die Überlegung, wohin die Reise geht und wie das Wetter dort ist. Viele bevorzugen eine Hose mit Leder- oder Polstereinsatz, um Sitzprobleme zu vermeiden. Bei den Schuhen sollte man überlegen, ob man auch mal wandern will. Auf jeden Fall gehören Regenjacke und -hose ins Gepäck. Am flexibelsten ist das »Zwiebelprinzip«, also mehrere Beklei-

Prüfkriterien für die Kleidung: leicht, kleines Volumen, atmungsaktiv, winddicht, wasserdicht, gut sichtbar, universell, reparaturfreundlich.

Globi mit Hilfsmotor: Angesichts der steilen Bergwege in Tibet lassen wir das mal gelten …

dungsschichten übereinander. Eine gute Windjacke, deren Ärmel mit einem Reißverschluss abzutrennen sind, passt zum Zwiebelprinzip.

Auffällig bunte Radkleidung ist vielleicht besonders trendig, sorgt aber vielleicht auch für ungewollte Aufmerksamkeit, Unverständnis oder Gelächter von Einheimischen. So sind gerade in moslemischen Ländern Bikershorts für Frauen und Männer tabu. Für Frauen empfiehlt sich dort z.B. ein langer Rock über der Hose.

Tipp: Gewicht sparen kann, wer wenig Kleidung mitnimmt und häufiger wäscht. Wer zu zweit oder in Gruppen unterwegs ist, kann die Räder identisch und mit einheitlichen Schrauben ausstatten sowie gemeinsam zu nutzende Dinge nur einmal mitnehmen.

Sonstige Ausrüstung

Mit Zelt, Isomatte und Kocher reist man deutlich unabhängiger. Die schönsten Stellen in der Natur werden dann zum Übernachtungsort, oft helfen auch die Einheimischen weiter, wenn man sie fragt. Dadurch kommt man auch mit den Menschen in Kontakt und ist nicht auf anonyme Hotels angewiesen.

Zwar kann die Ausrüstung schwerer als bei Rucksackreisen sein, doch lassen Sie sich nicht von ihren Fahrradtaschen dazu verleiten, alles Mögliche mitzunehmen! Schließlich müssen Sie es radelnd jeden Berg rauf bewegen – und das kostet Energie. Beim Radreisen ist weniger mehr.

Erfahrungen

- www.reisebuch.de, Radreise-Literatur für Reisen in Deutschland, Europa und weltweit.
- www.radtouren4u.de/radlinks.html, Links zu Radreisenden.
- www.felixanita.ch, Eine Hochzeitsreise mit dem Tandem durch Afrika.
- www.theargonauts.com, Scotty's Fahrradtour um die Welt (englisch).
- www.reiseradler.de, Informationen und Links zum Thema Radreisen.
- www.radreise.de, Forum für Fernradler von Andreas Zehlius (dzg).
- www.martl-jung.de, Radreisen von Martl Jung (dzg) u.a. in Afrika.
- www.albumamicorum.com, Claudia Klein-Hitpass (dzg) und Uwe Rotter waren 18 Monate mit dem Fahrrad unterwegs.
- www.biketour4goodhope.com, Harald Radtke & Renate Volkmann (dzg) mit dem Rad in Afrika.

Transport des Rades

Vergleichen Sie schon vor der Buchung die Transportkonditionen der Fluggesellschaften und melden Sie das Fahrrad an. Vor Flügen müssen Pedale abgeschraubt (15er Schlüssel), der Lenker gedreht, die Luft aus den Reifen gelassen und empfindliche Teile (Lenkerband, Schaltgriffe, Umwerfer etc.) abmontiert oder geschützt werden, etwa mit Schaumstoff.

Auf Fähren und Schiffen gibt es so gut wie nie Probleme. Im Laderaum findet sich immer ein Platz fürs Rad; lange Spanngummis sind hilfreich, um gegen Umfallen zu sichern. Mit dem Zug wird es etwas schwieriger. Gerade im Ausland sollte man sich immer vorher erkundigen, ob ein Waggon mit Stellplatz für Räder oder ein Gepäckwagen angekoppelt ist, ob aufgegeben, reserviert oder selbst verladen werden kann bzw. muss. In vielen Ländern gibt es auch Mitnahmemöglichkeiten per Lastwagen oder in Langstrecken-Reisebussen. Wertsachen nicht am Rad lassen.

Mehr Information

Allgemeiner Deutscher Fahrrad-Club ADFC e.V., ✆ 0421/3462-90, www.adfc.de. Radwanderkarten, Adressen internationaler Fahrradclubs, Übernachten bei Mitgliedern, Tipps für die Tour, für Fahrrad und Bahn und einzelne Länderinfos.

Union Cycliste Internationale (UCI), www.uci.ch.

European Cyclist Federation (ECF), www.ecf.com.

International Human Powered Vehicle Association, www.ihpva.org mit Links zu den Clubs zwischen Australien und Schweden. HPV Deutschland e.V., Troisdorf, ✆ 02241/75916, www.hpv.org.

Literatur

Helmut Hermann, **Fahrrad Weltführer**. Reise Know-How.

Herbert Lindenberg, **Das Europa BikeBuch**. Reise Know-How.

Fred Milson, **Fahrrad – Wartung & Reparatur**. Delius Klasing

Christian Kuht, **Rad kaputt**. Fahrrad Heft Nr. 7 aus der Reihe »Einfälle statt Abfälle«, WDA, Brodersdorf. Improvisationsanleitungen mit minimalen Mitteln, www.3gang.de.

... per Rad. Cyclos-Fahrrad-Reiseführer, zu meist europäischen Regionen. Gesamtverzeichnis bei: Wolfgang Kettler, ✆ 03342/202173, www.kettler-verlag.de.

✹ **Tipp:** Umfassende Informationen zur Vorbereitung und Durchführung jeder Fahrradreise liefert das seit 1989 immer wieder aktualisiert erscheinende **Handbuch Radwandern** von Frank Micus und Johannes Remmel. Neuauflage 2006. www.PeterMeyer-Verlag.de

Adressen für Fahrrad-Zubehör

Anhänger: BOB Trailors, www.bobtrailers.com, **Zwei plus Zwei,** Andreas Gehlen, Köln, ✆ 0221/422800, www.zweipluszwei.de.

Bremsen: Magura, Hydraulikbremsen, www.magura.de.

Diverses: Schlumpf, Mountain-Drive, www.schlumpf.ch, **Shimano**, www.shimano-europe.com/cycling, **Mavic** www.mavic.com.

Dynamo: SON Schmidts Original Nabendynamo, auch für 20" – 16" Räder, www.nabendynamo.de.

Federgabeln: HP Velotechnik, Vertrieb von Streamer und 20"-Federgabeln, www.hpvelotechnik.com.

Kraftübertragung: SRAM/Sachs www.sram.com, **Stronglight**, Kettenradgarnituren, Naben, www.stronglight.com.

Laufräder: Aerospoke/USA, 406er/20"-Aero-Laufräder, www.aerospoke.com.

Ledersättel: Brooks, www.brookssaddles.com.

Pedalsystem: Look, www.lookcycle.com.

Rahmenbau: Gerritsen & Meijers, geschobene Schwinge für 20"-Räder, www.m-gineering.nl/index2.htm.

Reifen: Continental www.conti-online.com, **Nokian** Spikesreifen www.nokiantyres.fi, **Schwalbe** www.schwalbe.de,

✹ **Tipp:** Radler-Hotline der DB zum Radtransport in Europa 7 – 23 Uhr unter 01805/151415. Achtung, Fahrradmitnahme ist im ICE verboten, im IC reservierungspflichtig.

Fahrradhändler im Internet

www.mountainbikes.net
www.100prozentbike.de
www.bavariabike.de
www.bike-o-bello.de
www.canyon.de
www.cyberspeiche.de
www.fabial.de
www.fahrradscheune.de
www.firebike.de
www.ftl-berlin.com
www.mc-radl.de
www.misterbike.de
www.raddiscount.de
www.radhaus-online.de
www.radsport-ludwig.de
www.rosso-sport.de
www.spezialrad-shop.de
www.tnc-hamburg.de
www.velospecial.de

Tioga 406er/20"-Reifen www.tiogausa.com, **Vredestein** www.vredestein.com.

Schaltung: Rohloff, 14-Gang-Nabenschaltung, www.rohloff.de.

Taschen: Ortlieb www.ortlieb.de, **Vaude** www.vaude.de.

Verkleidungen: Zzipper, http://zzipper.com.

Fahrradhandel

Adressen lokaler Fahrradhändler finden Sie im Branchenbuch, hier einige Versandhändler:

Rose Versand, Bocholt, ✆ 02871/2755-55, www.rose-versand.de.

Brügelmann Fahrrad GmbH, Sulzbach, ✆ 069/5071-0, www.bruegelmann.de. Umfangreicher Katalog.

Stadler, Regensburg, ✆ 0941/3788-147, www.zweirad-stadler.de.

Fahrradteilegroßhandel GROFA www.grofa.com.

Österreich: Bikediscount, Riezlern im Kleinwalsertal, ✆ 05517/3777, www.bikediscount.de.

B.I.E.R. Fahrradstudio, Baden, www.fahrradstudio.at.

Schweiz: www.unterwegs.ch, Pedale www.pedale.net und Velowerk www.velowerk.ch.

MIT KANU UND KAJAK

von Hermann Harbisch

Hermann Harbisch ist Mitglied der dzg. Seit Jahrzehnten reist er mit Kanu und Kajak in vielen Gebieten der Erde, besonders in Kanada und Alaska.

Kanu fahren ist nicht nur bei Outdoorfans in. Gemeint ist hier nicht die Jagd nach Punkten und Sekunden, sondern ganz einfach das Wandern mit dem Boot: Alles, was man für das Leben draußen benötigt, wird im Boot verstaut. Um den Appetit anzuregen, hier einige grundlegende Informationen.

Doppel- oder Stechpaddel?

Die Urform der **Kajaks** stammt von den Inuit, die mit solchen Booten vor allem Seehunde jagten. Sie werden mit einem **Doppelpaddel** gefahren. Um bei Wind nicht allzuviel Widerstand zu bieten, sind die Paddelblätter um 90 Grad gegeneinander verschränkt. Daher muss das Paddel bei jedem Paddelschlag in einer Hand gedreht werden. Je nachdem, ob dieses Drehen mit der linken oder rechten Hand erfolgt, gibt es rechts oder links gedrehte Paddel. Wer ein teilbares Kajakpaddel kauft, der kann sich das Paddel nach Bedarf links- oder rechtsherum zusammenstecken.

Die **Kanus** oder **Kanadier** wurden von den Indianern Nordamerikas gebaut, meist mit einer Haut aus Birkenrinde über einem Stabgerippe, vorn und hinten oft mit hoch gezogenem Bug oder Heck. Heute werden viele Kanadier mit flachem Bug und Heck gebaut, genauso wie die verschiedenen Indianer Nordamerikas sehr unterschiedliche Bootsformen kannten. Kanadier werden mit **Stechpaddel** gefahren. Es besitzt am oberen Ende einen Handgriff und am unteren ein breites Blatt, das – kräftig durchs Wasser gezogen – für die Fortbewegung sorgt.

Single oder Paar?

Einer-Kanadier sind schwieriger zu fahren als Zweisitzer. Eine geübte Zweierbesatzung ist mit dem Kanu auch in bewegtem Wasser manövrierfähig. Beim Kajak ist es umgekehrt. Dort ist der Einer manövrierfähiger; ein Zweier braucht eine besonders gut aufeinander eingespielte Besatzung, um in bewegtem Wasser schnelle Wendungen fahren zu können. Zweierkajaks werden meist mit den Füßen betätigtem Steuer gefahren, reagieren im Wildwasser dann aber viel zu langsam.

Ungeübte Kanadierbesatzungen sind schon von weitem daran zu erkennen, dass sie nach wenigen Paddelschlägen die Schlagseite wechseln, um die vom Kanu eingeschlagene falsche Fahrtrichtung wieder zu korrigieren. Erfahrene Kanadierfahrer setzen ihre Paddel – jeder an seiner Seite – so gleichmäßig ein, dass das Boot scheinbar von selbst geradeaus fährt. Lenkbewegungen, dazu gehört auch der Ausgleich eventueller Schwänzelbewegungen, werden vom hinten sitzenden Steuermann oder der Steuerfrau durch ein Steilstellen des Paddelblattes mit einer leichten Ein- oder Auswärtsbewegung des Paddels ausgeführt. J-Stroke wird das von den Nordamerikanern genannt.

Literatur

Jürgen Gerlach, **Der Kajak**. Das Lehrbuch des Kanusports. Busse & Seewald.

Bill Mason, **Der Kanadier**. Die Kunst des Kanufahrens. Busse & Seewald.

Jürgen Sieben, **Canadierschulung**. Tröndel 1997.

Franz Riegel, Dieter Raffler, **Stechpaddel-Fahrschule**. Pollner.

Ursula und Christian Altenhofer, **Der Hadernkahn**. Geschichte des Faltbootes. Pollner.

Tipp: Die Mitnahme von schwerem Sportgepäcck, erst recht von starren Booten, muss sehr frühzeitig mit der Fluggesellschaft schriftlich vereinbart werden, sonst erlebt man u.U. ein Debakel beim Einchecken.

Starr, faltbar oder zum Aufblasen?

Zu Hause verwende ich, wie wohl die meisten Kanuten, **starre Boote** aus modernen Kunststoffen. Dabei sind Einerwanderkajaks meist ab 4,50 m und die Zweier gut 5 m lang. Seekajaks sind noch fast 1 m länger, Wildwasserkajaks dagegen deutlich kürzer, weil sie wendiger sein müssen. Sie sind unter 4 m lang, die kürzesten um 2 m. Sie haben allerdings wenig bis praktisch keinen Stauraum. Und auf ruhigem Wasser ist so ein Boot nur mit viel Anstrengung vorwärts zu bewegen – ganz zu schweigen von den Mühen eines Anfängers, so ein Schifflein dorthin zu steuern, wo er hin will. »Länge läuft«, sagen die Paddler.

Es ist kostengünstiger, mit zerlegbaren oder **faltbaren Booten** zu verreisen. Sowohl bei Kajaks als auch beim Kanadier gibt es faltbare oder auch aufblasbare Versionen. Gerade für Reisen nach Nordamerika bieten sich diese Boote an, da für die meisten Flüge das Gewichtslimit bei zweimal 32 kg je Person liegt. Auch in andere Regionen dieser Welt können solche Boote, oft gegen nur geringen Aufpreis oder gar kostenlos, im Flugzeug mitgenommen werden. Selbst viele Charterflieger bieten günstige oder kostenlose Mitnahme von Sportgepäck an, und dazu gehören natürlich Falt- und aufblasbare Boote. Aufblasbare Kanadier und kanadierähnliche Boote wie der Indio oder XR-Trekking sind auf dem Wasser jedoch ziemlich windempfindlich! Manche Flug-, gerade Chartergesellschaften, nehmen auch feste Boote mit; die Kosten sind sehr unterschiedlich, oft exorbitant hoch.

Faltkajaks werden in unterschiedlichen Modellen angeboten. Ein Faltboot zu fertigen, verlangt neben teuren Materialien viel qualifizierte Handarbeit. Daher kosten diese Boote das Mehrfache gegenüber starren Booten aus Polyester oder thermoplastischen Kunststoffen, ein voll ausgerüstetes Einer-Faltboot von Klepper, Ally oder Nautiraid mindestens 2500 Euro. Bei einem Boot der Edel-Faltbootwerft Feathercraft aus Vancouver verschwinden bereits 4000 Euro vom Konto.

Literatur

Otto von Stritzky, Marja de Pree, **Wandern zu Zweit, mit Boot und Zelt**. O. v. Stritzky.

Küstenpaddlers Basiswissen. Ausbildungsmappe der Salzwasser Union e.V., Hamburg.

Rainer Mareik, **Kanuwandern**. Basiswissen für Draußen. Stein.

Holger Greiner-Petter, **Familienurlaub in der Wildnis**. Buchhaus.

Kanumagazin, Sport- und Freizeit Verlag, 86150 Augsburg, ✆ 0821/3499190, www.kanumagazin.de.

Und selbst die während der DDR-Zeiten zu Dumpingpreisen über die westdeutschen Kaufhäuser verschleuderten Pouch-Boote kosten heute deutlich über 2000 Euro. Preislich interessant und von akzeptabler Qualität sind russische Faltboote. Sie werden vor allem von der Firma Out Trade angeboten.

Faltkanadier werden in Deutschland als Ally von Scandic Outdoor und von Poucher Boote angeboten.

Aufblasbare Kajaks, wie sie früher von der Firma Metzeler unter dem Namen »spezi« hergestellt wurden, sind offensichtlich wieder im Kommen. Früher waren sie für eine längere Fahrt mit Gepäck, erst recht im Wildwasser, keine Alternative, wurden jedoch weiter entwickelt: Gumotex aus Tschechien bietet aufblasbare Kajaks für rund 1000 Euro, diejenigen von Grabner oder Spreu kosten deutlich über 1500 Euro.

Aufblasbare Kanadier und wie Kanadier mit Stechpaddeln gefahrene Boote gibt es unter anderem von Grabner, Spreu, Markill und Gumotex. Die Preise beginnen bei unter 1000 und reichen bis 3000 Euro.

Wie lerne ich paddeln?

Paddeln kann und muss natürlich gelernt werden, Bücher ersetzen das nicht. Neben vielen Kanuvereinen, die heute auch Nichtmitgliedern das Erlernen des Kanufahrens anbieten, haben sich eine ganze Reihe von Kanuschulen etabliert. Es ist sicher sinnvoll, vor einer Kanureise wenigstens die Grundtechniken des Kanufahrens zu erlernen – und ein paar Kenntnisse zu naturschonendem Verhalten auf Gewässern obendrein. Auf Wildwasser und auf dem Meer – auch wenn es »nur« längs der Küste geht, sind *immer* gute Kenntnisse und ausreichende Erfahrung nötig. Solche Touren sind nichts für Alleingänge, erst recht nichts für Anfänger! Gruppen von drei bis sechs Leuten haben sich als besonders sinnvoll erwiesen. Hinweise auf lokale **Kanuschulen** erhalten Sie beim

Verband Deutscher Kanuschulen, 87544 Bihlerdorf, ✆ 08321/68950, www.vdks-kanuschulung.de.

Kanuschulen im Internet:
www.aquamonte.de
www.at-outdoor.de
www.canadierschule.de
www.impulscompany.de
www.kanuschule.ch
www.kanuschule.de
www.kanushop-noris.de
www.LaCanoa.com
www.nanuk.de
www.paddel-meier.de

Mehr Information

Deutscher Kanu-Verband DKV, ✆ 0203/99759-53, www.kanu.de, bietet für Deutschland und Europa zahlreiche Gewässerführer, Lehrbücher, Beschreibungen historischer Kanufahrten sowie die Verbandszeitschrift; Links zu zahlreichen Kanu-Vereinen und Landesverbänden.

Wohin mit der Ausrüstung?

Selbst wenn Sie nicht kentern, kann Spritzwasser ins Boot eindringen. Wer einmal in einem quietsch-nassen Schlafsack lag, wird einen teuren wasserdichten Packsack billigen Müllsäcken vorziehen. Seekajaks haben vorn und hinten wasserdichte Stauräume mit Packluken. Trotzdem ist es sinnvoll, wichtige und wasserempfindliche Packstücke nochmals sicher zu verpacken. Kajaks, oft auch Kanadier, werden mit einer Spritzdecke gegen das Eindringen von Spritzwasser abgedichtet, im Wildwasser und bei kräftigem Wellengang ist sie unabdingbar. Sie wird um den Süllrand gezogen und liegt mit einem Gummizug eng am Körper des Kanuten an. Beim Benutzen von Kanadiern eignen sich wasserdicht verschließbare Tonnen, die mit einem langen Seil untereinander und mit dem Boot verbunden werden.

Kanus sind besonders leicht zu be- und entladen. Mit ihrem größeren Stauraum bieten sie sich auch vor

Paddel-Ausrüstung

Neben der üblichen Ausrüstung für das Leben draußen verlangt das Reisen mit dem Boot besonders:

- ❑ Spritzdecke
- ❑ wasserdichte Packsäcke oder -tonnen
- ❑ je Mitfahrer eine Schwimm- oder Rettungsweste
- ❑ ein Rettungswurfsack je Fahrtengruppe (Anwendung vorher üben!)
- ❑ Gewässerbeschreibungen oder genaue Informationen über das zu befahrende Gewässer und Reservepaddel
- ❑ bei Wildwasserfahrten: Helm
- ❑ bei kühlen Gewässern: Neopren- oder Trockenanzug
- ❑ bei Meeres- oder Küstenfahrten: Karte und Kompass
- ❑ ausreichend Trinkwasser

allem für Familien mit noch kleinen Kindern an. Die ursprünglich als Jagdfahrzeuge für die wilde See konzipierten Kajaks bezahlen ihre Wendigkeit mit weniger Packvolumen. Insbesondere beim Einer kann die gesamte Ausrüstung nur in vielen kleinen Packeinheiten mühselig und mit viel Geschick im Vor- und Achterschiff verstaut werden. Bei längeren Touren wird meist noch Gepäck in wasserdichten Säcken auf dem Achterdeck verstaut. Aber Achtung: das macht die Boote windanfälliger und verändert ihren Schwerpunkt ungünstig.

Trotz geringen Stauraumes kann in einem Kajak, erst recht in einem Kanadier, viel mehr untergebracht werden, als z.B. im Rucksack. So haben wir für unsere Fahrten auf dem Yukon in Nordkanada problemlos Ausrüstung und Lebensmittel für mehr als sechs Wochen transportiert. Dann wiegt so ein Einerfaltkajak allerdings an die zwei Zentner – ohne Paddler, versteht sich.

Kanu-Ausrüster

Die folgenden Fachgeschäfte sind größtenteils vom Deutschen Kanu-Verband als Fachberater anerkannt. Oft können dort Boote gemietet und Adressen von Kanuschulen erfragt werden. In einem guten Kanu-Shop ist es möglich, ein Boot zum Probefahren auszuleihen.

04229 Leipzig, **Bootsshop Herold,** ✆ 0341/4011059 www.bootsbau-herold.de.

15537 Erkner, **Kanu Sport Konrath,** 15537 Erkner, ✆ 03362/5023-16, www.kanusport-erkner.de.

10997 Berlin, **Kanu-Connection**, ✆ 030/6122686, www.kanu-connection.de.

51535 Neustadt, **Helmi Sport,** Eilvese, ✆ 05036/429, www.helmi-sport.de.

37085 Göttingen, **Kanuartikel Kristina Bauer,** ✆ & Fax 0551/46899.

39106 Magdeburg, **Yak & Yeti,** ✆ 0391/541-0506.

45257 Essen, **Zölzer GmbH Sportbedarf,** ✆ 0201/487815, www.zoelzer.de.

Mehr Information

www.canoe-europe.org, europäische Kanuorganisation.

www.canoeicf.com, Kanu-Weltverband mit Sitz in Madrid.

www.alpine-kayak-club.org/akcurl, Alpiner Kanu-Club AKC, München.

www.wassergeusen.de, Die Wassergeusen – Unabhängige-Kanu-Wanderer, c/o Rolf Wientges, 33442 Herzebrock-Clarholz.

www.salzwasserunion.de, Salzwasser-Union e.V., c/o Inis Kalter, Bremen.

www.kajak-channel.de.

www.kanu-touren-welt-weit.de, Reinhold Korte (dzg), Neuss, ✆ 02131/41213, unternimmt abenteuerliche Kanutouren in Europa und Australien.

48268 Greven, **Rucksack,** ✆ 02571/6626, www.rucksack-online.de.

49134 Wallenhorst, **Kanuladen Werner Nowak,** ✆ 05407/1330, www.wallkanu.de.

50679 Köln, **Blackfoot Outdoor Sportartikel,** ✆ 0221/8800-354, www.blackfoot.de.

51069 Köln, **Arno Gatz,** ✆ 0221/96447700, www.gatz-kanu.de.

53579 Erpel, **Kanu-Sport Schulte,** ✆ 02644/3588, www.kanu-sport-schulte.de.

59423 Unna, **Sport Schröer,** ✆ 02303/1793, www.sport-schroeer.de.

68519 Viernheim, **Christian, Trekking und Outdoor,** ✆ 06204/676-88, www.christian-outdoor.de.

83022 Rosenheim, **Prijon Sportshop,** ✆ 08031/3037-0, www.prijon.com.

89155 Erbach, **Out Trade,** ✆ 07305/928247, www.aut-trade.de.

MIT DÜSE & MOTOR

Natürlich können Sie schon mal für 20 Euro nach London oder für 50 Euro nach Istanbul fliegen. Doch Low-cost-Airlines und Lockvogelangebote finden Sie bislang nur innerhalb Europas. Eine Fernreise können Sie mit solchen Flügen nicht planen. Nichtsdestotrotz gibt es billige und teure Flüge.

MIT DEM FLUGZEUG HIN UND WEG

Mit zahlreichen Hinweisen von Ulla Siegmund

Ulla Siegmund ist seit 1977 Mitglied der dzg und war 1999 – 2004 deren 1. Vorsitzende. Sie reiste seit Anfang der 70er Jahre zunächst bevorzugt durch Asien, später folgten Reisen mit einem betagten Hanomag AL28 durch viele Länder Afrikas. Ganz besonderes Interesse besteht an ethnischen Minderheiten. Die letzte Tour führte sie mit dem Schlauchboot den Nam Ou (Nebenfluss des Mekong) flussabwärts zu den Bergvölkern im Norden von Laos. Sie arbeitet als Managerin im Airline-Geschäft an den Flughäfen Frankfurt und Düsseldorf.

Billigflüge

Viele Tageszeitungen bieten eine wöchentlich erscheinende Reisebeilage. Dort werden aktuelle Flüge angeboten. Auf vielen Flughäfen bieten kleine Reisebüros Flüge, Restplätze und Pauschalreisen an. Sind das wirklich alles »Last-Minute-Flüge«?

Echte **Standby- und Last-Minute-Flüge** findet man nach dem Windhund-Prinzip. Sie fahren mit Gepäck zum Flughafen, laufen von Büro zu Büro und finden früher als andere heraus, wo und wie ein frei werdender Platz vergeben wird. Lassen Sie sich was einfallen.

- 30 Minuten vor Abflug verfällt der Sitzplatzanspruch, dann lohnt es sich, am Schalter nachzufragen.
- Wer nur mit Handgepäck reist, ist für die Fluggesellschaft attraktiver.

Die meisten »Last-Minute-Flüge« sind keine; denn sie werden für Pauschalreisende schon als solche konfektioniert. In der Hauptsaison werden sogar schon mal »Last-Minute-Flüge« angeboten, die teurer sind als im Katalog, weil wegen der großen Nachfrage »in letzter Minute« ein zusätzliches Flugzeug gechartert wurde.

- Echte Schnäppchen sind schnell vergriffen, was dann noch billig ist, hat häufig einen Pferdefuß.
- Fragen Sie kritisch nach, wenn solche Flüge mehr als 14 Tage im Voraus gebucht werden können.
- Vergleichen Sie den Restplatzpreis mit dem Katalogpreis.
- Vergleichen Sie die Zusatzleistungen mit denen des Katalogangebots.

Preisvergleiche sind schwierig und seitens der Anbieter auch gar nicht gewünscht, wie das Institut für

Und er fährt und fährt und es wird ihm nicht zu eng: Dieser Globi ist seit 20 Jahren im 2CV unterwegs

www.buchungsmaschine.de
http://flug.de
www.ferienag.de
www.travelchannel.de
www.opodo.de
www.lastminute.de
www.1001-last-minute-reise.de
www.ltur.com

Billig-Fluggesellschaften finden Sie bei www.billigflieger.de, www.discountairfares.com oder www.attitudetravel.com, **zum Beispiel:**
www.airasia.com
www.air-berlin.de
www.flydba.com, DBA
www.easyjet.com
www.germanwings.de
www.gexx.de, Germania Express
www.ryanair.com
www.southwest.com, Southwest Airlines
www.tigerairways.com
www.virginblue.com.au
www.valuair.com.sg

Freizeitanalyse herausfand. Selbst datenbankgestützte Preisvergleiche kommen bei verschiedenen Datenbanken zu unterschiedlichen Ergebnissen. Eine erste Hilfe bieten die Zeitschriften www.fliegen-sparen.de, www.reise-preise.de, hilfreich sind auch www.traveljungle.de, www.billiger-reisen.de sowie die Stiftung Warentest www.stiftung-warentest.de.

Für echte und unechte Last-Minute-Flüge gelten dieselben Geschäftsbedingungen wie für den unverbilligten Flug. Allerdings steigen die kurzfristigen Stornokosten meist auf 100 %.

Auch **Low-Cost-Airlines** müssen Gewinn abwerfen. Ryanair und Easyjet sind preislich kaum zu unterbieten (Stiftung Warentest 2005), doch werden nur 10 – 20 % der Plätze zum günstigsten Tarif verkauft. Darüber hinaus wird es teurer, je voller die Maschine wird, denn auch diese Airlines orientieren sich am Bedarf.

So senken Sie die Kosten für ein Ticket

- Buchen Sie mehrere Monate vor dem Flugtermin.
- Buchen Sie Billigflugtickets im Internet.
- Wählen Sie einen Flugtermin in nachfrageschwachen Zeiten, in der Nebensaison, außerhalb der Ferien, nicht an Feiertagen und Wochenenden.
- Wählen Sie Flugzeiten in den frühen Morgenstunden oder späten Abendstunden.
- Wählen Sie kleinere Flughäfen, doch berücksichtigen Sie zusätzliche Transferkosten – sie sind oft höher als der Flug selbst!

Fragen Sie vor dem Kauf eines Billigtickets nach

- ❑ Einschränkungen der Flugtage und Unterbrechungen
- ❑ Mindest- und Höchstaufenthaltsdauer am Zielort
- ❑ Möglichkeiten für Stopover und Umbuchungen
- ❑ Stornogebühren
- ❑ dem Namen der Fluggesellschaft
- ❑ Flughafengebühren bzw. Ausreisesteuern

- Nehmen Sie etwas Proviant und Getränke mit, der Zukauf im Flugzeug kann sehr teuer sein.
- Vermeiden Sie Übergepäck; bei Billigangeboten sind häufig weniger als 20 kg erlaubt.

✷ **Tipp:** Versteigerungen finden statt bei Sky Auction, www.skyauction.com.

Berücksichtigen Sie Mehrkosten

- Telefonische Beratung und Buchung ist bei Billigfliegern kostenpflichtig, Warteschleifen könen teuer werden, 0190-Nummern kosten 0,43 – 1,86 Euro/Minute!
- Wer im Reisebüro bucht, zahlt Vermittlungsprovision, braucht aber keine Kreditkarte.
- Achten Sie auf Zuschläge bei Kreditkartenzahlung, für Steuern, Gebühren, Transfer, Buchungspauschale etc.
- Fragen Sie nach Mehrkosten für Service: Getränke, Bordverpflegung etc.
- Preise gelten meist nur »One-Way«. Wenn Sie den Rückflug nicht sicher haben, kann der vielfach teurer werden.

Gegen Low-Cost-Flieger sprechen

- Unübersichtliche Preisgestaltung.
- Enge Fristen und hohe Gebühren für Umbuchungen und Stornierungen.
- Wenig attraktive Flugtermine und -zeiten, eingeschränkte Flugtage.
- Hoher Zeitaufwand für die An- und Abfahrt zum meist abgelegenen Flughafen.
- Wenig flexibel etwa bei Stop-Over, kein Warten auf Anschlussflüge.
- Wenn es keine feste Sitzplatzvergabe gibt, gehört der Wettlauf auf die besten Plätze zum »Bordprogramm«.
- Geringer Sitzabstand.

Standardflüge

Die Kalkulationsbasis der Billigflieger funktioniert nur bei Strecken mit maximal drei Stunden Flugzeit. Für Individualreisende und deren eigenwillige Reiseplanung sind fast immer nur **Linienflüge** geeignet. Sehr individuelle Touren entstehen durch das Koppeln von Einfachflügen (*One Way*), z.B. bei einer Weltreise. Un-

✵ **Tipp:** Mit steigenden Kerosinpreisen wird der Preisabstand zwischen Billigflügen und Standardflügen kleiner!

Flugsuchmaschinen
www.gooflight.com
www.skyscanner.net
www.etntelephone.com
www.applefares.com
www.opodo.de
www.expedia.de
www.traveltopia.de

Einige Anbieter von RTW-Tickets:

STA Travel, ✆ 0180/3100040 www.statravel.de.

High-Fly-Reisen, ✆ 040/4318630 www.high-fly.de.

Lufthansa (Star Alliance), ✆ 01803/808303 www.star-alliance.com.

Britih Airways (One World), ✆ 01805/266522 www.one-world.com.

AirFrance (Sky Team), ✆ 01805/830830 www.skyteam.com.

terschieden werden Nonstop-Flüge, Direktflüge mit Zwischenlandungen ohne Flugzeugwechsel und Umsteigeverbindungen. Ein Rückflugticket (*Return Ticket*) gilt zu einem Zielort und zurück. Wenn Sie nicht von Ihrem Ankunftsflughafen aus zurückfliegen, haben Sie einen Gabelflug (*Open Jaw*). Eine Unterbrechung (*Stop-Over*) bietet die Fluggesellschaft nur an Knotenpunkten (Drehkreuzen oder *Hubs*) an. Mit Unterbrechungen entstehen Rundreisen (*Circle Trip*).

Fluggesellschaften unterscheiden sich in der Qualität ihres Services und in den Umgangsformen bei Notfällen. Der Service kleinerer Fluggesellschaften ist meist weniger souverän, flexibel und großzügig, wenn es um überbuchte, verspätete oder ausgefallene Flüge sowie um verlorenes Gepäck geht.

Internet-Links zu Linienfluggesellschaften finden Sie auf den Webseiten der Flughäfen sowie u.a. auf www.focus.de. Dort informiert eine Datenbank detailliert über Geschichte, Technik, Flotte, Sitzabstände, Unfälle von großen, nationalen Fluggesellschaften.

Ein **Airpass** basiert auf einem Fernflugticket und enthält zu einem Pauschalpreis zusätzliche Flugstrecken für das Inlandsstreckennetz der jeweiligen Airline oder deren Partner in Form von Gutscheinen. Meist muss der Airpass außerhalb seines Gültigkeitsbereiches gekauft werden. Er lohnt sich für längere Flugstrecken in Ländern mit hohem Flugpreisniveau wie etwa Brasilien, Argentinien, Skandinavien, Australien, Mittelamerika, selten in den USA, Kanada, Mexiko; www.skyways.de.

Round-the-world-Tickets (RTW) gelten meist 180 Tage, manchmal 360 Tage. Sie unterlagen lange bestimmten Gesetzmäßigkeiten, durften meist nur in westlicher oder nur in östlicher Richtung führen. Neue Allianzen zwischen den Fluggesellschaften der Welt haben das Angebot in Bewegung gebracht. Vereinzelt sind nun zu moderaten Preisen auch Umwege und Rückflüge möglich. Günstig wirkt sich ein Flugbeginn in der Nebensaison aus.

Mit dem Flugzeug um die Welt

Weltreisen mit dem Flugzeug führen auf der Nordroute über Asien und Amerika, selten auch über Afrika. Die Südroute kann Afrika, Australien, Neuseeland und den Südpazifik berühren und ostasiatische Ziele einschließen. Die Tabelle zeigt für beide Routen kurze und lange Varianten (↗ auch »Die große Tour«).

von Europa nach	Nordroute über	Nordroute oder	Südroute über	Südroute oder
Afrika			Johannesburg	–
Asien	(Kathmandu)	(Mumbai)	–	Kuala Lumpur*
	Bangkok	Bangkok		
	(Manila)	(Hongkong)		
	Tokyo	Taipeh		
	(Seoul)			
Australien			Perth	Darwin
	Sydney	Sydney		
Neuseeland			(Auckland)	Auckland
Pazifik				Tahiti**
Südamerika			(Buenos Aires)	
Nordamerika	(Los Angeles)	Anchorage		
	New York	New York	New York	Los Angeles
Europa	Frankfurt***	Frankfurt	Frankfurt	Frankfurt

* Stattdessen ließen sich auch Bali, Jakarta oder Bangkok anfliegen.
** Auch Fiji, Rarotonga oder Hawaii sind denkbare Stationen.
*** Frankfurt a.M. oder andere europäische Flughäfen.

▶ Planen Sie gründlich, ↗ Seite 265ff, Beste Reisezeit, und vergleichen Sie: Welches RTW-Ticket (Route, Gültigkeitsdauer) kommt Ihrer Wunschroute am nächsten?

✱ **Tipp:** Flüge sind von April bis Juni billiger, um Weihnachten besonders teuer – auch Weltreisepakete.

Kosten & Nebenkosten

Standardangebote sind zum Grundpreis zu haben, plus Steuern und Flughafengebühren. Für Stopps, Abstecher, Routenänderungen kommen Zuschläge hinzu. Mit der Anzahl der daran beteiligten Fluggesellschaften steigt der Flugpreis, Komplettangebote einzelner

Fluggesellschaften sind meist billiger, aber nicht immer. Flugscheine sind nicht übertragbar, das Umschreiben eines regulären Tickets auf einen anderen Namen ist kostenpflichtig.

Konkurrenz senkt die Preise. Werden Strecken nur von einer Linie bedient, wird man keine billigen Tickets erwarten können.

Die Plätze in einer Maschine werden zu verschiedenen Zeiten und verschiedenen Bedingungen zu stark unterschiedlichen Preisen in bis zu 30 **Tarifklassen** verkauft. An nachfragestarken Terminen wird das Kontingent für billige Plätze reduziert, an nachfrageschwachen wird es erweitert. Selbst Experten haben Schwierigkeiten, diesen Tarifdschungel zu durchschauen.

Auch diese preiswerteren Tickets bieten meist weniger Leistung, z.B. muss für alle Teilstrecken dieselbe Fluggesellschaft genutzt werden; die Aufenthaltsdauer bei Zwischenlandungen ist kürzer, Umbuchungen sind nur selten oder gegen hohe Gebühren möglich; den Flug zu unterbrechen ist oft nicht erlaubt. Gibt man das Ticket zurück, können hohe Stornogebühren fällig werden.

Tipp: Der US-Zoll hat auf praktisch alle Daten aus Buchungssystemen Zugriff, z.B. Flugdaten, Mietwagen, Hotel- und Bahnreservierungen, Essenswünsche. Zur Vermeidung hilft nur: nicht fliegen und alle anderen Leistungen bar bezahlen.

Die Fluggesellschaften dürfen ihre Tickets an den Endkunden nur zum festgelegten **IATA-Tarif** (*International Air Transport Association*) verkaufen. Billigtickets gibt es daher im Linienluftverkehr nur auf dem Umweg über Ticket-Großhändler und Reisebüros. Reguläre Preise erscheinen auf dem Flugschein als *fare,* ein »IT« an dieser Stelle bedeutet *Inclusive Tours.* Solch ein Flug darf eigentlich nur zusammen mit einer Unterkunft als Pauschalreise verkauft werden. Manche Fluggesellschaften bieten so über Reisebüros halblegal »Billigtickets« an. Man bekommt einen Hotelgutschein, der aber am Zielort nirgends eingelöst werden kann.

Reisebüros und -veranstalter

Fachkundige Mitarbeiter von Reisebüros können Ihnen eine Menge Geld sparen. Billigfluganbieter im Internet sind damit meist überfordert. Nutzen Sie für die aufwändige Planung die Kompetenz von Reisebüros, die auf Individualreisende spezialisiert sind:

www.jet-travel.de, in Bonn ✆ 0228/284315; Udo Schwark (dzg) ist seit Jahrzehnten Billigflugexperte. Sehr gute Angebote für Frühbucher.

www.explorer-fernreisen.com in Düsseldorf (Zentrale), ✆ 0211/994901, sowie in Hannover, Frankfurt, Nürnberg, Köln, Stuttgart, Essen, Hamburg, Dortmund.

www.travel-overland.de in München (Zentrale), ✆ 01805/276370 (0,12 Euro/min), sowie in Augsburg, Berlin, Bremen, Hamburg, Köln, Nürnberg, Regensburg, Stuttgart.

- Fragen Sie nach Nebenkosten wie Steuern, Flughafen- und Sicherheitsgebühren.
- Zahlen Sie Ihr Ticket erst dann an, wenn Sie das Originalticket oder mindestens den Originalsicherungsschein plus Gutschein (*Voucher*) erhalten.

Tipp: Vouchers werden normalerweise am Flughafen von der Fluggesellschaft akzeptiert, doch lassen Sie sich das besser telefonisch bestätigen.

Fluglinie plötzlich pleite – was jetzt?

Im **Charterflugverkehr** kann der Veranstalter **Konkurs** machen, seine Tickets sind nicht auf andere Gesellschaften übertragbar. § 651 k BGB schützt den Reisenden gegen das Risiko der Insolvenz des Reiseveranstalters. Der Veranstalter muss im Prospekt deutlich lesbare, klare und genaue Angaben über den Reisepreis enthalten, die Höhe einer zu leistenden Anzahlung, die Fälligkeit des Restbetrages. Der **Sicherungsschein** weist nach, dass der Reiseveranstalter gegen Konkurs versichert ist. Er muss den Namen des Veranstalters tragen, bis Ende der Reise gültig sein und bei jeder Pauschalreise ausgehändigt werden.

Linienfluggesellschaften machen selten Pleite, da sie häufig in Staatsbesitz sind. Falls doch, akzeptieren mit etwas Glück dann andere Fluggesellschaften die in Umlauf befindlichen Tickets. Andernfalls geben Sie das Ticket sofort dort zurück, wo Sie es gekauft haben. Aus noch nicht an die Fluggesellschaft weitergeleitete Abrechnungen kann man einen Teil des Tickets erstattet bekommen. Passiert das jedoch unterwegs, können Sie das Geld meist abschreiben.

Hintergrundinformationen liefern die zuständigen Verbände:

www.drv.de, Deutscher Reisebüro-Verband

www.asr-berlin.de, Bundesverband mittelständischer Reiseunternehmen

Tipps & Tricks

Flüge bestätigen: Spätestens 72 Stunden vor dem Abflugtermin sollte man bei der Fluggesellschaft den Antritt des Fluges bestätigen (*reconfirm*) und sich das schriftlich quittieren lassen. Nur so gelangen Sie sicher auf die Passagierliste. Flüge werden regelmäßig überbucht, da es immer Passagiere gibt, die nicht erscheinen (*No-Shows*). Erscheinen jedoch mehr als kalkuliert, müssen einige zurückbleiben.

Flüge umbuchen: Andererseits werden aber auch Flüge gestrichen, wenn zu wenig Passagiere da sind. Linientickets können meist einfach umgebucht werden. Billigtickets sind problematisch, da drängt man besser auf Kulanz und nennt Gründe wie Krankheit, Unfall, Todesfall in der Familie.

Flug verpasst? Wer ein Billigticket besitzt, hat meist keinen Anspruch auf einen anderen Flug. Dennoch eröffnen sich vielleicht Möglichkeiten, wenn dem Counter-Manager oder Stationsleiter höflich bittend eine gute Entschuldigung vorgetragen wird: Sie müssen aus gesundheitlichen Gründen dringend an Ihr Ziel oder einen Anschlussflug erreichen oder Sie werden aus familiären Gründen erwartet, das Visum läuft ab u.Ä.

Wartelisten bieten eine Chance, doch noch an Bord zu kommen, auch wenn der Flieger bereits voll ist. Meist gibt es interne Prioritätskriterien für freie Restplätze. Höchste Priorität haben Mitarbeiter der Fluggesellschaft auf dem Weg zu ihrer Einsatzstelle sowie Passagiere, die auf anderen Flügen nicht mitgekommen sind. Allerdings gibt es für jede der zahlreichen Tarifklassen eine eigene Warteliste.

- Wenn Sie bei zwei Flügen auf der Warteliste stehen und bei dem ersten abgewiesen wurden, erhalten Sie beim zweiten Flug höchste Priorität.
- Oder Sie buchen einen sicheren Anschlussflug und erhalten dadurch einen der ersten Warteplätze. Danach können Sie den Anschlussflug stornieren.

Kurierflüge bieten bis zu 85 % Rabatt für denjenigen, der als Kurier Dokumente oder Waren zu transpor-

Kurierflüge:
Air Courier Association, www.aircourier.org,
International Association of Air Travel Couriers, www.courier.org.

tieren bereit ist. Nachteil: Das eigene Gepäck ist deutlich beschränkt. Ein Kurier muss:

- kurzfristig auf Abruf verfügbar sein,
- gute Englischkenntnisse aufweisen,
- einen gültigen Pass besitzen.

Mitflugzentralen vermitteln Plätze in kleinen Maschinen. Deren Hobbypiloten erhalten dadurch einige kostenlose Flugstunden. Kleine Zielflughäfen werden bevorzugt, weil dort die Landegebühren niedriger sind. Bei schlechtem Wetter wird meist nicht geflogen. Preise bei www.mitflugzentrale.de erfragen.

✹ **Tipp:** In Europa wird Fliegen erst bei Strecken ab 500 km zeitlich interessant, darunter ist die Bahn schneller.

Flughäfen

Die Webseiten der Flughäfen sind äußerst service- und kundenorientiert. Dort erfahren Sie alles, was auf dem Weg zum Flughafen und vor Ort wissenswert sein könnte. Im Flugplan des Flughafens wählen Sie Ihr Ziel, etwa Addis Abeba. Sie erhalten dann die Information, welche Fluggesellschaften von diesem Flughafen dieses Ziel anfliegen. Von dort finden Sie den Link zu den in Frage kommenden Fluggesellschaften.

Flughäfen
www.flughafenfuehrer.der-reisefuehrer.de
www.flughafen-frankfurt.de
www.flughafen-duesseldorf.de
www.koeln-bonn-airport.de
www.berlin-airport.de
www.munich-airport.de
www.flughafen-stuttgart.de
www.viennaairport.com
www.flughafen-zuerich.ch

Zum Flughafen & Einchecken

Die Fahrt zum Flughafen ist oft mit Stress verbunden. Sie lässt sich jedoch entspannen:

- Rufen Sie vorher dort an und fragen Sie, ob der Start pünktlich erfolgt.
- Fahren Sie mit öffentlichen Verkehrsmitteln oder lassen Sie bei der Anfahrt zum Flughafen den eigenen Wagen möglichst einige Kilometer vorher auf einem kostenfreien Parkplatz stehen und nehmen Sie ein Taxi. Das ist billiger als das Flughafenparkhaus.
- Staut sich der Verkehr auf der Zufahrtsstraße zum Abflugbereich, so weichen Sie auf die Zufahrt zur Ankunftszone aus, die meist nur auf einem anderen Stockwerk liegt.
- Auf nahezu allen Flughäfen werden spätestens beim Einchecken Flughafengebühren fällig. Planen Sie den

Betrag bar und passend ein. In Deutschland ist er meist im Ticketpreis enthalten.

- Wählen Sie die Sitze zum Gang mit Ellbogen- und Fußfreiheit, noch mehr Platz bieten die Sitze vor dem Notausgang. Dort dürfen weder Kinder, Kranke, Behinderte noch ältere Menschen sitzen, da die dort Sitzenden im Notfall kräftig genug sein müssen, um die Tür zu öffnen.
- Vermeiden Sie die Mittelsitze in Dreierreihen.
- Statistisch sicherer sitzen Sie in der Nähe der Notausgänge im hinteren Drittel des Fliegers.
- Mittlerweile gibt es kaum noch Flüge, auf denen geraucht werden darf.

Mit Mann, Maus und Gepäck an Bord

Bordmahlzeiten: Ohne Aufpreis können Sie beim Buchen, spätestens 48 Stunden vor dem Flug, ein anderes Essen bestellen. Die Qualität ist meist besser und oft werden Sie schneller bedient. Weisen Sie beim Einchecken nochmals darauf hin, hier die offiziellen Kürzel für *Baby Food* BBML, *Children's* CHML, *Vegetarian Meal* VLML, *Oriental Meal* ORML, *Seafood Meal* SFML, *Hindu Meal* HNML, *Kosher Meal* KSML, *Moslem Meal* MOML, *Glutenfreie Kost* GFML, *Diabetikerkost* DBML.

Tipp: Die Kopfhöreranschlüsse des MP3-Players passen oft in die Anschlussbuchsen im Sessel für das bordeigene Radio- und Fernsehprogramm.

Sportgepäck muss angemeldet werden. Fahrräder, Surfboards, Kanus, Flugdrachen ... werden teils kostenlos, teils für 30 – 80 Euro transportiert, müssen aber selbst verpackt werden, möglichst mit Pappe oder Luftpolsterfolie. Golf- oder Taucherausrüstung wird schon mal aufs normale Gepäck angerechnet und ist dann teuer. Der Gang zum Luftfrachtspediteur am Flughafen könnte Geld sparen.

Tipp: Bei langen Flügen steigern oft Kleinigkeiten das Wohlbefinden: ein kleines Kissen, warme Socken, Erfrischungstücher, eine Rasur, etwas gegen Kopfschmerzen und gegen trockene Gesichtshaut und Schleimhäute der Nase, Lippen, Augen.

Verbotenes Gepäck:

- brennbare Stoffe (Gas, Benzin, Spiritus für Kocher), aber auch Sauerstoffflaschen, Druckluft;
- Waffen, auch Klapp- und Taschenmesser, Reizgas, Angeln, spitze Werkzeuge, Nagelfeile, Nagelschere u.Ä.
- Chemikalien, quecksilber- und säurehaltige Geräte (Thermometer, Bleiakku u.Ä.).

- Viele elektronische Geräte dürfen an Bord nicht benutzt werden, z.B. Funkgeräte, Mobiltelefone, Fernsteuerungen, PC mit Drucker oder drahtloser Maus, CD-Player und CD-ROM, ferngesteuerte Spielzeuge. Sogar der Stand-by-Betrieb dieser Geräte kann die Steuerung des Flugzeugs stören. Einfache Laptops, Taschenrechner, Kassettenrekorder etc. dürfen dagegen betrieben werden. Klären Sie das bereits beim Buchen.

Das Gepäck vorbereiten: Sie selbst gleichen den abnehmenden Luftdruck durch Schlucken aus. Ihr Gepäck kann das nicht. Dort kommt es zu vielen kleinen Schweinereien: Shampoo drängt aus der Flasche, der Füller gibt Tinte ab, auslaufsichere Batterien laufen aus, verschraubte Behälter platzen.

▶ Die Luft aus Behältern herausdrücken, Tintenpatronen entfernen, Trockenbatterien verwenden.

▶ Bei Fahrrädern Luft aus den Reifen fast ganz ablassen, sodass das Rollen grad noch möglich ist.

Übergepäck: 20 kg Gepäck (inklusive Handgepäck) gelten international als Obergrenze, lediglich nach und innerhalb von Nord- und Südamerika einschließlich Karibik und Mexiko sind zwei Gepäckstücke bis jeweils 32 kg erlaubt. Doch Achtung, hat man einen weiteren Flug innerhalb des Landes mit einer anderen Fluglinie, so gilt das *Peaceconcept* nicht und man hat wieder nur die 20 kg Freigepäck. Viele Fluggesellschaften kassieren bereits ab dem ersten Kilogramm Übergepäck. Es kostet 1 % des Erste-Klasse-Preises pro Kilogramm.

Übergepäck per Luftfracht: Frankfurt, www.sologistics.de ✆ 069/690-78186.

- Das Handgepäck wird meist nicht gewogen. 5 kg sind üblich, jedoch darf es je nach Fluglinie bis zu 13 kg betragen. Ein kleines Handgepäckstück kann mit Büchern und Geräten bis etwa 15 kg wiegen.
- Zusätzlich erlaubt sind Jacken und Mäntel über dem Arm, Kamera und Fernglas lassen sich umhängen, Mundproviant und Lesematerial sind selbstverständlich, vielleicht auch Decke und Kissen für den langen Flug, Schirm und Handtasche. Schwere Schuhe kann man anziehen, den Tropenhelm schon aufsetzen …

Verlorenes Gepäck: Wenden Sie sich bei verlorenem Gepäck sofort an die Fluggesellschaft. In einem *Property Irregularity Report* beschreiben Sie das Gepäck und dessen Inhalt genau und geben den Wert an. Beschreiben Sie das Äußere des Gepäckstücks sehr genau, denn das »Baggage Tracing System« vergleicht Ihre Beschreibung mit dem weltweit gefundenen Gepäck. Verschwindet das Gepäck auf dem Hinflug, haben Sie ein Recht auf einen Vorschuss, um das Nötigste sofort zu kaufen. Einigen Sie sich mit der Fluggesellschaft auf:

- sofortige Reparatur
- Kostenvoranschlag
- Ersatzbeschaffung

✹ **Tipp:** Fragen Sie ausdrücklich nach Rechten, die Ihnen als Passagier zustehen. Die Fluggesellschaften werden von sich aus selten aktiv. Um im Schadensfall den Vorgang zu beschleunigen, schlagen Sie der Fluggesellschaft eine Verzichtserklärung für weitere Ansprüche vor. Ist der Schaden auf den ersten Blick nicht zu schätzen, vereinbaren Sie nach einer genauen Aufnahme die Übernahme der Reparaturkosten durch die Fluggesellschaft.

✹ **Tipp:** Fluggäste im Fernverkehr, die Reklamationen haben und sich mit der betroffenen Fluggesellschaft nicht einigen, können sich jetzt an die »Schlichtungsstelle Mobilität« wenden, Mo – Fr 9 – 14 Uhr, ✆ 030/ 469970-0, www.schlichtungsstelle-mobilitaet.org.

Stress, Klimaschock und Jet-Lag

Bei vier Stunden Flug in 11.000 m Höhe werden Sie durch die Höhenstrahlung so belastet wie bei einer Röntgenaufnahme. Minuten nach dem Start entspricht der Kabinendruck einer Höhe von 2000 – 2500 m. Im Winter fliegen Sie los, im Hochsommer kommen Sie an, und es ist immer noch Mittag. Kleine Gaseinschlüsse unter Zahnplomben dehnen sich aus, beginnen zu pochen, im Darm rumoren die sich ausdehnenden Gase, die Nebenhöhlen schließen sich. Und das soll den Körper nicht belasten? Während eines Fluges sind Ohnmachten, Verletzungen bei Turbulenzen sowie Atem- und Herzbeschwerden die häufigsten Notfälle.

Schwangere, Herz- und Lungenkranke, Patienten mit Blutarmut, Rheumakranke und an Krampfadern Leidende sollten vorbeugen – fragen Sie Ihren Hausarzt. Bei Rauchern und bestimmten Vorerkrankungen (Lungenembolie, Thrombose) kann es sinnvoll sein, die Blutgerinnung zu hemmen. Fragen Sie Ihren Arzt nach niedrig dosiertem Heparin (Lovenox). Nach frischen Zahnextraktionen und Knochenbrüchen sollten Sie nicht fliegen!

- Planen Sie Ihre Reise über möglichst wenig Zeitzonen. Pro Stunde Zeitverschiebung verlangen Flüge in östlicher Richtung etwa einen Tag Anpassung, Flüge in westlicher Richtung nur etwa ½ Tag.

- Zwischen Herbst und Winter fällt es dem Körper leichter, sich auf ein sonnig-tropisches Klima einzustellen.
- Sport, Sauna und Solarium machen es einfacher, sich umzustellen.
- Entlasten Sie Ihren Körper bereits vor dem Abflug: viel Wasser und leichtes Essen, wenig Salz, Fett, Alkohol.
- Stellen Sie Ihre Uhr schon zwei Tage vorher auf die Zeit des Zielortes um. Verändern Sie bereits vor dem Abflug Ihren Tag-Nacht-Rhythmus.
- Legen Sie einen mehrtägigen Zwischenstopp auf halber Strecke ein.

Tipp: Gegen das »Touristenklassensyndrom« helfen Stützstrümpfe. Achten Sie darauf, dass diese fürs Fliegen bestimmt sind.

Tipp: Sie haben Flugangst? Trösten Sie sich, mindestens 40 % Ihrer Zeitgenossen geht es ebenso. Seien Sie mutig: Fliegen Sie einfach nicht mehr!

Jet-Lag: Berechnung der Anpassungsdauer

Flüge in Richtung Westen sind schonender als solche nach Osten. Warum? Flüge in östlicher Richtung verlangen vom Körper eine höhere Anpassungsleistung als in westlicher Richtung; **Jet-lag** entsteht. Wenn Sie die Datumsgrenze in Richtung Osten überfliegen, gewinnen Sie allerdings einen Urlaubstag dazu.

Koeffiziententabelle

Uhrzeit	Abflug	Ankunft
8 – 12	0	4
12 – 18	1	2
18 – 22	3	0
22 – 1	4	3
1 – 8	3	3

Beispiel: Frankfurt – Hongkong, Abflug 21.40, Ankunft 16.50 Uhr

	Halbe Flugdauer in Stunden (laut Flugplan 14 Std.)	14 ÷ 2 = 7
plus	überflogene Zeitzonen (im Atlas nachsehen: pro 15° geografischer Breite etwa 1 Stunde) bei mehr als 4 Stunden Zeitunterschied	+ 8
plus	Koeffizient für Abflugzeit (siehe Koeffiziententabelle)	+ 3
plus	Koeffizient für Ankunftszeit (siehe Koeffiziententabelle)	+ 2
	Summe	**20**
dann:	geteilt durch 10 = Anzahl der **Ruhetage**	20 ÷ 10 = **2**

Tipp des Versicherungsexperten Dietmar Boyks: Fluggesellschaften haften für beschädigtes oder verspätet ausgeliefertes Gepäck bis zu 1200 Euro. Nach dem »Montrealer Übereinkommen« hat man jedoch die Möglichkeit, bei der Aufgabe des Gepäcks den tatsächlichen Wert anzugeben. Dafür muss der Inhalt genau aufgeführt werden. Die Fluggesellschaft muss dann bis zu diesem Betrag haften. Eine zusätzliche Gebühr fällt nicht an. Die Allgemeinen Geschäftsbedingungen der Fluggesellschaften können die Haftung nicht begrenzen. Will man Schadensersatz geltend machen, ist immer eine genaue Aufführung des Kofferinhalts nötig, da für die Schadensberechnung heute der Inhalt zählt (früher das Gewicht). Früher musste der Reisende Schadensersatzansprüche am Sitz der Gesellschaft anmelden, jetzt kann man es von seinem Heimatland oder von dem überwiegenden Aufenthaltsort aus erledigen.

- Nach der Ankunft sollten Sie sich viel bewegen, gehen Sie spazieren.
- Die Wirkung von Insulin, der Antibabypille und anderer Medikamente kann einige Zeit gestört sein, die Umstellung der Medikation muss mit dem Arzt besprochen werden. In manchen Fällen muss durch Gabe von Hormonen die Monatsblutung verschoben werden.

Fluggastrechte

Fluggastrechte gelten nur für Fluggäste, die in einem EU-Mitgliedsstaat ihren Flug antreten oder aus einem Drittstaat einen Flug mit einer EU-Fluggesellschaft in ein EU-Land antreten, sofern Sie über eine bestätigte Buchung verfügen und zur angegebenen Zeit vor dem Abflug bei der Abfertigung waren. Es gibt drei Gründe, Fluggastrechte zu beanspruchen:

Große Verspätungen werden definiert als um vier Stunden verzögerter Ablug bei mehr als 3500 km Flugstrecke bzw. drei Stunden bei mindestens 1500 km bzw. zwei Stunden bei weniger als 1500 km. Sie haben das Recht auf »Betreuungsleistungen« und Erstattung bei mehr als fünf Stunden Verspätung.

Freiwilliger oder unfreiwilliger Rücktritt von der Beförderung durch Überbuchung der Maschine. Sie haben das Recht auf Betreuungsleistungen, Erstattung und anderweitige Beförderung. Bei unfreiwilligem Rücktritt können Sie Ausgleichsleistungen beanspruchen.

Annullierung des Fluges. Sie haben das Recht auf Betreuungsleistungen, Erstattung und anderweitige Beförderung, falls die Annullierung weniger als 14 Tage vor dem Abflug erfolgte und ein alternativer Flug mehrere Stunden vor und nach der ursprünglichen Abflugzeit nicht angeboten werden konnte.

- »Betreuungsleistungen« umfassen Verpflegung in angemessenem Verhältnis zur Wartezeit, gegebenenfalls Hotelübernachtung, zwei kurze Telefonate, Faxe oder eMails.
- Eine anderweitige Beförderung wird Ihnen angeboten zum frühest möglichen Zeitpunkt und unter vergleich-

baren Bedingungen. Bis dahin können Sie Betreuungsleistungen beanspruchen. Sie haben das Recht auch einen späteren Zeitpunkt zu wählen, dann allerdings ohne Betreuungsleistungen.

- Die Erstattung der Kosten für nicht zurückgelegte Flugabschnitte ist möglich, allerdings können bei Pauschalreisen sehr hohe Stornierungskosten entstehen.
- Ausgleichsleistungen können bar, per Scheck oder als Überweisung erfolgen. Sie können, müssen aber nicht, einen Gutschein akzeptieren. Die Höhe der Zahlung beträgt
- 250 Euro bei Flügen bis zu 1500 km:
- 400 Euro bei Flügen von mehr als 1500 km innerhalb der EU bzw. bis zu 3500 km;
- 600 Euro bei allen anderen Flügen.

Manches mag auch Verhandlungssache sein. Fragen Sie nach einem Ersatzflug in einer besseren Klasse (*Upgrading*) oder mit einer anderen Fluggesellschaft. Diese Rechte entfallen in vielen Fällen, etwa bei außergewöhnlichen Umständen durch Wetter, Streik, politischen Faktoren oder anderen Risiken.

Wie wahrscheinlich sind Unfälle?

Rechnerisch müssen Sie 67 Jahre lang ununterbrochen fliegen, um ein Flugzeugunglück zu erleben. Selbst bei der unsichersten Fluggesellschaft mit deren unfallträchtigstem Flugzeug ist die Reise statistisch sicherer als eine vergleichbare Autoreise. Von 100 Unglücken ereignen sich rund 50 % in der Landungs- und 21 % in der Startphase, also steigern häufige Zwischenlandungen das Unfallrisiko. Im Durchschnitt ist ein Flugzeug zum Zeitpunkt des Unfalls 20 Jahre alt. So stammt eine B 737-200 aus dem Jahr 1967, eine B 737-800 dagegen aus dem Jahr 1999. Insbesondere Maschinen mit weniger als 30 Sitzplätzen weisen ein höheres Unfallrisiko auf. Entsprechende Hintergrundinformationen finden Sie auf den Webseiten der Fluggesellschaften.

Mehr Information

Die Gefahr, innerhalb der nächsten Stunde tödlich zu verunglücken ist beim Fliegen 3,5 mal höher als bei der Bahn! Am gefährlichsten ist das Auto.

www.safeflier.com.
www.airsafe.com, Absturzstatistiken.
www.aerosecure.de, sicherheitsrelevante Informationen zu allen Airlines.
www.flugzeug-absturz.de.
www.aviation-safety.net.
www.bfu-web.de, Bundesstelle für Flugunfalluntersuchung

Jürgen Heermann, **Warum sie oben bleiben**, Rasch und Röhring.
Entspannt fliegen. Strategien gegen die Flugangst, G. Thieme.
Robert Bor, **Die Angst vorm Fliegen überwinden**. Olsch.

MIT BAHN & BUS DURCHS LAND

Von Joachim van der Linde und Dieter Leonhard

Joachim van der Linde, 50 Jahre alt, ist Mitglied der dzg und hat 2000 – 2003 knapp 100.000 km auf einer »Weltreise ohne Flugzeug« zurückgelegt. Mit der Eisenbahn von Europa via Iran und Indien bis nach Bangladesch, auf Stückgut- und Containerfrachtern nach Singapur, über Indonesien nach Papua-Neuguinea und weiter bis Australien. Von Australien über den Pazifik nach Nordamerika und von Brasilien über den Atlantik bis nach Südafrika. Und wieder mit der Eisenbahn, quer durch Ostafrika und den vorderen Orient zurück nach Europa.

Früher konnten Sie ohne Umsteigen von Hamburg nach Rom oder von Paris nach Istanbul fahren – versuchen Sie das heute mal! Doch es gibt auch gute Neuigkeiten aus der Welt der Eisenbahn: Das größte Neubauvorhaben der letzten Jahre im Eisenbahnbau wurde 2004 vollendet. Auf über 3000 km können Sie nun mit dem Zug von Adelaide über Alice Springs nach Darwin das australische Outback durchqueren. Einfacher wird auch der Weg von Europa nach Indien durch den wöchentlich verkehrenden neuen Kurswagen Istanbul – Teheran. Und nach wie vor gibt es einen direkten Kurswagen von Berlin nach Nowosibirsk, an jedem Bahnhof der DB buchbar. Bahnfahren ist doch oft einfacher, als man denkt.

In vielen Ländern kennt man keine vollbesetzten Busse, Taxis, Bahnen. Wer durch Fenster und Türen nicht mehr hineinkommt, klettert aufs Dach, steht auf Stoßstangen oder Puffern. Mittendrin sitzen oder stehen Sie nun stundenlang, eingeklemmt. Sie bekommen Hunger, Durst, müssen pinkeln, benötigen dies oder das. Pech, wenn Sie nicht früh genug daran gedacht haben. Vielleicht werden Sie so 48 Stunden im Bus oder gar fünf Tage im Zug verbringen.

▶ Stimmen Sie Ihr Gepäck und Ihre Ausrüstung auf diese besonderen Reiseumstände ab. Vielleicht ist das Hauptgepäckstück tagelang kaum zu erreichen, dann müssen Sie alles mit sich führen, was den Alltag erleichtert: Getränke, Toilettenpapier, Kopfbedeckung, Sonnenbrille und ein Tuch als Schutz vor Staub, Kälte, Hitze, Zugluft und Proviant. Dennoch sollte das Handgepäck möglichst klein sein, ins Gepäcknetz passen, auf den Nebensitz, unter den Sitz, auf den Schoß. Bei längeren Reisen im Sitzen schwellen die Füße an, dann passen vielleicht die Schuhe nicht mehr. Beugen Sie vor. Wer Krampfadern hat, sollte Stützstrümpfe tragen.

Einige Highlights der Eisenbahnwelt

- **Transsib** von Moskau nach Wladiwostok oder Peking, ↗ Seite 270, Reiserouten in Asien.
- **Bagdadbahn** von Istanbul nach Teheran und Kurswagen nach Damaskus.
- **Hedjazbahn** von Damaskus (Syrien) über Amman (Jordanien, Regelverkehr bis hier) und Akkaba nach Medina.
- Der **Express** durch die **Nubische Wüste** von der sudanesischen Hauptstadt Khartum nach Wadi Halfa.
- **Wüstenexpress** (Eisenerz) der SNIM durch Mauretanien.
- **Dschungelexpress** in Madagaskar von Fianarantsoa im Hochland nach Manankara an der wilden Ostküste.
- **Blue Train** von Kapstadt nach Praetoria.
- **Palace on Wheels** durch den Nordwesten Indiens.
- **Nilgiri-Express** von Mettuppalaiyam durch die blauen Berge Südindiens nach Ootacamund.
- **Darjeeling Himalayan Railway** ab Siliguri/New Jalpaiguri.
- **Mandalay-Express** von Yangon (Rangun) durch die Reisfelder Myanmars nach Mandalay.
- Der australische **Indian-Pacific** Sydney – Perth.
- **Der Afghane** (*The Ghan*) von Adelaide nach Alice Springs und weiter nach Darwin.
- **Trans Canadian Railway** durch die Rocky Mountains von Vancouver nach Toronto.
- **Sunset Limited** von New Orleans durch den ursprünglichen Westen der USA nach Los Angeles.
- **Nuevo Chihuahua-Pacifico** von Los Mochis durch Mexikos Kupferschlucht nach Chihuahua.
- **Tren a las Nubes** durch die Atacama-Wüste von Uyuni in Bolivien nach Calama in Chile.
- Die **höchste Eisenbahn** der Welt von Lima nach Huancayo/Peru durch die Anden.
- **Tren a las Nubes** ab Salta in Nordwest-Argentinien.

Bis auf den Blue Train, Palace on Wheels und die Andenbahn in Peru kann der Eisenbahnreisende alle diese Traumreisen noch heute im Planverkehr fahren.

Dieter Leonhard, geb. 1966, ist stellvertretender Vorsitzender der dzg und hat über 50 Länder mit öffentlichen Verkehrsmitteln bereist. Ob auf dem Dach des Zuges in Ecuador, in einer Draisine durch Eritrea, auf Bananenstauden in der »primer classe« im Dschungelexpress in Madagaskar oder in der Regionalbahn nach Hachenburg zum Globetrottertreffen – am liebsten reist er mit der Eisenbahn.

Tipp: Die vermutlich billigste Eisenbahn Europas pendelt zwischen Mailand und Rom – 4,5 Stunden für 9 Euro einfach, Rom – Bari ebenso. www.trenok.it

Literatur

Tom Sario, **Die schönsten Eisenbahnreisen der Welt**. Christian.

Steven Parissien, **Bahnhöfe der Welt** – Eine Architektur- und Kulturgeschichte. Knesebeck.

✸ **Tipp:** Bestimmte Eisenbahnpässe gelten ausschließlich für ausländische Reisende. Sie müssen für manche Ländern deshalb vor dem geplanten Reiseantritt im Herkunftsland (!) erworben werden. Erkundigen Sie sich deshalb frühzeitig nach solchen Pässen an Ihrem Reiseziel!

Railpässe

Interrailticket, www.interrailers.net, der Klassiker für Bahnfahren in bis zu 27 europäischen Ländern von 16 oder 22 Tagen bis zu einem Monat Geltungsdauer.

Great Southern Railway Australien, www.gbr.com.au.

AMTRAK USA Rail Pass, www.amtrak.com. Der Pass muss vor der Einreise in die USA gekauft werden bei: MESO Amerika-Kanada-Reisen, Berlin, ✆ 030/8814122, oder bei www.alternativ-tours.de.

CANRAIL Pass, www.viarail.ca. VIA-Generalagentur, Canada Reise Dienst CRD, Fleethof, Hamburg, ✆ 040/300616-0, www.crd.de.

Infos: www.seat61.com, sehr übersichtliche Informationen, insbesondere zu Railwaypässen (englisch).

www.railhoo.de, Eisenbahn-Links für alle fünf Kontinente.

www.railfaneurope.net, Fahrpläne europäischer Bahnen.

www.bahn.de, Deutsche Bahn AG.

www.billig-bahnreisen.de.

Mehr Information

Thomas Cook Timetable: Das umfangreiche Buch enthält Tabellen fast aller im Personenverkehr betriebenen Bahnstrecken der Welt. Es wird alle zwei Monate aktualisiert. Für den Gelegenheitsreisenden reicht die Mai-Juni-Ausgabe. Als »Independent Traveller Edition« enthält das Buch besonders viele Tipps, ein Nordamerika- und Australien-Spezial, die wichtigsten Schiffs- und Busverbindungen in und zwischen einzelnen Ländern. Im Buchladen oder über das Fahrplancenter in Steinen/Schweiz für 25 Euro.

Thomas Cook European Timetable gilt für Europa und ist an allen Verkaufsstellen der Deutschen Bahn als Auslandskursbuch Europa erhältlich. In der DB-Verpackung steckt die Orginalausgabe zum günstigen Preis von 15 Euro. Der Fahrplan erscheint im Juni und im Dezember.

Verkehrsclub Deutschland VCD, Berlin, ✆ 030/280351-0, www.vcd.org, mit Schwerpunkten zum Bahnfahren, Radreisen, Reisen mit Kindern, umweltverträglichen Reisen.

✸ **Tipp:** Die Topadresse für alle Fragen zum Eisenbahnfahren rund um den Globus ist das Fahrplancenter im schweizerischen Steinen: S. Rachdi, CH-6422 Steinen SZ, ✆ 0041/418320134, www.fahrplancenter.com.

Literatur

Europa Reiseführer 2004/05, zu bestellen bei LOK-Report, Berlin, www.lok-report.de. Der Band informiert über für Eisenbahnfreunde interessante Sehenswürdigkeiten in Deutschland und Europa, mit Fotos und Reisetipps.

Fernexpress mit Eisenbahnreportagen aus aller Welt. Interessant sind die Hintergrundberichte über bestimmte Länder und deren Eisenbahnverwaltungen sowie spezielle Streckenführungen, www.fernexpress.de.

Steffen Kopetzky, **Grand Tour oder die Nacht der Großen Complication**. Eichborn.

Jürgen Franzke, **Bagdad- und Hedjazbahn**. DB-Museum Nürnberg.

Filmtipp: »Zugvögel ... Einmal nach Inari« (*Train Birds*), Regie Peter Lichterfeld, 1998. Joachim Król spielt den schüchternen Dortmunder Bierkutscher und Fahrplanexperten, der sich wegen diverser Missverständnisse und mit vielen Verwirrungen ins nordfinnische Inari durchschlägt, um dort am 1. Internationalen Wettbewerb der Kursbuchspezialisten teilzunehmen.

Tipp: Angenehm oder hilfreich sind im Bus: Wasserflasche, Taschenlampe, Kissen, Schlafsack oder Decke, Ohrenstopfen, Toilettenpapier, Tabletten gegen Kopfweh und Reisekrankheit.

AUF SCHIFFEN UNTERWEGS

Von Joachim van der Linde

Mit dem Containerschiff nach Südostasien, mit einem Stückgutfrachter in 120 Tagen um die Welt oder mit dem Bananendampfer in die Karibik – Reisen auf Frachtschiffen werden immer beliebter und sind im Vergleich zu Kreuzfahrten billiger.

Frachtschiffreisen

Der Komfort auf einem Containerschiff kann sich durchaus mit dem moderner Passagierschiffe messen. Geräumige Doppelkabinen – natürlich mit Dusche und Toilette, Kühlschrank und Videorecorder sind Standard. Es macht in der Regel keinen Unterschied, ob sie unter deutscher, britischer, russischer oder panamesischer Flagge fahren. Dennoch unterscheiden sich Frachtschiffreisen von denen auf Passagierschiffen ganz gewaltig. Frachtschiffe sind Arbeitsschiffe, das Ziel der Ladung bestimmt den Ablauf der Reise. Eine gewisse Flexibilität sollte man deshalb schon mitbringen, denn Ankunfts- und Ablegezeiten können sich durchaus um ein oder zwei Tage verschieben.

Zunächst gibt es Schiffe, die regelmäßig im **Linienverkehr** unterwegs sind, z.B. im Containerverkehr zwi-

Literatur

Hugo Verlomme, **Reisen mit dem Frachtschiff**, Umschau.

Evelyn Freitag, **Frachtschiffreise**. Das größte Abenteuer meines Lebens. BoD GmbH, Norderstedt.

schen Europa und den USA oder als Bananenfrachter von Europa in die Karibik. Die so genannten **Trampschiffe** hingegen fahren auf einer Route eventuell nur ein einziges Mal. Bei ihnen verschiebt sich die Abfahrtszeit häufiger und auch die Route kann sich kurzfristig ändern. Es kann im günstigsten Fall sogar zu einer kostenlosen Verlängerung des Urlaubs kommen, sollte das Schiff unplanmäßig einen weiteren Hafen anlaufen müssen.

Die **Kosten** bei Frachtschiffreisen im Linienverkehr bewegen sich zwischen 80 – 100 Euro pro Tag. Bei Trampschiffreisen ist mit 50 – 60 Euro zu rechnen. Wenn Reedereien den Preis in US-Dollar berechnen, gewinnen Sie bei starkem Euro einen Preisvorteil. Der Autor hat sehr gute Erfahrungen bei seinen Trampschifffahrten mit der Lübecker Reederei Oldendorff gemacht, www.oldendorff.com.

Literatur

Sebstian Junger, **Der Sturm**. Die letzte Fahrt der Andrea Gail. Heyne.

Joachim Schult, **Yachtpiraten**. Kriminalfälle auf See. Ullstein 1998.

Manfred Gsteiger, **Schiffe in der Weltliteratur**. Manesse.

Mare, ↗ Reisezeitschriften.

Kreuzfahrten

Rechnen Sie pro Tag und Person bei einer Kreuzfahrt mit mindestens 125 Euro, das Doppelte ist normal, obere Preisgrenzen gibt es nicht. Die Schiffe und die Kabinen unterscheiden sich voneinander wie Hotels

Aus dem »Logbuch einer Pazifikreise«

▶ Einen Tag später als geplant legen wir ab. Zwei Schlepper bugsieren mit vereinten Kräften unseren 23.000-BRT-Containerfrachter »Fesco Voyager« aus dem Hafen von Melbourne in die Fahrrinne. Es geht mit Volldampf voraus Richtung offenes Meer. Die Route: 13.000 Kilometer über den Pazifischen Ozean, Stop-Over in Neuseeland und Tahiti, bis zur Bay von San Francisco. Mit 16 Knoten und mehreren tausend Pferdestärken wird uns der Schiffsdiesel über den Pazifik bringen. In der Dunkelheit verschwinden die Kaianlagen und das riesige Containerterminal von Melbourne. Ein letzter Blick zurück auf das Lichtermeer der australischen Hafenstadt. Ich spüre Salz auf den Lippen. Sehr intensiv, ganz tief in mir drinnen, ein Gefühl von Abschiednehmen. Sechs Monate Travel Overland auf dem Roten Kontinent gehen zu Ende, vor mir das offene Meer und 21 Tage an Bord eines Frachters. Eines der letzten Abenteuer des 21. Jahrhunderts beginnt …« ◀ *Joachim van der Linde*

und deren Zimmer. Sie entscheiden sich also zunächst für eine gewisse Klasse und innerhalb der Klasse für einen bestimmten Kabinenkomfort.

- Außenkabinen und jene in den oberen Etagen sind immer teurer als Innenkabinen und jene im Unterdeck.
- Für die Einzelkabine zahlt man einen Aufschlag.
- Begutachten Sie vor der Buchung auf einem Lageplan die Lage der Kabine und die Nähe zu Maschinen, Gesellschaftsräumen, zum Lift oder anderen Geräuschverursachern.
- Fragen Sie nach den genauen Leistungen und möglichen Nebenkosten. Trinkgeld und Getränkepreise können erheblich sein, Ausflüge kosten extra.
- Preisnachlässe sind möglich bei Überführungsfahrten, Last-Minute-Angeboten und durch bestimmte Rabatte als Frühbucher, Familie u.Ä. Manche Routen und Ziele sind allerdings so exklusiv, dass mit Nachlässen nicht zu rechnen ist: Arktis, Antarktis, Great Barrier Reef. Günstiger sind Westeuropa und die Karibik.

www.seereisenportal.de, Infos und Links zu Frachtschiff- und Kreuzfahrtreisen, Reedereien und Spezialagenturen

Tipp: Eine seriöse und neutrale Informationsquelle über Anbieter und Schiffe gibt Berlitz regelmäßig aktualisiert heraus, den *Complete Guide of Cruising and Cruise Ships.*

Segelschiffreisen

Ja, das gibt es noch – Urlaub und Abenteuer unter weißen Segeln auf einem Segelschulschiff. Die Agentur Inmaris Perestroika Sailing in Hamburg bietet Fahrten auf dem größten Segelschulschiff der Welt, der russischen *Sedov,* an. Sie können mit 200 Seeleuten und Kadetten auf große Fahrt gehen. Wer es sportlich mag, findet auf dem ukrainischen Segelschulschiff *STS Khersones* Mitfahrten, Zusammenarbeit und Anpacken mit Kadetten und Matrosen inklusive.

Eine preiswerte Alternative, insbesondere für seefahrtsbegeisterte junge Menschen zwischen 15 – 26 Jahren, aber auch für ältere Semester, gibt es bei Clipper, dem deutschen Jugendwerk zur See e.V. Vornehmlich segeln die vier Segelschiffe des Vereins zwischen der deutschen und skandinavischen Küste. Bei diesen Segeltörns wird ebenfalls erwartet, dass die Reisenden zupacken. So wird das Leben auf See zu einem echten Erlebnis.

Fährverbindungen

Europa: www.faehren.de, www.ocean24.de, www.faehren-service.de.

Baltikum: www.superfast.com, www.silja.com, www.finnlines.de.

Fährverbindungen Asien: www.pelni.com, www.weidong.com, www.superferry.com.

Fährverbindungen weltweit: www.aferry.de.

Literatur

Paul Lächler, **Die Schiffe der Völker**. Walter, Olten/Freiburg 1962.

Christopher Lloyd, **Atlas zur Seefahrtsgeschichte**. Stalling, 1975.

Gerd Koch (Hg,), **Boote aus aller Welt**. Staatliche Museen Preußischer Kulturbesitz Berlin 1984.

Thies Völker, **Lexikon berühmter Schiffe**. Eichborn.

Mehr Information

Horn-Linie, Hamburg, ✆ 040/23677111, www.hornlinie.com.

Kapitän Hoffmann, Scharbeutz, ✆ 04503/73675, www.frachtschiff-reisen.net, auch Trampschiffe.

Hamburg-Süd, Hamburg, ✆ 040/3705150, www.freighter-voyages.com.

Internaves, Frachtschiffreisen Christina Horn, ✆ 07221/393837, www.internaves.de.

Werner Pfeiffer, Wuppertal, ✆ 0202/452379, www.frachtschiffreisen-pfeiffer.de.

Kapitän Peter Zylmann, Maasholm, ✆ 04642/9655-0, www.frachtschiffreise.de.

Clipper – DJS e.V., c/o Marina Huber, Hamburg, ✆ 040/82278103, www.clipper-djs.org.

Inmaris Perestroika Sailing, Hamburg, ✆ 040/372797, www.Inmaris.de.

Deutscher Segler Verband e.V., Hamburg, ✆ 040/632009-0, www.dsv.org.

Schweiz: SGV Reisezentrum, 6353 Weggis, ✆ 041/390-1133, www.frachtschiffreisen.ch, auch Trampschiffe.

MIT AUTO & MOTORRAD

Ist es nicht merkwürdig, dass in manchen Ländern links, in anderen rechts gefahren wird? Und dann soll auch noch Napoleon seine Hand im Spiel gehabt haben, obwohl es zu seiner Zeit noch gar keine Autos gab! Aber auch für Pferdefuhrwerke gab es eine bevorzugte Fahrtrichtung, nämlich links.

Formalitäten auf der Straße

Die Fahrerlaubnis

Wenn Sie motorisiert unterwegs sind, genügen innerhalb der EU Führerschein und Kfz-Schein. Außerhalb der EU kann erheblich mehr verlangt werden. Es gelten die unterschiedlichsten Einreisebestimmungen, manches kann verhandelt werden.

Führerscheine werden seit 1999 nur noch im Scheckkartenformat ausgegeben, mit EU-einheitlichen Schlüsselzahlen, z.B. 01 Sehhilfe, 01.02 Kontaktlinsen usw. Alte Führerscheine (grau oder rosa oder DDR) bleiben gültig, können jedoch freiwillig umgetauscht werden. Zuständig ist die Fahrerlaubnisbehörde (Straßenverkehrs-, Landratsamt), www.bund.de.

Die im alten Führerschein enthaltenen Rechte zum Führen von Fahrzeugen bleiben erhalten, werden jedoch künftig völlig anders eingeteilt, so gibt es auch einen Anhängerführerschein. Änderungen gibt es für Inhaber der Klasse 2, die ab dem 1.1.1950 geboren wurden. Ihre Fahrerlaubnis der Klasse 2 erlischt mit vollendetem 50. Lebensjahr. Sie kann nach einem Sehtest und einer ärztlichen Untersuchung um fünf Jahre verlängert werden.

Manche Länder verlangen den **Internationalen Führerschein** (USA, Kanada, Ägypten). Sie erhalten ihn ge-

Literatur

Johann Christian Ginzrot, **Die Wagen und Fuhrwerke von der Antike bis zum 19. Jahrhundert** nebst Bespannung, Zäumung und Verzierung der Zug-, Reit- und Lasttiere. Prisma, 1981.

Napoleons Schuld

▶ Der Fuhrmann führte die Pferde mit seiner stärkeren rechten Hand, er ging also links vom Fuhrwerk. Das war auch gut so. Denn wenn sich zwei Fuhrwerke auf den meist schmalen Straßen entgegen kamen, wären die Fuhrleute zwischen den Wagen zerquetscht worden. Auf allen Wasserstraßen dagegen fuhr und fährt man weltweit rechts – auch wieder wegen der starken rechten Hand, rechts ist Steuerbordseite.

Nun gut, aber weshalb hat sich dann an Land nicht der Linksverkehr durchgesetzt? Wegen Napoleon. Fuhrwerke hatten nämlich nicht überall in Europa die gleiche Bedeutung für den Überlandverkehr. Schiffe und Boote konnten größere Lasten über längere Strecken billiger und schneller transportieren. Also bevorzugte man Schiffe und Boote überall dort, wo es schiffbare Flüsse und Kanäle gab, nämlich in Frankreich, Deutschland, den Niederlanden, Belgien und anderen Ländern Kontinentaleuropas – nur eben nicht in den Alpenländern und in England. Kontinentaleuropa war fest in napoleonischer Hand, England nicht.

Also setzte Napoleon den Rechtsverkehr als verbindlich fest, weil dieser in seinem Herrschaftsgebiet vorherrschend war. Später setzten die europäischen Kolonialmächte ihr jeweiliges System auch in ihren Kolonialreichen durch. ◀

gen Gebühr beim Ordnungsamt. Voraussetzung ist jedoch der neue Führerschein im Scheckkartenformat.

Die Zulassung zum Straßenverkehr

Der **Kraftfahrzeugschein** ist das amtliche Dokument, dass Ihr Fahrzeug zum Straßenverkehr zugelassen ist. Sie erhalten ihn bei der Kfz-Zulassungsbehörde (Straßenverkehrsamt). Voraussetzung für die Zulassung sind

- der Nachweis des Eigentums, belegt durch Kfz-Brief;
- die technische Eignung des Fahrzeugs, belegt durch die Hauptuntersuchung einer technischen Prüfstelle von TÜV, Dekra etc.;
- die Einhaltung der zugelassenen Abgaswerte, belegt durch die Abgasuntersuchung ASU;
- die finanzielle Sicherung möglicher Schäden bei Dritten, belegt durch die Kfz-Haftpflichtversicherung.

Nach außen erkennbar ist die Zulassung am Nummernschild mit der TÜV-Plakette. Als **Nationalitätskennzeichen** gilt innerhalb der EU-Staaten (und in der Schweiz) das blaue **Euro-Autokennzeichen.** Ohne Euro-Kennzeichen und ohne Nationalitätszeichen drohen in manchen EU-Ländern hohe Geldbußen. Außerhalb der EU wird das alte ovale **Nationalitätenschild** (11,5 x 17,5 cm) von manchen Ländern weiter gefordert. In Ägypten erhalten Sie bei der Einreise neue Kennzeichen in arabischer Schrift.

Kfz-Haftpflichtversicherung

Von Land zu Land ändern sich die Anforderungen des Gesetzgebers an die Versicherungssummen. Innerhalb der EU ist das bereits weitgehend vereinheitlicht.

Innerhalb Europas schützt eine **Mallorca-Police** vor Unterversicherung, zu erhalten bei ADAC, R+V und anderen großen Versicherungen.

- Beim ADAC erhalten Sie das Formular für den *Europäischen Unfallbericht* in sieben Sprachen.

Außerdem beschränken die Haftpflichtversicherer den Gültigkeitsbereich ihrer Versicherungen. Mit der **Grünen Versicherungskarte** (IVK) bestätigt Ihre Haftpflichtversicherung die Gültigkeit der Versicherung für viele Länder außerhalb der EU und erleichtert so die Formalitäten nach einem Unfall.

- Fordern Sie gleichzeitig einen *Internationalen Versicherungsbericht* an.

Manche Länder, z.B. Tunesien und Türkei, bestehen auf einer ausdrücklichen Bestätigung der Versicherung für ihr Land oder verlangen an der Grenze den Abschluss einer **landeseigenen Haftpflichtversicherung.** Schwieriger ist es, eine **weltweit gültige Versicherung** zu finden.

Ein **Autoschutzbrief** ist sinnvoll bei Reisen außerhalb Deutschlands, besonders in den Nachbarstaaten der EU und rund ums Mittelmeer, mit älteren Fahrzeugen oder wenn Kinder mitfahren. Bei Panne, Diebstahl, Unfall oder Erkrankung wird Ihnen die Reise zum Zielort bzw. die Rückkehr zum Wohnort ermöglicht. Hinzu kommen Pannenhilfe, Abschleppdienst, Ersatzteil- oder Arzneimittelversand, Krankenrücktransport, Kinderrückholung, zusätzliche Übernachtungskosten u.a.

Schutzbriefe mit 87er und 93er Bedingungen beschränken ihre Leistungen meist auf Europa, solche mit 96er Standard umfassen meist auch eine Auslandsreisekrankenversicherung, haben einen größeren Geltungsbereich und zusätzliche Leistungen wie Ersatzschlüssel, Haushüter oder Vorschüsse für Rechtskosten und Kautionen.

Autoschutzbriefe erhalten Sie von vielen Haftpflichtversicherern und bei den Automobilclubs. Wenn für den Neuwagen eine »Mobilitätsgarantie« besteht oder ähnliche Leistungen in der Kfz-Versicherung eingeschlossen sind, lohnt sich ein Schutzbrief eher nicht.

Läuft die **Haupt- und Abgasuntersuchung** während der Reise ab? Außerhalb Europas ist die TÜV-Plakette so gut wie unbekannt. Doch kann es bei der Wiedereinreise nach Deutschland Probleme geben, schlimmstenfalls wird das Fahrzeug an der Grenze stillgelegt, wenn es den Straßenverkehr gefährden könnte.

Tipp: Einige Versicherungen streichen bestimmte Länder aus der Gültigkeit, etwa Marokko oder Algerien. Erklären Sie dem Sachbearbeiter, dass Sie stattdessen eine neue **Grüne Versicherungskarte** mit zeitlich eingeschränkter Gültigkeit haben möchten und schlagen Sie den passenden Zeitraum vor, etwa 4 Wochen.
www.autoversicherung.com,
www.verkehrsrecht.de

MIT DEM MOTORRAD REISEN

von Claus Michelfelder,
überarbeitet von
Manfred Hoffmann

Claus Michelfelder reist seit etwa 1990 mit dem Motorrad durch die Welt. Eine große Tour führte ihn von Tübingen nach Tokyo. Dabei durchquerte er die meisten Republiken der ehemaligen UdSSR.

Literatur

Thomas Troßmann, **Motorradreisen zwischen Urlaub und Expedition**, RKH. Alles von der Planung über die Wahl des richtigen Bikes bis zur Länderkunde.

Ted Simon, **Jupiters Fahrt mit dem Motorrad um die Welt**. Rowohlt.

Thomas Troßmann, **Wüstenfahrer**. Frederking und Thaler.

Eine Reise mit dem Motorrad gehört für mich zu den schönsten Dingen in dieser Welt. Sie ermöglicht und erfordert einen direkten Kontakt mit der Umwelt. Sie kommen sehr schnell mit den Leuten unterwegs ins Gespräch; haben aber auch keinen Schutz vor zudringlichen Menschen oder bei Unfällen. Zwar ist nach einer langen Fahrt durch das verschneite Sibirien trockene Kleidung und ein beheiztes Auto sehr viel angenehmer. Doch notfalls lässt sich ein Motorrad auf Zug, Schiff oder Lkw verladen – mit einem Auto ist man nicht so flexibel.

Welches Motorrad?

Die Wahl des Motorrades hängt ab vom Reisestil und von der Art der zu fahrenden Straßen. Grundsätzlich empfehlenswert sind jedoch **Touren-** oder **Enduromotorräder**, denn damit kommt man auch über kleine und schlechte Pisten oder schwache Brücken. Je weniger normale Straßen befahren werden, desto leichter sollte das Krad sein. Mit einer 1100 GS bin ich zwar auch schon durch Tiefsand gepflügt, aber das zehrt an der Kondition und macht Unfälle durch abnehmende Konzentration wesentlich wahrscheinlicher.

Ein Bike mit stabilem und wartungsfreundlichem Kardanantrieb verringert Wartungsarbeiten, Kettenspannen und Schmieren, auch die Gefahr des Kettenabrisses entfällt. Andererseits erhöht der Kardanantrieb das Fahrzeuggewicht.

Welche Ausstattung?

Die Ausstattung des Motorrades sollte gut durchdacht werden. Grundsätzlich sind die heutigen Enduros, sofern es keine Funbikes sind, serienmäßig für normale Touren auf normalen Straßen fernreisetauglich. Jede Veränderung geht in der Regel zu Lasten des Gewichtes und sollte nur bei echter Notwendigkeit vorgenommen werden. Sparen Sie sich im Zweifelsfall die Kosten für irgendwelche Modifizierungen und verlängern Sie mit dem Geld lieber Ihre Reise um 2 – 3 Wochen.

Sehr wichtig ist ein großer Tank: Der **Spritvorrat** sollte für etwa 500 km reichen. An Sprit sollte das Motorrad so ziemlich alles vertragen, was es so am Markt gibt. Also nicht nur Super bleifrei.

Die **Federung** muss stabil sein. Das Originalfederbein meiner BMW R100 GS gab bei meiner letzten Russlandreise schon nach fünf Tagen den Geist auf.

Die Art des **Gepäcktransports** ergibt sich aus der persönlichen Einstellung: Wer der Sicherheit des Gepäcks vor Diebstählen und beim Umfallen die Priorität gibt, der wird sich für Alu-Koffer entscheiden. Diese sind sowohl maßgeschneidert als auch von den großen Herstellern zu erhalten. Alukoffer erhöhen allerdings das Risiko von Unterschenkelverletzungen bei einem Unfall. Wer sein Verletzungsrisiko beim Um- bzw. Unfall minimieren möchte, ist mit Stoff-, Leder- oder Kunststofftaschen besser beraten. Ansonsten gilt natürlich: Je weniger Gepäck, desto geringer werden Maschine und Fahrer belastet.

Auf langen Touren muss man sich unbedingt auf sein Material, auch das der **Kleidung**, verlassen können – von Lederkombis halte ich da nicht viel. Bei Regen saugen sie sich voll Wasser und es braucht Tage, bis sie trocken sind. Zu empfehlen ist ein wasserdichter Gore-Tex- oder Sympatex-Anzug. Auch Handschuhe und Stiefel müssen wasserdicht sein. Allerdings wird Membrankleidung mit der Zeit – vor allem an den Nähten – undicht. Zudem kann ein Riss bei einem Membrankleidungsstück im Ausland kaum fachgerecht geflickt werden. Bei der Bekleidung halte ich mich grundsätzlich an das Zwiebelprinzip: Viele Schichten, die entsprechend den Wetterbedingungen an- oder ausgezogen werden.

Ein geschlossener **Integralhelm** – möglichst mit Sonnenvisier – schützt am besten vor Staub und Steinchen. Eine Sonnenbrille ist ja okay, aber wer damit vom Sonnenschein in einen dunklen Tunnel fährt, muss Blindfahrten mögen und darf Gegenverkehr nicht scheuen.

Mehr Information

Bundesverband der Motorradfahrer e.V., Mainz, ✆ 06131/5032-80, www.bvdm.de.
70 Motorradclubs sind Mitglied.

Internet

www.possi.de Possis Reiseseiten, die ultimative Seite mit Unmengen Links.
www.moto-directory.com
www.motoinfo.de
www.bikerinfo.de
www.bikerstammtisch.com
www.bicycleadventures.com
www.bikersline.de

Überseetransport von Motorrädern

Bei **Luftfracht** werden Motorräder unverpackt auf einer Palette verzurrt und gelten als Gefahrgut:

- es darf nur ein Minimum Benzin im Tank sein;
- alle mit der Karosserie fest verbundenen Koffer können dran verbleiben, jedoch keine Tankrucksäcke;
- Benzinhahn schließen;
- Seitenständer gegen Einklappen sichern;
- das Verzurren überwachen, Seile polstern.

Die **Kosten** schwanken saisonal, alle LTU/THR-Agenturen erteilen Auskünfte. Auf den meisten Strecken sind One-Way-Flüge möglich, Gabelflüge nur in Nord- und Mittelamerika sowie im südlichen Afrika. Auf einigen Strecken werden auch Gespanne befördert.

Tipp: Für einen längeren Motorradtrip müssen die wichtigsten Ersatzteile mitgenommen werden, unterwegs ist meist nichts zu erhalten: etwa 10 Ersatzspeichen, Ersatzzüge und Griffe für Bremse und Kupplung, Ersatzkette und Ritzel, Schlauchflickset, Ersatzschlauch, Reifenpilot, Filter für Luft und Benzin. Aber allzusehr sorgen sollte man sich auch wieder nicht. Die Mechaniker in vielen Ländern sind sehr hilfsbereit und experimentierfreudig.

Seefracht kostet 250 – 370 US$ für ein kistenverpacktes Motorrad, beim Roll-on-Roll-off-Verfahren etwa 400 US$. Hinzu kommen Kosten für eine Kiste sowie die Verladung in den Häfen. Der Transport von Hamburg nach San Francisco und zurück kostet mehr als 1000 Euro, die Verschiffung nach Australien ebenfalls. Eine Verschiffung nach Dakar ist für rund 500 Euro machbar. Fracht ab Japan ist sehr teuer, egal ob nach Deutschland oder Australien; bei Schenker z.B. für die einfache Strecke nach Deutschland etwa 2000 Euro.

Eine **Transportversicherung** für die Hin- und Rückreise kostet 0,9 % vom Zeitwert des Motorrades und gilt ab Abgangshafen. Sie umfasst Brand-, Blitz-, Wasser- und Explosionsschäden sowie Diebstahl. Nicht versichert sind Teildiebstahl (z.B. Motorradkoffer) sowie Lackschäden. Haftpflichtversicherung ↗ S. 220.

Motorradreisen, -transporte & mehr

12309 Berlin-Lichtenrade, **Biker King Motorradreisen,** ✆ 030/7449408.

33602 Bielefeld, **fly & bike Reise GmbH,** ✆ 0521/1741-05, -06. Mietmotorräder, organisierte Touren, Fahrertraining, Luftfracht, Versicherungsvermittlung.

40474 Düsseldorf, **Interfracht GmbH,** Flughafen Frachtzentrum, ✆ 0211/9070, -33. interfracht-DUS@t-online.de.

52076 Aachen, **Adventure-Tours,** Herbert Morschel, ✆ 02408/81190, www.motorrad-adventure.de.

67098 Bad Dürkheim, **AME American Adventure Enterprises,** ✆ 06322/8634, Sitz: Forest Lakes, Az 85931, USA, ✆ 520/535-3759.

70623 Stuttgart, **Gebr. Neumann GmbH & Co. KG,** ✆ 0711/7979015.

70782 Filderstadt, **Schenker International GmbH,** www.schenker.com.

80705 München, **GS-Sportreisen,** ✆ 089/36120-28, www.gs-sportreisen.de. Organisierte Touren, Mietmotorräder.

85579 Neubiberg, **Fly & Bike Reise GmbH,** ✆ 089/660021-60. Motorradtransporte weltweit und exklusiv auf LTU-Strecken, Motorradversicherungen für die USA.

Österreich: 6414 Mieming, **Edelweiss Bike Travel,** ✆ 05264/5690, www.edelweissbike.com. Organisierte Touren, Versicherung, umfangreicher Katalog!

Schweiz: 3150 Schwarzenburg, **Mäder Moto Reisen,** Galiten, ✆ 031/7311-320, www.maedermotorradreisen.ch.

3753 Oey, **Rebel KMA AG,** Postfach 24, ✆ 033/6818013.

Kanada: **Backroads Adventure,** RR 2 Site 4-48 Cranbrook, BC, www.backroadsadventures.ca.

The Great Canadian Motor Corp., www.gcmc.com.

USA: **California Motorcycle Rental,** San Diego, CA 92109, ✆ 619/5816879, www.calif-motorcyclerental.com.

High Mountain Outback Adventures, South Lake Tahoe, CA 96150, ✆ 916/541-5875, www.azoutbackadventures.com.

Route 66 Rider's, Marina Del Rey, CA 90292, ✆ 310/54 0112, www.route66riders.com.

Motorrad-Ausrüster

44339 Dortmund, **WÜDO,** ✆ 02301/9188-0, www.Wuedo.de, BMW-Spezialist.

48527 Nordhorn, **White Power Wilberts Products,** ✆ 05921/6057. Sehr gute und stabile Federanlagen.

52152 Simmerath-Hammer, **Bernd Tesch,** ✆ 02473/9386-86, www.berndtesch.de. Bekannt durch seine Extrem-

Weltweite VS

American International Underwriters, Nowag Versicherungen, Wiesbaden, ✆ 06122/15646, nowag@t-online.de, versichert Pkw und WoMo in USA und Kanada.

Tour Insure GmbH, Hamburg, ✆ 040/251721-50, tourinsure@t-online.de. Vermittelt die Versicherung von Dairyland USA.

Dairyland Insurance Company Berglund Enterprises, Inc. 5625 E. Indian School Road, Studio B, Phoenix Arizona 85018, ✆ 602/9491034. Günstig durch Direktbuchung.

Touren und für seine Stahl-Gepäckträger und Alu-Boxen. Berät über Fernreisen, organisiert Treffen.

72406 Bisingen, **Götz GmbH,** ✆ 07476/933-150, www.goetz-motorsport.de, Enduro-Ausrüstung.

78078 Niedereschach, **Touratech AG,** ✆ 07728/9279-0, www.touratech.de, Extrem- und Rallyeausrüstung.

83301 Traunreut, **Zupin Moto-Sport GmbH,** ✆ 08669/848-0, www.zupin.de, Federelemente.

FAHRZEUG VERKAUFEN, KAUFEN, MIETEN

Auto ausführen und verkaufen

Martin hat ein gutes Geschäft gemacht. Glaubt er. Nach drei Monate kreuz und quer durch Osteuropa und Vorderasien hat er den alten Wagen unterwegs verkauft. Zurück in Deutschland erwarten ihn die Rechnungen der Kfz-Versicherung und -Steuer. Beim Straßenverkehrsamt eröffnet ihm der Beamte, dass ihm ein Bußgeldverfahren droht. Was hat Martin falsch gemacht?

Wer würde dieses Auto noch kaufen wollen – höchsten wegen des gebunkerten Toilettenpapiers

© Foto. Axel Tiedemann, in der Hoggarwüste

Wenn Sie in Deutschland Ihr Fahrzeug verkaufen, gehen Steuer- und Versicherungspflicht auf den Käufer über. Das läuft reibungslos, weil Sie Ihren Wagen abmelden, den Verkauf abschließen und der Käufer den Wagen anmeldet. Dabei greifen unsichtbar und automatisch die Rädchen der Verwaltungsmaschinerie. Wenn Sie aus dem System aussteigen, greifen diese Rädchen ins Leere. Der **Eigentümer** ist mehrfach an sein Auto gebunden:

- Privatrechtlich belegt der Kaufvertrag den Übergang des Eigentums an den Käufer.
- Öffentlich-rechtlich bindet die Zulassung den Eigentümer an sein Fahrzeug – egal, wo es sich befindet.
- Versicherungsrechtlich ist der Eigentümer an die Kfz-Versicherung gebunden.
- Er unterliegt auch den Rechtsbeziehungen des Landes, in dem er oder der Fahzeugführer sich aufhalten.

Kfz ungeplant im Ausland verkaufen

Wenn Sie Ihren Wagen im Ausland verkaufen, müssen Sie dennoch den deutschen Rechtsvorschriften genügen. Beim Verkauf in EU-Ländern werden noch vorhandene Probleme immer geringer; in den jüngeren EU-Ländern gelten teils Übergangsvorschriften. Doch außerhalb der EU wird es interessant.

- ❑ Die **Abmeldung** erfolgt bei der Deutschen Botschaft, es sind vorzulegen: Kfz-Brief, Kfz-Schein, Nummernschilder und der Verwertungsnachweis, ↗ unten. Mit der Abmeldebescheinigung erlischt die Steuerpflicht für den Wagen, er ist dann in Deutschland nicht mehr zum Straßenverkehr zugelassen. Die TÜV- und Steuerplaketten am Nummernschild werden abgekratzt, die Schilder darf man als Andenken behalten.
- ❑ Im Falle des Verkaufs wird die Botschaft mindestens den **Kaufvertrag** sehen wollen, vermutlich auch eine Einfuhrbescheinigung, also den Nachweis, dass für den Wagen Zoll gezahlt wurde. Einfuhrbescheinigung und Zollerklärung sollte der Käufers erledigen, der sich in seinem Land sicher besser auskennt als Sie. Kritisch ist die Phase zwischen den Behördengängen.
- ❑ Da der Wagen in Deutschland nun abgemeldet ist, sind Sie der »Letzthalter«. Als solcher müssen Sie in Deutschland bei der Stilllegung den **Verwertungsnachweis** einer anerkannten Annahmestelle oder Demontagebetriebes vorlegen. Dies soll verhindern, dass Autos »wild« entsorgt werden. Doch einen Verwertungsnachweis werden Sie außerhalb der EU schwerlich bekommen, denn es fehlt die anerkannte Annahmestelle.
- ❑ Die Straßenverkehrsordnung lässt auch eine **formlose »Verbleibserklärung«** zu, die Sie sich dann selbst ausstellen dürfen, wenn das Fahrzeug zwar endgültig stillgelegt, doch nicht verschrottet, sondern gelagert oder ins Ausland verkauft werden soll.

✷ **Tipp:** Fragen Sie vor dem Verkauf bei der Deutschen Botschaft nach, wie der Vorgang zu gestalten ist. Die zuständige Fachbehörde ist das Kfz-Bundesamt.

Auto zum Verkauf im Ausland ausführen

Planen Sie bereits vor Antritt Ihrer Reise den Wagen zu verkaufen? Die sauberste Lösung ist dann, das Fahrzeug bei einer Kfz-Zulassungsstelle endgültig stillzulegen und ein Kurzzeitkennzeichen zu erwerben.

- Mit der **Abmeldebescheinigung** erlischt die Steuerpflicht für den Wagen, er ist in Deutschland nicht mehr zum Straßenverkehr zugelassen. Die TÜV- und Steuerplaketten am Nummernschild werden abgekratzt. Dazu ist das Fahrzeug vorzuführen, zudem werden verlangt:
- Personalausweis oder Reisepass,
- gelbe Versicherungsbestätigung,
- Eigentumsnachweis (z.B. Kaufvertrag),
- Fahrzeugbrief,
- Fahrzeugschein oder Abmeldebescheinigung,
- amtliches Kennzeichen,
- Nachweis über gültige Hauptuntersuchung.
- Das rote **Kurzzeit- oder Ausfuhrkennzeichen** kann unabhängig vom Wohnort bei jeder Zulassungsstelle für Probe-, Prüfungs- und Überführungsfahrten beantragt werden. Die Zuteilung erfolgt nach Vorlage einer Doppelkarte – speziell für Kurzzeitkennzeichen –, Personalausweis oder Reisepass mit Meldebescheinigung (nicht älter als drei Monate) sowie ggf. des Fahrzeugbriefes und gilt längstens 5 Tage. Eine Rückgabe der Kennzeichen ist nicht erforderlich. Fahrzeuge mit Ausfuhrkennzeichen bedürfen außerhalb Deutschlands grundsätzlich einer Grünen Versicherungskarte.

Auto in Nicht-EU-Länder einführen

Nur wenige Länder außerhalb der EU lassen Sie formlos einreisen, denn die Zollbehörden wollen wissen, ob Sie den Wagen im Land verkaufen und verzollen.

- Manchmal wird lediglich die Einfuhr des Wagens in Ihrem Reisepass vermerkt oder es ist ein Einfuhrformular auszufüllen.
- Selten verlangt man, eine Bürgschaft an der Grenze zu hinterlegen. Lassen Sie sich niemals darauf ein; das Geld sehen Sie höchstwahrscheinlich nie wieder.
- Oft wird ein **Carnet de Passage** verlangt.

Das *Carnet de Passage* ist ein Grenzdokument als Bürgschaft für den Fall, dass Sie Ihren Wagen nicht wieder ausführen. Dabei ist es egal, ob Sie den Wagen verkaufen, er gestohlen wurde oder ein Totalschaden vorliegt. Reisen Sie ohne den Wagen aus, wendet sich die Zollbehörde des Landes an den Aussteller des Carnet de Passage und greift auf die von Ihnen hinterlegte Bankbürgschaft zurück.

Sie beantragen das Carnet de Passage bei einem Automobilclub mit Kopien von Reisepass oder Personalausweis, von Fahrzeugschein sowie der Bankbürgschaft oder dem bestätigten Einzahlungsbeleg der Kaution. Das Carnet wird auf eine Person, für ein Fahrzeug und ein Jahr ausgestellt und ist nicht übertragbar. Das Heft enthält 25 Blätter, die für maximal ebenso viele Länder benutzt werden können. Kann das Fahrzeug innerhalb der Gültigkeit aus einem Land nicht ausgeführt werden, kann das Carnet bis zu drei Monate verlängert werden, gilt dann aber nur zur Aus- und Heimreise.

Tipp: Für ein abgelaufenes oder verbrauchtes Carnet de Passages können Sie etwa zwei Monate vor Ablauf ein Anschluss-Carnet beantragen.

Kauf und Wiederverkauf eines Fahrzeugs im Ausland

Ein Fahrzeugkauf im Ausland kann sich bei einem mehrmonatigen Aufenthalt lohnen – oder nicht:

- Kauf, Zulassung und Wiederverkauf kosten viel Zeit. Je weniger Zeit Sie sich nehmen, desto höher sind Ihre Kosten.
- Je schlechter Sie die Landessprache sprechen, desto schlechter verhandeln Sie und desto höher sind Ihre Kosten.
- Je weniger Sie von Autos verstehen, desto höher ist das Risiko, Zeit und Geld etwa für unvorgesehene Reparaturen aufwenden zu müssen.
- Fast immer müssen Sie Ihre Kreditwürdigkeit mit einer gültigen Kreditkarte beweisen, der Internationale Führerschein kann hilfreich sein.

Autokauf im Ausland lohnt sich nicht immer …

In den USA

Vom Vorbesitzer des Autos benötigen Sie den **Fahrzeugbrief** (*Certificate of Title* oder *Certificate of Owner-*

✹ **Tipp:** Kauf und Verkauf arrangiert bereits vor der Reise Transatlantic Automobile Inc., Bramsche, ✆ 05461/62060, oder Adventures on Wheels, 42 Highway 36, Middletown, NJ 07748, ✆ 001/732/4950959, www.adventuresonwheels.com.

ship), auf dessen Rückseite der Besitzerwechsel bestätigt wird. Achten Sie darauf, dass der Verkäufer dort als Besitzer eingetragen ist. Wenn Sie Ihr Wunschauto bei einem Händler gefunden haben, bitten Sie diesen die Formalitäten zu übernehmen.

- Eine **Kfz-Haftpflichtversicherung** abzuschließen ist in den USA Pflicht. In der Police müssen alle Personen aufgeführt sein, die das Fahrzeug fahren werden. Die Höhe der Prämie richtet sich nach der Deckungssumme sowie nach Alter und Geschlecht des jüngsten Fahrers. Wählen Sie lieber eine höhere Deckungssumme. Für ausländische Touristen ist es schwierig, in den USA eine Kfz-Haftpflichtversicherung zu finden, insbesondere für Fahrer unter 25 und über 65 Jahre. Sie können die Kfz-Haftpflicht- und Kaskoversicherung bereits in Deutschland abschließen, sie wird Ihnen nach Eintragung der Fahrzeugdaten durch eine Agentur in den USA ausgehändigt, ↗ Seite 296. Manche Versicherungen gelten gleichzeitig für Kanada; für Mexiko ist meist eine zusätzliche Versicherung nötig.
- Die **Zulassung** (*Registration*) ist in jedem US-Bundesstaat anders geregelt. Informieren Sie sich vor dem Kauf bei der örtlichen Zulassungsstelle (*Motor Vehicle Department*). Dort erhalten Sie auch die Formulare für die Zulassung (*Application for Registration).*
- Nachdem Sie **Steuern** (*Sales Tax*) und Gebühren in der Zulassungsstelle gezahlt haben, erhalten Sie den Fahrzeugschein (*Registration Card*).

Welche Versicherung gilt wofür?

PAI – **Personal Accident Insurance:** Insassenunfallversicherung

PEC oder **PEP** – **Personal Effects Coverage/Protection**: Gepäckversicherung

PAE – **Personal Accident and Effects:** umfasst PAI und PEC/PEP

LI, **ALI**, **LIS** oder **SLI** – **(Additional) Liability Insurance (Supplement):** Haftpflichtversicherung

UM, **UIM** oder **UMP** – **Uninsured Motorist/Underinsured Motorist (Protection):** gilt, wenn der Unfallgegner nicht oder unterversichert ist

- Ihren neuen **Fahrzeugbrief** (*Title*) erhalten Sie erst nach einigen Wochen per Post. Daher müssen Sie eine Postanschrift angeben. Ohne den Fahrzeugbrief ist ein Wiederverkauf des Wagens nicht möglich.
- Verkaufen Sie den Wagen möglichst in dem **Bundesstaat,** in dem Sie ihn gekauft haben. In einem anderen Bundesstaat können unterschiedliche Sicherheits- und Abgasbestimmungen den Verkauf erschweren.

In Australien

Es gelten ähnliche Prinzipien wie bei den USA, anzumerken ist jedoch:

Als **Haftpflichtversicherung** ist die *Third Party Personal Insurance* vorgeschrieben. Sie deckt Kosten ab, die Sie bei anderen Personen verursachen. Für **Sachschäden**, die Sie Dritten zufügen, sollten Sie die freiwillige *Third Party Property Insurance* abschließen. Schäden am eigenen Fahrzeug und der eigenen Person decken Sie schließlich mit der ebenfalls freiwilligen *Comprehensive Insurance* ab.

Auch in Australien können Sie Kauf und Wiederverkauf bereits vor der Reise arrangieren über einen der großen Automärkte wie Kings Cross Car Market www.carmarket.com.au in Sydney. Man ist dort auf Langzeittouristen eingestellt: Die angebotenen Fahrzeuge haben ein *Roadworthy Certificate* (eine Art TÜV-Plakette), alle bürokratischen Schritte übernimmt der Händler und der Rückkauf des Fahrzeuges kann vorab arrangiert werden, auch an einem anderen Ort!

Mietwagen vor der Fahrt prüfen:

- Bremsen
- Blinker, Licht
- Ölstand
- Luftdruck, Reifenprofil
- Kühlflüssigkeit
- Frostschutzmittel
- Scheibenwischer, -wasser
- Keilriemen
- Schäden und Beulen mit dem Vermieter schriftlich festhalten

Im Ausland ein Auto mieten

Kosten entstehen für: die Tagesrate, Kilometergeld, Versicherungen und Steuer.

- Bedenken Sie Ihre besonderen Ansprüche: Behindertenausstattung, Kindersitz, Dachgepäckträger, Halterung für Fahrräder etc.
- Erhalten Sie über Ihren Arbeitgeber einen Großkundenrabatt?

www.billiger-mietwagen.de, Preisvergleich und Buchung
www.autovermietungen.de

Tipp: Bestellen Sie das kleinste Auto – bei Engpässen erhält man ohne Aufpreis einen Wagen der nächsthöheren Kategorie.

Informationen
www.hertz.de ✆ 0180/ 5938814 (0,12/Min)
www.avis.de ✆ 0180/ 5217702 (0,12/Min)
www.europcar.de 0180/ 58000 (0,12/Min)
www.budget.de ✆ 0180/ 5244388 (0,12/Min)
www.sixt.de ✆ 0180/ 5252525 (0,12/Min)
www.national.de ✆ 0800/4647336

Zwischenhändler:
www.holidayautos.de
www.sunnycars.de
www.drivefti.de

- Manchmal werden Senioren indirekt benachteiligt, zahlen einen versteckten Risikozuschlag oder erhalten erst gar keinen Wagen.
- Fragen Sie nach dem Wagen mit dem kleinsten Kilometerstand.

Vier Wege führen zum Mietwagen:

1. Vor der Reise bestellen und nach günstigen Tarifen fragen. Die der großen Anbieter sind bei Vorausbuchung häufig günstiger als vor Ort, zudem gilt deutsches Versicherungsrecht.
2. Zwischenhändler mieten große Kontingente bei den Hauptanbietern und geben die Rabatte teilweise an die Endkunden weiter.
3. Über den Reiseveranstalter oder die Fluglinie ein Komplettpaket bestellen.
4. Oder bei der Ankunft spontan den Wagen mieten. Kleine lokale Vermieter vor Ort sind vielleicht billiger. Vergleichen Sie jedoch die Qualität der Angebote.

AUSSTATTUNG & NÜTZLICHE DINGE FÜRS AUTO

Mit Hinweisen von Claus Ruhe

Claus Ruhe ist Mitglied der dzg. Er betreibt eine Agentur für Outdoor- und Offroad-Reisen mit Zielen in Osteuropa, der Sahara und der Mongolei.
www.outdoor-offroad.de

Proben Sie zu Hause den Ernstfall. Jeder erwachsene Mitreisende sollte schon mal einen Reifen gewechselt und die Funktionsweise des Motors zumindest studiert haben.

Abschleppseile aus Kunststoff sind leichter und, wenn sie reißen, weniger gefährlich als Stahlseile, taugen aber nur bis 2,5 t, Kevlarseile bis 4 t.

Abschleppstangen können sinnvoll sein, wenn die Bremsanlage ausgefallen ist.

Auspuff-Löcher senken die Motorleistung und lassen sich mit Mullbinde und Gips provisorisch bandagieren.

Bergegurte eignen sich nicht nur zur sicheren Befestigung von Lasten wie Treibstoff- oder Wasserfässern, sondern sind mit überdimensionierten Bruchlasten von 6 – 10 t auch als ungefährliches Abschleppseil geeignet. Stimmen Sie die Schäkel auf diese Bruchlasten ab.

Campingmöbel: Kleine Falthocker, ein Falttisch, eine Kiste als Tisch oder ein entsprechender Anbau am

Checkliste: Minimalausstattung für Touren mit dem Auto

Immer dabei:

- ❑ Abschleppseil, besser -stange
- ❑ Warnblinkleuchte, -dreieck
- ❑ Warnweste
- ❑ Verbandskasten
- ❑ min. 5-l-Reservekanister
- ❑ Sicherheitsgurte
- ❑ Betriebsanleitung
- ❑ Kartenmaterial
- ❑ Wagenheber mit Hartholzklotz

Werkzeuge und Ersatzteile:

- ❑ Grip-, Kombi-, Spitzzange
- ❑ Inbus- und Schraubendrehersatz (Schlitz und Kreuzschlitz)
- ❑ Spannungsprüfer, Lüsterklemmen, Kabel, Kabelschuhe
- ❑ Radmuttern mit Schlüssel
- ❑ Handschuhe
- ❑ Klebeband, Draht, Splinte
- ❑ Starthilfekabel
- ❑ Zündkerzen mit Schlüssel
- ❑ Glühlampen-, Sicherungssatz
- ❑ Zweikomponentenkleber
- ❑ Drahtbürste, Schmirgelpapier
- ❑ Messer
- ❑ Motoröl, Bremsflüssigkeit
- ❑ destilliertes Wasser

Dies & Das

- ❑ Wasserflasche, Notproviant
- ❑ Decke, Kissen
- ❑ Ersatz-, Sonnenbrille
- ❑ Tür- und Tankersatzschlüssel
- ❑ Feuerlöscher
- ❑ abgemeldetes Handy
- ❑ Müllbeutel
- ❑ Taschenlampe
- ❑ Toilettenpapier
- ❑ Verzeichnis der Kundendienststellen Ihres Kfz-Herstellers

... die erweiterte Ausrüstung:

- ❑ Beil, Säge, Spaten
- ❑ Hammer und Meißel
- ❑ Kette mit Schloss zum Sichern
- ❑ Ersatzschläuche, Ventile mit Schlüssel, Flicken mit Kleber
- ❑ Heringe, Spannleinen
- ❑ Schneeketten
- ❑ Keilriemen
- ❑ Fußpumpe mit Druckmesser
- ❑ Kühlerkitt, Auspuffbandage
- ❑ Ring- und Gabelschlüsselsatz
- ❑ Sonnenschutz
- ❑ Scheibenwischerblätter
- ❑ Spann- und Zurrgurte
- ❑ Schlauchschellen
- ❑ benzinresistente Schläuche mit Trichter, Schlauchbinden
- ❑ Reifentreiber
- ❑ 2 – 3 Montiereisen (Reifenheber)

Wagen ermöglichen den hygienischen Umgang mit Lebensmitteln, besonders wenn Staub, Nässe, Eis und Ungeziefer das Leben auf dem Boden erschweren.

Diebstahlsicherung durch abschließbare Dachgepäckträger und -boxen, Lenkradsicherungsstange, Autoradios mit »quick-out«-System sowie Deichsel- und Felgensicherungen sind empfehlenswert.

Erdanker und eine **Winde** sind für Offroader sinnvoll.

Der **Kompass** sollte während der Fahrt benutzbar, also genügend gedämpft sein, sonst springt die Nadel hin und her. Außerdem sollte er gegen den missweisenden Einfluss des Wagens abgeschirmt sein.

Tipp: Ist in Ihrem Fahrzeug eine elektronische Wegfahrsperre eingebaut? Dann besorgen Sie sich vor der Reise eine Anleitung, wie diese lahmzulegen ist, falls Sie abgeschleppt werden müssen.

Kühlen, Lüften, Isolieren: Ein dünnes Sperrholzbrett, in einigem Abstand über dem Dach montiert, dient als mitgeführter Schatten. An seitlichen Ösen und Haken lässt sich eine Plane befestigen. Am Wagenboden lässt sich eine diebstahl- und regensichere Lüftung anbringen. Eine feste Isolierkiste, wie sie der Pizzabote benutzt, schützt Lebensmittelvorräte vor hohen Temperaturen. Beim Kochen dient sie als Garkiste für Reis, Getreide, Nudeln.

Lampen und **Kocher:** Glühstrümpfe von Gaslampen sind oft so empfindlich, dass sie täglich erneuert werden müssen. Lampe und Kocher sollten möglichst mit den gleichen Brennstoffen betrieben werden können – Petroleum oder Benzin – das spart Vorratskanister.

Ölen und Schmieren: Ersatzöle für Hydraulik, Getriebe, Bremsen o.Ä. mitnehmen. Fragen Sie einen Kfz-Fachmann, ob Ihr Wagen abgeschmiert wird, an welchen Schmiernippeln und mit welcher Fettpresse.

Packen, Sichern, Schrauben: Damit das Gepäck auf Dauer oben bleibt, sind besonders massive und sorgfältig befestigte Gepäckträger nötig. Zusätzliche Trägerprofile mit dem Wagen verschrauben oder verschweißen, auch Blechkisten schraubt man besser gleich an. Sichern Sie Kanister, Ersatzreifen und Kisten mit dünnen Stahlseilen, Ketten und Schlössern, Schrauben mit zwei Muttern. Abdeckplanen dienen als Sicht- und Staubschutz.

Literatur

Bernd Büttner, **Auto-Fern-Reisen**. RKH.

Tom Sheppard, **Vehicle-dependent Expedition Guide**. Desert Winds 1998.

Attilio Brilli, **Das rasende Leben**. Die Anfänge des Reisens mit dem Automobil. Wagenbach.

Lasten. Alles, was außen am Fahrzeug befestigt ist, kann abreißen oder gestohlen werden und behindert die Wendigkeit. Anhänger sind deshalb nachteiliger als Dachgepäckträger. Im Gelände springen sie, bergab schieben sie. Eine **Dachlast** darf weder vorne noch seitlich überstehen und sollte möglichst leicht sein. Überragt sie das Fahrzeug hinten um mehr als 1 m, muss sie mit einem roten, 30 x 30 cm großen Schild kenntlich gemacht werden. In manchen Ländern gilt dies für jede überstehende Ladung. Das zulässige Gesamtgewicht und die zulässige Dachlast ist auf Ihr Fahrzeug abzustimmen. Lasten dürfen weder rutschen noch kippen: Legen Sie eine rutschfeste Matte unter und bündeln Sie Lasten zu einer kompakten Ladeeinheit, deren einzelne Teile sich gegenseitig sichern (Formschluss) und sichern Sie die Ladeeinheit mit Bergegurten. Legen Sie schwere Lasten nach unten, das senkt den Schwerpunkt. Verspannen Sie schwere Lasten zentral, damit weder eine Seite noch eine Achse stärker belastet werden. Die Abspannung verstärkt den Druck auf die Auflagefläche und vermindert den seitlichen Spielraum (Kraftschluss). Die Abspannung nach hinten verhindert, dass sich die Last bei einer Vollbremsung nach vorn verschiebt. Gurte eignen sich am besten zum Verspannen. Öfter alle Befestigungen auf festen Sitz prüfen. Hilfreich sind Seil, Karabiner, Spanngurt, Keil, Kantenschutz, Netz.

Räder, Reifen, Schläuche: Mit einem Motorschrauber fest gezogene Radmuttern können ziemlich ärgern, weil sie zu fest sitzen. Lösen Sie vor der Fahrt alle Radmuttern und ziehen Sie sie wieder an. Nehmen Sie zusätzliche Radmuttern mit. Ersetzen Sie ein Notrad durch einen vollwertigen Reifen. Lassen Sie in schlauchlose Reifen Schläuche einziehen und nehmen Sie Flicken sowie Gummierlösung mit, auch eine Druckflasche mit Dichtschaum, um den Schlauch provisorisch abdichten zu können. Bei langen Fahrten im Sand sind Sandreifen zu empfehlen, in vorwiegend steinigem Gelände Seitenverstärkte Reifen. Ersatz-

✸ **Tipp:** Schützen Sie an scharfen Kanten die Zurrmittel durch Unterlegen von z.B. alten Reifenstücken.

Erfahrungen

www.outdoor-production.de, Sonja Nertinger (dzg) auf **Weltreise mit dem Unimog.**

Wil und Sigrid Tondok (dzg), **Im VW-Bus um die Erde.** Das lang vergriffene Buch steht komplett im Internet: www.tondok-verlag.de.

✸ **Tipp:** Klappern zeigt an, dass Sie bald etwas verlieren werden.

Mehr Information
www.deutscher-rover-club.de
ADAC, ✆ 089/7676-0, www.adac.de.
Automobilclub von Deutschland AvD, ✆ 069/6606-0, ww.avd.de.
ACE Auto Club Europa e.V., ✆ 01802/336677, www.ace-online.de.
ÖAMTC, Österreichischer Automobil-, Motorrad- und Touring Club , ✆ 0222/71199-0, www.oeamtc.at.
ACS, Automobilclub der Schweiz, ✆ 31/ 3283111, www.acs.ch.

✱ **Tipp:** Außen montierte Kanister müssen gegen Diebstahl gesichert sein, die Halterungen lange Wellblechfahrten aushalten, das Fahrzeugblech kann ausreißen – ob der Aufwand lohnt?

schläuche, -ventile und Ventilschlüsselchen mitnehmen. Bei sandigem Untergrund Luft ablassen. Um den Reifendruck wieder zu erhöhen, benötigen Sie eine Fußpumpe mit Druckanzeige. Deren bewegliche Teile müssen sand- und staubfrei sein!

Scheiben: Kleinere Löcher in der doppeltverglasten Windschutzscheibe lassen sich durch hineingedrückten Zweikomponentenkleber füllen. Wenn Sie mit Steinschlag rechnen, bekleben Sie die Windschutzscheibe von außen mit durchsichtiger Frontscheibenfolie, notfalls Bucheinschlagfolie. Schnee, Matsch, Eis, Staub beeinträchtigen die Sicht erheblich. Nehmen Sie ausreichend geeignete Reinigungsmittel mit.

Scheinwerferlampen durch lichtstärkere 90-W-Lampen ersetzen und Ersatz mitnehmen.

Schneeketten helfen auch bei schlüpfrigen Lehmpisten. Sie müssen zu Ihrer Reifengröße passen. Solche mit Querstegen auf der Lauffläche sind weniger empfehlenswert als Spurkreuzketten.

Staub und **Sand** sind das Ende für alles, was sich frei drehen und wie geschmiert bewegen soll. Bei Wüsten- und Pistenfahrten dringt Staub über die Heckklappe in den Wagen ein. Alle Fugen vorsorglich mit Fensterdämmstreifen abdichten. Eine Schaufel mit breitem Blatt und Quergriff und zwei massive Bretter (Multiplex, 150 – 200 cm), alternativ dicke Gummimatten, benötigen Sie mindestens, um sich aus einem Sandloch zu befreien. Je kürzer der Schaufelstiel, desto höher der Kraftaufwand beim Schaufeln. Andererseits ist eine kurze Schaufel oftmals besser einzusetzen. Luftlandebleche aus Aluminium oder Eisen (schwer, scharfkantig) sind für schwere Fahrzeuge nötig.

Treib- und Brennstoff: Vielleicht ist es Nacht, alles ist geschlossen, doch Sie müssen weiter. Dann muss der Reservetreibstoff für einige Stunden reichen. Plastikkanister sind in heißen Gebieten ungeeignet. Denken Sie daran, dass Sie für einen 20-l-Stahlkanister für Kraftstoff einen besonderen Ausgussstutzen benötigen, der in Ihre Tanköffnung passt. Schlechter geeignet ist ein großer Trichter, dann aber mit Filtereinsatz, um Staub, Lack, Rost oder anderen Bodensatz zurückzuhalten. Um aus einem Fass Treibstoff umzufüllen, benötigen Sie einen langen, benzinresistenten Schlauch, am besten auch eine kleine Handpumpe, um nicht mit dem Mund ansaugen zu müssen.

Wagenheber mit Zahnstange sind solider als solche mit einer Spindel. Letztere geben im Sand schnell ihren Geist auf. Zum Unterlegen benötigen Sie eine massive Bodenplatte aus Hartholz, Stahl oder Multiplex. Wagenheber mit kurzem Hub und kleiner Auflagefläche eignen sich nicht für nachgiebigen Untergrund (Lehm, Sand, Matsch). Ein Hi-Jack oder Hi-Lift besitzt eine Hubhöhe von 120 – 150 cm, so dass ein Teil davon auch im Untergrund versinken darf.

Waschen: Eine Kunststofftonne mit dicht schließendem Deckel dient während der Fahrt als Waschmaschine. Billiger und kleiner sind die mit Deckel verschließbaren Eimer für Lebensmittel aus Großküchen.

Gefüllte **Reservekanister** sind in manchen Ländern **verboten** (Bulgarien, Griechenland, Italien, Kroatien, Luxemburg, Rumänien, Ungarn), in anderen Ländern ist das Volumen **beschränkt auf 25 l** (Litauen, Polen, Schweiz, Türkei), **auf 20 l** (Estland, Lettland, Mazedonien, Portugal, Slowakei, Spanien), **auf 10 l** (Bulgarien, Dänemark, Frankreich, Slowenien, Tschechien, Österreich).

IM WOHNMOBIL AUSSERHALB EUROPAS

von Klaus B. Bartels

Seit gut 30 Jahren erprobt die Famiie Bartels Wohnmobile aller Art. Angefangen haben sie mit einem VW-Bus, der mit seinen damals fortschrittlichen 50 PS die Hoggar- und die mauretanische Pisten recht ordentlich bewältigte.

Bei der Auswahl des Wohnmobils muss klar sein:

- Soll es geländetauglich sein?
- Soll es Monate oder gar Jahre im Dauereinsatz sein?
- Welchen Komfort soll es bieten?
- Was darf es kosten?

Minimalisten begnügen sich mit **Pkw-Kombis** wie VW-Caddy oder Opel Combo. Einigermaßen bequem wird das erst, wenn die Ladefläche ohne Verstellen der Vordersitze mindestens 20 cm länger ist als der längste Schläfer, wie beim Fiat Scudo, Peugeot Expert und anderen Vans. Auf Toilette und Dusche muss man bei dieser sehr wendigen und unauffälligen Mini-Womo-Lösung verzichten. Vorteilhaft sind eine Leiterklappe als Lüftung und ein nach hinten ausziehbarer Ladeboden oder eine Ladeklappe. Je kleiner das Auto, desto größer die erforderliche Ausstattungsfantasie.

Fahrzeuge auf Basis von **Kleinbussen** sind robuster als Pkw, da sie mit Blick auf den anspruchsvolleren ge-

www.naan.de, Chat-Forum für Womo-Minimalisten

Chemieklos dürfen nur in die dafür vorgesehenen Einrichtungen auf Campingplätzen und an manchen Raststätten entsorgt werden, keinesfalls in den Gully, da sie die Kläranlage stören. Bei naturnahen Reisen muss ein chemiefreies WC her – oder gar keines.

✸ **Tipp:** Für die Kühlung wäre eine umschaltbare Energieversorgung am besten, aber iim Kleinbus sind zusätzliche Batterien wegen des Gewichts kaum zu installieren.

werblichen Bereich hergestellt werden. Sie werden von vielen Herstellern angeboten, Gebrauchtfahrzeuge sind preisgünstig zu finden. Im Selbstbau bieten sich von der Primitivlösung mit einfacher Schlaf- und Kochmöglichkeit bis zum wohnmobilähnlichen Vollausbau zahlreiche Varianten. Westfalia und andere Firmen bieten solche Ausbauten professionell an.

Diesel ist weltweit einigermaßen sicher zu erhalten; deshalb empfehlen wir diese Art des Antriebs. Ein höherer Anschaffungspreis und die höhere Kfz-Steuer werden aufgewogen durch die längere Lebensdauer des Motors und den geringeren Verbrauch, der auch eine größere **Reichweite** bedeutet. Wichtig wird das in Ländern, in denen die Tankmöglichkeiten weit voneinander entfernt sind. In Afrika und Zentralasien muss man den Treibstoffvorrat so bemessen, dass er sicher bis zur übernächsten Tankstelle reicht.

Räder sollten möglichst groß sein (VW-Bus Syncro beispielsweise 16 Zoll), um auch schlechte Straßen überstehen zu können.

Die **Innenausstattung** muss auch bei bescheidenen Ansprüchen einen Mindeststandard haben, will man die Reise unbeschwert genießen. Schlafkomfort ist ebenso wichtig wie eine sichere Kochstelle. Die Gasversorgung eines Herdes sollte vom Fachmann verlegt werden.

Ein **Kühlschrank** ist eine feine Sache, vor allem in heißen Ländern, wenn man auf gekühlte Getränke Wert legt oder verderbliche Ware und Medikamente kühl halten will. Aber er ist relativ schwer, nimmt einigen Platz in Anspruch und verbraucht viel Energie. Außerhalb Deutschlands lassen sich Gasflaschen nur selten tauschen, doch nachfüllen. Wegen Problemen mit der Gasversorgung haben wir jetzt einen elektrisch betriebenen Kompressor-Kühlschrank.

Das größte Handicap kleinerer Wagen ist ihr geringes **Ladegewicht** für längere Reisen. Für Werkzeug, Ersatzteile, Sandbleche, Hi-Lift und Ähnliches kommen leicht 100 kg zusammen. Wenn außerdem Wüstenstrecken entsprechende Wasservorräte verlangen, ist der Wagen schnell überladen. Dann wird man (wie der Verfasser dieser Zeilen beim Land-Rover) bald zum Experten für Federreparaturen. Leider tragen Kleinbusse ebenso wie der für die Sahara beliebte Unimog S 404 nicht mehr als etwa eine Tonne Ladung.

Wohnmobile liegen meist in der Gruppe mit zulässigem Gesamtgewicht von 2,8 bis 3,5 t. Deren Geschwindigkeitsbegrenzung liegt bei 100 km/h. Zwar ist die Zuladekapazität immer noch gering, dafür erlauben sie mit ihrer komfortablen Ausstattung auch längere Reisen. Wir bevorzugen **Alkovenfahrzeuge**. Der Alkoven sollte eine lichte Höhe von mindestens 90 cm und eine bequeme, unterlüftete Matratze haben. Dann ist durch den hoch gelegenen Schlafraum der Wohnraum groß genug. Das lästige Umbauen der Schlafstatt entfällt und der Wagen ist im Notfall schnell startbereit. Für Langzeitreisende sind ein chemiefreies WC und eine Duschwanne zu überlegen. Solch eine Ausstattung erfordern ein kräftigeres Chassis und einen größeren Aufbau. Das vollbeladene Fahrzeug sollte eine ungenutzte Traglast von einer Tonne haben. Wir kauften deshalb ein gebrauchtes Fahrgestell vom Typ Mercedes 711 D, dessen zulässiges Gesamtgewicht von 6,5 t nach der Fertigstellung auf 5,5 t abgelastet wurde. Nach eigenem Entwurf baute die Firma Fahrzeugbau Bocklet einen erstklassigen Aufbau – nach sieben Jahren und 220.000 km ist alles fast wie neu, kein Klappern und kein Quietschen ist zu hören. Das Ganze kostete nicht mehr als ein Serienfahrzeug.

Solch große Wagen benötigen mehr als vier Reifen. Zwillingsbereifte Wagen zahlen auf den europäischen Autobahnen die doppelte Autobahngebühr, in Amerika dagegen gelten Wohnmobile grundsätzlich als Personenwagen, unterliegen also nicht den Beschränkungen für Lkw wie in Deutschland.

Unser Wagen besitzt eine **Brücke** für die mitgeführte Vespa und ist damit 7,66 m lang. Nach Afrika sollte man sich mit einem so großen Fahrzeug nicht bege-

✱ **Tipp:** Wer sein Fahrzeug unbegleitet verschifft und den Wagenschlüssel der Reederei übergibt, muss den Kabineninhalt diebstahlsicher schützen, braucht also hinterm Fahrerhaus eine abschließbare Tür, die nur von der Kabine aus zu öffnen ist.

✱ **Tipp:** Ein Wohnmobil muss jederzeit ohne Umbauten startbereit und auch bei Regen und in unsicheren Gegenden ohne »Eingriffsmöglichkeit« gut belüftbar sein.

Fahrzeugbau

Bocklet GmbH, Koblenz, ✆ 0261/802504 www.bocklet-fahrzeugbau.de.

Übersee-Transport

www.deugro.de

www.danzas.de

www.panalpina.de

www.kn-portal.com

Reisemobil International, www.reisemobil-international.de, Monatszeitschrift, auch auf CD-ROM. Wohnmobil-Clubs finden Sie dort unter »clubs«.

www.reisemobil-union.de, www.wohnmobile.de

Stellplätze

www.reserveusa.com, 50.000 Stellplätze auf 1700 Campgrounds der amerikan. Staatsforste.

RV Park & Campground Directory, USA, Canada, Mexico, Simon & Schuster.

RID-Verlag, Altenstadt, ✆ 06047/1696 www.ridverlag.de, Europa-Listen.

ben, will man sich nicht auf das gute Straßennetz im Norden beschränken. In Russland, Sibirien und Zentralasien hatten wir keine nennenswerten Probleme. Allerdings lernten wir dort unsere großen Tanks für Wasser, Abwasser und Fäkalien schätzen, da die Campingplätze nicht so sauber waren.

In Europa fällt unser Wohnmobil auf, in **Nordamerika** wirkt es eher wie ein Sozialfall: Da rollen 12 m lange, dreiachsige Ungetüme, oft mit einem Pkw im Schlepp, mit 40 l Benzinverbrauch. *Recreational Vehicle Parks* sind in Nordamerika meist parzelliert und bieten Anschlüsse für Strom, Wasser, Abwasser, Kabel-TV, gelegentlich auch für Telefon. Die Anschlüsse liegen immer links, aber da die Standplätze groß sind, hat man auch mit rechts liegenden Anschlüssen selten Probleme. *Campgrounds* liegen meist in den Naturparks und sind einfacher ausgestattet.

Bei der Verschiffung berechnet sich der Preis nach Kubikmetern und erreicht leicht einige 1000 Euro. Dem steht der Vorteil gegenüber, ein auf persönliche Bedürfnisse zugeschnittenes Wohnmobil mitsamt kompletter Einrichtung und persönlichem Bedarf ohne weiteren Zeitaufwand nutzen zu können. Beim Kauf vor Ort müssen Sie Hausrat zeit- und geldaufwändig extra anschaffen und nach der Reise zurücklassen. Einen gebrauchten Wagen kaufen Sie am besten an der Ostküste und verkaufen ihn an der Westküste.

Ein **gemietetes** *Recreational Vehicle* kostet in der kleinsten Kategorie ab 500 Euro pro Woche inkl. 500 Freimeilen, 0,26 $ pro weiterer Meile, mit erstem Verpflegungspaket 100 Euro mehr. Mietwagen dürfen nur nach Kanada, mit einer Sondervereinbarung eventuell nach Mexiko, aber keinesfalls nach Mittelamerika gefahren werden.

Nach Südamerika zu verschiffen ist problematisch. Ab Panama fanden wir keine Vertrauen erweckende Reederei. Von Miami wären wir nach Caracas in Venezuela gekommen, doch gab es für unseren Wagen keine geeigneten Straßen von dort nach Brasilien.

KOMMUNIKATION & VERSTEHEN

DER KONTAKT ZUR HEIMAT

Selbst wenn Sie sich nichts sehnlicher gewünscht hatten, als von zu Hause fortzukommen, werden Sie unterwegs irgendwann den Kontakt zu Freunden und Verwandten vielleicht vermissen. Oder es gibt Wichtiges zu erledigen, oder Sie möchten Ihre Reiseerlebnisse vorab per eMail verbreiten, was auch die daheim Gebliebenen oft zu schätzen wissen.

Radio

Ein batteriebetriebenes Kurzwellenradio ermöglicht weltweit den Empfang der Deutschen Welle, www.dw-world.de. Der Sender informiert auf seiner Webseite und verschickt Broschüren zu seinem halbjährlichen Programm, Frequenzübersichten, Empfangstipps, Vergleich der erhältlichen Weltempfänger bis hin zu Anleitungen zum Aufbau von Außenantennen. Eine Alternative ist die englischsprachige BBC, www.bbcworld.com.

Postversand ins Ausland

Wenn Sie sich unterwegs Post schicken lassen:

- Adresse und Absender in großen und deutlichen Druckbuchstaben schreiben.
- Versandhinweise für die Post sollten auch auf Französisch auf dem Umschlag vermerkt sein, das ist die internationale Postsprache. Internationale postalische Länderkürzel (D, A, CH) gibt es nur für wenige Länder.
- Wählen Sie möglichst den Luftweg.
- Verwenden Sie unauffällige Briefmarken, Sammlern könnte der Brief sonst gefallen.
- Am billigsten ist das Aerogramm, der Luftpostleichtbrief, bei dem sich das beschriebene Blatt zum Umschlag falten lässt. Einlagen sind verboten.

Postlagernde Briefe sollten nach nebenstehendem Muster an das Hauptpostamt der Haupt- oder Großstädte adressiert sein.

Mehr Information

ourworld.compuserve.com/homepages/Klingenfuss, Jörg Klingenfuss (dzg) bietet eine Kurzwellenradioseite.

Harald Kuhl, **Mit dem Radio unterwegs**, VTH.

Michael Schmitz, Wolf Siebel, **Weltweit Radio hören**, VTH.

So adressieren Sie richtig:

NAME, Vorname
Poste Restante
General Post Office
Länderkennzeichen-PLZ
Ortsname
Land (auf Französisch und/oder in der Sprache des Ziellandes)

Kommunikation in Bronze: Ein Mandarin schaut einer modernen Chinesin über die Schulter (Skulptur in Beijing)

Die **Hauptpost,** *General Post Office*, nennt sich in USA und Kanada *Main Post Offiice,* auf Spanisch *Central de Correos* und auf Französisch *Bureau de Poste Centrale.*

Faxen, aber richtig

Lange Postlaufzeiten lassen sich mit dem Fax umgehen. Das Rückfax an Sie sollte enthalten

- ❑ Name des Hotels
- ❑ Zimmernummer
- ❑ Ihren Namen
- ❑ Anzahl der Seiten

Tipp: Kaufen Sie sich im Reiseland ein billiges Handy mit einer Prepaidkarte und senden Sie Ihren Freunden und Verwandten die neue Telefonnummer per eMail. Mehr Infos zu ausländischen Prepaid-Karten: www.globilo.de, www.prepaidkarten.de, unter www.teltarif.de können Prepaid-Karten vorbestellt werden.

- Heben Sie den Nachnamen deutlich hervor, denn häufig werden Briefe unter dem Vornamen oder dem Straßennamen falsch abgelegt.
- Sendungen werden kostenlos mehrere Wochen bis zu mehreren Monaten gelagert. Einschreiben und Wertbriefe werden nach einer Woche zurückgeschickt. Meist müssen Sie den Reisepass vorlegen, um die Post zu bekommen, selten auch eine Gebühr bezahlen.

Telekommunikation

UMS

Viele eMail-Provider vergeben auch eine UMS-Nummer (*Unified Messaging Service* = Telefonnummer einer Mailbox) mit PIN. Die *Fax & Voice message box* empfängt eMails, Telefonate, Faxe oder SMS (*Short Message Service*) und wandelt diese wie gewünscht um. Jeder, dem Sie diese Nummer mitteilen, kann dort über Telefon eine Nachricht hinterlassen. Über eingehende Nachrichten werden Sie auf Wunsch per SMS benachrichtigt; Sie können Ihre Nachricht per Telefon abhören oder als eMail abrufen.

Mobilfunk

Das »**Handy**« ist ein deutscher Name in englischem Gewand, in den USA heißt es »cellular phone«, im United Kingdom »mobile phone«. Die Mobiltelefone in Europa, Afrika und Australien senden auf den gleichen Frequenzbändern (GSM 900 und 1800 MHz). In den USA und Kanada funken die Telefone auf 1900 MHz. »Dualbandtaugliche« Geräte arbeiten mit zwei Netzen, Triplebandgeräte mit drei. Das Handy nutzt das stärkste vorhandene Netz, nicht das billigste, doch Sie können das manuell ändern.

Sie wollen unter Ihrer gewohnten Nummer **im Ausland erreichbar** sein? Das ist wohl der einzige Grund, sein Handy mit auf Reisen zu nehmen. Im Ausland kostet ein ankommendes Telefonat bis zu drei Euro pro

Minute, www.teltarif.de. Klären Sie vor der Abreise alle Einzelheiten mit dem Netzbetreiber, teilweise gelten im Ausland andere Einwahlnummern und andere Passwörter. Kosten treibende Einstellungen können Sie nur vor der Reise ändern. Deaktivieren Sie die »bedingte Rufumleitung«, sonst erzeugt ein ausgeschaltetes Handy Kosten für bis zu drei Telefonate: Das ankommende Telefonat auf dem Handy im Ausland, das weitergeleitete zur Mailbox in Deutschland und die Nachricht der Mailbox ans Handy im Ausland.

Denken Sie an das **Ladegerät,** eventuell einen Steckdosenadapter; Schutz der empfindlichen Elektronik gegen Staub, Sand, Salzwasser. Reserveakkus haben oft eine höhere Kapazität als die installierten. Lithium-Ionen- oder Nickel-Metallhybrid-Akkus sind besser als andere; Erstere sind jedoch kälteempfinlich.

Tipp: Manche Kreditkarteninstitute bieten ein Telefonieren über billigere amerikanische Vermittlernummern an, abgerechnet wird über die Kreditkarte.

eMail

von Thomas Simoneit

Auf Reisen kann ein eMail-Konto in mehrfacher Hinsicht nützlich sein. Man braucht dafür keinen eigenen Internetzugang oder kostenpflichtige eMail-Anbieter. Firmen wie web.de oder gmx.de bieten kostenfrei eine eMail-Adresse, die weltweit aus jedem Internetcafé abzurufen ist. So können Sie Kontakt nach Hause halten, ohne auf Reisen auf den langwierigen Postweg angewiesen zu sein. Manche eMail- und Webspace-Anbieter (z.B. 1und1, web.de, gmx.de) bieten auch einen virtuellen Safe bzw. Online-Speicher an. Dies ist ein spezieller, passwortgeschützter Speicherplatz im Internet. Zuhause scannen Sie Pass, Flugticket und andere wichtige Dokumente und hinterlegen diese als Bilddateien. So bekommen Sie beim Verlust der Originale unterwegs schnell Ersatz, denn Sie können Kopien im nächsten Internetcafé ausdrucken.

Tipp: Hinterlegen Sie zum Beispiel in Ihrem Emailkonto Ihre persönlichen Kontakte, z.B. als Word Datei. Dann kann Sie auf Reisen auch der Verlust Ihres Adressbuchs nicht beunruhigen. Im nächsten Internetcafé drucken Sie sich einfach alles wieder aus.

Sicherheit im Internetcafé

Fast auf der ganzen Welt (außer in abgeschotteten Diktaturen wie Nordkorea, Myanmar) können Sie Internet-

Tipp: Sie sollten es sich deshalb genau überlegen, in welchem Internetcafé Sie ihr Bankkonto ansehen oder sogar Überweisungen tätigen!

cafés nutzen. Dort können Sie Ihre eMails lesen, von der Digitalkamera auf CD brennen lassen oder ein »weblog« führen, ein Tagebuch, in dem Freunde und Verwandte immer aktuell über die Reise informiert werden. Manche geben dort auch an, wo (Hotel) und wie (Telefonnummer) sie momentan zu erreichen sind.

Sie sollten jedoch nie die **Sicherheit Ihrer persönlichen Daten** außer Acht lassen. Cafés, die dem Nutzer keine Software-Downloads oder -Installation erlauben, sind sicherlich vertrauenswürdiger als solche, in denen jeder Nutzer machen kann, was er will. Denn die Gefahr einer Passwortausspähung durch »malware« ist immer gegeben. **Zwei Maßnahmen** sind während einer Sitzung im Internetcafé unbedingt zu beachten:

1. Fragen im Browser wie: »Wollen Sie Ihr Passwort für die nächste Sitzung speichern« sind unbedingt mit NEIN zu beantworten.
2. Leeren Sie am Ende der Internetsitzung manuell den Cache des Browsers. Diese Option findet sich unter Extras, Sicherheit/Datenschutz, Cache, bei anderen Browsern unter Einstellungen/Erweitert. Falls Sie dies nicht tun, kann jeder nachfolgende Nutzer an dem von Ihnen benutzten Rechner durch Betätigung des »Zurück«-Buttons oder Ansehen von »Chronik/Verlauf« sehen, welche Seiten Sie besucht haben und unter Umständen sogar Teile ihrer persönlichen Daten rekonstruieren.

WIR SIND NICHT ALLEIN AUF DER WELT

mit Hinweisen von Peter Meyer (dzg)

»Wer die Enge seiner Heimat ermessen will, reise. Wer die Enge seiner Zeit ermessen will, studiere Geschichte ... Man sollte jedem Deutschen noch fünfhundert Mark dazu geben, damit er ins Ausland reisen kann. Er würde sich manche Plakatanschauung abgewöhnen, wenn er vorurteilslos genug ist, die Augen aufzumachen.« Kurt Tucholsky, um 1930

Jährlich werden etwa 700 Millionen Auslandsreisen gezählt, davon mehr als die Hälfte in Europa. Der Tourismus ist einer der am stärksten wachsenden Wirtschaftszweige der Erde. Die größten außereuropäischen Reiseziele sind USA, China, Mexiko, Kanada, Karibik, Hongkong, Türkei, Thailand, Malaysia, Singapur, Indonesien, Südafrika, Marokko und Australien.

Ein Tourist macht noch keinen Tourismus ...

»Bin Sir David Lindsay, zahle alles!« – So tritt der britische Tourist bei Karl May auf. Ein Tourist? Mir scheint: Tourismus ist ein Phänomen, das erst gesellschaftlich wahrgenommen werden kann: es bedarf der Kataloge, der Reisebüros, der Busse und Flugzeuge, der Hotelburgen und Clubs. Touristen sind dann Frühbucher, Passagiere, Hotelgäste. Doch es sind immer viele, die Infrastruktur ist für Massen entworfen. Ein Tourist macht noch keinen Tourismus, hundert auch nicht, vielleicht tausend, vielleicht mehr?

Seit Jahrzehnten ist das Bemühen erkennbar, »den Globetrotter« von »dem Touristen« zu unterscheiden. Zufriedenstellend ist das nie gelungen, ↗ www.globetrotter.org, Wir über uns. Das Problem eines Globetrotters ist jedoch weniger, dass er als Tourist diffamiert werden könnte. Sicher verwenden auch Globetrotter touristische Systeme: Reiseführer, Flugzeug, Hotel etc. Doch viel öfter bewältigen sie Reisesituationen mit individuellen Handlungsalternativen, wie sie in den Selbstreise-Handbüchern beschrieben sind – ein Tourist braucht dieses Handbuch nicht. Globetrotter aber sind fähig, beliebig zwischen individuellen und touristischen Handlungssystemen zu wechseln.

Schmerzlich empfinden jedoch viele Globetrotter, dass ihresgleichen als Pioniere des Touristenstroms dienten, dass »Geheimtipps« heute hunderttausendfach verbreitet werden.

Die Rekonstruktion der Tourismusgeschichte sähe anders aus, würde in der fachlichen Diskussion sauber unterschieden zwischen der personalen und der sozialen Ebene, zwischen Mikro und Makro. Tourist ist

Literatur

Hasso Spode, **Wie die Deutschen Reiseweltmeister wurden**. Eine Einführung in die Tourismusgeschichte. Historisches Archiv des Willy-Scharnow-Instituts Berlin 2003.

Christoph Henning, **Reiselust – Touristen**, Tourismus und Urlaubskultur, Insel.

Christiane Cantauw, **Arbeit, Freizeit, Reisen**: Die feinen Unterschiede im Alltag, Waxmann 1997.

Dieter Kramer, Ronald Lutz, **Tourismus-Kultur, Kultur-Tourismus**, Kulturwiss. Horizonte Bd. 1, LIT. 12.

Mehr Information
www.globetrotter.org, Wir über uns
www.reisegeschichte.de

man in dem Maße, wie man touristische Makrosysteme nutzt und deren technisch-wirtschaftlich-soziale Handlungsabläufe bewegt. Es würde dann unterschieden zwischen einer Entstehungsgeschichte der touristischen Einrichtungen mit individuellen Reisenden und einer industrialisierten Verwendungsgeschichte der touristischen Einrichtungen mit Touristenströmen.

Sanftes Reisen

Reiseführer prägen unser Bild von der Fremde. Exemplarisch untersucht wird dies in: **Das Afrika-Bild in Reiseführern**, UNESCO-Studie in Zusammenarbeit mit der Initiative Pro Afrika e.V. Gegen 5 Euro bei pmv: info@PeterMeyerVerlag.de.

Tabi-ni haji-o tsutete – Auf Reisen braucht man kein Schamgefühl, sagt ein japanisches Sprichwort. Das erklärt manche meiner Beobachtungen, www.farangonline.com. Ein »sanftes Reisen« wäre sicher nötig. Aber wie macht man das? Und warum sollte sich jemand im Himalaja benehmen, wenn er auch zu Hause eine Umweltsau ist? Denis Diderot erkannte vor 250 Jahren: »Bevor wir die Reise um die Welt beginnen, sollten wir die Reise um uns selbst beendigen.« Zu gleicher Zeit hält Goethe ihm entgegen: »Die beste Bildung findet ein gescheiter Mensch auf Reisen.« Das Dilemma scheint also nicht neu zu sein. Vielleicht helfen vier Leitlinien:

- Bleiben Sie neugierig und reisen Sie vorsichtig!
- Finden Sie Ihre eigenen Wege.
- Reisen Sie langsam und gelassen.
- Reisen Sie bescheiden und genießen Sie Vorhandenes.

Aktiv reisen, die Natur schonen

Der Tourismus zerstört, was er vorgibt zu lieben. Freizeitaktivitäten wie Golf oder Ski verändern die Natur, weil viele Menschen am selben Ort die Natur verbrauchen. Lärm einiger weniger kann Tausenden den letzten Nerv rauben: Menschen und Tieren.

✷ **Tipp:** Lassen Sie jeden Ort etwas schöner zurück, als Sie ihn vorgefunden haben.

Nachhaltiger Tourismus soll wirtschaftlich tragfähig sein und damit den Einheimischen sichere und humane Arbeitsplätze verschaffen und zur Verbesserung der Lebensqualität beitragen. Er steht deshalb für

- **umweltverträgliches Reisen**:
- Schonender Umgang mit den natürlichen Ressourcen Luft, Boden und Wasser;
- Rücksicht auf Pflanzen und Tiere, die Grundlage allen Lebens sind.
- **sozialverantwortliches Reisen**:
- Berücksichtigung der Bedürfnisse in den besuchten Regionen;
- Respekt vor den kulturellen Werten der Gastgeber;
- Förderung der ökonomischen Bedürfnisse in der besuchten Region;
- Rücksicht auf die Bedürfnisse von umwelt- und sozialverträglich Reisenden.
- In einigen **Situationen** beeinflussen Sie Umwelt und Gesellschaft besonders nachhaltig:

Tipp: »Was du nicht willst, was man dir tu, das füg auch keinem anderen zu!«

ökobilanz errechnen: www.atmosfair.de

So ermitteln Sie Ihre Ökobilanz

Mitteleuropäer legten 2004 etwa 30 % mehr km zurück als 1984 und mehr als doppelt soviel als 1970. 60 % aller Personenkilometer werden in der Freizeit zurückgelegt. Ein Interkontinentalflug schädigt das Klima etwa so wie 2 Jahre Autofahren.

CO_2-Ausstoß pro Person bei 1000 km Strecke

Flugzeug	2 Pers. im Pkw	ICE	Bus
200 kg	70 kg	15 kg	10 kg

Das klimaverträgliche CO_2-Budget pro Person und Jahr beträgt bei 6 Mrd Weltbevölkerung 3000 kg. Ein Inder emittiert circa 900 kg CO_2, ein Mitteleuropäer 10 – 11.000 kg

Die Emmissionen betragen bei:

1 Jahr Auto fahren (18.000 km)	3000 kg
Hin- u. Rückflug von Frankfurt nach Berlin	160 kg
Hin- u. Rückflug von Frankfurt nach London	320 kg
Hin- u. Rückflug von Frankfurt nach Mallorca	600 kg
Hin- u. Rückflug von Frankfurt nach Teneriffa	1660 kg
Hin- u. Rückflug von Frankfurt nach New York	4220 kg
Hin- u. Rückflug von Frankfurt nach Mumbai	4480 kg
Hin- u. Rückflug von Frankfurt nach Bangkok	6500 kg
Hin- u. Rückflug von Frankfurt nach Kapstadt	6800 kg
Hin- u. Rückflug von Frankfurt nach Sydney	11740 kg

- Bei der Wahl des Ziellandes und Zielortes;
- bei der Wahl des Verkehrsmittels;
- bei der Wahl der Unterkunft;
- bei Freizeitaktivitäten und Sport;
- beim Einkaufen für den täglichen Bedarf (lokale Produkte bevorzugen) und von Souvenirs (Artenschutz);
- bei der Kommunikation mit den Menschen.

Literatur

Verträglich Reisen erscheint einmal jährlich im Januar und bietet Selbstdarstellungen von ökologisch orientierten Reiseveranstaltern und touristischen Anbietern meist in Europa. www.vertraeglich-reisen.de

Sympathie-Magazine zu mehreren Dutzend Ländern und Themen erhalten Sie beim Studienkreis für Tourismus & Entwicklung e.V., Ammerland, ✆ 081/771783, www.studienkreis.org.

Norbert Suchanek, **Ausgebucht**. Zivilisationsfluch Tourismus, Schmetterling.

Christiane Baumgartner, Margit Leuthold, **Reisen mit dem Wüstenschiff**. Bewertung der Nachhaltigkeit von Wüstenreisen am Beispiel Desert Team. Profil.

Gerhard Armanski, **Wie viel Touristen pro Hektar Strand?** GEO Heft 10, 1980, 154 – 155. Sanftes Reisen wurde hier erstmals definiert.

Marion Thiem, **Tourismus und kulturelle Identität**. Die Bedeutung des Tourismus für die Kultur touristischer Ziel- und Quellgebiete. Berner Studien Bd. 30.

Torsten Kirstges, **Sanfter Tourismus**. Chancen und Probleme einer Realisierung, Oldenbourg.

Ökologischer Tourismus in Europa, Ö.T.E., setzt sich für die Förderung und Entwicklung eines umweltverträglichen und sozialverantwortlichen Tourismus ein. Die Dachorganisation bündelt Verbände und Vereine aus Tourismus, Natur- und Umweltschutz, Jugend, Freizeit und Kultur. www.oete.de. Er ist außerdem Herausgeber des Connexions-Bandes »**Deutschland umweltfreundlich**«, Peter Meyer Verlag. Darin enthalten sind ausführliche Hinweise aus umweltverträgliches Reisen.

Charitée

Bert Simon (dzg) hat drei große Hilfsorganisationen gegründet, darunter die führende Patientenorganisation für Lungentransplantierte in Deutschland und eine CF Selbsthilfe. Mehr darüber und über Bert Simons »walk for the children« um die Welt unter www.bertsimon.com.

Das Eigene und das Fremde

17 deutsche Unis bieten das Fach Völkerkunde an, etwa 10.000 Studierenden belegen es. Die **klassische Völkerkunde** richtete – als »schlechtes Gewissen« oder bösartiger als »Hilfswissenschaft« des Kolonialismus – ihr Augenmerk vornehmlich auf Kulturen außereuropäischer, schriftloser Völker, die sich heute als »indigen« definieren. In Europa wird zudem als Selbstreflexion das Andere in der eigenen Gesellschaft untersucht.

Die **Ethnologie** untersucht die Struktur und Funktion von Gesellschaftssystemen und versucht sie in Modellen darzustellen. Grundprobleme sind dabei, wie man eine fremde Kultur beschreibt, ohne sie zugleich zu beeinflussen, oder wie man fremde Lebensweisen interpretiert, ohne die eigenen Wertmaßstäbe anzuwenden.

Museen

Deutschland: Berlin, **Ethnologisches Museum,** www.smb.spk-berlin.de.

Bremen, **Überseemuseum,** www.uebersee-museum.de.

Bremerhaven, **Aufbruch in die Fremde.** Mehrteilige Ausstellung sowie umfangreiche Auswandererdatenbank, www.historisches-museum-bremerhaven.de.

Detmold, **Lippisches Landesmuseum,** www.lippisches-landesmuseum.de.

Dresden, **Buchmuseum**, www.tu-dresden.de.

Frankfurt am Main, **Museum der Weltkulturen,** www.mdw.frankfurt.de.

Freiburg, **Adelhauser Museum Völkerkunde,** www.grafische-werkstatt.de/adelhausermuseum.

Hamburg, **Hamburgisches Museum für Völkerkunde,** www.voelkerkundemuseum.com.

Hildesheim, **Roemer-und Pelizaeus-Museum,** www.rpmuseum.de .

Köln, **Schokoladenmuseum,** www.schokoladenmuseum.de.

Köln, **Rautenstrauch-Joest Museum,** www.museenkoeln.de/rautenstrauch-joest-museum.

Literatur

Hans-Jürgen Heinrichs, **Die fremde Welt, das bin ich**. Leo Frobenius: Ethnologe, Forschungsreisender, Abenteurer, Peter Hammer 1998.

Cornelia Schmalz-Jacobsen, G. Hansen, **Kleines Lexikon der ethnischen Minderheiten in Deutschland**, Beck, kostenlos bei Bundeszentrale für politische Bildung www.bpb.de.

Lothar Käser, **Fremde Kulturen.** Eine Einführung in die Ethnologie, Ev.-Luth. Mission.

Frank Semper, **Die Rechte der indigenen Völker in Kolumbien**. Sebra.

Hanne Chen, H. Jäger, **Kulturschock**. Mit anderen Augen sehen. Rump.

Hans Paasche, **Die Forschungsreise des Afrikaners Lukanga Mukara ins innerste Deutschland**, Grüne Kraft Werner Pieper.

↗ Seite 59 Reisende und ihre Museen.

Mehr Information

Gesellschaft für bedrohte Völker e.V., PF 2024, 37010 Göttingen, ✆ 0551/49906-0, Fax 58028, www.gfbv.de. Zeitschrift **pogrom**.

Institut für Auslandsbeziehungen e.V., Stuttgart ✆ 0711/2225-0, www.ifa.de. **Zeitschrift** für Kulturaustausch.

Amnesty International, Sektion Deutschland e.V., Bonn, ✆ 0228/98373-0, www.amnesty.de.

Leipzig, **Völkerkundemuseum**, www.grassimuseum.de.

Lübeck, **Völkerkundemuseum im Zeughaus am Dom,** www.luebeck.de.

Offenbach, **Ledermuseum,** www.ledermuseum.de

Stuttgart, **Lindenmuseum,** www.lindenmuseum.de

Österreich: Wien, **Museum Völkerkunde,** www.ethno-museum.ac.at

Schweiz: Basel, **Museum der Kulturen,** www.mkb.ch

Genf, **Ethnographisches Museum,** www.ville-ge.ch/musinfo/ethg

Zürich, **Rietberg Museum,** www.rietberg.ch

Zürich, **Indianermuseum,** www.indianermuseum.ch

Niederlande: Amsterdam, **Tropenmuseum,** www.tropenmuseum.nl

Belgien: Antwerpen, **Etnografisch Museum,** www.dma.be/cultuur/etnografisch_museum

Brüssel, **Museés Royaux d'Art et d'Histoire,** www.kmkg-mrah.be/index.html

Leiden, **Rijksmuseum voor Volkenkunde,** www.rmv.nl/

Tourismuskritik

Als Ansprechpartner erster Wahl für alle kritischen Fragen rund um den Tourismus gilt *Tourism Watch,* eine Arbeitsstelle im Evangelischen Entwicklungsdienst e.V. (EED). Tourism Watch sensibilisiert Touristen für verantwortliche Reiseentscheidungen und begegnungsorientiertes Reisen. Der EED engagiert sich gemeinsam mit ökumenischen Partnern für eine nachhaltige, umweltverträgliche und sozialverantwortliche Tourismusentwicklung. Viermal jährlich erstellt die Redakteurin Ludmilla Tüting (dzg) den »Informationsdienst Dritte-Welt-Tourismus« – mit offenen Augen für Reibungsstellen des Tourismus, mit kritischen Fragen und peniblen Recherchen, klaren Analysen und weiterführenden Hinweisen zu Organisationen, Personen und Literatur. Die bisher erschienenen Ausgaben finden Sie auf der Homepage, hervorragend ist die weiterführende Linksammlung.

Tourism Watch, Evangelischer Entwicklungsdienst e.V. (EED), Bonn, ✆ 0228/8101-2302. www.tourism-watch.de.

REDEN UND VERSTEHEN

von Dirk Bindmann

Dirk Bindmann hat seit 1981 einige Dutzend Länder besucht, vor allem in Osteuropa und Asien. Am liebsten reist er zu Fuß oder mit Skiern.

Auf der Erde werden mehr als 6500 Sprachen gesprochen. Wer Mandarin-Chinesisch lernt, kann sich statistisch gesehen mit den meisten Menschen verständigen. Auf Reisen nützt das wenig, weil sich dessen Sprecher nur auf einem kleinen Teil der Erdoberfläche drängen.

Die wichtigsten Sprachen

- **Englisch** ist die verbeiteste Sprache. Es wird in den meisten Flughäfen, Touristenbüros und guten Hotels verstanden. Unter Reisenden hat sich ein vereinfachtes Traveller-Englisch herausgebildet, das die Themen des Touristenalltags ausreichend abdeckt. Doch wer die Welt der Kellner, Kaufleute und Fremdenführer verlassen möchte, kommt in den meisten Ländern mit Englisch nicht weit. Deshalb müssen wir uns um die Landessprachen bemühen, denn die Gäste sind wir. Mit manchen Sprachen kommt man weiter als mit anderen:
- **Spanisch** wird in 28 Ländern gesprochen – so in allen lateinamerikanischen Staaten außer Brasilien, wo Spanisch aber auch oft verstanden wird.
- **Französisch** wird nicht nur in Frankreich, Belgien, der Schweiz und Luxemburg gesprochen, sondern auch in den ehemaligen französischen Kolonien. Im frankophonen Afrika sollen die aktiven Sprecher aber nur 5 % betragen und der Anteil derer, die Französisch einigermaßen verstehen, etwa 20 %.
- **Portugiesisch** wird außer in Portugal in Brasilien und den ehemaligen portugiesischen Kolonien in Afrika und Asien verstanden, von 5 % der Weltbevölkerung.
- **Swahili** ist eine alte Handelssprache im östlichen Afrika: in Kenia, Tansania, Uganda, Ruanda, Burundi, im östlichen Teil der Demokratischen Republik Kongo und einigen angrenzenden Ländern wird sie gesprochen oder verstanden.
- **Türkisch** ist der Schlüssel zu Zentralasien. Die Sprachen der Turkvölker ähneln sich sehr. Lange Zeit galt, dass man auf einer Reise entlang der Karawanenstra-

Gesellschaft für bedrohte Sprachen e.V., an der Uni Köln www.uni-koeln.de/gbs.

www.weikopf.de/Sprache/sprache.htm erklärt die Entstehung und Verbreitung von Sprachen.

✷ **Tipp:** Ein Hundebellen klingt in anderen Ländern anders als bei uns, ein Miauen klingt überall gleich. Die Sprachen in der Tierwelt kann man sich anhören unter www.bzzzpeek.com.

ßen von Istanbul bis Peking allein mit Türkisch zurechtkommt. Heute liegt die Grenze des Türkischen als Verkehrssprache in Westchina bei Kaschgar.

- **Russisch** wird natürlich in allen Staaten verstanden, die aus der Sowjetunion hervorgegangen sind – auf einem Sechstel der Erdoberfläche. Russisch ähnelt sehr den anderen ostslawischen Sprachen Ukrainisch und Weißrussisch. Auch andere Slawen auf dem Balkan und in Mitteleuropa können Russisch verstehen. Zwar gilt es in vielen Gegenden als Kolonialsprache, doch werden bei Ihrem Radebrechen sicher keine Missverständnisse entstehen.
- **Arabisch** wird von der Atlantikküste Nordafrikas bis zum Vorderen Orient in fünf Dialekten gesprochen. Reisenden gegenüber spricht man in der Regel Hocharabisch. Als Sprache des Korans können es alle gebildeten Muslime verstehen.

Esperanto: Eine Plansprache für die Reiseplanung

Deutsche Esperanto-Jugend e.V., Berlin, ✆ 030/42857899, www.esperanto.de.

Tipp: Ein gutes Portal ist www.esperanto.de, 0180-ESPERANTO = 0180/3773726

Schon Platon meinte: »Die Götter würden der Menschheit eine große Gunst erweisen, wenn sie ihr eine gemeinsame Sprache schenkten.« Die Götter wirken bekanntlich durch die Menschen, und so hat es nicht an Versuchen gefehlt, eine solche gemeinsame Sprache zu schaffen. Lediglich Esperanto schaffte es vom Schreibtischprojekt zur alltagstauglichen Sprache, in der Dichter schreiben und mit der Kinder aufwachsen. Der Wortschatz dieser 1887 begründeten Plansprache besteht aus weltweit häufigen Wortwurzeln. Die Grammatik beschränkt sich auf die für eine Sprache notwendigen Strukturen. Vokabellernen wird vereinfacht durch ein Baukastensystem, mit dem sich neue Wörter bilden lassen.

Mit Esperanto reist man nicht als Tourist, sondern als Gast. Man setzt dabei auf die weltweit gut organisierten Esperantisten. Die Reise wird so geplant, dass man schon vorher weiß, wo einer lebt. Vier Einrichtungen sind besonders hilfreich für Weltenbummler:

- Das Jahrbuch des **Esperanto-Weltbundes UEA**, www.uea.org, ermöglicht den Kontakt zu Esperantisten in 115 Ländern. Ein wichtiger Teil ist das *Delegita Reto,* ein Verzeichnis von etwa 2000 Delegierten, die als erste Anlaufstellen auf Reisen dienen können.
- **Pasporta Servo** ist ein Netzwerk von Gastgebern und Unterkünften, mit ungefähr 1350 Gastgebern in etwa 85 Ländern. Wer das Netzwerk als Gast nutzen möchte, kauft die jährlich aktualisierte Adressenliste. Es gibt eine wichtige Bedingung: Man muss Esperanto lernen. www.tejo.org.
- **Amikeca Reto** ist ein weltweiter Zusammenschluss von etwa 400 Menschen, die Reisenden ihr Land aus der Sicht der Einheimischen zeigen wollen – kostenlos, doch ohne Übernachtung wie bei Pasporta Reto. Vorausgesetzt, man unterhält sich in Esperanto. www.creaweb.fr/a.reto.
- **Gvidlibro pri Esperanto-Movado en Azio** ist ein Führer zu den asiatischen Esperanto-Freunden. Darin enthalten sind viele nützliche Adressen und Hinweise zu fast allen Staaten Asiens. Die größten Länder werden außerdem regional beschrieben. www.esperanto.de.

In der Regel erwarten gastgebende Esperanto-Freunde kein Geld. Esperantisten sind meist neugierig auf die Welt. Viele können selbst nicht reisen und pflegen ihre Esperanto-Kenntnisse auf unterschiedlichen Wegen – sie unterhalten Brieffreundschaften, tauschen Briefmarken, hören Esperanto im Radio, sind Amateurfunker – und lernen Esperanto einfach aus Idealismus.

Wie viel Sprachen muss ein Globetrotter nun sprechen?

Genügt Esperanto? Genügt Esperanto plus Englisch plus Regionalsprachen? Sicher nicht. Ein Globetrotter muss alle Sprachen sprechen. Er muss es zumindest versuchen. Wer in der Landessprache grüßen kann, die wichtigsten Höflichkeitsfloskeln kennt und auch sonst noch einige Worte, der zeigt, dass er die Kultur

Sprachen lernen

www.travlang.com 35 Sprachen, www.yourdictionary.com/, Wörterbuch für viele Sprache.

www.schriften-lernen.de führt ein in die arabische, japanische, chinesische Schrift, in Zahlzeichen und Anderes.

www.chj.de, Arabisch.

http://hagalil.com/iwrith/index.htm, Hebräisch.

✸ **Tipp:** Rufen Sie die Jobvermittlung des AStA an der nächsten Uni an. Ausländische Studenten verdienen sich durch Sprachunterricht in ihrer Muttersprache gerne etwas hinzu.

Robert Kleinschroth, **Sprachen lernen**. Der Schlüssel zur richtigen Technik. Rowohlt. Die meisten Menschen sind nicht sprachunbegabt. Sie lernen nur falsch.

Literatur

Dieter Graf: **Point it**. Traveller's language kit. Fotos von etwa 1000 alltäglichen Dingen, auf die man mit dem Finger zeigt, um sich verständlich zu machen.

Kauderwelsch, Peter-Rump-Verlag. Sprachführer für mehr als hundert Sprachen und Dialekte.

Abraxas, Peter Meyer Verlag, funktioniert anders als Kauderwelsch ohne Grammatik und systematischer, inklusive Reisewortschatz. Das Motto der Reihe lautet »Reden und Verstehen unterwegs« – mehr braucht's nicht.

der Einheimischen ernst nimmt, und auch er wird ernst genommen. Man versucht, ihn zu verstehen, selbst wenn er mit Händen und Füßen weiterredet. Wobei man schnell in Fettnäpfchen treten kann. Gesten, die wir freundlich meinen, können in fremden Ländern beleidigend empfunden werden. Selbst ein Kopfschütteln, das bei uns »ja« heißt, kann bereits in Griechenland das Gegenteil bedeuten. Eine Geste jedoch wird überall in der Welt verstanden: Lächeln. Diese Sprache sollten Globetrotter zuerst lernen.

Mehr Information

Fachverband Deutscher Sprachreiseveranstalter FDSV, Berlin, ✆ 030/78953640, www.fdsv.de.

Das in Deutschland einzigartige **Landesspracheninstitut Nordrhein-Westfalen** bietet Intensivkurse auf hohem Niveau für Arabisch, Chinesisch, Japanisch, Russisch, Koreanisch. Bochum, ✆ 0234/6874-0, www.lsi-nrw.de.

Insbesondere mit den **schriftlosen Sprachen** dieser Welt befasst sich www.sil.org, hier finden sich linguistische, ethnologische und anthropologische Aspekte. Verbunden damit ist www.ethnologue.com, mit Informationen zu 6800 Sprachen. Eine Weltkarte zeigt, welche Sprachen an Ihrem Reiseziel gesprochen werden.

REISEN IN HINDUISTISCHEN UND BUDDHISTISCHEN LÄNDERN

von Jörn Möller

In allen Gesellschaften der Erde ist der Alltag wesentlich durch Glaube und Religion geprägt. Bei uns selbst nehmen wir das oft nicht mehr wahr, in anderen Ländern irritieren uns abweichende Glaubensvorstellungen und deren Folgen für den Alltag. Machen Sie sich vor der Reise bewusst, was Sie in dieser Hinsicht in Ihrem Reiseziel erwartet. Praktische Folgen hat dies bereits bei der Reiseplanung: andere Feiertage, anderes Kalendersystem, Einfuhrverbote für Alkohol oder Schweinefleisch u.a.m.

Kaum dem Flugzeug entstiegen, findet man sich in einer Welt der Religionen wieder: Jedes indische Fahrzeug ist geschmückt mit Bildern hinduistischer Gott-

heiten, den Gurus der Sikhs, einem Abbild Buddhas oder dem Dreizack von Shiva. Das Land atmet Religion, sie begleitet jeden Schritt. Daher ist es wichtig, einige Regeln zu kennen, um die religiösen Gefühle im Gastland nicht zu verletzen. Auch sollte sich jeder Reisende vor dem Besuch überlegen, ob und wie intensiv er aus der eigenen religiösen Überzeugung heraus an Riten und Gottesdiensten anderer Religionen teilhaben will und kann.

Mit **Hinduismus** wird eine gewachsene Religion ohne Stifter bezeichnet, die eine Vielzahl von Traditionen und deren wechselvolle Geschichte zusammenfasst. Zwar gelangten hinduistische Lehren wie Yoga in den Westen, jedoch können Nichtinder selten zum Hinduismus im Sinne eines Religionswechsels übertreten.

Guckt sehr gelehrt: Diese Halbskulptur in Myanmar ist die einzige bekannte Darstellung eines Buddha mit Brille weltweit

Jörn Möller ist Mitglied der dzg. Als der Beruf es noch zuließ, reiste er gern in Asien, im Nahen Osten und in den USA. Er arbeitet als Landesjugendpastor in Hamburg und Schleswig-Holstein.

Mehr Informationen

www.relinfo.ch bemüht sich um kurze, neutrale Darstellungen dieser und anderer Religionen vor einem christlichen Hintergrund. Außerdem gibt es Links zu europäischen Organisationen der Religionen.

www.wikipedia.de, bietet umfangreiche Erklärungen zu allen Stichwörtern.

www.samatansociety.com

Ausländer werden daher in Indien immer als Nichthindus betrachtet. Sie gelten als unrein wie die Unberührbaren, die Kastenlosen, *Parias*, die erst *Mahatma Gandhi* (1869 – 1948) als *Harijans,* »Kinder Gottes«, in die Gesellschaft integrierte. Ihnen war noch vor wenigen Jahrzehnten der Zutritt zu sämtlichen Tempeln verwehrt gewesen, denn diese gelten als die Wohnung eines Gottes. Heute sind Ausländern in Indien nur noch sehr wenige hinduistische Tempel verschlossen – in Nepal jedoch ist kein Tempel für Nichthindus zugänglich.

In fast allen Hindu-Tempeln ist die Teilnahme an einer der täglichen *Pujas,* Opferfeiern, möglich. Im Rahmen des Rituals wird meist ein Teil der Opfergaben als *Prasadam,* heilige Speise, in der Versammlung herumgereicht. Wie im Alltag wird dabei streng zwischen rein und unrein unterschieden. Unrein sind die der Toilettenhygiene dienende linke Hand und die Füße. Man sitzt mit gekreuzten Beinen und vermeidet es, die Fußsohlen auf eine andere Person zu richten. Die Mahlzeiten werden nur mit der rechten Hand eingenommen und es bedarf einiger Übung, *Chapatis* (Fladen) mit nur einer Hand zu essen. Doch haben viele Inder mittlerweile Verständnis für die Probleme der westlichen Besucher mit dieser Praxis. Ein leichtes Reisebesteck hilft Ihnen aus der Verlegenheit, wenn es in einem einfachen Gasthaus kein Besteck gibt.

Indische Tempel, gelegentlich auch kleine christliche Kapellen und viele Privaträume, betritt man daher barfuss, gelegentlich erst nach einem Fußbad. Die Bilder und Darstellungen im Tempel dürfen nicht angefasst werden. Der Kopf eines anderen Menschen sollte mit keiner Hand berührt werden, ihn gilt es, rein zu halten – das betrifft besonders Kinder! Frauen sollten die Schultern bedeckt haben, Männer möglichst lange Hosen tragen.

Dass man nur ein geduldeter Ausländer ist, sollte man besonders bedenken in Tempeln, die der starken, aber auch brutalen Göttin *Kali* oder *Durga* geweiht sind. Die kraftvollen Rituale umfassen auch Tieropfer und steigern gelegentlich die Aggression der Teilnehmenden.

Wer an Leichenverbrennungen an heiligen Flüssen teilnimmt, besonders in Varanasi, sollte sich sehr zurücknehmen. Allein durch die Anwesenheit eines unreinen Nichthindus könnten die Angehörigen der Verstorbenen sich verletzt fühlen und ärgerlich reagieren. Mag man in Tempeln mit Einverständnis der Anwesenden und der Aufsicht noch Fotos machen können, ist es hier absolut ausgeschlossen – angesichts möglicher Reaktionen der Trauernden vielleicht sogar gefährlich.

Die Tempel und Tierkrankenhäuser der **Jains**, einer um 500 v.Chr. von *Mahavira* (in Bihar geboren als Prinz Wardhamana, gestorben um 447 v.Chr.) gegründeten asketischen, indischen Minderheitenreligion, können ebenfalls besucht werden. Die zentrale Tradition des *Ahimsa,* des absoluten Nichttötens, die auch Gandhi beeinflusst hat, verlangt allerdings, dass die Besucher sämtliche Lederstücke, auch Gürtel, vorher ablegen, was so manchen Reisenden angesichts rutschender Beinkleider nervös werden lässt.

In den *Gurdwaras* der **Sikhs** wird nicht nur deren heilige Schrift, der *Adi Granth* verwahrt, sondern es werden auch Tag und Nacht Texte daraus zitiert. Gegründet wurde die Religion im 16. und 17. Jahrhundert von zehn Gurus als Versuch einer Universalreligion zwischen Islam und Hinduismus. Kennzeichen eines jeden Sikhs sind *Kesh,* das ungeschnittene Haar, *Kangha,* ein Kamm im Haar, *Kara,* ein stählerner Armreifen am rechten Handgelenk, *Kachh,* knielange Unterhosen, und der *Kirpan,* ein stählernes Kurzschwert, heute oft nur noch als Symbol auf dem Kamm befestigt. Besucher sind in den Gurdwaras willkommen, müssen nur die Schuhe ausziehen und den Kopf bedecken.

Problemlos ist der Tempelbesuch bei den **Buddhisten**, oft werden Ausländer dazu herzlich eingeladen. Auch hier werden am Eingang aller Räume die Schuhe ausgezogen. Bestandteil der *Puja,* der Andacht, sind

Literatur

Abbe Jean Antoine Dubois, **Leben und Riten der Inder**. Kastenwesen und Hinduglaube in Südindien um 1800. Rump

Hinduismus verstehen. Sympathie-Magazin Nr. 54, 2003, ↗ Seite 250.

Michael Albrecht Nicolazzi, **Geheimnis Tibet**. Die Ur-Religion des »Bön«. Patmos.

Matthieu Ricard, Oliver & Danielle Föllmi, **Buddhismus im Himalaya**. Knesebeck.

Ein Gast sollte sich religiösen Orten, Praktiken und Äußerungen mit Neugier und Interesse, aber auch mit Achtung nähern, immer eingedenk der Tatsache, dass die religiösen Gefühle eine der intensivsten, aber auch sensibelsten und verletzlichsten Ebenen menschlicher Emotionen sind. Um sie nicht zu verletzen, sollte nur sehr vorsichtig und mit dem Einverständnis der Beteiligten fotografiert werden. Religion kann man fühlen und erleben, aber weder abbilden noch einfangen.

am Beginn meist drei Niederwerfungen, so genannte *Prostrationen*. Sie symbolisieren die Zuflucht der Gläubigen zu **Buddha** (560 – 480), zu *Dhamma*, der Lehre als dem Weg, auf dem das Heil gesucht wird, und zum *Sangha*, der Gemeinde. Im Verlauf der Feier werden Opfergaben unter den Teilnehmern verteilt. Eine übliche Geste ist es, dem *Lama*, Lehrer, einen Schal, *Khata*, als Geschenk mitzubringen, dieser wird gesegnet zurückgegeben.

Heiligtümer auf einem besonderen Pfad zu umwandern (*Circumambulation*), gilt als eine Form der Anbetung. Dieser Weg muss im Uhrzeigersinn begangen werden, da es sonst im schlimmsten Fall als Fluch aufgefasst wird. Ebenfalls nur im Uhrzeigersinn gedreht werden tibetische Gebetsmühlen, Trommeln sehr unterschiedlicher Größe, die eine Papierrolle mit hundert- oder gar tausendfach gestempelten Gebeten enthalten. Drehen in die falsche Richtung gilt auch hier als wirkungslos oder gar als Fluch. Gut wäre es, wenn Nichtbuddhisten die Mühlen gar nicht berührten. Ein Buddhist formulierte einmal: Buddhisten waschen sich ja auch nicht die Hände in den Taufbecken christlicher Kirchen.

REISEN IN ISLAMISCHEN LÄNDERN

Die Globalisierung erscheint als das Goldene Kalb der Industrienationen. Sichtbar wird die Globalisierung in fast allen Ländenr der Erde durch ihre Symbole Coca-Cola und McDonald. Insbesondere in islamischen Gesellschaften hat sich ein antiamerikanisches Gefühl entwickelt, das Margalit und Buruma 2002 als Okzidentalismus beschrieben: Hass auf die Stadt als Ort der Vermischung, Hass auf den kapitalistischen Bürger; Hass auf Vernunft als Quell der Globalisierung und Hass auf Frauen und deren weibliche Weltsicht.

Etwa ein Fünftel der Weltbevölkerung ist islamischen Glaubens. Zwar liegen zwischen Marokko und der arabischen Halbinsel die Kernländer des Islams, doch le-

Literatur

Ian Buruma, Avishai Margalit, **Okzidentalismus**. Der Westen in den Augen seiner Feinde. Hanser.

ben in Indonesien, Pakistan, Indien und Bangladesh die meisten Muslime.

Von den Propheten des Islams, zu denen auch Jesus Christus und Propheten des Alten Testaments gehören, ist **Mohammed** (Mekka 570 – Medina 632) der bedeutendste, aber er wird nicht angebetet. Deswegen ist es falsch, von »Mohammedanern« zu reden, wenngleich die Lebenspraxis des Propheten, die *Sunna,* als vorbildlich gilt. Der gläubige Muslim hat fünf wesentliche religiöse Pflichten: das **Glaubensbekenntnis** (*Schahada*): »Es gibt keinen Gott außer Gott, und Mohammed ist sein Prophet«; das rituelle **Gebet** (*Salat*) fünfmal am Tag zu festgesetzten Zeiten; **Almosen geben** (*Zakat*) als eine Art Sozialsteuer; das **Fasten** (*Saum*) während des Ramadans; die **Pilgerfahrt** nach Mekka (*Hadsch*) mindestens einmal im Leben.

Für Reisende hat der neunte Monat des islamischen Kalenders, der **Ramadan**, Konsequenzen. Dann dürfen Muslime tagsüber weder essen noch trinken. Erst nach Sonnenuntergang und dem Ruf des Muezzin darf zugelangt werden – was überall möglichst reichlich und rasch getan wird. Das Fastengebot gilt nicht für Kinder, Schwangere, Kranke und Reisende. Doch da nicht nur Restaurants und Gaststätten erst nachts öffnen, sondern auch tagsüber das Leben mit halber Kraft läuft, müssen sich Reisende auf den Fastenmonat einstellen. Er schließt ab mit dem dreitägigen Fest *Id al-Fitr.*

Die islamische **Zeitrechnung** beginnt im Jahr der *Hedschra,* also dem Jahre 622 unserer Zeitrechnung. Ein Jahr dauert nur 354 Tage, da jeder Monat mit Neumond beginnt. Der Ramadan beginnt daher von Jahr zu Jahr etwa elf Tage früher als im Vorjahr. Die genauen Termine der Feiertage werden durch die Mondaufgangs- und Monduntergangszeiten bestimmt. Damit hängen sie von der geografischen Lage ab, der örtliche *Imam* (Vorbeter) legt die genauen Daten fest.

Der Glaube prägt den Alltag der islamischen **Gemeinschaft**, der *Umma,* stärker als es der christliche Glaube in den meisten westeuropäischen Staaten ver-

Mitten in der westlichen Mongolei: Globalisierung ist eben überall

Ramadan

2005: 4. oder 5.10. bis 2. oder 3. 11.

2006: circa 23.9. bis 22.10.

2007: circa 13.9. bis 12.10.

2008: circa 2.9. bis 1.10.

mag. Kleidungs- und Speisevorschriften, Moralvorstellungen, Rechtsprechung, Art und Stil von Feiertagen, Kalender und anderes unterscheiden sich deutlich. Die besonderen **Wertmaßstäbe** und das darauf abgestimmte Verhalten sollten Reisende erkennen und respektieren. Zwar wird dem Reisenden oft zugute gehalten, einheimische Sitten und Gebräuche nicht zu kennen. Aber Achtung zeigen heißt, den anderen Umgang zu akzeptieren. Letztlich leiten sich die Wertmaßstäbe aus dem Koran ab, doch der wird sehr unterschiedlich ausgelegt. Zwischen Stadt- und Landbevölkerung gibt es Unterschiede ebenso wie zwischen verschiedenen sozialen Schichten.

Islamisches **Strafrecht** (*Scharia*) gilt nur in wenigen Staaten mit islamischer Bevölkerung, nämlich mehr oder weniger in Iran, Jemen, Libyen, Pakistan, Saudi-Arabien, Sudan, Nigeria und manchen Emiraten. *Hadd-Strafen* werden für Diebstahl, Straßenraub, Alkoholgenuss, unerlaubten und die verleumderische Behauptung von unerlaubtem Geschlechtsverkehr verhängt. *Qisas-Strafen* gelten für Tötung und Körperverletzung. Für beide Gruppen sind Abhacken der rechten Hand, des linken Fußes, Kreuzigung, Auspeitschung, Steinigung oder Hinrichtung vorgesehen. Je nach Straftat müssen zwei oder vier unbescholtene männliche Augenzeugen aussagen oder es muss ein Geständnis vorliegen. Oft haben die Angehörigen des Opfers ein Recht, die Art der Strafe zu beeinflussen. Alle anderen Vergehen sowie schwere Delikte, für die nur Indizien vorliegen, werden weniger hart bestraft, meist mit Geld- oder Haftstrafen.

Unter www.amnesty.de (Berichte, Länder) können Sie nachlesen, ob und wann Ihr Reiseziel zuletzt derart drastische Strafen vollstreckt hat. Auch finden Sie dort Hinweise auf die in islamischen Ländern oft übliche, aber durch nichts zu rechtfertigende Genitalverstümmelung an Mädchen und jungen Frauen (FGM), www.afrikanet.info

Literatur

Christine Pollock, **Kulturschock Islam**, Reise Know-How. Reise- und Verhaltenstipps.

Weltreligion Islam. Bundeszentrale für politische Bildung, Bonn, ✆ 01888/515-0, www.bpb.de.

Arnulf Zitelmann, **Die Weltreligionen**. Schriftenreihe Band 394. Bundeszentrale für politische Bildung. s.o.

Hartmut Bobzin, **Der Koran – eine Einführung**. Beck 1999.

Islam verstehen. Sympathie-Magazin 26, 2003, ↗ Seite 250.

Gudrun Böttger u.a., **Lehrer-Kursbuch Islam**, Cornelsen.

REISEZIELE & ROUTEN

ROUTEN DURCH EUROPA

Schon der sich auf die »Grand Tour« begebende junge Edelmann des 17. und 18. Jahrhunderts folgte bei seiner ausgiebigen Rundreise zu den viel gerühmten Schönheiten des Kontinents imaginären Routen. Es fasziniert viele Reisende, sich von alten Wegen führen zu lassen, berühmten Reisenden zu folgen. Manchmal finden sich noch Spuren, doch öfter hält die Wirklichkeit nicht Schritt mit unserer Fantasie.

»Wer nie geht,
kehrt nie heim.«
Heinz Rox-Schulz, Ehrenmitglied der dzg

Von Asien aus gesehen erscheint Europa als kleine Halbinsel am Rande des Kontinents Eurasien, dort wo die Sonne untergeht. Im Altertum bezeichneten die Phönizier es als *ereb,* »Land im Dunkeln«. Umgekehrt leitet sich der Name Asien, *aszu,* vom Sonnenaufgang ab. Wo beginnt Europa? Die Übergänge zwischen Kulturen und Sprachen, Ländern und Völkern sind fließend. Jahrtausende alte Wege und Wanderungen ließen die Gebiete rund ums Mittelmeer zusammenwachsen, die Völker verschmelzen. Daher finden Sie Ähnlichkeiten in den Hafenstädten und Küstenregionen rund ums Mittelmeer. Wer von einer langen und weiten Reise zurückkehrt, verspürt beim Übergang von Marokko nach Spanien oder aus der Türkei nach Griechenland heimische Gefühle, plötzlich wirkt vieles vertraut. Umgekehrt betrachtet, beginnt das »wirkliche« Afrika erst südlich der Sahara, das »wirkliche« Asien östlich und südlich der vorderasiatischen Wüsten.

Ein Haufen verwitterter Steine wird zu mehr, wenn er sich verbindet mit dem Wissen über den Kampf um Troja, die antiken Spiele oder die Saturnalien …

Südrussland ist europäisch, weil Asien definitonsgemäß hinter einer Linie liegt, die vom Nordpolarmeer über das Ural-Gebirge bis zur Mündung des Ural ins Kaspische Meer reicht. Doch der Ural zeigt sich eher als Welle in der endlosen Steppe, denn als abgrenzendes Gebirge. Auch zwischen Kaspischem und Schwarzem Meer ist die Grenzdefinition nicht eindeutig: Ist es die Manytsch-Niederung oder die Wasserscheide des Kaukasus, eine hoch aufragende Barriere? Aus diesem Raum stammt die indoeuropäische Sprachenfamilie. Der Bosporus markiert die Grenze zu Asien geografisch eindeutig, doch liegt die Türkei auf beiden Kontinenten und das griechische Volk ist historisch dort gewachsen,

Ankern verboten: Damit Sie wissen, wo Sie Ihren Anker auswerfen können, hier ein paar Routentipps (gesehen am Baikalsee)

Literatur

Andreas Wenderoth, **Mit Ach und Krach nach Wladiwostok**. Transsibirische Reise, Picus.

Hans Engberding, Bodo Thöns, **Transsib-Handbuch**, Trescher.

Homer, **Odyssee**, und von Armin und Hans-Helmut Wolf, **Die wirkliche Reise des Odysseus**, Langen-Müller 1990

www.nostalgiereisen.de
www.orientexpress-trains.net

wo heute die Türkei ist. Die Wiege der abendländischen Kultur liegt in Anatolien.

Die großen Routen

- Eine Tour rund **ums Mittelmeer** berührt 20 Staaten auf drei Kontinenten und war noch nie einfach. Schwierig sind die Grenzen zwischen Marokko und Algerien, nach Libyen sowie zwischen Israel und Jordanien.
- Mit dem Zug **in den Fernen Osten** und nur einmal umsteigen – dieser Weg führt vom Atlantik bis zum Pazifik, also von Lissabon über Paris, Berlin, Warschau nach Moskau. Dort steigen Sie um in die Transsibirische Eisenbahn, ↗ Seite 271, Zentralasien.
- **Durch den Balkan** von München nach Istanbul: Die traditionelle Route führt über die E10 (Autoput). Eine weitere Inlandsroute führt über Ungarn oder Kroatien nach Rumänien und Bulgarien und weiter nach Griechenland oder direkt in die Türkei. Die schönere Variante führt von Slowenien entlang der kroatischen Adria, durch Serbien und Montenegro und Albanien nach Mazedonien oder Griechenland. Wem Albanien zu unsicher ist, der nimmt ab Dubrovnik oder Bar/Montenegro die Fähre über Bari nach Igoumenitsa. Schneller und komfortabler ist die Route über Italien, dann mit der Fähre ab Venedig, Ancona oder Bari nach Griechenland. In Istanbul haben Sie die Wahl: quer durch Anatolien über Iran und Pakistan nach Indien? Oder lieber entlang der Schwarzmeerküste via Armenien und Aserbeidschan per Fähre über das Kaspische Meer nach Zentralasien? Oder durch die Täler der kaukasischen Republiken nach Russland? Oder doch lieber südlich auf die Arabische Halbinsel, nach Syrien und Jordanien?
- **Eine Königsstraße,** *via regia,* führte von Paris nach Kiew in der Ukraine. In Deutschland geht die Route von Aachen entlang der alten **Reichsstraße** über Köln, Limburg, Frankfurt am Main, Eisenach, Gotha, Erfurt nach Leipzig und ins schlesische Görlitz, dann vorbei am polnischen Wroclaw und Krakow, durch Galizien und Shitomir in der Ukraine.

- **Eine alte Handelsroute** verband Brügge und Antwerpen über Aachen mit dem russischen Nowgorod. Als so genannter *Hellweg* quert sie Westfalen von Duisburg nach Soest, heute die B1. Dann führte sie weiter über Paderborn – Goslar – Lüneburg zur Ostsee. Dort verband sie die Hansestädte Wismar, Rostock, Stralsund, Danzig, Königsberg, Riga, Dorpat. Heute durchquert man so Polen, die russische Exklave Kaliningrad und die baltischen Staaten Estland, Lettland, Litauen, kleine Abstecher führen nach St. Petersburg und Helsinki.
- **Auf der Normannenroute** entlang der nordatlantischen Küsten: Von den Kanalinseln Guernsey, Jersey oder Sark nach Südengland, von Harwich nach Esbjerg in Dänemark, von Hanstholm nach Bergen in Norwegen.

✸ **Tipp:** Dauer der **Mitternachtssonne** in
Spitzbergen 20.4. – 20.8.
Nordkap 14.5. – 29.7.
Hammerfest 16.5. – 27.7.
Tromsø 20.5. – 22.7.
Narvik 25.5. – 18.7.
Lofoten und Vesterålen Ende Mai – Mitte Juli
Polarkreis 21. Juni.
Auch in Oslo und St. Petersburg wid es in der zweiten Junihälfte nicht richtig dunkel.

So wird in Deutschland Europa eingeteilt:

Nordeuropa:	Norwegen, Schweden, Dänemark, Finnland, aber auch Island.
Skandinavien:	Norwegen und Schweden, oft auch Dänermark, selten auch Finnland.
Nordosteuropa:	Baltikum (Litauen, Lettland, Estland) und nördliches europäisches Russland.
Westeuropa:	Großbritannien, Irland, Frankreich und BeNeLux.
Mitteleuropa:	Deutschland, Polen, Schweiz und Liechtenstein, Österreich, Tschechien, Slowakei, meist Slowenien, oft Ungarn und Kroatien.
Ostmitteleuropa:	Ukraine (auch Osteuropa), Polen, Tschechien, Slowakei; ferner Ungarn, Slowenien, Kroatien und Rumänien, die aber auch Südosteuropa zugerechnet werden.
Südeuropa:	Portugal, Spanien, Italien, Malta, San Marino, Andorra und Vatikanstadt; im weiteren Sinne auch die Länder in Südosteuropa.
Südosteuropa:	zwischen Adria, Ägäis und Schwarzem Meer, manchmal auch Slowenien, Ungarn, Moldawien und Zypern (Letzteres eigentlich Westasien).
Osteuropa:	Weißrussland, Ukraine, Moldawien, Baltikum und europäisches Russland sowie der Westzipfel von Kasachstan.

Achtung: Die Definitionen in anderen Ländern und Sprachräumen weichen davon oft ab. So sagt man in England zu Ostmitteleuropa *Central Europe*.

www.hurtigruten.de
www.islanddirekt.com
Michael Möbius, Annette Ster, **Hurtigruten**. Die schönste Seereise der Welt. DuMont.

Mit norwegischen Postschiffen zwischen Bergen und Kirkenes 2500 Seemeilen auf der **Hurtigroute**, dabei werden 34 Häfen in 12 Tagen angelaufen, u.a. Hammerfest und die Lofoten. In Hanstholm oder Bergen finden Sie Anschlussfähren nach Island mit Stopp auf den Färöern. Schließlich können Sie von Island nach Grönland fliegen.

EUROPAS MITTE & OSTEN

von Jan Balster
Jan Balster (dzg) arbeitet als Bild- und Reisejournalist für in- und ausländische Zeitungen und Zeitschriften. Während er anfangs mit dem Fahrrad unterwegs war, reiste er 1998 zu Fuß und ohne Geld 3100 km von Dresden via Mittelmeer nach Irland. Am liebsten bewegt er sich wie die Einheimischen: zu Pferd, Esel, als Tramp, mit Bus und Bahn. Immer wieder zieht es ihn nach Russland und Zentralasien.
www.auf-weltreise.de

Bis zum Fall der Mauer 1989 träumten viele Bürger des damaligen »Osteuropa« davon, einmal ihren Urlaub an der Schwarzmeerküste, der Adria oder an Polens Ostseeküste zu verbringen. Danach wollte kaum noch jemand dorthin reisen, gab es doch in »Westeuropa« Besseres und Schöneres zu besuchen. Zurück blieben die Globetrotter, welche sich heute in immer abgelegenere Regionen Mittel- und Osteuropas vorwagen.

Das **Baltikum,** Litauen, Lettland, und Estland sind am einfachsten zu bereisen. Schiffe verkehren von Lübeck und Rostock nach Petersburg direkt oder via Helsinki, täglich verbinden Fähren diese Staaten entlang der Ostseeküste (teilweise UNESCO Kulturerbe). Die Züge von Warschau führen durch transitvisumspflichtige Gebiete (Russland oder Weißrussland). Von Berlin fahren wöchentlich Busse (Eurolines) nach Tallin in Estland, über Polen (Ogrodniki) nach Litauen (Lazdijai) und mit Zwischenstopp in den sehenswerten Altstädten von Vilnius und Riga.

Polen ist landschaftlich sehr reizvoll, besonders das Seengebiet der Masuren und die Ostseeküste (Busse mehrmals täglich von Warschau). Durchgehende Zugverbindungen bestehen von Berlin nach Stettin, von Frankfurt an der Oder nach Warschau und von Görlitz nach Krakau.

✹ **Tipp:** Täglich pendelt ein direkter Zug zwischen Berlin und Kaliningrad mit Zwischenhalten in Polen!

Tschechien: Prag ist das Paris Mitteleuropas. Das Riesengebirge ist die Ski-Alternative zu den Alpen. Gute Zugverbindungen Berlin – Dresden – Prag – Wien und Nürnberg – Prag. Busverbindungen bestehen überall dorthin, wohin kein Zug fährt. Leider werden aus wirtschaftlichen Gründen viele Buslinien eingestellt.

Die **Ukraine** war die Kornkammer der Sowjetunion. Grün ist ihre Hauptstadt Kiew, berühmt die Treppe in Odessa und romantisch eine Schifffahrt auf dem Dnjepr. Für Ausländer gibt es extra Schalter, sie zahlen dort für die Zugfahrkarten 2 bis 3 mal soviel wie Ukrainer. Das Bussystem ist noch gut ausgebaut. Zweimal wöchentlich verkehren Schiffe von Kiew nach Odessa, ebenso Fähren zwischen Odessa und Sewastopol, von dort weiter nach Istanbul. In Odessa starten die meisten Kreuzfahrtschiffe zur Krim mit seiner »Perle« Jalta. Zur Krim fährt auch täglich ein Bus von Odessa.

Der vergessene Südosten

Der **Kosovo** ist ohne ausgeprägte Reiseerfahrung, viel Geduld und 20 bis 30 Worte albanisch nicht zu bereisen. Hier treffen vier Religionen aufeinander: Judentum, Islam, Orthodoxie und Katholizismus. Mehr noch als in anderen Ländern muss man den Glauben achten und dessen Regeln befolgen, etwa wenn man eine serbische Enklave betritt. Eine starke Präsenz der Polizei sorgt für Ruhe und Sicherheit. Außer mit dem Flugzeug über Albanien oder Serbien gibt es Busse von Frankfurt am Main nach Prishtina. Oder man fährt über Italien nach **Albanien**, mit der Fähre von Bari oder Ancona nach Durrës. Wichtig: Der Busfahrer hält in Albanien nicht, er versucht die Grenze zum Kosovo immer vor Einbruch der Dunkelheit zu erreichen. Individualreisende sollten nur tagsüber auf den Hauptverkehrsstraßen fahren. Bei einem Stopp von Amts wegen empfiehlt es sich, Schokolade oder kleine Euroscheine bereitzuhalten.

www.kosovo.de, aktuelle Meldungen.
www.ahk.de, Kosovo A – Z, vorwiegend wirtschaftliche Informationen.
www.albanien.ch, Infoseite mit Chat-Forum.

Baltikum:
www.baltictimes.com, Neues und Sehenswertes in Litauen (engl.).
www.eurolines.lt (lit.).
www.eurolines.lv.
www.eurolines.ee (engl., russ., est.), Busverbindungen ins Baltikum.
www.latviatourism.lv, Infos zu Lettland.
www.turismiweb.ee, Information und Planung für Estland.
www.balticsww.com, Reiseinfos zum Baltikum (engl.).
www.baltic-info.de, Fremdenverkehrsamt zu Lettland, Litauen, Estland.

Polen:
www.polen-info.de, FVA.
www.poland.pl, Einsteigerseite zu Polen (engl.),
www.polishworld.com, Informationen zur Reise in Polen (engl., pol.).

Tschechien:
www.travel. cz, Reiseinfos Tschechien (engl.).
www.czechsite.com,
www.ceskenoviny.cz, Reiseinfos, viele Links zu Hotels (tsch., engl.).

Ukraine: www.ukraineinternational.com/eng/guide/info.html, informiert sachlich über Reisen im Land (engl., ukra.).

Ukraine: www.uazone.net/Ukraine.html, Reiseinfos Ukraine (engl.).
Weißrussland: www.belarustourist.minsk.by, Unterkünfte und zur Orientierung (engl., russ.).
Moldawien: www.moldova.md (mold., russ.).
www.ournet.md, www.moldova.org, Informationen und Links zum Tourismus (engl., rum., russ.).

Weißrussland wird meist als Transitland genutzt. Obgleich Minsk äußerlich nicht ansprechend ist, bietet seine Umgebung doch Natur pur. Zum Minsker See verkehren achtmal täglich Busse hin und zurück. Wer ein Transitvisum erstanden hat, sollte dies ernst nehmen, selbst wenn der Zug sechs Stunden in Minsk verweilt. Wer den Zug verlässt, riskiert, verhaftet zu werden.

Moldawien, einst Puschkins Verbannungsland und heute Weinlieferant Europas (Keltereien: Mileschti und Krikowa-Weki). Wie in allen ehemaligen Staaten der Sowjetunion ist das Busnetz erstklassig ausgebaut. Zugverbindungen bestehen von Moskau (22 h), Kiew (10 h) und Odessa (3 h) nach Chisinau, der Hauptstadt der Republik Moldawien.

REISE-ROUTEN IN ASIEN

Durch Russland nach Zentralasien

Wird eine russische Stadt von mehr als drei befahrbaren Wasserstraßen durchzogen, erhält sie den Titel »Venedig des ...«. So auch Sankt Petersburg – Venedig des Ostens. Eine Stadt, die als der europäische Hafen Russlands reich an Geschichte ist, einen Hauch französischen Charmes und italienisch beeinflusste Architektur besitzt. Russland verbindet Europa mit Asien, vereint klirrende Kälte in den Tiefen Sibiriens mit sengender Hitze der kasachischen Steppe und paart Melancholie mit herzlicher Gastfreundschaft. St. Petersburg und Moskau sind europäisch, der »Goldene Ring« mit seinen altrussischen Städten nördlich von Moskau »echt« russisch und Sibirien asiatisch. Die Städte im Goldenen Ring sind von Moskau aus bequem per Bahn (*Elektritschnaja*) oder Bus zu erreichen. Von Moskau aus gehen im Wechsel alle zwei bzw. drei Tage Passagierschiffe auf der Wolga nach Astrachan am Kaspischen Meer oder St. Petersburg und von dort weiter über die Ostsee nach Mukran (Saßnitz), Kleipeda (Litauen) oder Karlshamn (Schweden).

Die **Transsib** wurde 1891 – 1916 gebaut, ist 9288 km lang und die Fahrt dauert 7 Tage. Sie gehört zu dem längsten Schienennetz der Welt, das Russland noch immer erweitert.

Die **Transsibirische Eisenbahn** führt von St. Petersburg und Moskau über Novosibirsk – Ulan Ude nach

Wladiwostok und Nachodka (Fähre nach Japan) oder via Mandschurei bzw. Ulaanbataar (Ulan Bator) in der Mongolei nach Beijing (Peking) und weiter über Hongkong nach Südostasien. Die klassische Route der Transsib von Moskau nach Wladiwostok ist sowohl im Sommer als auch im Winter sehr reizvoll. Von Irkutsk gelangt man mit dem Bus zum Baikalsee, ins 80 km entfernte Listwjanka. Ebenfalls mit dem Bus fährt man von Ulan Ude zum 40 km entfernt gelegenen größten lamaistische Kloster Russlands, Iwolginsk.

Die nördliche Route der Transsib, *Baikal-Amur-Magistrale BAM,* beginnt in Taischet, führt über Bratsk, Severobajkalsk (Baikalsee, unregelmäßige Fährverbindungen nach Ust-Barguzin und Irkutsk, nur im Sommer), Tynda (letzte Möglichkeit mit dem Zug zur Transsib-Hauptroute nach Tschita zurückzukehren), Komsomolsk am Amur (Schiffsverbindungen nach Chabarowsk) nach Sowjetskaja Gawan.

Transsib:

www.trans-sib.de, www.transsib.ru, beste Seite zur Transsibirischen Eisenbahn, russische Version ist noch umfangreicher.

www.russische-botschaft.de, nur zur Grundinformation.

www.mdz-russland.de, Moskauer Deutsche Zeitung.

www.Russlandinfo.de, Reiseinformationen zu Russland.

REISEN IN ZENTRALASIEN

von Jan Balster

Samarkand, Buchara, Taschkent und Osch – die Städte Zentralasiens sind auch Namen aus Tausendundeiner Nacht. Zentralasien erstreckt sich zwischen dem Kaspischen Meer und den Ausläufern des Tien-Schan Gebirges im Nordwesten Chinas, zwischen der kasachischen Steppe und dem afghanischen Norden. Dieses Gebiet vereint nicht nur die ältesten Kulturen, sondern auch die ältesten Religionen unserer Welt. Eine Gesellschaft, welche für uns Mitteleuropäer gewöhnungsbedürftig ist.

In erster Linie verbinden wir Zentralasien mit der **Seidenstraße,** deren wichtigste Abschnitte hier zusammenführen. Jenes weit verzweigte Wege- und Straßennetz war nicht bloß Handelsstraße, hierüber verbreiteten sich Religionen, Kunst und Wissenschaft.

Während Kasachstan, Usbekistan, Kirgislstan (Kirgisien, Kirgistan) und der Nordwesten Chinas gut zu bereisen sind, ist von einer Reise durch die südlich gelegenen Ländern, insbesondere Tadschikistan (Bürger-

Zetralasien:
www.zentralasien.uni-bonn.de, Seminar für Sprach- und Kulturwissenschaft Zentralasiens.

Freunde des Altai e.V., c/o Elizabeth Jacobs, Bremen, ✆ 0421/5976773, Mi 15 – 18 Uhr, insbesondere Mongolei www.freunde-des-altai.org.

Literatur

Michael Yamashita, Gianni Guadalupi, **Marco Polo**. Eine wundersame Reise. Frederking & Thaler.

krieg) abzuraten. Gemeinsamkeiten der hier lebenden Menschen sind ihr Glaube und die türkischen Sprachwurzeln. Selbst im chinesischen Kashgar wird Türkisch noch gut verstanden.

Das Reisen mit der **Bahn**, dem billigsten Verkehrsmittel, ist in Zentralasien anstrengend, bietet allerdings bei den üblich langen Wartezeiten reichlich Möglichkeiten zum Kontakt mit der Bevölkerung. Eine Bahnlinie verbindet die Städte Turkmenbashi am Kaspischen Meer, Aschgabat (Turkmenistan), Buchara, Urgenč (mit dem Bus nach Chiwa), Samarkand, Taschkent (Usbekistan), Almaty (Kasachstan), Bischkek, Issyk-Kul (Kirgisistan) und Duschanbe (Tadschikistan). Ab Taschkent bietet der *Kasachstan Express* die einzige Verbindung zum europäischen Eisenbahnnetz über Samara und Kazan, zum Anschluss an die südliche Route der Transsib. Der Streckenabschnitt von Nukus nach Astrachan im Wolgadelta wurde 2000 eingestellt. Seit 2004 verbindet ein Zug Peking mit Kashgar.

Im **Bus** können Sie Ihre Fahrt häufiger unterbrechen. Damit erreichen Sie alle abgelegenen Orte im Vorderland und den Aralsee. Auch wenn der Irkeshtan-Pass (Kirgisistan – China) seit 2004 geöffnet ist, besteht die einzige Möglichkeit, nach Kashgar zu gelangen, über den Torogart-Pass mit dem Bus von Naryn (Kirgisistan). Die Busse verkehren jeweils nur bis zur Grenze, über

Was der Philosoph spricht

▶ Wenn die Zeit doch zu lang wird, denken Sie an *Tu Long* (16.Jh.): »Wer reist, der tut es, um Augen und Ohren zu öffnen und seine Seele zu erleichtern.«
Wenn wir bei unseren Reisebegegnungen versuchen, die vielfältigen Gegebenheiten im Blick zu haben, dann werden wir ein Bild unseres Selbst und unseres Gegenübers erleben, das uns bereichert und dazu beiträgt, zwischenmenschliche Probleme zu lösen. Das könnte nicht nur für unser privates, sondern auch für unser gesellschaftliches, möglicherweise auch unser politisches Verhalten gegenüber den Völkern der Usbeken und Kasachen, Kirgisen und Uighuren, den Turkvölkern Tadschikistans, Irans und Afghanistans gelten. ◀

den Grenzstreifen selbst muss man laufen.

Wohnmobil: Jurte auf Rädern in der Mongolei

Die besten Busverbindungen bestehen in Taschkent und Bischkek (hohe Kriminalität am Busbahnhof). Von Taschkent verkehren täglich zwei bis drei Busse nach Chiwa (umsteigen in Urgenč), Duschambe, Aschgabat, Turkmenbaschi (weiter mit Fähre nach Baku in Aserbaidschan) und Almaty (umsteigen in Bischkek). Es ist in Zentralasien üblich, dass Busse erst abfahren, wenn sie gut belegt sind. Wartezeiten von drei bis vier Stunden für Busse in entfernt liegende Orte sind normal.

Mehr Information

Kasachstan: www.president.kz, Tourismusseite im hintersten Winkel der Regierungsseite versteckt (engl., russ.).

www.welcome.to/kazakstan, Reiseinfos, Hotelliste (engl.).

Usbekistan: www.uzreport.com, Reiseinformationen bietet eine Unterseite (engl.).

www.uzland.com, Portal mit Städteführer, Regionalflügen.

www.uzbekistan.de, allgemeine Informationen.

www.uzbekistan.com, Reiseinformationen (engl.).

www.fergana.ru, Infos zum Fergana-Tal (russ., engl.).

Kirgisistan: www.kirgisische-republik.de, beste Seite für Reisen nach Kirgisistan.

www.wandern-in-kirgisien.de, allgemeine Informationen.

www.alter-cherusker.de, Roland Max Peter Pöllnitz (dzg) reist häufig nach Kirgisistan.

Tadschikistan: www.traveltajikistan.com, Basisinfos, geeignet für Bergsteiger und Trekkingspezialisten (engl.)

www.pamirs.org, super Reiseinformationen für Trekkingtouristen (engl.).

Mongolei: www.mongolei.net, Portal mit vielen Links (dt.).

www.discover.mn, Reiseinformationen (engl.)

Turkmenistan: www.online.tm, einzige brauchbare Seite zu Terkmenistan (russ.).

Afghanistan: www.afghanweb.com, allgemeine Informationen, mit Linkliste (engl.).

www.kabulguide.net, Führer für Kabul, mit weiterführenden Links (engl.).

SÜD- & SÜDOST-ASIEN

von Peter Meyer

Peter Meyer beschäftigt sich seit 1976 als Autor und Verleger hauptberuflich mit Reisen. In Nepal begann er Reiseführer zu schreiben, nachdem er viele Jahre in Europa und Südasien unterwegs gewesen war, als Tramper oder mit dem Mini-Wohnmobil, heute hauptsächlich mit öffentlichen Verkehrsmitteln und dem Fahrrad. Seit 1981 ist er Mitglied der dzg, war 4 Jahre deren 1. Vorsitzender und weitere 2 Jahre im Vorstand tätig. www.petermeyerverlag.de und www.connexions.de

Südasien

Asien ist kompliziert.

Levante ist eine sehr alte Bezeichnung für die Küstengebiete zwischen Ägypten und der Türkei, aber würden Sie das Mittelmeer mit Asien in Verbindung bringen? Die Länder der arabischen Halbinsel (Saudi-Arabien, Golfstaaten, Jemen, Oman), angrenzende Länder (Jordanien, Israel, Syrien, Libanon, Türkei, Irak), Ägypten und teils der Iran, werden vielfach als Naher Osten bezeichnet, werden aber mit *Middle East* übersetzt. Während der Begriff Vorderer Orient gleichbedeutend ist mit Naher Osten, wird mit Vorderasien das Gebiet von Irak, Iran, Israel, Libanon, Syrien, Türkei und Zypern bezeichnet, korrekter wäre wohl Westasien, denn wo ist bei einem Kontinent vorne und hinten, nah und fern? Für uns liegt Japan im Fernen Osten, aus japanischer Sicht eher Kalifornien. Der indische Subkontinent mit Pakistan und Bangladesch, Nepal und Sri Lanka wurde früher als Vorderindien bezeichnet, heute ist Südasien korrekt. Mit Hinterindien oder Indochina waren zu Kolonialzeiten die Länder Kambodscha, Laos, Myanmar, Thailand, Vietnam gemeint – zusammen mit den davor liegenden Inselstaaten das heutige Südostasien. Dagegen bezeichnet Westindien einen Teil der Karibischen Inseln.

Asien ist widersprüchlich.

Asien reicht vom Polarmeer bis in die Tropen, umfasst 40 % des Erdumfangs und beherbergt 60 % der Weltbevölkerung. Einige der reichsten Industrie- und Handelsnationen der Welt sind hier zu finden, die Transsib ist die längste Eisenbahnstrecke der Welt. Trotzdem ist unser Asienbild von Armut, Enge und Naturkatastrophen geprägt. Die größten Widersprüche vereint wohl die Republik **Indien**, www.indienerlebnis.de, in sich: Auf 3,3 Mio qkm lebt 1 Milliarde Menschen; sie sprechen etwa 250 Sprachen (davon 19 Amtssprachen) und sind zu fast 8 % vom größten Arbeitgeber der Welt abhängig, der Indischen Eisenbahn. Einige indische Städte zählen zu den herausragenden Hightech-Zentren der Welt, doch die Baumaterialien dafür wurden mit Bastkörben auf dem Kopf transportiert. Die Rakete für den Wettersatelliten wird mit dem Ochsenkarren zum Startplatz gebracht …

Tipp: Versuchen Sie als Reisender nicht, alle Widersprüche begreifen zu wollen – es sind schon andere vor Ihnen daran gescheitert.

Asien ist anstrengend.

Lassen Sie sich darauf ein und erinnern Sie sich bei jeder Herausforderung an die Maxime des Reisens in Asien: »*Take it as a meditation!*« Wer stets den billigsten Weg sucht, wird die Anstrengung noch verstärken – es sei denn, Sie haben unendlich viel Zeit und sind schon gut angepasst. Am besten gelingt dies in »Anfängerländern« wie Thailand, Sri Lanka oder auf Bali. Erst wenn Sie schon etwas (v)ertragen können, sollten Sie sich nach Indien oder Bangladesch wagen. Zentralasien und China sind hauptsächlich wegen der schwierigen Verständigung anstrengend, hingegen gilt von West- über Süd- und Südost- bis Ostasien Englisch als *lingua franca*. In ländlichen Gebieten werden Sie damit allerdings häufig scheitern. Die meisten Länder des asiatischen Südrandes sind ein Paradies für Vegetarier – und wer es noch nicht ist, der wird es wahrscheinlich, wenn er einmal über einen Markt geschlendert ist oder in eine Küche geschaut hat.

Literatur

Ilja Trojanow, **An den inneren Ufern Indiens**. Eine Reise entlang des Ganges, Hanser.

Uwe Pfullmann, **Durch Wüste und Steppe**. Entdeckerlexikon arabische Halbinsel. Biografien und Berichte. Trafo.

Tipp: Eine Asienreise sollte mindestens vier Wochen dauern und nur ein kleines Gebiet vorsehen – erst dann wird sie wirklich lohnend.

Asien ist billig.

Asien ist nur für Sie mit Ihrer harten Währung billig! Die meisten Ihrer Gastgeber müssten allein für Ihr Flugticket mit der ganzen Familie 1 – 5 Jahre arbeiten. Vor Ort benötigen die meisten Reisenden im Schnitt 500 Euro pro Monat.

India overland

Die 10.000 km der **Südroute über Land nach Indien** sind zwar nicht durchgängig mit der Eisenbahn, wohl aber für rund 300 Euro mit dem Bus zu bewältigen, da-

www.encounter.co.uk
www.schwarzaufweiss.de
www.nepalhomepage.com

von entfällt gut ein Drittel auf den ersten Streckenabschnitt bis Istanbul, ↗ Europa. Diese Tour sollte so geplant werden, dass das anatolische Bergland vor November, Pakistan und Nordindien aber frühestens im Oktober passiert werden. Sie dauert an reinen Fahr-

Beste Reisezeiten für Asien

Ziel	beste Reisezeit
Nepal	Oktober – April (Schnee oberhalb 2500 m zwischen November und Januar)
Pakistan: Norden	März – Mai, August & Oktober
Pakistan: Süden	September – März
Kaschmir, Ladakh	Mai – September für Wandertouren November – April für Skitouren
Bhutan, Sikkim	Februar – April, Oktober & November
Bangladesch, Indien: Norden	Oktober – März (Tiefland)
Indien: Südwesten	Oktober – Februar
Indien: Südosten	November – April
Sri Lanka: Westen	November – März
Sri Lanka: Osten	März – November, im Bergland ganzjährig
Malediven	Dezember – April
Myanmar	Oktober – März
Thailand	November – März, im Norden bis August
Vietnam	November – März (Bergland ganzjährig)
Kambodscha, Laos	November – April
Südkorea	April – Juni, September & Oktober
Malaysia	Juni – August (Westküste ganzjährig)
Malaysia: Penang, Singapur	ganzjährig feucht und heiß
Borneo: Sarawak, Sabah, **Brunei**	März – September
Indonesien	Mai – Oktober
Philippinen	Dezember – Mai
Tibet, China: Westen	Mai & Oktober
China: Zentral-, Süden	Mai – Juni, September – Oktober
Hongkong	Oktober – April
Taiwan	April – Mai, September – Oktober
Japan: Mitte und Süd	April – Mai, September – November
Sibirien, Japan: Hokkaido	Mai – September

zeiten und Zwangspausen zwei Wochen, wer unterwegs etwas sehen will, braucht ein Vielfaches. Der Rückweg kostet bei Benutzung der jeweiligen nationalen Verkehrsmittel nur die Hälfte, meines Wissens immer noch die billigsten 10.000 km auf dem Weg um den Globus:

- Istanbul – Teheran – Kerman – Quetta – Lahore – Delhi.
- Abzweigung nach Syrien, Jordanien, Israel, Ägypten.
- Abzweigung nach Turkmenistan, Usbekistan, Kirgisistan, Kasachstan, China.
- Abzweigung über den *Karakorum-Highway* und den Khunjerab-Pass (Mai – November) nach China.

Diese Überlandrouten sind für **Selbstfahrer** wegen der politischen Krisen ziemlich unberechenbar, weshalb es kaum noch Overlanders gibt und ganz Asien hauptsächlich mit öffentlichen Verkehrsmitteln bereist wird. Sie treffen hier also oft auf einen anderen Typus von Reisenden als in Afrika oder in Amerika.

Die klassischen Trampelpfade **durch den Indischen Subkontinent** führen von Delhi über Agra (Taj Mahal) und Varanasi nach Pokhara und Kathmandu in Nepal. Von da zurück ins Gangestal nach Kalkutta und vielleicht noch nach Darjeeling und Sikkim oder südwärts zu den Tempeln und Stränden Orissas. Durch den zentralen Dekkan über Hyderabad nach Bangalore reisen noch immer sehr wenige Traveller, obwohl sich dann der Süden sehr schön von unten aufrollen lässt: Bangalore – Chennai (Madras) und Tamil Nadu – Kerala – Goa – Mumbai (Bombay) – Rajasthan – Delhi.

Lebhafter geht es im Westen zu: Von Agra über Fatehpur Sikri in den Wüstenstaat Rajasthan, wegen seiner Paläste für viele Reisende der kulturelle Höhepunkt. Südwärts geht es – eventuell mit einem Schlenker über die Höhlentempel von Ajanta und Ellora – nach Mumbai und weiter nach Goa, immer noch das herausragende Strandziel in- und ausländischer Touristen.

In Goa teilen sich die Wege wieder: Strandfans zieht es auf einer neuen Bahnlinie südwärts nach Kerala,

Tipp: Die genannten Stationen sind nur eine spärliche Auswahl aus den sehenswerten Punkten an der Route. Man sollte für diese Indienreise etwa drei Monate einplanen, so lange gilt auch das Visum.

Tipp: Wegen der schwierigen Situation in Iran und Afghanistan und des knapperen Zeitrahmens fliegen heute die meisten Reisenden direkt in ihr Urlaubsland, was die Anpassungsschwierigkeiten erhöht, sowohl klimatisch wie auch kulturell.

Tipp: Fahrzeuge kann man von Port Kelang in Malaysia nach Perth in Australien verschiffen.

Mehr Information

Südasien-Institut, www.sai.uni-heidelberg.de.

Asienhaus, Essen, ✆ 0201/83038-18. Asien-Stiftung, Korea-Verband, Philippinen-, Südasienbüro, Südostasien-Infostelle, Tibet-Initiative Deutschland. Öffentliche Fachbibliothek. www.asienhaus.de

Deutsch-Arabischer Freundeskreis, DAFK, Ulm, www.dafk.lai.de/

Deutsch-Arabische Gesellschaft e.V., Berlin, ✆ 030/8094-1992, www.d-a-g.org

Gesellschaft der Freunde Islamischer Kunst und Kultur e.V., München, ✆ 089/33088928, http://freunde-islamischer-kunst.de.

wer den Süden intensiver kennen lernen will, fährt ostwärts über die Ruinenstadt Hampi ins Hightech-Zentrum Bangalore. Südwestlich davon ist die Maharaja-Stadt Mysore unbedingt einen Besuch Wert, von wo man sich durch das Nilgiri-Hochland hinunter nach Kerala bewegen kann. Über das Südkap Kanya Kumari (Vollmondfest) geht es in die tamilischen Tempelstädte Madurai und Tiruchirappalli sowie ins französisch geprägte Pondicherry. Hier und in Mahabalipuram bieten sich die letzten erholsamen Tage vor dem Rück- oder Weiterflug ab Chennai (Madras) an.

Überland oder mit dem Schiff kommt man von Indien schwerlich nach Südostasien. Die Grenzen sind geschlossen, von Madras und Kalkutta gibt es lediglich eine Sackgassenverbindung per Schiff oder Flugzeug auf die Andamanen. Aber nach Sri Lanka gibt es günstige Flugverbindungen, preiswerte Linienflüge bedienen die Strecken von Colombo nach Singapur, Kuala Lumpur und Bangkok.

Die **Pancake Route** durch Südostasien führt von Bangkok durch Süd-Thailand und Malaysia (Penang) nach Singapur und weiter über die indonesischen Inseln Sumatra (Natur) und Java (Kultur) nach Bali (Kul-

Reiseweg nach Indien für die Überlandreise:

Abschnitt	Reisetage
München – Istanbul (*Balkanroute*)	2 (Bus)
Istanbul via Italien – Griechenland	3 (Zug, Bus)
Istanbul – Teheran	2 – 3 (Zug, Bus)
Teheran – Isfahan	1 (Bus)
Isfahan – Zahedan	1 (Bus)
Zahedan – pakistanische Grenze	1 (Bus)
pakistanische Grenze – Quetta	2 (Bus)
Quetta – Lahore	2 (Bus)
Lahore (Pakistan) – Amritsar (Indien)	1 (Zug, Bus)
Amritsar – Delhi	1 (Zug)

Die Folgen des **Tsunami** von Weihnachten 2004 werden nur langsam beseitigt, Touristen sind jedoch willkommen, auch um das Einkommen der Einheimischen zu sichern.

tur, Natur und Baden). Dafür benötigt man mindestens sechs Wochen. Die anderen Inseln sind mit weit mehr Aufwand zu besuchen, nur die gut erschlossenen Philippinen bilden da noch eine Ausnahme; erst wer mehr als drei Wochen zur Verfügung hat, sollte sich hier mehr als eine Rundfahrt über Nord-Luzón vornehmen. Wer in eine große Rundreise auch noch Hongkong und Taiwan einbeziehen möchte, wird mit einem halben Jahr kaum noch auskommen.

Südostasien

Welches ist das Land des Lächelns? Diesen Wettstreit könnte jedes Land Südostasiens gewinnen: Die Menschen lächeln gern, sind freundlich und Besuchern gegenüber neugierig, manchmal auch ein wenig schüchtern und zurückhaltend, doch nur selten wird man sich nicht willkommen fühlen. Die für Europäer fremdartige Kultur ist stark durch den Buddhismus geprägt: Allgegenwärtig glänzen Tempel, werden kleine Kultstätten mit Räucherstäbchen und Opfergaben bestückt, bitten Mönche in safrangelben Kutten um Lebensmittelspenden.

Südostasien bietet sich als Reiseziel für Menschen an, die sich gern mit fremden Kulturen auseinandersetzen. Ein dickes Fell gegen Lärm, Schmutz und Menschenmassen ist dabei von Vorteil. Einsamkeit, eine unberührte Natur und große, weite Landschaften finden sich hier kaum. Es sind vor allem die Menschen, die Südostasien zu einem besonderen Erlebnis werden lassen.

Thailand ermöglicht einen sanften Einstieg ins Reisen durch Südostasien, www.thailandsun.com. Die Thai-Küche gehört zu den Besten der Welt. Bangkok ist eine Art Touristenumschlagplatz mit allem, was das Reiseherz begehrt und für die Weiterreise braucht. In einer der vielen sauberen Kliniken können Sie mitgebrachte Parasiten zählen lassen und einer Dauerdiarrhö ein Ende bereiten. Strand- und Partyliebhaber so-

Von Claudia Klein-Hitpass und Uwe Rotter

Claudia Klein-Hitpass und Uwe Rotter reisen am liebsten mit dem Fahrrad. Nachdem viele Teile Europas erkundet waren, brachen sie 2002 in fernere Gefilde auf und radelten bis 2004 durch 14 Länder. Von Indien ging es durch Südostasien über Hawaii/USA nach Südamerika und ins südliche Afrika. Besonders die Begegnungen mit verschiedenen Kulturen und Lebensweisen faszinierten sie. Während der Reise machten sie Interviews mit Menschen, die sie unterwegs trafen. Heute leben die beiden Mitglieder der dzg in Bonn. www.albumamicorum.de

Durch den großflächigen Einsatz von **Umweltgiften** durch die USA während des Vietnamkrieges – wie z.B. das dioxinhaltige Agent Orange, von dem 50 Mio Liter versprüht wurden! – sind Mangrovensümpfe und ganze Waldstriche abgestorben. Weil eine Wiederaufforstung noch nicht möglich ist, erodieren vormals fruchtbare Hänge. Über die Nahrungskette und das Trinkwasser lösen diese Gifte heute Krebs, Fehl-, Miss- und Todgeburten aus. Für die Betroffenen gibt es praktisch keine ofizielle Hilfe. Hilfsorganisationen und Informationen u.a. unter www.vietnam-freunde.net.

✸ **Tipp:** Wie in Vietnam sind auch in Laos und Kambodscha **Landminen** und Blindgänger aus den Kriegen immer noch ein Problem. Betroffen sind insbesondere einheimische Kinder und Landwirte. Wer jedoch auf den befahrenen Straßen und Wegen bleibt und nicht über minengekennzeichnete Felder läuft, ist vor Landminen sicher.

wie Freunde geführter Touren werden die gute Infrastruktur und Touristenzentren von Thailand schätzen.

Die Kontaktfreudigsten freuen sich auf **Vietnam**, hier klopft man den fremden Besucher herzlich auf die Schulter, knufft ihn in die Seite und flechtet spontan Haare. Auch für Fotografen ist Vietnam ein Paradies: eine schöne Küste, bunte Märkte und die traditionelle Kleidung der Frauen sind die beliebtesten Motive. Vietnam hat sich längst auf Touristen eingestellt. Open-Tour-Busse bedienen die gesamte Strecke zwischen Hanoi und Ho-Chi-Minh-City (Saigon). Sie holen Rucksackreisende an ihrem Hotel ab und bringen sie direkt ins nächste Hotel am nächsten Ort. Man muss in ein für Touristen lizenziertes Hotel einkehren. Zelten und Übernachten bei Privatpersonen ist verboten. Doch die Reglementierungen werden von Jahr zu Jahr lockerer.

Abenteurer finden ihr Glück in **Laos** und **Kambodscha**. Ob mit dem Boot über den Mekong, www.pandaw.com, oder auf der Ladefläche eines Treckers über Staubpisten, hier bietet das Reisen mitunter Überraschungen und direkten Kontakt mit der asiatischen Lebensweise. Selbst Kulturmuffel zeigen sich beeindruckt von den Tempeln von Angkor, www.theangkorguide.com, in Kambodscha.

Viele Menschen in Laos und Kambodscha leben in sehr einfachen Verhältnissen. Aber selten hat man das Gefühl, dass sie darunter leiden, denn die Menschen, allen voran die Kinder, strahlen eine ansteckende Lebensfreude aus, manche abgelegenen Dörfer wirken unglaublich idyllisch. Für uns Außenstehende ist es schwer abzuschätzen, mit welchen Problemen die Bevölkerung wirklich zu kämpfen hat. Die Kindersterblichkeit ist hoch, Mangel- und Unterernährung erkennbar. Die medizinische Versorgung ist schlecht.

Die Straßen sind schlecht und es gibt kaum Verkehr. Was für Radfahrer ein Traum ist, stellt Rucksackreisende oft auf eine Geduldsprobe. Insbesondere auf Nebenstraßen ist das Vorwärtskommen in der Regenzeit ein kleines Schlammabenteuer.

Myanmar, vormals Burma oder Birma, fasziniert viele Reisende aufgrund der Freundlichkeit der Menschen und ihrer sehr traditionellen Lebensweise. Die nahezu einzige Möglichkeit, nach Myanmar zu reisen, ist per Flugzeug direkt oder als Stop-Over von Kalkutta via Rangun nach Bangkok. Die Einreise von Thailand über Land ist schwierig, die von China extrem schwierig.

In Myanmar ist Tourismus nur in bestimmten Regionen und auf festgelegten Routen erlaubt. Reisende müssen bei der Einreise eine Touristenwährung tauschen und dürfen nur in lizenzierten Unterkünften übernachten.

Seit 1990 das Militär die Wahlen für ungültig erklärte, beherrscht es Myanmar totalitär. Die immer wieder unter Hausarrest stehende Oppositionsführerin und Friedensnobelpreisträgerin *Aung San Suu Kyi* ruft daher zum Tourismusboykott auf. Denn am Tourismus verdient die Militärdiktatur. Andere Stimmen meinen, dass Tourismus dazu beitragen kann, die Öffnung des Landes zu fördern. Eine Reise nach Myanmar ist umstritten, zumal die derzeitige Lage instabil ist.

Tipp: Erstmals seit rund 40 Jahren haben es Touristen im Juli 2004 geschafft, über Land von Indien (Nagaland) über Myanmar nach Thailand zu fahren, »Simon & Suzi« http://mccs.co.uk/global/.

Tipp: Einen guten Überblick über die für Touristen offenen Grenzübergänge bietet www.gt-rider.com.

Sicherheit

Südostasien ist für Reisende relativ sicher. Die Kriminalitätsrate ist gering, Überfälle und Diebstähle sind selten. Das lässt sich schon daran erkennen, dass in Lebensmittelbuden das Wechselgeld gern in aufgehängten Eimern oder in offenen Schubladen aufbewahrt wird. Der Reisende wird lieber durch viel Geschwätz und Handel um sein Geld erleichtert als durch heimlichen Diebstahl oder gar Überfall. Vorsicht jedoch in Touristen-Zentren vor K.O.-Tropfen im unbeaufsichtigen Glas und vor untergeschobenen Drogen. Die größte Gefahr stellt der Straßenverkehr dar, insbesondere in Vietnam. Alte Lkw rasen überladen und zu schnell über den asphaltierten Highway Nr. 1, es gibt kaum Ausweichstrecken und viele Unfälle. Die vietnamesischen Hupen sind die lautesten der Welt und scheinen statt der Bremsen genutzt zu werden.

Das Auswärtige Amt warnt für **Thailand** z.B. vor Banden und korrupten Polizisten, die in Phuket Touristen Bagatelldelikte (Klau von Uhrenimitaten) unterstellen. Auf der Kao San Road wird heftig gedealt; gut zu wissen, dass auf Rauschgiftkonsum und -handel lange Freiheitsstrafen und sogar die Todesstrafe stehen.

Zu Tage gebracht: Alles was der Golf von Thailand hergibt, wird auf dem Markt ausgebreitet

✸ **Tipp:** Egal wann Sie in Bangkok landen, 24 Stunden pulsiert der Tourismus um die Khao San Road herum, www.kaosanroad.com

✸ **Tipp:** Kleine Haken mitnehmen und bei Bedarf in die Wand oder ein Stück Holz drehen, um fehlende Befestigungspunkte für das Moskitonetz ersetzen zu können.

✸ **Tipp:** Wer in Südostasien keine Garküche findet, wird auch keine Lebensmittel für den Kocher erhalten. Deshalb den Kocher zu Hause lassen und sich durch die einheimische Küche schlemmen.

Wo das Haupt betten ...

Südostasien ist dicht besiedelt, überall gibt es zahlreiche und sehr günstige Unterkünfte mit Deckenventilator und der Möglichkeit, ein Moskitonetz zu befestigen.

Ein Zelt ist nur für besondere Unternehmungen notwendig, sonst nicht sinnvoll. Es entwickelt sich in der tropischen Hitze zur Sauna. Ein Moskitonetz, eventuell mit Hängematte, ist die leichte Alternative für alle, die doch mal draußen übernachten wollen.

... und den Magen füllen?

Lebensmittelbüdchen und Mini-Garküchen gibt es in allen dicht besiedelten Gebieten. Oft wird in mobilen Garküchen Nudelsuppe, frisches Gemüse oder Fisch zubereitet und dazu Reis serviert. Auch die Vielfalt an frischen Früchten ist herrlich. Besonders in Thailand scheinen die Menschen gern und oft zu essen. Abgepacktes Wasser, Cola, meist auch Bier sind fast überall erhältlich. In den sehr armen, ländlichen Regionen kann es schwieriger sein, dort ist die Versorgungslage allgemein nicht gut.

Übrigens: **Das Handeln** gehört in Südostasien zum Kaufen und Verkaufen dazu. Ausländische Reisende, die ohne Handeln den erstgenannten Preis zahlen, erscheinen als ungeheuer reich. Das kann dazu führen, dass in touristischen Gegenden Waren nicht mehr an Einheimische, sondern nur noch an reiche Ausländer verkauft werden. Also: Handeln muss sein, doch den letzten Dong, Kip, Riel oder Baht muss man dabei auch nicht herausschinden. Schließlich soll das Handeln Spaß machen, dem Käufer wie dem Verkäufer.

Tipp: In Südostasien radelt es sich gut von November bis März. Die Straßen sind meist gut, ernsthafte Herausforderungen sind allenfalls Berge wie etwa in Nordthailand – also eher was für Einsteiger.

Sprache

In Südostasien kommt man in der Regel mit Englisch durch die Länder. In Laos, Vietnam und Kambodscha verstehen einige ältere Bewohner Französisch. In Laos und Vietnam sprechen manche sogar deutsch, weil sie als Gastarbeiter oder Austauschstudenten in der DDR gewesen sind. Es ist trotzdem ratsam, einen kleinen Sprachführer mit den Landessprachen mitzunehmen oder sich die gängigsten Fragen und Sätze zu notieren. Auch ein »Ohnewörterbuch« mit Bildern oder Fotos kann hilfreich sein. Da alle Sprachen der Region Tonsprachen sind, kann ein und dasselbe Wort je nach Betonung und Melodie eine völlig andere Bedeutung erhalten und zu verständnislosen bis entsetzten Gesichtern führen. Die ungewohnten Schriftzeichen werfen weitere Rätsel auf. Im Notfall helfen Hände und Füße. Fotos von zu Hause sind hilfreich für den Small Talk und erklären sich selbst, auch dort, wo sprachlich nichts mehr geht. Ein paar Fotos von einem selbst sind beliebte Geschenke für Gastfamilien oder nähere Kontakte auf der Reise.

Literatur

Loung Ung, **Der weite Weg der Hoffnung**, Fischer Taschenbuch.

Marc Frey, **Geschichte des Vietnamkriegs**, C.H. Beck.

Graham Greene, **Der stille Amerikaner**, dtv.

Florian Hanig, **Der Buddha in der 42. Etage**, Asiatische Metropolen, Picus Verlag.

Heinz Kotte, Rüdiger Siebert, **Der Traum von Angkor**, Horlemann.

Heinz Kotte, Rüdiger Siebert, **Laos**, Aufbruch am Mekong, Horlemann.

Ma Thanegi, **Pilgerreise in Myanmar**. Unionsverlag.

Daniel Mason, **Der Klavierstimmer ihrer Majestät**. Roman. Blessing.

Keine Kugelschreiber für Kinder

»Pen, pen, pen! Give me a pen!« – Horden von Kindern, die dem Reisenden mit diesen Rufen entgegenrennen, zeugen davon, dass hier schon eine Langnase war, die an die Kinder Kugelschreiber verteilt hat. Was als nette Idee begann, den Kindern Materialien für die Schule zu geben, hat ganze Bettlerhorden heranwachsen lassen und lässt auch die Kleinen schon das Gefälle zwischen arm und reich spüren. Wie schön ist es da, wenn man in einem Dorf mit »Hallo, guten Tag« und echter Neugier und Interesse begrüßt wird. Damit es dort so bleibt, sollte man vom Verteilen von Geschenken an Kinder absehen. Wer Gutes tun will, kann Hilfsorganisationen unterstützen.

Reisen in Ostasien: Japan

Von Michael Malburg

1988 zog es Michael Malburg zum ersten Mal nach Japan, um dort seine japanischen Freunde zu besuchen. In den 90ern folgten dann Reisen durch Südamerika, Australien, Neuseeland und die pazifische Inselwelt. 1999 war er wieder für 2 Monate in Japan, erkundete die Nordinsel Hokkaido und lebte bei seinen Freunden, mittlerweile eine sechsköpfige Familie.

Was erwartet man vom Land der aufgehenden Sonne – eine hochtechnisierte Gesellschaft, überfüllte Städte mit astronomischen Preisen oder japanische Gärten mit Jahrhunderte alten Bonsaibäumen und meditierende Mönche im Zenkloster? Mit dem Einen wird man unweigerlich konfrontiert, das Andere muss man suchen.

Unterwegs sein in Japan heißt Bus und Bahn benutzen. Auf den touristisch erschlossenen Routen geht das noch ganz gut, auf entlegenen Strecken sind Einfallsreichtum oder die Kenntnis der japanischen Schrift gefragt.

Die meisten Japaner schrecken zusammen, wenn man sie unvermittelt anspricht. Schafft man es jedoch, sein Anliegen zu verdeutlichen, so sind sie sehr hilfsbereit. Englischkenntnisse und englische Beschriftungen sollte man nur in Metropolen erwarten. Einige Restaurants stellen perfekte Nachbildungen ihrer

Tipp: Hilfreich ist eine Übersicht der Ortsnamen in beiden Schriftsystemen, sodass man Beschriftungen zumindestens vergleichen kann.

Winke, winke

▶ Zurückgekehrt von einer Bergwanderung auf Hokkaido, versuchte ich mangels öffentlicher Verkehrsmittel 50 km per Anhalter zurückzulegen. Die meisten Autofahrer dachten, ich stehe an der Straße, um ihnen zuzuwinken, und so winkten sie, stets höflich lächelnd zurück, fuhren aber unverdrossen weiter. Schließlich erbarmte sich ein Autofahrer doch und nahm mich mit – er war Geschäftsmann und hatte ein paar Jahre in Australien gelebt … ◀

Speisen ins Schaufenster, das erleichtert die Auswahl zumindest nach optischen Gesichtspunkten. Ein Reiseführer mit Übersetzungen der Schriftzeichen kann als Zeigehilfe im Restaurant sehr nützlich sein. In entlegenen Gegenden habe ich mir oft die Teller der anderen Gäste angesehen und dann dezent dem Augenschein folgend, das Gleiche bestellt. Japans Küche ist reichhaltig und gut, der Umgang mit Stäbchen wird einem zwangsläufig schnell vertraut und den Geschmack von ungesalzenem Reis möchte man nach ein paar Wochen nicht mehr missen.

Als *Gaijin* (Fremder) tritt man nahezu unvermeidlich öfter ins Fettnäpfchen. So findet sich der Globetrotter mangels eindeutiger Symbole auf der Damentoilette wieder, verbeugt sich nicht tief genug oder gar nicht, putzt sich die Nase in Gegenwart anderer, überflutet die quadratische Badewanne oder trinkt sein Glas aus und wundert sich warum der japanische Gastgeber immer und immer wieder nachschenkt.

Manche Menschen haben Probleme mit dem Verbeugen, nicht körperlich, sondern weil sie zu stolz dazu sind. In Japan ist das die übliche Begrüßungsformel und zwar je höher der gesellschaftliche Rang des Gegenübers, desto tiefer ist die eigene Verbeugung. Das sollte man respektieren, wenn auch ab und zu die Hand eines Japaners, der zur westlichen Begrüßung ansetzt, an der eigenen Nase landet …

Und China?

In **China** werden jährlich mehr als 10.000 Menschen hingericht, außerdem gibt es unzählige Folteropfer. Nach offiziellen Angaben werden 310.000 Gefangene in 280 Arbeitslagern »umerzogen«, chinesische Menschenrechtler gehen von mehr als 1000 Lagern mit 6 Mio Gefangenen aus. In den mehr als 28.000 Kohlegruben des Landes sterben jährlich an die 10.000 Bergleute.

www.amnesty-international.de, www.gfbv.de

Tipp: Man sollte sich vor der Reise auf jeden Fall mit diversen Eigenheiten der japanischen Kultur vertraut machen, die wichtigsten Wörter lernen: Begrüßung, Danke und Bitte und natürlich die Zahlen. Um nicht den vorzeitigen Hungertod zu erleiden, ist der Umgang mit Stäbchen auch ein Projekt der Reisevorbereitung.

www.jinjapan.org, Portal (englisch).

www.jnto.go.jp, Fremdenverkehrszentrale.

www.uni-marburg.de/japanz, Japan-Zentrum der Philipps-Universität Marburg.

ww.japan-tipp.de

www.onemission.com/japan.

www.japan-magazin.de.

Literatur

Martin Lutterjohann, **Kulturschock Japan**, RKH.

Gerhard Dambmann, **Gebrauchsanweisung für Japan**, Piper.

Coulmas, Florian, **Die Kultur Japans**, C.H. Beck.

Pohl, Manfred, **Japan**, Beck'sche Länderreihe.

REISEN IN AFRIKA

Von Thomas Simoneit

Thomas Simoneit ist Mitglied der dzg, war 2 Jahre deren 1. Vorsitzender und weitere 2 Jahre im Vorstand tätig. Mehrere Jahre verantwortete er als Redakteur den Trotter, die Mitgliederzeitschrift der dzg. Die erste Auslandsreise führte ihn 17-jährig mit dem Fahrrad nach Holland, dann folgten viele, teilweise auch mehrmonatige Abenteuer in Zentral- und Südamerika, Afrika und Zentralasien, sowie Reisen mit Frau und Sohn. Sein besonderes Interesse gilt Afrika und seinen Menschen, afrikanischer Musik und Literatur.

www.simoneit.de

»Die Sahara ist ein magischer Ort. Einerseits der horror vacui, andererseits die Verheißung, sich von jeder Regel freizumachen, sich wie in einem riesigen Ozean treiben zu lassen, um Antworten auf die eigene Existenz zu finden.« Uwe George, Expeditionsleiter der Zeitschrift Geo in der ZEIT vom 16.4.2003

Nur 8 % der Menschen wohnen in Afrika, nur 3 % aller Touristen fahren dortin. Doch fast jeder hat ein Bild von Afrika – meist kein gutes, und meist kein zutreffendes. Dunkle Dschungel, Bürgerkriege und Hungersnöte am Rande der Wüste bestimmen unser Bild von Afrika. Dennoch, Afrika ist ein lohnendes Reiseziel. Es stimmt nicht, dass es stets und überall sehr heiß ist. »In Afrika sind schon mehr Leute erfroren als verdurstet«, behaupten erfahrene Afrikareisende. Afrika besteht eben nicht hauptsächlich aus Wüste und Trockengebieten und auch der dampfende Urwald mit brütender Hitze ist nicht überall anzutreffen. Afrika wird zum überwiegenden Teil aus einem Plateau gebildet, mit Höhen zwischen 500 und 1000 m, wobei einige Gebirgszüge (Atlas, Ahaggar, Tibesti, Kamerunberge, Äthiopisches Hochland, Ruwenzori, Mt. Kenia, Mt. Kilimanjaro, Drakensberge) oftmals die Alpen überragen. Der höchste Berg Afrikas ist der Mount Kilimanjaro (5895 m) in Tansania.

Die Anforderungen

Afrika stellt häufig höhere Ansprüche an den Reisenden als Asien, Australien oder Amerika. Das liegt zum einen an den **Transportproblemen** in vielen Gebieten südlich der Sahara. Es gibt nur wenige Eisenbahnlinien, und in vielen Gebieten ist auch Busverkehr unbekannt. Häufig bleibt dem Reisenden nur die Ladefläche eines Lkw oder die Pritsche eines Pick-ups. Abgefahren wird erst, wenn das Fahrzeug ausreichend überfüllt ist. Wer in die Fahrerkabine eingeladen wird, darf sich glücklich schätzen und eventuell einen etwas höheren Preis zahlen. Stromschnellen und Wasserfälle, Sümpfe und der Wasserstand in der Trockenzeit begrenzen die Möglichkeiten des Schiffsverkehrs auf den Flüssen, selbst auf dem Niger (4180 km) und dem Sambesi (3540 km).

Kulinarische Genüsse kann der Reisende außerhalb der Großstädte und Touristenzentren vielerorts nicht erwarten. Die **Nahrungsversorgung** ist oft genug schwierig. Essen bedeutet für viele Afrikaner zunächst, einmal pro Tag überhaupt satt werden. Die Grundlage einer Mahlzeit bilden stärkereiche Produkte aus Hirse, Mais, Reis, Bohnen oder Knollenfrüchten wie z.B. Maniok. Gemüse beschränkt sich häufig auf Paprika, Zwiebeln und Grünpflanzen (Spinat). Fisch und Fleisch sind fern der Küsten und der Viehzuchtgebiete rar und hoch geschätzt. Auch Obst ist nur saisonal und nicht in allen Gebieten zu bekommen. Wegen der verbreitet schlechten Verkehrsverbindungen kann überregional manchmal nicht mit den regional durchaus im Überfluss vorhandenen Agrarprodukten gehandelt werden. So müssen sich Reisende in abgelegenen Regionen wochenlang von Reis mit Soße und vielleicht hin und wieder einem Ei und Erdnüssen ernähren, andernorts gibt es wiederum nur Bananen mit Maniok und Ziegenfleisch. In den meisten größeren Städten gibt es hingegen in der Regel ein reichhaltiges, europäisch geprägtes Angebot, das insbesondere im Osten und Süden Afrikas durch indische Restaurants ergänzt wird.

Südlich der Sahara werden 1700 eigenständige **Sprachen** gesprochen. Amtssprache ist in vielen Ländern deshalb die Sprache der mächtigsten Volksgruppe oder der ehemaligen Kolonialmacht, also neben Französisch und Englisch auch Portugiesisch und Italienisch. Deutsch ist nur in Namibia nützlich. Wer einen Spaß in der jeweiligen Sprache machen oder verstehen kann, hat immer gute Karten und die Sympathien der Einheimischen auf seiner Seite.

Besondere **gesundheitliche Risiken** in Afrika bestehen durch Parasiten (Leishmaniose, Bilharziose, Wurmerkrankungen, Malaria), Gelbfieber, Tollwut, He-

Für **Radler** sind die Infrastruktur und Straßen- bzw. Pistenverhältnisse im tropischen Afrika sehr herausfordernd. Am Ende sind dann aber auch das Erfolgserlebnis und die Euphorie groß, wenn man sich nach schwierigen Passagen ein Fläschchen Bier gönnen kann, was auch in den entlegensten Teilen Afrikas eigentlich immer zu haben ist, wenn auch nicht immer gekühlt. Kleinere und größere Abenteuer muss man in Afrika nicht suchen, die kommen ganz von selbst, und trotz aller Probleme gibt es auch immer was zu lachen.

Beste Reisezeiten für Afrika

Ziel	beste Reisezeit
Nordafrika, Küstenregionen	Juni – Oktober
Ägypten	September – Oktober
Sahara	März – Juni, September – Oktober
Westafrika	November – April
Ostafrika	Dezember – März, Juli – Oktober
Madagaskar	Mai – November
Indischer Ozean	November – April
Südliches Afrika	Mai – September
Südafrika	September – Oktober

Informationen

Namibiana Buchdepot, Delmenhorst, ✆ 04221/ 12302-40, www.namibiana.de.

Deutsch-Maghrebinische Gesellschaft e.V., Bonn, www.dmag.eps-bonn.de.

Afro-Europäisches-Kulturzentrum Münster AEK, Münster, ✆ 0179/ 1627771.

Deutsch-Afrikanische Gesellschaft e.V., Jugendhaus Marzahn Ost, Berlin, ✆ 030/9316259, www.dafrig.de.

Kultureller Kontakt mit Afrika e.V., Wiesbaden, ✆ 0611/522802.

Freundeskreis Zentral- und Ostafrika e.V., Hannover, ✆ 0511/ 422569.

patitis A und B, Hirnhautentzündung, Fleckfieber und AIDS. Die medizinische Versorgung ist nur in den Großstädten als gut zu bezeichnen.

Große oder kleine Tour?

Wer noch nie auf großer Tour war und Afrika noch nicht kennt, sollte für die erste Reise ein Land auswählen, in denen viele Bewohner europäische Fremdsprachen sprechen, die Fortbewegung einigermaßen organisiert möglich ist und in denen der Reisende von der Bevölkerung und offiziellen Stellen zumindest nicht mit Widerwillen empfangen wird. Auf solche »Anfängerländer« weisen wir im Folgenden hin. Die oftmals schnell wechselnden politischen Verhältnisse verändern ebenso schnell die Sicherheitslage. Wie überall auf der Welt sind Sie auch in Afrika tendenziell in den großen Städten und den Touristengebieten in größerer Gefahr beraubt zu werden, als auf dem Lande, wo die gesellschaftlichen Strukturen intakt sind und noch starke soziale Kontrolle herrscht.

Wer große Routen in Afrika plant, muss dessen Geografie und Klima verstehen. Die besten Reisezeiten in Afrika werden fast ausnahmslos durch Regen- und Trockenzeiten bestimmt. In der Regenzeit sind die Naturstraßen meist schwer befahrbar und die angeschwollenen Flüsse können kaum überquert werden. Andererseits wird die Durchquerung der Sahararegion in der heißen Jahreszeit zur fast unerträglichen Belastung für Mensch und Fahrzeug. Für jede längere Reise durch größere Teile Afrikas müssen daher die einzelnen Reisephasen jahreszeitlich durchdacht werden.

Die Regionen

Die das Gesicht Afrikas prägenden Landschaftsformen können oft nur in Superlativen beschrieben werden. Ihre Eigenschaften bestimmen vielfach die möglichen Reiserouten. Die **Sahara** auf der nördlichen Hälfte Afrikas ist etwa 8 Millionen Quadratkilometer groß und erstreckt sich von der Atlantikküste im Westen bis zum Roten Meer im Osten. Nur auf wenigen Routen lässt sie eine Nord-Süd-Durchquerung zu, einfach sind diese nie und meist nur mit dem eigenem Fahrzeug machbar. Die mittleren Routen über Algerien nach Niger oder durch Libyen in den Tschad sind technisch schwierig, politisch unberechenbar und können gefährlich sein, www.fjexpeditions.com. Die westliche Nord-Süd-Route führt von Marokko über Mauretanien bzw. die Republik Sahara nach Senegal und Mali. Die östliche Nord-Süd-Route verbindet Ägypten mit Sudan, entweder mit der Fähre über den Assuan-Stausee und weiter mit dem Zug nach Khartum, oder im Konvoi über Pisten längs des Nil. Der Nil ist mit 6671 km der längste Fluss der Welt und wird lediglich zwischen Kairo und Luxor, auf dem Assuan-Stausee sowie in Friedenszeiten in Südsudan befahren.

Im **nördlichen Afrika**, in den Staaten rings um die Sahara, dominiert die arabische Kultur, ↗ Seite 260. Obwohl jedes Land einen eigenen arabischen Dialekt spricht, kann man sich mit Hocharabisch oder Französisch gut verständigen, in Ägypten auch mit Englisch. Tunesien, Marokko und Ägypten sind leicht zu bereisen, Mauretanien und Libyen stellen höhere Anforderungen, Algerien ist durch seine politischen Verhältnisse unsicher, zeitweise gefährlich zu bereisen.

✷ **Tipp:** In Westafrika, Ägypten und Sudan radelt es sich gut von November bis März. Ostafrika kann ganzjährig befahren werden, Nordafrika von Oktober bis Mai, die Berge Marokkos nicht von Dezember bis Februar.

Internet

www.afroport.de, Afrikaportal für Kunst, Kultur und Business.

www.africanmusic.org, Musik-Enzyklopädie.

www.afropop.org, der Name ist Programm.

www.allafrica.com, www.theafricancourier.de, Nachrichten.

www.afrikahaus.net/page8.html, Kontakte zu Freundschaftsgesellschaften.

www.tanzania-reisebuero.de, Routen und Reisen von Christoph Friedrich (dzg).

www.klaus.daerr.info, Afrikaseite des Sahara-Spezialisten.

Afrika Service Agentur, Schulung, Reiseleitung, Organisation zu Westafrika, Jojo Cobbinah, ✆ 06101/500113, www.afrika-service-agentur.com

Acht westafrikanische Länder bilden die *Westafrikanische*, 6 andere die *Zentralafrikanische Währungsunion*, **Communauté Financière Africaine,** deren Zahlungsmittel der CFA-Franc ist. Er ist an den Euro gebunden.

✸ **Tipp:** Die Bezeichnung Schwarzafrika wird als diskriminierend verstanden. Besser ist tropisches Afrika oder Afrika südlich der Sahara oder eben gleich, was man sagen will: Westafrika, Zentralafrika, Ostafrika, südliches Afrika. Richtig dumm sind Bezeichnungen wie »der dunkle Kontinent« , kaum ein Kontinent dürfte heller sein als Afrika!

✸ **Tipp: Das Afrika-Bild in Reiseführern**, UNESCO-Studie in Zusammenarbeit mit der Initiative Pro Afrika e.V., gegen 5 Euro bei pmv, Schopenhauerstraße 11, 60316 Frankfurt a.M.

In **Westafrika** gehören Senegal und Gambia, Burkina Faso und Ghana zu den »Anfängerländern«. Höhere Anforderungen stellen Liberia, Guinea, Sierra Leone und Gabun, die aber auch gegebenenfalls mehr Erlebnisse bieten; Côte d'Ivoire und Togo sind derzeit nicht zu empfehlen. In Westafrika sind zahlreiche Routenvarianten möglich.

Die ostwärts führenden Routen über den Tschad oder die Zentralafrikanische Republik in den Sudan sind nur eingeschränkt, äußerst schwierig und mit hohem Risiko befahrbar. Das gilt ebenso für die einzige **Route nach Süden**. Sie führte früher durch Kamerun, die Zentralafrikanische Republik und weiter durch Kongo nach Angola, Ruanda oder Burundi.

Das Flusssystem des 4670 km langen **Kongo** mit seinen zahlreichen Zuflüssen nimmt etwa die achtfache Fläche Deutschlands ein. Es entwässert ein riesiges Gebiet, dass sich im wesentlichen mit den Staatsgebieten der beiden Kongo-Republiken deckt. Dieses Gebiet ist in weiten Teilen nicht zu bereisen, Gefahr geht vor allem von bewaffneten Auseinandersetzungen aus. Von Kinshasa verkehren Schiffe unter primitiven Bedingungen den Kongo flussaufwärts. Die ausgedehnten Urwälder, zahlreiche Flüsse und die Sturzregen in der Regenzeit machen die Durchquerung auf dem Landweg zeitweise unmöglich. In politisch sicheren Zeiten kann der Osten des Landes technisch einfach von Uganda, Ruanda oder Burundi aus bereist werden.

Durch das **östliche Afrika** führen zwei anspruchsvolle Routen nach Süden. Die Route Ägypten – Sudan – Kenia könnte sich nach mehr als 20-jähriger Unterbrechung bald wieder öffnen, denn der Bürgerkrieg in Südsudan wurde offiziell für beendet erklärt. Weite Teile des Landes sind vermint, Darfur, der Süden und Osten nicht bereisbar. Befahrbar ist die Variante Ägypten – Sudan – Eritrea – Äthiopien – Kenia. In Ostafrika sind Kenia und Uganda leicht zu bereisen, Tansania ist etwas anspruchsvoller. Die weltberühmten Nationalparks Ostafrikas zu besuchen, ist teuer, doch tech-

nisch einfach. Das Reisen in Somalia ist lebensgefährlich, es gibt seit 1993 keine international anerkannte Regierung, es herrscht Chaos.

Südlich der Staatsgebiete von Kongo, Sudan, Somalia wird das Reisen wieder leichter zu bereisen; rund ein halbes Dutzend Staaten fordern nicht einmal ein Visum. Im **Südosten** sind Malawi, im Süden Namibia und Botswana besonders leicht zu bereisen. Botswana und Sambia setzen auf wenige, aber zahlungskräftige Touristen, was der Natur zu Gute kommt. Der Okavango, aus Angola kommend, bildet in der Kalahari-Wüste Botswanas das größte Binnendelta der Welt, dort versickert das Flusswasser in einem Sumpfgebiet von der Größe Schleswig-Holsteins und bildet ein nur mit Einbäumen und Kleinflugzeugen zugängliches Tier- und Vogelparadies. Auch Angola kann jetzt wieder durchquert werden. Weltbekannt sind die 120 m hohen Viktoria-Fälle des Sambesi an der Grenze zwischen Simbabwe und Sambia. Simbabwe hat sich, aufgrund der politischen Lage und der zunehmenden Isolierung des Landes, vom einfachen zum schwierigen Reiseland entwickelt. Mosambik empfängt dagegen nach langem Bürgerkrieg langsam wieder Touristen, dort ist im Süden das Reisen leichter als im Norden.

Im **südlichen Afrika** kann man den Kontinent relativ einfach in West-Ost-Richtung durchqueren, vom Atlan-

Wüste Fahrt: Auf dem Dach eines Busses durch die Wüste Sudans

Reiseführer

Reiseführer des Peter Meyer Verlages, www.PeterMeyerVerlag.de (dzg-Mitglied).

Reiseführer des Hupe-Verlages, www.hupeverlag.de (dzg-Mitglied).

Georg Brunold, **Nilfieber**. Eichborn.

Durch Afrika, Sahara, Schwarz- und Südafrika. Streckenbeschreibungen, Afrika-Führer Bd. 2, Därr.

Rosi Ulrich, **Sahara**. Edition Erde.

Autoren aus Nordafrika:
Yusuf Idris, Naguib Mahfouz.

Autoren aus Westafrika:
Chinua Achebe, Mariama Bâ, Ama Darko, Ama Ata Aidoo, Kofi Awoonor, Meshack Asare, Florence Mahoeney, Lenrie Peters, Wole Soyinka, Léopold Sédar Senghor, Sembène Ousmane.

Autoren aus Ostafrika:
Meja Mwangi, Nuruddin Farah, Ngugi wa Thiong'o, Waris Dirie.

Autoren aus Südafrika:
Nadine Gordimer, Bessie Head, Laurens van der Post, Richard Rive, Steve Biko, Ezekiel Mpahlehle, Nelson Mandela, Jean Marie Coetzee, Gcina Mhlophe.

Weitere Literaturtipps bei: **Gesellschaft zur Förderung der Literatur aus Afrika, Asien und Lateinamerika e.V.,** PF 100116, 60001 Frankfurt am Main, ✆ 069/2102246, Fax 2102227, www.litprom.de.

tik zum Indischen Ozean, etwa: Swakopmund (Namibia) – Windhoek – Botswana – Pretoria (Südafrika) – Swasiland – Maputo (Mosambik).

Von Johannesburg, Durban, Kapstadt in Südafrika bestehen Flug- bzw. Schiffsverbindungen nach Südamerika oder Asien. In Kapstadt kann man auf Mitsegelgelegenheiten nach Südamerika hoffen.

Südafrika ist das wirtschaftlich potenteste Land des Kontinents und verfügt über eine ausgezeichnete Infrastruktur. Hier geht zwar alles leicht, wer sich aber nicht bemüht, kommt über Kontakte mit Dienstboten und Hotelangestellten nicht hinaus und erhält nur einen oberflächlichen Eindruck von Afrika und »den« Afrikanern.

Literatur & Belletristik

Microsoft Encarta Africana (Multimedia).

Walter Schicho, **Handbuch Afrika**. 3 Bd., Brandes & Apsel.

Jacob E. Mabe (Hrsg.), **Das Afrika Lexikon,** Peter Hammer.

John Iliffe, **Geschichte Afrikas**. Beck.

Leonhard Harding, **Geschichte Afrikas im 19. und 20. Jahrhundert**. Oldenbourg.

John Middleton, **Encyclopedia of Africa South of the Sahara** (4 Bde.) Charles Scigners' Sons, New York.

Carol Beckwith, Angela Fisher, **Afrika**. Kulte, Feste, Rituale (2 Bde.) Bucher.

Gert Chesi, **Afrika im Herzen**. Erinnerungen, Reflexionen, Fotografien. Haymon.

Gert Chesi, **Voodoo in Afrika**. Menschen im Banne der Götter. Haymon.

Sven Lindqvist: **Wüstentaucher**. Auf den Spuren von Dichtern, Träumern und Generälen. Haymon.

Michel Leiris, **Phantom Afrika**. Tagebuch einer Expedition von Dakar nach Djibouti 1931 – 1933. Suhrkamp.

Heinrich Barth, **Im Sattel durch Nord- und Zentralafrika 1849 – 1855**. Edition Erdmann.

Jean de la Guérivière, **Die Entdeckung Afrikas**. Knesebeck.

Michael Obert, **Regenzauber**. Droemer. Eine Fahrt auf dem Niger von der Quelle bis zur Mündung.

ROUTEN IN BEIDEN AMERIKAS

von Peter Meyer

Peter Meyer beschäftigt sich seit 1976 als Autor und Verleger hauptberuflich mit Reiseführern, besonders gerne mit Verkehrsverbindungen und Landkarten. Unter seiner Regie entstanden die Karten für die Südamerika-Führer des Verlags.
www.petermeyerverlag.de

Der Doppelkontinent bietet an Kultur und Natur so Vielschichtiges wie seine Sprachen. So haben sich insbesondere in der Karibik neue Sprachen gebildet: Patois enthält französische, afrikanische und englische Vokabeln, Créole hat englische, spanische, afrikanische und französische Wurzeln.

Ost-West-Routen durch **Nordamerika** können die *Trans Canadian Railway* von Toronto nach Vancouver oder die Bahnfahrt durch den Süden von Orlando in Florida nach Los Angeles in Kalifornien sein, über New Orleans, Houston, Tucson, Phoenix, Las Vegas. Beide Kontinentdurchquerungen lassen sich zu einer Nordamerika-Rundreise verbinden.

Eine klassische **Nord-Süd-Route** durch **Nord- und Mittelamerika** verläuft von Alaska über den *Alaska Highway* durch die kanadischen Rocky Mountains zur kanadischen Pazifik-Metropole Vancouver. Durch die US-Bundesstaaten Washington, Oregon und Kalifornien auf die mexikanische Halbinsel Baja California. Nach einer Fährfahrt über den Golf von Kalifornien bietet sich eine Eisenbahnfahrt durch den Kupfercañon nach Chihuahua und südwärts durch das koloniale Mexiko in die größte Stadt der Welt an: Ciudad de México. Autofahrer müssen darauf verzichten. Nach einem Abstecher zu den Mayastätten und Badeparadiesen Yucatáns folgt der *Gringo Trail* nun der *Panamericana* durch Guatemala, Honduras (oder El Salvador) und Nicaragua nach Costa Rica. Von Panama gibt es keine Straße nach Kolumbien, der sumpfige Dschungel des Darien Gap bildet ein kaum zu durchdringendes Hindernis. Viele Globetrotter beenden deshalb hier ihre Reise.

Die **Fähre** von Panama nach Ecuador läuft nun Manta an und nicht mehr den gefährlichen Hafen von Guayaquil. Zwischen dem panamaischen Puerto Obaldía und dem kolumbianischen Turbo bei Cartagena kann man sein Fahrzeug verschiffen. Mindestens wöchentlich fährt ein Personenschiff der Kuna nach Colón. Von Süden nach Norden ist die Passage nicht zu empfehlen, da sie als Drogenroute gilt.

www.doring2000.de, **Mit dem Wohnmobil in Amerika,** von Richard Doring (dzg).

Autofahrer können ihren Wagen von Miami nach Venezuela verschiffen. *Jürgen Erdmann* (dzg) empfiehlt: »Die große Südamerika-Rundreise beginnt bei der Anreise aus Europa am besten in Venezuela. Der direkte

Beste Reisezeiten für beide Amerikas

Ziel	beste Reisezeit in Nordamerika
USA: Alaska, **Kanada**	Juni – September
USA – Nordwesten: von Seattle bis San Francisco	Mai – Oktober
USA – Norden: mit Colorado, Montana, South-Dakota, Idaho	April – August
USA – Nordosten: mit den Neuengland-Staaten, Ost-Kanada	Sommer, *Indian Summer* Sept – Mitte Okt
USA – Westen: mit Südkalifornien	September – Mai
USA – Südwesten: mit New Mexico Utah, Nevada, Arizona	April – Oktober
USA – Osten: mit Chicago, New York	Frühling & Herbst
USA – Südstaaten: Florida	Winter
USA: Hawaii	April – November

Ziel	beste Reisezeit in Mittel- & Südamerika
Mexiko, Guatemala	Oktober – April
Karibik	Dezember – Juni
Venezuela: Küstengebiet, Anden	ganzjährig
Dschungel, Llanos, Orinoco-Delta	Oktober – März
Gran Sabana	April – Oktober
Bolivien, Peru, Ecuador	
im Hochland	Mai – Oktober
Küste	Dezember – Mai
Urwald	Mai – September
Galapagos	Juni – Dezember
Brasilien: Nordosten	September – Februar
Amazonien	Juli – Oktober
Süden	September – April
Argentinien, Chile	Oktober – April
Patagonien, Feuerland	Dezember – Februar

Weg nach Süden folgt der Panamericana. Die meisten queren in den Anden nach Kolumbien und schlängeln sich mehr oder weniger weit von der Pazifikküste durch Ecuador und Peru nach Chile. Von dort gelangt man über den Andenkamm nach Argentinien, beispielsweise von Santiago de Chile nach Mendoza und weiter nach Buenos Aires, von wo sich ein Abstecher oder die Weiterreise nach Uruguay lohnen.

Die **Straße der sieben Seen** in **Chile** führt an Gletschern und Fjorden vorbei: San Carlos de Bariloche – Villarica – Osorno – Puerto Montt – Chaiten – Villa San Lucia – Puyuhuapi – Puerto Chacabuco – Coihaique – Perito Moreno – Tres Lagos – Fitz Roy – El Chaltén – Perito Moreno Gletscher – El Calafate – Torres del Paine – Puerto Natales. Alles zusammen fast 3000 km.«

Wer **Brasilien,** das fünftgrößte Land der Erde, in eine Rundreise integrieren will, muss bedenken, dass der Grenzwechsel zwischen Venezuela einerseits und Brasilien und den Guyanas andererseits nur sehr mühsam bzw. gar nicht möglich ist. Reisende mit öffentlichen Verkehrsmitteln können sich vom venezolanischen Grenzort Santa Elena de Uairén mit Bussen über Pisten nach Boa Vista und weiter nach Manaus am Zusammenfluss von Rio Negro und Rio Solimões durchschlagen, umgekehrt genauso. Auf diese Art ist der relativ preiswerte An- und Abflughafen Caracas zu benutzen. Idealerweise bereisen Leute mit eigenem Fahrzeug das Land im Rahmen einer Südamerika-Rundreise, also von Süden aus, und verschiffen ihr Gefährt dann von Brasilien nach Hause. Die Ostumfahrung Südamerikas ist seit 2002 einfacher, nachdem zwei Pisten von Brasilien nach Guyana gebaut wurden.

Die **Karibischen Inseln** umfassen den großen Bogen der *Westindischen Inseln,* die *Bahamas* und die Inseln vor der venezolanischen Küste: *Isla Margarita* und die »ABC-Inseln« *Aruba, Bonaire und Curaçao.*

Die Westindischen Inseln gliedern sich geografisch in die *Großen Antillen* mit Jamaika, Hispaniola (Haiti, Dominikanische Republik), Kuba und Puerto Rico in

Literatur

Wolfgang J. Helbich, **Alle Menschen sind dort gleich**. Die deutsche Amerikaauswanderung im 19. und 20. Jahrhundert. Schwann 1988.

Max Mittler, **Eroberung eines Kontinents**. Der große Aufbruch in den amerikanischen Westen. Atlantis 1968.

Andreas Boueke, **Kaleidoskop Mittelamerika**. Reportagen und Informationen. Horlemann 1999.

David Halberstam (Hg.), **Defining America**. Führende amerikanische Intellektuelle erklären den Charakter ihrer Nation. Gruner & Jahr.

www.mesoamerican-archives.com.

der nördlichen Karibischen See sowie in die *Kleinen Antillen* in der südlichen Karibischen See. Letztere werden unterteilt in die »Inseln unter dem Winde« (*Leeward*) und die »Inseln über dem Winde« (*Windward*) sowie Trinidad und Tobago. Zu den Windward-Inseln gehören unter anderem Grenada und die Grenadinen.

Die größeren und von Touristen besuchten Inseln sind mit Flugzeugen erreichbar und durch Fähren untereinander verbunden. Kleinere, bewohnte Inseln können mit Postschiffen erreicht werden. In den Yachthäfen lässt sich oft eine Mitsegelgelegenheit finden.

Durch die USA

Von Christel Loock

Christel Loock ist Mitglied der dzg und unternahm 1989 – 2004 zehn Reisen in die USA, meist mehrere Monate und mit Kindern.

Landschaftlich bieten die USA für jeden etwas. Sie können Großstädte besichtigen oder wochenlang einsam durch endlose Nationalparks wandern. Hier darf man sein Leben noch aufs Spiel setzen. Wer an den Hängen des Grand Canyon klettern möchte, die Sandsteinbögen des Arches National Parks in Utah erklimmen oder kreuz und quer durch die Sümpfe der riesigen Everglades in Florida waten will, um das Leben und Treiben von Alligatoren zu studieren, ist herzlich willkommen.

Kaum ein **Amerikaner** spricht eine Fremdsprache, dafür sind die meisten recht nette Zeitgenossen, hilfsbereit und aufgeschlossen. Man sollte jedoch niemanden überfordern und etwa voraussetzen, dass er weiß, wo Deutschland auf der Weltkarte zu finden ist. Globales Denken ist hier ziemlich fremd, Zeitungen und Fernsehen beschäftigen sich fast ausschließlich mit amerikanischen Problemen. Wer etwas aus Europa erfahren möchte, sollte ein Kurzwellenradio mitnehmen.

Insbesondere bei Gesprächen über Religion oder Politik ist Zurückhaltung angebracht. Man ist eher konservativ, auch was den Dresscode angeht: Pack die Badehose ein, aber bitte eine knielange. Kurze Badehosen werden in den USA höchstens von Homosexuellen getragen. Auch kleinste Kinder sollten Badekleidung tragen. Es ist schon vorgekommen, dass Bade-

Literatur

Meriwether Lewis, William Clark, **Tagebuch der ersten Expedition zu den Quellen des Missouri,** sodann über die Rocky Mountains zur Mündung des Columbia in den Pazifik und zurück 1804 – 06, Zweitausendeins.

Guide to Free Campgrounds, in zwei Bänden für den Westen und den Osten der USA.

gäste gedroht haben, die Polizei zu rufen, damit der Zweijährige sittsam bekleidet rumläuft.

Vor dem Abflug wird am **Flughafen** nicht nur das Handgepäck durchleuchtet, sondern auch alle Schuhe. Taschen mit Laptops müssen vollständig entleert werden. Selbst kleinste Nagelscheren werden konfisziert. Bei der Ankunft in den USA nimmt man Ihren Zeigefingerabdruck und macht Passfotos – dann dürfen Sie ins Land der unbegrenzten Möglichkeiten einreisen, ↗ Seite 90, Reisedokumente.

Nehmen Sie genügend **Dollar,** US-$-Reiseschecks, Kreditkarte und/oder Maestrokarte mit, ↗ Seite 73. Das Wechseln von Fremdwährungen ist schwierig, in jedem *County* gibt es nur eine zuständige Bank.

Wenn Sie ein **Fahrzeug kaufen**, ↗ Seite 229, sollten Sie sich nicht scheuen, beim *Department of Motorvehicles* (DMV, US-Straßenverkehrsamt) einen Führerschein zu machen (ab 16 Jahre). Der Führerschein gilt als Hauptausweis, Personalausweise gibt es nicht. In Kalifornien kostet der Vorgang etwa 20 US$. Man füllt einen Fragebogen aus, der viel einfacher ist als der deutsche, und fährt mit dem Prüfer des DMV eine Runde im mitgebrachten Wagen.

Motels bieten günstige **Übernachtungen** gegen Vorlage eines Coupons an; Coupon-Hefte erhalten Sie an den Tankstellen. Das Trinken von **alkoholischen Getränken** in der Öffentlichkeit oder gar während der Autofahrt wird sehr streng geahndet. Für den Kauf alkoholischer Getränke muss man mindestens 21 Jahre alt sein. In öffentlichen Gebäuden und in Gaststätten ist das **Rauchen** verboten. Besonders in Kalifornien gibt es ganze Innenstädte, in denen das Rauchen in der Öffentlichkeit nicht gestattet ist.

Die USA sind ein Paradies für **Weißbrot-Liebhaber**. Jeder Supermarkt bietet Hunderte verschiedene Sorten, auch »Schwarzbrot«, das sich jedoch als weiches Weizenbrot entpuppt. Mac Donalds, Burger King, Dennys, Subway, Wendy, Carls', Pizza-Hut usw. gibt es an fast jeder Ecke. Achtung: Die Fast-Food-Kette »Wiener

Tipps zur Wohnmobilreise Mexiko – Kanada

Verschiffung eines Womos von Emden mit der Emder Verkehrsgesellschaft, www.evag.com, nach Veracruz, dauert 3 – 4 Wochen. Dort ist für die Hafenformalitäten ein Custom Broker (*Agencia Aduanal*) erforderlich.

Traveler's Guide To Mexican Camping, Mike & Terri Church, Rolling Homes Press, P.O. Box 2099, Kirkland, WA 98083-2099.

USA: Auf den Parkplätzen der 24 Stunden geöffneten Wal-Mart-Supercenters kann man kostenlos übernachten. Einen **Rand McNally-Atlas** gibt es dort für rund 5 US$. Er enthält die Adressen der Wal-Marts.

Rückverschiffung von Halifax nach Bremerhaven mit Reederei Wallenius Wilhelmsen, www.walleniuslines.com.

Tipps in Stichworten von Hermine und Walter Behrens, Mitglieder der dzg

Schnitzel« ist bekannt als größte Hot-Dog-Kette der USA, Schnitzel bestellt man hier vergebens.

Südamerika

Von Jürgen Erdmann

Jürgen Erdmann ist Mitglied der dzg. Er arbeitete 1976 als 22-Jähriger nach dem Fachhochschulstudium als Vermessungsingenieur in Venezuela. Seither gilt: »America do Sul, te amo.« Spätere Reisen nach Asien, USA, Neuseeland, Australien, Namibia und andernorts sind für ihn nie so intensiv gewesen, wie die Reisen durch den südamerikanischen Kontinent. www.zwergenfreiheit.de

Vielleicht hat dich ein Film oder ein Reisebericht auf den Geschmack gebracht. Jetzt bis du von Südamerika fasziniert und planst eine Reise dorthin? Dann empfehle ich dir den besten Reiseführer für alle südamerikanischen Länder – dich selbst!

Lerne Spanisch oder Portugiesisch. Jede ernst genommene Volkshochschulstunde bringt dir das hundertfache Reiseglück zurück. Der Reichtum und die Schönheit dieser Länder liegen nicht nur in den grandiosen Landschaften mit ihren Gletschern und Wüsten, Urwäldern und Stränden oder in der Geschichte ihrer Bauwerke. Sie liegen viel mehr in den Menschen, die dort leben. Latinos sind lebhaft, kommunikativ, neugierig und hilfsbereit (in dieser Reihenfolge). Ich war gut beraten, zunächst Portugiesisch (Brasilianisch) zu lernen, denn von dort kann ich immer eine Brücke zum Spanischen schlagen. Doch umgekehrt ist das portugiesische Hörverständnis für den Spanischschüler gleich Null.

Einen Reiseverlauf grob abzustecken, ist sicher für jede Reise vorteilhaft. Doch gerade in Südamerika bedeutet weniger oft mehr. Ich kenne Leute, die ihr Fahrzeug von Europa aus verschifft haben, sieben Länder in drei Monaten durchrasten und nun zu Hause die Stempel im Pass anstaunen: Da war ich? Wer sich sechs Reisewochen abknapsen kann, verschafft sich einen ersten Eindruck von einem (!) Land, mehr nicht.

Unterkunft

✱ **Tipp:** Leg dich diagonal in die Hängematte, sonst wachst du als Fragezeichen auf!

Vorzügliche Busse für alle Fernstrecken erlauben es, die eine oder andere Übernachtung zu sparen. Im Umkreis der City-Busbahnhöfe finden sich zudem Billighotels, die meist in keinem Reiseführer aufgeführt sind. Ich empfehle allerdings, nicht gepäckbeladen und desorientiert durch die Gassen zu laufen. Geh in eine Kneipe, trink ein Bier, bitte den Wirt um Hilfe und lagere das Gepäck vorübergehend hinter der Theke.

Ein Kuppelzelt ist nicht nur für das Outdoorwandern in den Andenregionen zu empfehlen. In manchen 2- bis 3-Dollar-Hotels habe ich es mit seinem dichten Moskitonetz auch schon mal auf oder neben dem Bett aufgebaut. Und auf dem Land erlaubt man dir gerne, das Zelt auf einem Hof aufzustellen. Eine große Hängematte (Marke Casal) ist gerade in Brasilien Übernachtungsgold wert. Dann wirkt an geeigneter Stelle der Zaubersatz: »Por favor dar un jeito, não tem lugar para pindura minha rede?« und du darfst deine Matte aufhängen. Selbst wenn alle Hotels voll und alle Betten belegt sind: Auf einer Hotelterrasse, auf einem Balkon, im Kinderzimmer, auf einem Boot oder in der Ecke eines Stundenhotels findet sich bestimmt ein Platz.

Sicherheit

Schlafe gut, doch halte die Augen auf! Eine Sicherheitsparanoia darf man nicht entwickeln, doch eine gesunde Wachsamkeit ist unverzichtbar.

Als Grundsatz gilt: Jeder Reisende ist jederzeit für sich und seine Sachen selbst verantwortlich, ein »Pass mal eben auf« ist verantwortungslos. Sträflich leichtsinnig ist es, sich mit Geld, Kreditkarten und Fotoausrüstung beladen in den Straßenkarneval von Rio, Recife oder Bahia zu stürzen. Zum Vergnügen wird der Fotoausflug, wenn man die »location« vorher erkundet, Kontakte knüpft, dann die Kamera holt und im Kreise der nun bekannten Karnevalisten fotografiert. Und wenn zuviel Alkohol im Spiel war, ist ein Taxi kein Luxus, sondern eine geeignete Sicherheitsmaßnahme.

Das Überfallrisiko sinkt auf dem Land, steigt in der Stadt. In Brasilien wird man erst mit 15 Jahren strafmündig – sei also zuvorkommend zu Straßenkindern. Ein Portemonnaie mit abgelaufenen Kreditkarten, billigen Geldscheinen von Inflationswährungen und die Tagesration der einheimischen Währung stellt manch ei-

Reiseführer

South and Middle American Handbook. Gute Erfahrungen.

Guia de quatro rodas (Praia). Satellitenkarten 1:50.000 ganz Brasiliens mit Straßen(zuständen), Wegen, Orten, Infrastruktur, Strandqualitäten, Wellenhöhen u.v.m. Wird jährlich aktualisiert und ist an jedem Kiosk zu erhalten.

Die **»Turistel«-Führer** sind ein Muss für Chile. Norte, Centro, Sur je ca. 20 Euro, www.escalando.cl/maps/guidebooks_dt.htm.

✷ **Tipp:** Zeige deine Wertsachen möglichst nie öffentlich, trage Papier und Geld immer in eingenähten Taschen verdeckt am Körper.

✷ **Tipp:** Besonders in Peru und Bolivien wird der Rucksack mit Kaninchendraht von innen ausgekleidet – das vereitelt den Schlitzern das Handwerk. Wenn Menschen auf der Straße näher kommen und fragend Körperkontakt suchen oder leicht schubsen – Vorsicht, Trickdiebstahl.

nen »Bittsteller« zufrieden. Bevor der das Kuckucksei erkennt, solltest du allerdings schon einen Ortswechsel vorgenommen haben ... Falls es noch schlimmer kommt, spiele niemals den Helden. Eine »Ganzkörpermassage« wäre dann noch das geringste Übel.

Öffentliche Verkehrsmittel

Die Transportkosten empfinden wir als äußerst günstig, doch steigen sie häufig auf dem letzten Abschnitt vorm Ziel, etwa wenn es sich um »top-need-to-see«-Highlights handelt oder wenn die Gegend durch verbreitete Reiseführer wie Lonely Planet oder South American Handbook »verbrannt« ist. Dann hilft nur eins: warten und mit anderen Travellern als Minigruppe bessere Konditionen aushandeln. Vorsicht, wenn dir auf der Straße ein Ticket für Bus, Bahn, Pickup oder Flugzeug angeboten wird – sie sind selten gültig. Besser, man schleppt Mann und Ticket zur Verkaufsstelle und lässt die Gültigkeit vor dem Kauf bestätigen. Dabei trennt sich schnell die Spreu vom Weizen.

Wer genug hat von den Einheits-Rucksacktravellern mit ihren immer gleichen Fragen, der sollte den Reiseführer beiseite legen und sich irgendein Ziel auf der Landkarte suchen. Es fahren garantiert öffentliche Verkehrsmittel hin! Falls doch nicht, schließe dich »Locals« an, was Sprachkenntnisse, viel Zeit und Gastgeschenke voraussetzt. Touristen zahlen für solche Transportgelegenheiten mit Boot, Esel etc. etwa den doppelten Tagesverdienst plus Spritkosten.

In den ländlichen Regionen sollte man nach Rodeo- und Markttagen, Folklore- und Wallfahrtsveranstaltungen fragen. Daran teilzunehmen lohnt sich immer. Anders als in Brasilien gilt in den Andenstaaten der alte Schlager »Kreuzberger Nächte sind lang, erst fang'se ganz langsam an – aber dann ...«

Tipp: In vielen Kleinstädten Südamerikas gibt es Stadtbusse mit der Aufschrift »Circular«. Da fährt man einfach mit, bis die Ausgangshaltestelle wieder erreicht ist und hat eine sehr günstige Stadtrundfahrt hinter sich.

Im Internet

Latin American Network Information Centre, www1.lanic.utexas.edu, erste Wahl für jede Recherche zu Südamerika.

Latin America Travel Advisor, www.amerispan.com/latc.

www.carilat.de.

www.latinworld.com, Linksammlung.

www.comapa.com, Fähren und Schiffe im südlichen Patagonien.

www.caiman.de.

Meine persönlichen Highlights

Venezuela: Orinoco-Delta, Goldsucherbesuch bei Kilometer 88, Tafelbergbesteigung.

Brasilien: Iguaçu-Wasserfälle, das Pantanalgebiet in der Trockenzeit zur Tierbeobachtung, die Küste zwischen Santos und Rio, Dünennationalpark Lençois Maranhese, Bootsfahrten im Amazonasgebiet, Karneval in Rio (wegen der bunten Bilder) und in Salvador (zum Mitfeiern).

Peru: Arica mit der weißen Stadt, Titicaca-See mit den Inseln, alle Eisenbahnfahrten, Macchu-Picchu, Quito und Umgebung.

Bolivien: Salar de Ujuri, Cochabamba.

Paraguay & Uruguay: Chaco-Besuch mit Ortskundigen

Argentinien: Península Valdez, Wandern im Fitzroy-/Cerro Torré-Gebiet, Perito Moreno-Gletscher, die argentinische Schweiz um Bariloche, Zeltwandern im Feuerland-Nationalpark, Rodeo-Veranstaltungen in der Pampa.

Chile: Wandern, wandern, wandern ... in allen Nationalparks. Torres del Paine, Vilha Rica mit Vulkanaufstieg, Schiffspassagen, Punta Arenas/Natales durch den Beagle-Kanal nach Puerto Williams, Carretera Austral zwischen Puerto Montt und Chile Chico, das Seengebiet, Chiloe-Archipel, San Pedro de Atacama.

Inselwelten: Galapagos, Osterinsel, www.netaxs.com, Fernando de Noronha, Robinson Crusoe im Juan Fernandez Archipel, Ilha de Bananal.

Literatur

Stephen Greenblatt, **Wunderbare Besitztümer.** Die Erfindung des Fremden: Reisende und Entdecker, Wagenbach.

Lateinamerika, Informationen 244. Bundeszentrale für politische Bildung, Bonn, www.bpb.de

Informationsstelle Lateinamerika e.V., Bonn, ✆ 0228/658613, www.ila-web.de. Informationen über soziale, politische und kulturelle Fragen Lateinamerikas und Zusammenhänge mit den Industrieländern. 10 x jährlich erscheint die Zeitschrift *ila*.

REISEZIELE UM AUSTRALIEN & NEUSEELAND

Australien ist das einzige Land der Erde, das größer als ein Kontinent ist, da es auch Tasmanien sowie etliche weit entfernte Inseln umfasst. Von Touristen besucht und infrastrukturell einigermaßen erschlossen,ist hauptsächlich das südöstliche, gemäßigte bis subtropische Drittel des australischen Kontinents. Es ist sinnvoll, sich innerhalb einer mehrwöchigen Reise darauf zu beschränken. Perth an der Westküste bildet wegen seines mediterranen Klimas eine Ausnahme.

Eine **beliebte Reiseroute** führt von Sydney durch die Blue Mountains zur Hauptstadt Canberra. Weiter durch den Süden nach Melbourne und über Mount Gambier und Adelaide mit einem Abstecher zum Ayers Rock

Im Internet

www.australia.com/
www.outback-guide.de
www.aboriginalaustralia.com
www.australien-info.de

Beste Reisezeiten für Ozeanien & Australien

Ziel	beste Reisezeit
Australien: Süd und West	Oktober – Mai
Nord	April – Oktober
Outback	April – September
Papua-Neuguinea	April – September
Neuseeland	Dezember – April
Südpazifik	Mai – Oktober
Mikronesien	November – April

nach Alice Springs. Von da entweder Flug oder monotone Fahrt nach Townsville an der Nordostküste und über Brisbane mit seinen Traumstränden zurück nach Sydney. Das berühmte Grand Barrier Reef ist ökologisch stark gefährdert. Auf Tasmanien ließ das gemäßigte Klima eine große landschaftliche Vielfalt entstehen: In Regenwäldern, Mooren und Eukalyptushainen lässt sich wunderbar wandern.

Neuseeland liegt auf dem Globus Europa genau gegenüber. Die Nordinsel besitzt ein milderes Klima als die polnähere Südinsel. Die herausragenden Natursehenswürdigkeiten der *Nordinsel* sind die Bay of Islands, der Waipoua Kauri Forest, die Waitomo Caves und das Geysir-Gebiet um den Badeort Rotorua. Wanderer zieht vor allem der Tongariro-Nationalpark an. Auf der *Südinsel* ist die Westküste besonders rau, doch nirgendwo auf der Erde liegen Gletscher, Meer und subtropische Regenwälder dichter beieinander. Bergwanderer und andere Sportbegeisterte zieht es daher in diesen südlichen Teil Neuseelands.

In Australien, mehr noch in Neuseeland ist der Reisende zwar geografisch »am anderen Ende der Welt«, doch kulturell ist er zu Hause. Technisch ist das Reisen dort einfach, besondere politische oder gesundheitliche Risiken gibt es nicht und klimatisch ist es dort gerade dann besonders angenehm, wenn es in unseren Breiten besonders unangenehm ist. Nachtei-

Literatur

Edgar P. Hoff (dzg), **Australien Handbuch**, RKH.

Gilissen, E. H. M., **Kultur-Schock Australien,** RKH.

Lutz Fehling (dzg), **Australien Natur-Reiseführer**. Tiere und Pflanzen am touristischen Wegesrand. Ilona Hupe Verlag.

Neuseeland News (NN) mit Australien- und Pazifik-News erscheint als deutsch-neuseeländisches Magazin 5 x jährlich, www.neuseeland-australien-pazifik.de

Smitz, P., **Tasmania**, Lonely Planet.

lig ist der hohe Zeit- und Kostenaufwand für den Flug und auch der Lebensstandard ist ähnlich kostenintensiv wie bei uns.

Mit dem Rad im südlichen Australien

Von Wolfgang Pabst

Wolfgang Pabst ist Mitglied der dzg, 53 Jahre alt und beruflich als Statistiker an der Uni Gießen tätig. Seinen Jahresurlaub nutzt er seit Jahren dazu, den europäischen Winter mit Solo-Fahrradreisen in Afrika, Asien oder Australien zu verkürzen. Im Sommer ist dann noch etwas Zeit für kleinere Touren in deutschen Landen oder im nahen Ausland.

Australien ist nur dünn besiedelt. Verlässt man Perth und radelt Richtung Esperance bzw Norseman, dehnen sich die Entfernungen zwischen den Ortschaften bald bis zu 100 km aus. Hat man erst den durch die Nullarbour Plains führenden Eyre Highway erreicht, liegen mittlerweile bis zu 240 km zwischen den einzigen Versorgungsstellen, den *Roadhouses*. Dies macht nun gleichzeitig auch den Reiz des Radelns in Australien aus, das Erleben der Weite des Landes und des freien Buschcampens, wo immer man am Ende eines anstrengenden Tages landet. Da die Strecken generell flach sind, kann man durchaus größere Distanzen zurücklegen. Wenn die Verhältnisse (Temperaturen und Windrichtung) nicht allzu schlecht sind, genügt ein Wasservorrat von etwa 5 l.

In Ceduna ist dann das gröbste geschafft und hinter Port Augusta sollte man nicht den Aufstieg zu den Southern Flinders Ranges scheuen. Es erwarten einen nette Städtchen (Ortschaften mit 50 Einwohnern nennen sich hier »town«), irgendwie eine Mischung von englischer Provinz und Wild West in hügeliger Farmgegend.

Tipp: In den tropischen Norden Australiens sollten sich Radler nur im australischen Winter begeben, also von Juni bis September, während sich der Süden ganzjährig für Touren eignet, obwohl er im australischen Sommer etwas angenehmer ist.

Weitere Highlights auf dem Weg nach Osten sind die oasenartige Murray-River-Gegend um Mildura und das waldreiche Mittelgebirge The Grampians. Von dort kann man die spektakuläre *Great Ocean Road* ansteuern, die zwischen Portland und Lorne am schönsten ist, allerdings auch recht stark befahren. Melbourne erreicht man am besten, indem man um die Port Philip Bay herumfährt. Im innerstädtischen Melbourne ist das Radeln angenehmer als an der Peripherie.

In Australien ist die Mentalität der Bewohner europäisch, vielleicht eine Spur lockerer, Kontakte zu Aborigines sind aus diversen Gründen eher unrealistisch.

Reisen auf den Ozeanen

Von Michael Malburg

Die typischen Schiffsrouten ergeben sich aus der Küstenschifffahrt von Hafen zu Hafen, aus Routen zu bewohnten Inseln und aus Ozeanüberquerungen. Gut zu erreichen sind nur bevölkerungsreiche Inseln sowie touristisch bedeutsame Inselziele. Die weitaus meisten Inseln werden entweder nur von privaten Segelyachten oder von Versorgungs- und Frachtschiffen angefahren. »Fahrpläne« richten sich daher häufig nach dem Bedarf und nach den Wetterbedingungen der Jahreszeiten, ↗ Seite 215, Auf Schiffen unterwegs.

www.mare.de, der Zugang zur Zeitschrift Mare mit Reportagen rund ums Meer.

Wind, Wetter und Strömungen beeinflussen Fahrtzeiten in erheblichem Maße. Die großen Segelrouten sind durch Passatwinde und Hurrikansaison bestimmt, z.B. in die Karibik: Antibes – Palma de Mallorca – Gibraltar (Oktober) – Kanarische Inseln (November) – Karibik sowie Varianten über Biskaya (August) via Lissabon (Oktober) über Madeira (November).

Tipp: Schnorchelausrüstung für Tauchgänge in die fantastische Unterwasserwelt und ausreichend Lesestoff für ruhige Tage dürfen im Gepäck nicht fehlen!

Unter www.bluewater.de, www.7knots.com werden Mitsegelgelegenheiten vermittelt. Auch wenn es »Hand-gegen-Koje« heißt, werden die an Bord entstehenden Kosten meist umgelegt. Klären Sie vorher, welche Kosten gemeint sind: Treibstoff, Lebensmittel, Wasser, Hafengebühren, Ein- und Ausklarieren oder gar die Kosten für nautische Karten, Handbücher, Ausrüstung usw.

Wer etwa die Inselwelt des Pazifiks erkunden will, der sollte versuchen, auf eine der Segelyachten zu gelangen, die jedes Jahr meist im April den Pazifik in Richtung Westen überqueren. Die Boote, die aus der Karibik kommen und den Panamakanal durchqueren, müssen vier Personen an Bord haben, die in den Schleusen die Festmacherleinen anbringen. In den Yachthäfen wird deswegen immer nach solchen »Linehandlern« gesucht. Man kann dort auf einen der Aushänge antworten oder selbst eine Notiz hinterlassen. So bekommen Sie zumindest den Panamakanal zu sehen und mit etwas Glück ist noch ein Platz an Bord für die weitere Reise frei!

Die meisten Boote fahren von der Pazifikseite Panamas weiter über die Perlinseln nach Galapagos, um von dort die 5000 km nach Polynesien ohne Landfall zu überbrücken. Die letzte Etappe dauert, je nach Boot und Wind, zwischen 2 ½ und 4 Wochen. Dann taucht die polynesische Inselwelt in ihrer ganzen Pracht am Horizont auf. Den üppigen Marquesas-Inseln folgt das flache Archipel der Tuamotos, dann Tahiti, www.tahiti-pensionen.de, und je nach Reiseziel eine Vielzahl anderer kleiner und großer Inseln.

Unabdingbare Vorraussetzung für eine solche Reise ist die Seefestigkeit. Wem es bereits auf einer Fähre mulmig wird, der sollte sich nicht längere Zeit auf hoher See zumuten. Seekrankheit kann fatale Folgen haben, insbesondere wenn man als Crewmitglied funktionieren muss. Warme und wetterfeste Kleidung muss unbedingt im Gepäck sein, selbst in den Tropen kühlt man bei Wind und Regen sehr schnell aus. Ein sehr wichtiger Punkt: Die Chemie untereinander muss stimmen. Da man längere Zeit auf engstem Raum mit Leuten zusammenlebt, die man gerade mal ein paar Tage kennt, sollte auf jeden Fall eine gewisse Grundsympathie auf beiden Seiten vorhanden sein.

Der **Atlantische Ozean** grenzt im Süden an Kap Hoorn und in der Beringstraße im Norden an den Pazifik, am Meridian von Kap Agulhas gegen den Indischen Ozean. Dazu gehören drei große Mittelmeere: das Arktische, das Europäische und das Amerikanische, die kleinen Mittelmeere Ostsee und Hudsonbay und schließlich die vier Randmeere Nordsee, Englischer Kanal, Irische See und Sankt-Lorenz-Golf.

Zum Atlantischen Ozean gehören neben der karibischen Inselwelt die Inselgruppen von Madeira, der Azoren, Kanaren und Kapverden sowie Tristan da Cunha, St. Helena, Saint Pierre und Miquelon, Bioko, Falkland und andere.

Der **Pazifische Ozean** (span. Meer des Friedens) grenzt mit der Beringstraße im Norden und südlich von Kap Hoorn an den Atlantik. Südlich von Tasmanien

Tipp: Wegen der zweitägigen Fluganreise, den weiten interinsularen Strecken und der Zeit- und Klimaumstellung sind kurze Reisen aus Europa nicht zu empfehlen. Der Jet-Lag ist geringer, wenn Sie über Amerika und Hawaii hin und über Südostasien zurückfliegen, also immer in Richtung Westen! Die umgekehrte Richtung bietet den Vorteil eines gewonnenen Reisetages, ↗ Seite 201.

Mehr Information

Tourism Council oft the South Pacific TCSP, Berlin, ✆ 030/23817-645, www.tcsp.com. Cook Islands, Fiji, Französisch-Polynesien, Kiribati, Neukaledonien, Niue, Papua-Neuguinea, Solomon Islands, Tonga, Tuvalu, Vanuatu, Westsamoa.

Deutsch-Pazifische Gesellschaft e.V., München, ✆ 089/151158. www.deutsch-pazifische-gesellschaft.de.

Captain James Cook, **Entdeckungsfahrten im Pacific**, Die Logbücher der Reisen von 1768 – 1779. Erdmann.

grenzt er an den Indischen Ozean, als Durchfahrt zum Indischen Ozean dienen die Bassstraße nördlich von Tasmanien sowie die Torresstraße nördlich von Australien. Dazu gehören die sechs Randmeere: Bering-, Ochotskisches, Japanisches, Ostchinesisches Meer (mit dem Gelben Meer), die Arafurasee (mit dem Carpentariagolf) sowie der Kalifornische Golf. Weitere diffuse Randmeere sind Korallensee, Tasmansee, Rossmeer, Amundsensee, Bellingshausensee. Südlich des südlichen Wendekreises, zwischen Neuseeland und Südamerika liegt die größte ununterbrochene Wasserfläche der Erde, östlich von Chatham ist sie völlig insellos.

Als **Stillen Ozean** bezeichnet man die tropischen Gebiete des Pazifik, als **Ozeanien** alle Inseln im pazifischen Raum, also zwischen Philippinen und Neuguinea, das selbst nicht dazugerechnet wird, und Amerika, nördlich begrenzt von den Aleuten. Australien und Neuseeland gehören nicht dazu.

Die **Inseln der Südsee** liegen zwischen Äquator und Südlichem Wendekreis auf einer Fläche, die dreimal so groß ist wie Europa, werden aber von nur einer Million Menschen bewohnt und die Landfläche ist gerade mal so groß wie Hessen. Nach ihrer ursprünglichen Bevölkerung unterscheidet man Melanesier, Mikronesier, Polynesier, Ozeanier. Leicht zu bereisen sind Tahiti, Tonga, Samoa, Fidschi, Niue und die Cook-Inseln, www.the-cook-islands.com. Alle sind von Südostasien, Neuseeland und den USA her gut anzufliegen.

Literatur

Donald S. Johnson, **Fata Morgana der Meere**. Die verschwundenen Inseln des Atlantik. Diana 1999.

Christoph Columbus, **Das Bordbuch 1492**, Leben und Fahrten des Entdeckers der Neuen Welt in Dokumenten und Aufzeichnungen. Erdmann.

Hannes Lindemann, **Allein über den Ozean**, Im Einbaum und Faltboot über den Atlantik

Georg Forster, **Entdeckungsreise nach Tahiti und in die Südsee 1772 – 1775.**

Paul Theroux, **Die glücklichen Inseln Ozeaniens**, Erlebnisse und Betrachtungen eines Pazifikpaddlers. dtv.

Caroline Alexander, **Die Bounty**. Die wahre Geschichte der Meuterei auf der Bounty. Berlin Verlag.

Philipp Plisson, **Das Meer Tag für Tag**. Knesebeck.

KARTENATLAS

GREENLAND
Denmark Strait
Reykjavik
ICELAND
NORWEGIAN SEA
FAEROES
ATLANTIC OCEAN
SHETLAND IS.
NORWAY
Bergen
Oslo
HEBRIDES
ORKNEY IS.
SCOTLAND
NORTH SEA
Skagerrak
Belfast
Edinburgh
Hanstholm
IRELAND
DENMARK
Dublin
Copenhagen
N
1 cm
300 km
www.PeterMeyerVerlag.de
© 2005
WALES
ENGLAND
Lübeck
Cardiff
NETHERL.
London
The Hague
GERMANY
Berlin
BELGIUM
Brussels
Leipzig
Paris
Frankfurt
Loire
Seine
LUX.
Donau
Bay of Biscay
FRANCE
München
Luzern
Bern
SWITZERLAND
Santiago
Bilbao
MASSIF CENTRAL
ALPS
SLOVENIA
Venedig
Porto
Duero
Rhône
Po
PORTUGAL
Madrid
ANDORRA
Monaco
San Marino
Tajo
Corsica
Lisbon
Ankona
SPAIN
Barcelona
Rome
Sardinia
ITALY
MADEIRA IS.
Sevilla
BALEARIC IS.
Malaga
Strait of Gibraltar
Gibraltar
Algiers
Sicily
Casablanca
Rabat
MEDITERRA
Tunis
CANARY IS.
MOROCCO
Marrakech
ATLAS SAHARIEN
TUNISIA
MALTA
Las Palmas
HAUT ATLAS
El Aaiun
Tripoli
WESTERN SAHARA
ALGERIA
LIBYA

TIC OCEAN
Ostrov Kolguyav
WEST
SIBERIAN
PLAIN
Ob'
Ob'
Murmansk
KOLA
PENINSULA
URAL MOUNTAINS
Irtysh
Irtysh
Omsk
Arkhangel'sk
Severnaya Dvina
Tobol
Gulf of Bothnia
FINLAND
DEN
L. Onega
Sukhona
RUSSIA
Yekaterinburg
L. Ladoga
Helsinki
Stockholm
Sankt-Peterburg
Tallinn
ESTONIA
Volga
Kazan
Magnitogorsk
BALTIC SEA
LATVIA
Riga
Moscow
Samara
LITHUANIA
Königsberg
Vilnius
KAZAKHSTAN
Danzig
RUSSIA
Minsk
BELARUS
Desna
Don
Ural
POLAND
Pripyat
ARAL SEA
Warsaw
Wroclaw
Shitomir
Kiev
Volga
UZBEKISTAN
Kraków
Dnepr
UKRAINE
SLOVAKIA
Dnestr
CARPATHIANS
Manych Depression
Bratislava
MOLDOVA
Budapest
Prut
Kishinev
CASPIAN SEA
HUNGARY
Odessa
TURKMENISTAN
ROMANIA
CAUCASUS
Sevastopol'
GEORGIA
Tbilisi
Baku
Belgrade
Bucharest
AZERBAIJAN
SERBIA
BLACK SEA
Yerevan
BULGARIA
ARMENIA
MONTE-
NEGRO
Sofiya
Skopje
Istanbul
ELBURZ MOUNTAINS
Tirane
MACEDONIA
ALBANIA
Ankara
L. Van
Tehran
TURKEY
GREECE
Izmir
Tigris
IRAN
Igoumenitsa
Patras
Athens
TOROS DAGLARI
ZAGROS MOUNTAINS
SYRIA
Baghdad
Nicosia
Euphrates
Beirut
CYPRUS
IRAQ
AN SEA
Crete
LEBANON
Damascus
Al Basrah
Al Kuwayt
KUWAIT
Jerusalem
Amman
Persian Gulf
ISRAEL
JORDAN
Gulf of Sirte
Benghazi
Alexandria
EGYPT
Cairo
Suez
SAUDI ARABIA

ARCTIC OCEAN
SVALBARD
Novaya Zemlya
Kara Sea
Barents Sea
ATLANIC OCEAN
Lappland
ICELAND
Norwegian Sea
SWEDEN
Baltic Sea
FINLAND
Dvina
NORWAY
Helsinki
St Peterburg
Oslo
Stockholm
ESTONIA
North Sea
LATVIA
Volga
DENMARK
Copenhagen
LITHUANIA
Moscow
Kazan
Tobol
UNITED KINGDOM
Dublin
IRELAND
London
NL
Berlin
BELARUS
Samara
URAL MTNS.
POLAND
Don
B
GERMANY
Dnepr
Ural
LUX
Paris
CZ
Volgograd
SLOVAKIA
UKRAINE
KAZAKH
A
CH
HUNGARY
MOLDOVA
Rostov
ALPS
SI
HR
ROMANIA
CAUCASUS MTNS.
FRANCE
BiH
Caspian Sea
Aral Sea
Black Sea
SPAIN
AND
ITALY
BULGARIA
GEORGIA
Barcelona
TURANI
Tashke
PORTUGAL
MAC.
Istanbul
ARMENIA
AZERBAIJAN
UZBEKISTA
Madrid
Rome
ALB.
TURKEY
TURKMENISTAN
Lisbon
GREECE
ANATOLIAN PLATEAU
Ashgabat
Buhara
Algiers
Tunis
Mashhad
Rabat
Mediterranean Sea
CYPRUS
SYRIA
Tehran
TUNISIA
LEBANON
Baghdad
ZAGROS MTNS.
AFGHANIST
MOROCCO
ISRAEL
IRAQ
IRAN
ATLAS MTNS.
Tripoli
Alexandria
Qattara Depression
Cairo
JORDAN
KUWAIT
PA
ALGERIA
LIBYA
EGYPT
SAUDI ARABIA
QATAR
Nile
Red Sea
Karachi
UNITED ARAB EMIRATES
Sahara
Jeddah
Ahm
MAURITANIA
OMAN
MALI
NIGER
CHAD
Arabian Sea
Khartoum
ERITREA
YEMEN
L. Chad
Niger
BURKINA FASO
SUDAN
Gulf of Aden
GUINEA
NIGERIA
GHANA
Addis Ababa
SL
IVORY COAST
CENTRAL AFRICAN REPUBLIC
White Nile
ETHIOPIA
ETHIOPIAN
Lagos
LIBERIA
Accra
TOGO
BENIN
SOMALIA
CAMEROON
Uele
EQUATORIAL GUINEA
Congo
INDIA
Gulf of Guinea
KENYA
UGANDA
CONGO
DEM.REP CONGO
GABON
Congo Basin
L. Victoria
Nairobi
RWANDA
Kasai
Kilimanjaro
Kinshasa
BURUNDI
TANZANIA

Laptev Sea
NOVOSIBIRSKIVE OSTROVO
East Siberian Sea
Kolyma Lowland
Kolyma
Indigirka
Lena
CENTRAL SIBERIAN PLATEAU
Yenisey
Nizhnyaya Tunguska
Siberian Lowland
Yakutsk
RUSSIA
Lena
Aldan
Angara
Sea of Okhotsk
Novosibirsk
Taischet
Bratsk
Severobajkal'sk
Tynda
Kraasnoyarsk
Ust-Barguzin
Skovorodno
Ob
Lake Baykal
SAYAN MTNS.
Irkutsk
Chita
Komsomolsk
Sowetskaja Gawan
Ulan Ude
Irtysh
ALTAI
Ulaanbaatar
Khabarovsk
Manchurian Plain
ke Balkhash
MONGOLIA
Gobi Desert
Vladivostok
Almaty
Bischkek
TIEN SHAN
Shenyang
Sapporo
GYZSTAN
Naryn
Beijing
NORTH KOREA
Sea of Japan
Tarim Basin
Kashi
Tianjin
Seoul
KISTAN
KUNLAN SHAN
Huang He
SOUTH KOREA
JAPAN
CHINA
Yellow Sea
Tokyo
PLATEAU OF TIBET
Great Basin
Pusan
Osaka
Lahore
HIMALAYA
Wuhan
Shanghai
Delhi
Chang Jiang
East China Sea
NEPAL
BHUTAN
Mt. Everest
Ganges
T'ai-pei
BANGLADESH
TAIWAN
Deccan
Irrawaddy
Hong Kong
Calcutta
Mandalay
INDIA
LAOS
PACIFIC OCEAN
MYANMAR
Hanoi
Luzón
Hyderabad
VIETNAM
Philippine Sea
Rangun
Bay of Bengal
THAILAND
South China Sea
Manila
N
Bangkok
Madras
CAMBODIA
PHILIPPINES
Ho Chi Minh
1 cm
800 km
Colombo
SRI LANKA
BRUNEI
www.PeterMeyerVerlag.de
© 2005
Celebes Sea
EAN
Kuala Lumpur
MALAYSIA
Singapore
MELANESIA
EAST INDIES
PAPUA NEW GUINEA
INDONESIA

PORTUGAL
Lisbon
Madrid
SPAIN
Gibraltar
Str. of Gibraltar
Tetouan
Rabat
Casablanca
Madeira
MOROCCO
ATLAS MOUNTAINS
Canary Is.
El Aaiun
WESTERN SAHARA
Dakhla
Cap Blanc
F'Dérik
MAURITANIA
Nouakchott
Sénégal
SENEGAL
Dakar
GAMBIA
Banjul
Bissau
GUINEA BISSAU
GUINEA
Conakry
Freetown
SIERRA LEONE
Monrovia
LIBERIA
C. Palmas
Algiers
Oran
Constantine
Annaba
Tunis
Sfax
TUNISIA
Tripoli
Misratah
Benghazi
Ghadames
ALGERIA
In Salah
LIBYA
Marzuq
AHAGGAR
Mt. Tahat
SAHARA DESERT
MALI
Tombouctou
Niger
NIGER
Niamey
Bamako
BURKINO FASO
Ouagadougou
Bobo Dioulasso
IVORY COAST
Abidjan
GHANA
Lake Volta
Accra
TOGO
Lomé
BENIN
Porto Novo
Bight of Benin
Kaduna
NIGERIA
Ibadan
Lagos
Benue
Port Harcourt
Douala
Bight of Bonny
Yaoundé
CAMEROON
GULF OF GUINEA
EQUATORIAL GUINEA
São Tomé & Principe
Libreville
Cap Lopez
GABON
CONGO
Brazzaville
Kinshasa
Matadi
DEM. REP. CONGO
Kananga
Mbandaka
Kisangani
Congo
Bomu
Bangui
CENTRAL AFRICAN REPUBLIC
CHAD
Lake Chad
Ndjamena
Chari
TIBESTI
JEBEL MARRA
El Fasher
El Obeid
SUDAN
Rome
ALBANIA
MACEDONIA
GREECE
Athens
CYPR
MEDITERRANEAN SEA
Alexandria
El Faiyum
Western Desert
Libyan Desert
EGYPT
Wadi-Hal
RWANDA
Bukavu
Bujumbura
Lake Tanganyika
Likasi
Luanda
ANGOLA PLATEAU
ANGOLA
Lobito
Huambo
Namibe
Cubango
Ndola
ZAMBIA
Lusaka
Livingstone
ATLANTIC OCEAN
NAMIBIA
Okavango Delta
Namib Desert
Swakopmund
Windhoek
BOTSWANA
Gaborone
Kalahari Desert
Pretoria
Johannesburg
Orange
Maseru
LESOTHO
DRAKENSBERG
SOUTH AFRICA
Great Karoo
Cape Town
Cape of Good Hope
Cape Agulhas
East London
Port Elizabeth
Cape St. Francis
N
1 cm
500 km
www.PeterMeyerVerlag.de
© 2005

Die Karten

... sind englisch beschriftet, da dies Ihre Stichwortsuche im Internet erleichtert. Alle erwähnten Länder und Routen sind übers Register zu finden.

Große Eisenbahnstrecken

Große Reiserouten

IMPRESSUM

Unsere Inhalte werden ständig gepflegt, aktualisiert und erweitert. Für die Richtigkeit der Angaben kann der Verlag jedoch keine Haftung übernehmen. © 4. Auflage 2005.

Peter Meyer Verlag, Schopenhauerstraße 11, 60316 Frankfurt am Main www.PeterMeyerVerlag.de, info@PeterMeyerVerlag.de

Umschlag- & Reihenkonzept, insbesondere die Kombination von Griffmarken und Schlagwort-System auf dem Umschlag, sowie Text, Gliederung und Layout, Karten, Tabellen und Illustrationen sind urheberrechtlich geschützt.

Druck & Bindung: Kösel, Krugzell; www.KoeselBuch.de **Umschlaggestaltung:** Agentur 42, www.agentur42.de **Fotos:** Norbert Lüdtke, mit Ausnahme der anders gekennzeichneten. **Karten:** Peter Meyer Verlag **Lektorat:** Peter Meyer, Annette Sievers, **Layout:** Annette Sievers. **Bezug:** über Prolit oder den Verlag, vertrieb@PeterMeyerVerlag.de

ISBN 3-89859-500-5

ARCTIC OCEAN
GREENLA
Beaufort Sea
Baffin Bay
BROOKS RANGE
Fairbanks
Yukon
ALASKA
Mt. McKinley
Anchorage
Mackenzie
Great Bear Lake
Back
Great Slave Lake
Hudson Bay
Gulf of Alaska
CANADA
Laurentian Plateau
Lake Winnipeg
ROCKY MOUNTAINS
Calgary
Winnipeg
N
Vancouver
Seattle
Mt. Rainier
Columbia
Great Plains
L. Superior
Quebec
1 cm
1000 km
Missouri
Minneapolis
Mississippi
THE GREAT LAKES
Ottawa
Montreal
www.PeterMeyerVerlag.de
© 2005
Chicago
Detroit
Toronto
Boston
Philadelphia
New York
St Louis
Washington DC
San Francisco
Colorado
UNITED STATES OF AMERICA
NORT ATLAN OCEA
Las Vegas
Arkansas
Los Angeles
Phoenix
San Diego
Tucson
Dallas
Atlanta
New Orleans
SIERRA MADRE
Rio Grande
Houston
Orlando
Chihuahua
Gulf of Mexico
Tropic of Cancer
Los Mochis
Monterrey
Miami
Havana
BAHAMAS
Cabo Falso
MEXICO
CUBA
Cancún
DOMINICAN REPUBLIC
Guadalajara
WEST INDIES
HAITI
San Juan
HAWAIIAN ISLANDS
JAMAICA
PUERTO RICO
Mexico City
BELIZE
Caribbean Sea
GUATEMALA
HONDURAS
EL SALVADOR
NICARAGUA
TRINIDAD & TOBAGO
Managua
Cartagena
Caracas
COSTA RICA
Colón
PANAMA
Turbo
VENEZUELA
GUYANA
PACIFIC OCEAN
Orinoco
Medellín
Bogotá
GUIANA HIGH
Santa Elena de Uairén
Cali
0°
COLOMBIA
Boa V
Manta
Negro
GALAPAGOS ISLANDS
ECUADOR
Amazon Basi
ANDES
Madeira
Huancayo
Lima
BRAZ
PERU
La Paz
BOLIVIA

San Francisco
St Louis
Washington DC
UNITED STATES OF AMERICA
Colorado
Las Vegas
Arkansas
NORTH ATLANTIC OCEAN
Los Angeles
San Diego
Phoenix
Tucson
Dallas
Atlanta
New Orleans
Orlando
Houston
Rio Grande
Chihuahua
Monterrey
Gulf of Mexico
Miami
Los Mochis
SIERRA MADRE
of Cancer
Cabo Falso
Havana
BAHAMAS
MEXICO
Cancún
CUBA
DOMINICAN REPUBLIC
Guadalajara
WEST INDIES
HAITI
JAMAICA
San Juan
PUERTO RICO
Mexico City
BELIZE
Caribbean Sea
GUATEMALA
HONDURAS
EL SALVADOR
NICARAGUA
Managua
TRINIDAD & TOBAGO
Cartagena
Caracas
COSTA RICA
Colón
PANAMA
Turbo
VENEZUELA
GUYANA
SURINAM
FRENCH GUIANA
FIC OCEAN
Orinoco
Medellín
Bogotá
GUIANA HIGHLANDS
Santa Elena de Uairén
Cali
COLOMBIA
Boa Vista
Negro
Amazon
GALAPAGOS ISLANDS
Manta
ECUADOR
Manaus
Belém
Amazon Basin
ANDES
Madeira
Xingu
Recife
Huancayo
Lima
BRAZIL
PERU
Brasília
Salvador
BRAZILIAN HIGHLANDS
São Francisco
La Paz
BOLIVIA
Uyuni
Calama
Paraná
Belo Horizonte
PARAGUAY
Rio de Janeiro
São Paulo
ic of Capricorn
CHILE
ANDES
Cordoba
Pôrto Alegre
Aconcagua
Mendoza
Santiago
URUGUAY
Buenos Aires
Montevideo
Pampas
40°
ARGENTINA
PACIFIC OCEAN
Patagonia
N
FALKLAND/MALVINAS ISLANDS
1 cm
1000 km
South Georgia
Cape Horn
www.PeterMeyerVerlag.de
© 2005
Antarctic Peninsula
rctic Circle
ANTARCTICA
120°
80°
40°

Arctic Circle
Lena
Russia
Magadan
Bering Strait
Alaska
Anchorage
BERING SEA
Sea of Okhotsk
Gulf Alas
Magdagachi
Petropavlovsk
Aleutian Islands
Khabarovsk
Kuril Trench
N
China
Vladivostok
1 cm
1000 km
Beijing
Sea of Japan
Japan
Seoul
www.PeterMeyerVerlag.de
© 2005
Yellow Sea
Tokyo
NORTH PACIFIC OCEAN
Shanghai
East China Sea
Taiwan
Hawaiian Islands
Hong Kong
Philippine Sea
Tropic of Cancer
Marianas R.
Manila
South China Sea
Philippines
MICRONESIA
Marshall Is.
Caroline Is.
Celebes Sea
Borneo
Gilbert Is.
Line Islands
Kiritimati
Equator
Nauru
Kiribati
Celebes
New Guinea
POLYNESIA
Phoenix Is.
Port Moresby
Solomon Is.
Indonesia
Tuvalu
Tokelau
Arafura Sea
Great Barrier Reef
Wallis & Futuna
Western Samoa
Darwin
MELANESIA
Vanuatu
North Fiji Basin
American Samoa
French Polyne
Fiji
Tonga
Cook Is.
Northern Territory
Townsville
Niue
Îs.de la Soc
Australia
New Caledonia
S.Fiji Basin
Tropic of Capricorn
Alice Springs
Queensland
Îs.Tub
Western Australia
South Australia
Brisbane
Norfolk I.
Perth
Norseman
Port Augusta
Eyre
Ceduna
New South Wales
Sydney
Esperance
South West Pacific Basin
Adelaide
Victoria
Canberra
South Australia Basin
Portland
Melbourne
Auckland
Tasman Sea
Wellington
Tasmania
Hobart
Christchurch
Chatham Is.
INDIAN OCEAN
New Zealand
SOUTH PACIFIC OCEAN
Auckland Is.
140°
Campbell I.
180°

REGISTER

Länder, Naturräume, Routen
Stichworte
Personen